熊铁基文集

第四卷

汉代学术史论

熊铁基／著

華中師範大學出版社

新出图证(鄂)字 10 号

图书在版编目(CIP)数据

熊铁基文集.第四卷/熊铁基著.—武汉:华中师范大学出版社,2021.6
ISBN 978-7-5622-9427-6

Ⅰ.①熊…　Ⅱ.①熊…　Ⅲ.①文化史—中国—秦汉时代—文集
Ⅳ.①C53 ②K232.03-53

中国版本图书馆 CIP 数据核字(2021)第 089616 号

熊铁基文集 第四卷

©熊铁基　著

责任编辑:曾　艳　　**责任校对**:肖　阳　　**封面设计**:罗明波
编辑室:学术出版中心　　**电话**:027-67867792/3280
出版发行:华中师范大学出版社
社址:湖北省武汉市洪山区珞喻路 152 号　　**邮编**:430079
销售电话:027-67863426
网址:http://press.ccnu.edu.cn　　**电子邮箱**:press@mail.ccnu.edu.cn
印刷:湖北新华印务有限公司　　**督印**:刘　敏
开本:710mm×1000mm　1/16　　**字数**:472 千字
版次:2021 年 12 月第 1 版　　**印次**:2021 年 12 月第 1 次印刷
印张:29.75　　**定价**:158.00 元

欢迎上网查询、购书

幼年与父母合影（中为作者）

初中留影

本科留影

研究生留影

与弟弟、妹妹合影
（右一为作者）

在华东师范大学

全家人合影（左一女儿、左二妻子、左四儿子）

与李雪松游长沙

与妻子李雪松游鸣沙山

与妻子李雪松手托老照片，记录时光

本科同班同学合影（二排右一为作者）

与研究生导师吴泽（中）、同学郭惠青（右）合影

研究生同学合影（前排左一为作者）

与何兹全（中）、李雪松（左）合影

与陈启云（右）合影

与安作璋（左）合影

与陈鼓应（右）合影

与李学勤（右）合影

与林甘泉（左一）、窦连荣（左二）、张美娣（左三）合影

与田昌五（右）合影

与裘锡圭（右）合影

与钟肇鹏（右）合影

与第一届研究生
赵国华（右）合影

第一届博士生论文答辩会合影
（含第二、三届的博士生，前排右三为作者）

八十华诞合影（前排右四为作者）

学／术／著／作

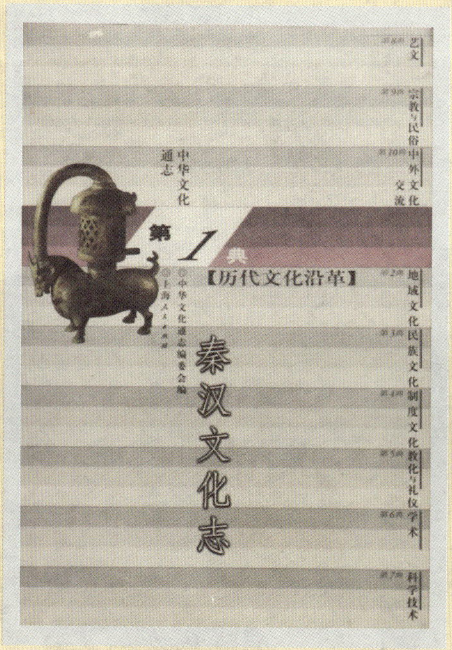

《秦汉文化志》

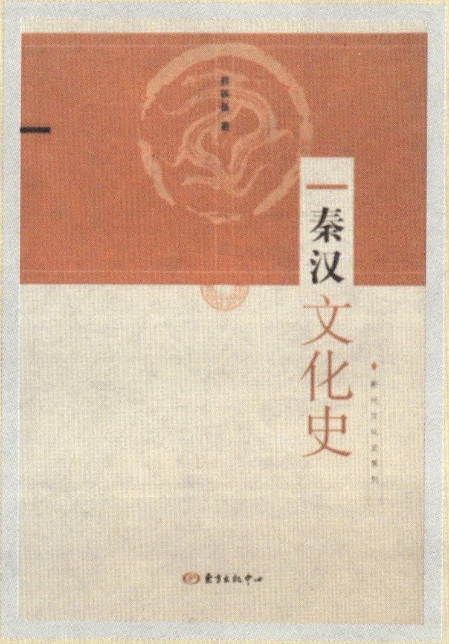

《秦汉文化史》

《汉唐文化史》

《秦汉新道家略论稿》

《秦汉军事制度史》

《熊铁基学术论著选》

《中国老学史》

《中国庄学史》

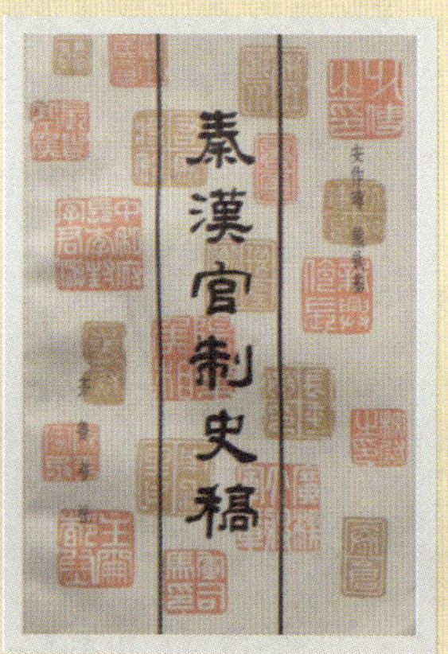

《秦汉官制史稿》

《二十世纪中国老学》

《汉代学术史论》

自　　序

有几位好学的朋友（学生）极力促成为我出一套文集，这对于一辈子读书、教书、写书的人也是一种总结，既有纪念意义，也有继续为社会做点贡献的作用。首先是它应有社会作用，这可以从内容谈起。

本文集共10卷，其中有9卷，主要是曾经出版过的专著（包括与人合作的由我撰写的部分）以及两部论文集。

我的第一本书是1984年出版的《秦汉新道家略论稿》，该书在当时是有一定影响的，引起哲学史领域的诸多学者的关注，这些我在2001年出版的《秦汉新道家》的前言中有所记述。1993年我参加大型丛书“中华文化通志”的编写，写了一本《秦汉文化志》，是有点新思考的（当时范军写了一篇有思想的书评），2007年上海东方出版中心组织一套断代文化史书系，把它以《秦汉文化史》的书名出版，除了做过一些文字校对之外，内容未做修改。没想到10年之后（2018年），北京新世界出版社又比较高调地出版了一次，书腰上写道：“一部诠释全球视野下秦汉时代文化发展脉络的重磅力作”，“一部了解秦汉时代历史文化沿革的入门经典读物”。两次重新出版，反映的是社会的某种需要。另一本书是我和安作璋先生合作的《秦汉官制史稿》，除开2007年因某些需要，齐鲁书社出了一个第2版之外，现在人民出版社又准备纳入“人民文库”出版，责任编辑翟金明告诉我：“‘人民文库’精选出一批在当时产生过重要历史作用，在当下仍具有深刻思想性、学术性以及珍贵史料价值的优秀作品。”看来该书有文化积累的意义，对当前社会文化的发展也是有意义的。前几天参加研究生的读书会，讨论制度史研究延伸和发展的问题。有学生说，即使延伸，原来的重要著作，如《秦汉官制史稿》之类的，也是基础，不可忽略（在读学生有此见解，也很难得）。以上是讲影响较大的两本书，其他如《汉唐文化史》（出版10年后，曾被纳入“学海一牛鸣”丛书再版）、《秦汉军事制度史》、《秦汉新道家》等，在小范围内也是有点影响的，读者各有所好地予以赞赏。既然如此，出版文集也不过是再多印刷一次罢了，或能满足需求者的需要。

主编和合作撰写的《中国老学史》与《中国庄学史》，我发起组织并自己动手撰写（《中国老学史》的秦汉以前部分、《中国庄学史》的隋唐以前部分）。这两本书在社会和学术上的影响都比较大，《中国老学史》出版以后，加印了四五次。《中国庄学史》先后在湖南人民出版社和福建人民出版社（增订本）两次出版。实际上可以说是开辟了老庄学史研究这样一个新的领域（紧接着我还组织出版了《二十世纪中国老学》和《二十世纪中国庄学》），后续的还有断代的和专题的老学史以及多卷本的中国老学通史出版。

另一大类是论文集，两卷。一卷是古代史，分秦汉史（秦汉史专攻了30多年）和其他关于古代史的论文两部分（包括几篇未刊稿，反映我学习和研究古代史的足迹）。另一卷是关于道家与道教研究的论文，道家研究是从读秦汉史书《吕氏春秋》开始的。开始是把它当作秦汉史的资料读，后来发现其思想研究的意义更大，写了《重评〈吕氏春秋〉》，接着是读《淮南子》，评《淮南子》，因而提出了一个“秦汉新道家”。道家与老子有关，从而研讨老学，进而研究庄学，这就有老庄学史的产生。20世纪90年代以后，道教界的学术研究风气日渐浓厚，时不时举行一些研讨会，我也常被邀请参加，因为老子是道祖，我写老子学史，那也就是道教文化的研究者。参加活动多了，自觉和不自觉地思考一些道教有关问题，陆陆续续也写了一些小文章，至今还在继续。现在我想解决的是道教何时产生的问题。

有些论文是产生过一定影响的，例如《秦始皇的最后十年》《重新认识古书辨疑》等曾为一些朋友津津乐道；有些论文如关于道教产生的问题，被作为一家之言看待；还有些虽被人称引（如李振宏的推介“汉人改造先秦典籍”并且有所发挥），我认为还未引起足够的重视，所以又写了“再论”和“三论”。“汉人改造先秦典籍”，这虽不是完全新的发现，但关系到如何依靠文献资料研究先秦史的问题，出土先秦文献越多，越说明这个问题重要，不应该把汉人的思想当作先秦人的思想。文集收集了一些散见的论文，更便于查考，这是最直接的意义。

文集收了几篇未刊稿，意在表明在某些问题上自己是思考过的，其实还有一些，就不必全收了。未公开发表的只是自己学习和研究的一个记录，从1956年当研究生开始，我可以说是笔耕不辍的，有些是作业，还有吴泽、束世澂等老师或长或短的评语；有些是自己学习过程中的心得体会，开始想学明清史，写过一些理论方面的东西，如资本主义萌芽问题之类。后来拜师唐长孺先生，认真读过《隋书》、新旧《唐书》、《资治通鉴》等相关史籍，写过几篇文章，还做过《隋书·食货志》译注（有原稿保存）。1979年转学秦汉史，开始写《秦统一六国》（也保存有原稿），汉武帝研究除已发表的之外，还有未刊的稿子。还有一些未刊稿没有产生过社会影响，也没有很特殊的见解，就不必收录了。

还有一卷，包括回忆录、序跋、杂文等，可以说这是从几个横断面看人生的足迹。我始终认为自己是一个普通人（本来也是），普通人和大众更接近，经历能得到更多人理解，有人或可从中获得点什么启发。记得何建明主持过我的一次讲座，一个较大的阶梯教室，室内走道、室外走廊满满都是人，屏声静气一个多小时。内容大概是结合个人经历讲未来。何建明说，不必太高远，可望而可即，也许这就是流行的接地气吧。我这一生，也就是读书、教书、写书，但不论什么时候，不论做什么事，都会与社会时事有关。这也是我长时间表示的一个看法，从古到今，完全脱离时势、政治的人和事是没有的（当然是就大的方面而言）。历史就是《资治通鉴》，一代一代的“资治”。人生也是如此，任何人都脱离不了时势和政治，只有自觉和不自觉、主动和被动的不同。写回忆录，我翻阅了一些旧日记、信件等材料。最近找到了两本高中一年级时的作文本（残缺不全），感慨甚多，老师逐字逐句地批改，文后还有批评或鼓励，篇头还盖有教务处的图章（教学管理如此之细），是1948年下半年和1949年上半年的（长沙解放前夕）。我当时就读于兑泽中学，学校在长沙东郊丝茅冲。我是一个很普通的学生，虽跟着参加过一些迎接解放的集会和游行，但并不认识任何地下党团或者是进步的学生。从题目看，作文与时事政治是有密切关系的。《币制改革后长沙面面观》《戡乱与救国》《徐州战争》《我所理想的学校》《暑假生活杂传》（老师改“传”为“缀”）……第二学期的题目有《寒假生活回忆》《国共和谈之我见》《更夫》《凄风苦雨话四七》（记当时南京的学生运动，老师评语：语多慷慨激昂）……好像都不是命题作文。结合回忆录的内容，可见形势、政治对一个普通学生的影响。我常说，回忆、口述是有很多不可靠的东西，包括记忆之不完整，个人的心态和主观思想等，读回忆和口述，要做一定的分析。

我写回忆录，开始于2018年暑期，当时全家人聚集在女儿嘉慧家里一个多月，我带了一本1948年下半年至1949年上半年的日记本（包括50年代前后也有一些不完整的记录）。开始写作，我发现，有许多我记得很清楚的人和事，日记上没有，日记上有些人和事我忘记了，甚至印象都没有。2019年以后，就以问题为中心陆陆续续写了。也是有日记的，不过只是一本本简单的流水账，能反映思想和具体生活的内容太少了。写出来我自己都不满意。

序、跋不多，有些事能反映我的工作态度，如1993年组织青年教师编写一本《传统文化与中国社会》，在前言中写道："总的设想是我提出的，经过大家讨论、充实，然后才分头去做。前后三四个年头了，每一篇从草拟提纲到写作完成，我都是提出了意见的（或多或少），每一篇从初稿到定稿，最少的看了两遍，有的看了三四遍，甚至更多。提出这一点是说明我对这本书的责任，如果有问题的话（缺点、错误、不足之处），我是不能辞其咎的，我等待着大家的批评。"主编《帝王宰相辞典》，协助张舜徽先生主编《中国史学名著题解》和《中国古代学者百人传》，我都是这样做的，如张先生所说，"在编写过程中，在奔走联系、组织人力方面，熊君之力尤多"，花了大量的时间和精力。

人们如何从过往的经历中认识和总结，这恐怕是值得探讨的一个问题，不是名人、大家的普通人，其人生足迹也有自己的特点，有的内容多少或可给他人一点启示。

人的一生，时间长了，有各种各样的经历，某些时候，认识错误、行为错误会有不少，但是，我没有故意为恶、害人过，善良、正直是主导面。好学勤奋是一生的努力，真正是死而后已。我经常想到：吾日三省吾身，为人谋而不忠乎？与朋友交而不信乎？传不习乎？时至今日，我还没有停息，恐怕既不是为名也不是为利了，名和利已经基本定型了。刚好翻到一篇1948年的作文《我们要过有意义的生活》，老师批语："现在社会上的人个个都是争名夺利，所以作者也只看到名利二字才是有意义的生活，可是我们想想、看看，争名夺利的结果怎样，归宿怎样，那就知道名利的害人，知道为名利是无意义的生活。（十二月四日）"感谢老师的早期教育！几十年来，名利思想恐怕是反复斗争、变化过的。写回忆录，恐怕反映不了这么多、这么复杂的发展变化。

因为我活得比较长，而写作生涯中有一个突出的现象，大多数研究成果是 60 岁前后特别是 60 岁以后出来的。我想人生不必要像坊间所说的那样：60 岁告老还乡，70 岁打打麻将，80 岁晒晒太阳，90 岁躺在床上。我的经历是 60 岁以后可以干事，可以干较多的事。但这又似乎没有普遍意义，60 岁以前成果不多，一方面有时代的客观原因，读书、做学问受到不少干扰；另一方面也是自己不行。过去和现在都有 50 岁前很有成就的人，我的经历唯一可以说的就是告诉人们，60 岁以后可以做一些事，可以做较多的事。愿与老朋友们共勉。现在我的很多学生都已经步入了老年。

我讲话、作报告有时候会有些幽默，能获得一点笑声和掌声，写文章却太缺乏文采，只能实话实说，这既是优点也是缺点。

前　言

“汉代学术史论”，这个很一般但名副其实的书名，最近才定下来，也是最近才想出来的。从我开始写“汉代学术史”到现在整整5年，完成了70％以上的写作，才觉得这个书名最合适。

为了让读此书的朋友了解我的写作缘由和简单历程，我想从头说起。

30多年前，20世纪70年代末，我即将步入“知天命之年”的时候，由一般的学、教中国古代历史（重点学习和研究过明清史、隋唐史、农民战争史），转为专攻秦汉史，着重研究制度、文化等方面的问题。后来陆续出版过几本专书，属于大的文化范围，所谓制度文化、思想文化之类。20世纪90年代初开始，在一些学术会议的影响和促使下，我先后编写了《中国老学史》《中国庄学史》，又进入学术史的研究领域，尽管如此我也没有忘记和丢掉秦汉史，“老学史”、“庄学史”也主要撰写秦汉部分，最多延长到唐，与我的《汉唐文化史》结合起来。2002年写完了《中国庄学史》，我很快就考虑了“秦汉学术史”的问题，具体的心路历程已经记不得了，事情（工作）还是比较多的，好在开始写“汉代学术史”时的一些简单记录，提供了一点线索。

几年前的书稿上有一行小字写道：“2003年4月30日下午开始。”（当时是“非典”时期，月初有亲人病逝于“非典”）翻看流水账式的日记，和往年一样，此时正当大忙季节，博士生入学、论文答辩等一系列活动，当时还办了一个道教文化讲习班，等等。4月30日当天记录是：“看学术史”，“下午3时以后开始写汉代学术史，一个多小时，定第一章提纲，300字”。在这之前，有一些阅读学术史著作的记录。3月31日有一句“写顾颉刚纪念会发言提纲”的记录（当年8月的纪念会我因为在美国未能参加）。显然，我写“汉代学术史”是与顾先生的《汉代学术史略》（后名《秦汉的方士与儒生》）有密切关系的。顾先生虽然已经开辟了这个领域，但因为许多方面“大都没有叙及”而对读者深感“歉意”，我之所作将是继承顾先生的遗愿。当然我也知道，当时有一两种学术通史正在撰写，秦汉部分会有一大卷。写作开始时，又才知道华东师范大学的王铁同志早在1995年已经出版了一本《汉代学术史》，于是托当时刚去华东师范大学的牟发松同志代为索要了一本，王铁同志赠书落款的时间是“2003年5月”。那时我已经开始写作了，读王著之后觉得还可以写，因为我想写的有所不同。写到中途，又看到《中国学术通史》（秦汉卷）（周桂钿、李俊先生合著），仍感到可以继续写，同时也逐渐有点明确，我侧重在“发展”二字，或可名叫“汉代学术发展史”。

为什么这么多年还没有最后完成？一是多少还有些工作和活动，特别是这几年参加了一些道教界的活动（主要是研讨会），经常还写一点“急就章”，如有些朋友感兴趣的《人皆可以成神仙》之类的小文章。二是没有压力，不是什么课题任务。在此期间两次申请社科基金，一次在哲学方面申报，大约因为此前得到过一次，虽然完成了，但也得给他人一些机会；另一次在历史学方面申报，好像初审通过了（当时似有公布），终审未能通过。当然，主要原因应该是还看不出明显的优势，亦非“规划”之内的。没有立项，就没有压力，没有压力就可以自由自在地慢慢来，当然始终没有放弃，只是拖的时间长一点。意外的好处是可以经常思考，反复琢磨，更有利于形成某种特色，结果这倒说明是有好处的。

开始碰到的问题是：写一个老题目，如何能不一般化？能否与已有的学术史有所不同？首先我想到的是“学术载体”问题，就是书中的第二、第三两章。一般的著述没有记述它，但它对于学术的发展是有很重要意义的。我所讲的载体——人和书这两点至关重要，它们具体反映学术内容、成就、水平和发展变化等，比较集中地研讨它们，对于深入了解学术是重要的，甚至还可以得到一些新的启发。

其次，在载体的研究中，自然就突出地看到一个发展变化的问题。因此，书稿上的“汉代学术史稿”就变成了申报课题时的“汉代学术发展史”。这个“发展”是贯彻到最后的，写学术成就时，也想要有点特色，每一个小标题都体现这种思想。如“注疏之学的发展——中国解释学的形成”、“从数术到谶纬——中国神秘学的形成”之类。而“子学与汉代诸子”就是讲先秦诸子在汉代的传承，以及汉代诸子的特色，多多少少都是以发展的眼光记述的，其他如史学以及天、地、农、医等自然科学都是如此。

再次，既然要讲学术发展，就得考虑影响甚至决定其发展的诸多因素，本书除了注意到整个社会历史、文化背景，更是认为政治的影响是最大的，于是设立“重大举措”一章，按照时间顺序，择要列举了一些重大的政策措施和重要的学术性的会议，诸如博士制度、讲论经义、图书的搜集和整理等。这些“重大举措”都是有很大且深远的影响的，它影响着社会风气、士人心理和志向，与当时的学术发展息息相关。

既然讲发展，还必定涉及规律、特点和地位等诸方面的问题。中国古代学术与西方和中国现代分科学术不同，其明显的是一种“综合性的学术”，早在1993年我写《秦汉文化志》时，就曾以此为章名，概述秦汉时期的学术。与“综合性”这一特点有关，中国传统学术的特点还可以从不同角度来阐释。例如“经世致用”、“道不离器”、政治性、正统性、连续性等。这些特点都在汉代学术中明显地表现出来，甚至可以说是在汉代形成的。

另外，“综合性”这一特点本身又是在学术发展中逐渐形成和不断变化的，所以再列出“学术思想的趋同与整合”一章，用几个突出的具体的事例加以论说。如“汉人如何看待先秦诸子”、“秦汉新道家”、“汉代新儒家的形成”，等等。

在几年来的撰写过程中，有些看法和想法曾经以论文的形式发表过（有的也是因友人的索要），我认为比较重要的一个看法，例如曾在《光明日报》上发表的《汉代对先秦典籍的全面改造》一文，说明如何看待传世的先秦典籍，如何看待汉人在学术史上的地位，等等。这些观点在其他文章中也有所呈述，应该说已引起了一些学者的关注，今年考博的研究生就有几位加以引述，这当然不足为怪，但至少说明他们注意了而且思考过。要讲同行学者的关注，有成文的材料更好，恰好2007年12月7日《光明日报》“史学”版发表李振宏同志（《史学月刊》主编，秦汉史学会副会长）的大作——《汉代文化研究需要引起新的重视》，该文的第二部分开头写道：“熊铁基先生说：‘后世流传至今的群经诸子，都是汉代的东西，是汉人传授、整理过，甚至重新编定的东西。’熊先生这话很有见地，他提出了 ·个长期以来被人忽视的问题。”彭卫同志（《中国史研究》主编，秦汉史学会副会长）和我通电话时开玩笑说，振宏引用你的“语录”了。这当然是玩笑话，说实在的，振宏的引述恐怕不一定是原文，但说“提出了一个长期被人忽视的问题”，这话应该是恰如其分的，并非什么过分“赞扬”之词，而是他——甚至可说是他代表了一些人对这一问题的相同看法。因为这一问题，还牵涉其他一些学术理论问题，如我曾写过的《重新认识古书辨疑》即为问题之一，顾颉刚先生写《秦汉学术史略》似曾有汉人“造假”（也许这也不是一个准确的表述）之说，进一步涉及“疑古”与“走出疑古”之类的问题，等等。这些虽然越说越远，但确实是学术史上的理论问题，也许会有不同的看法，或者更为准确表达的说法。这里我顺便郑重地感谢我的“知音”们。

这里已经讲到“论”了，回头看这几年来发表的有关文章，都多少带有“论”的性质，与开始的“汉代学术史稿”、后来的“汉代学术发展史”都不太一致。现在已经申报了教育部哲学社会科学研究后期资助项目，应该有一个名副其实的书名，忽然想到这个“论”字，我问身边的赵国华同志，可不可以叫“史论”，他说当然可以，侯外庐先生就有《中国古代社会史论》，想起来了，再找来一看，好了，对了，就叫“汉代学术史论”。

最后一点要交代的，从历史学的眼光看，秦汉历史难以分割，所以多半秦汉相连，我也写过《秦汉官制史稿》（与安作璋先生合作）、《秦汉军事制度史》、《秦汉文化志》、《秦汉文化史》、《秦汉新道家》，皆秦汉相连，唯独这个学术史，一开始就感到不能用“秦汉”，秦代的“灭学”、尊法（当然可以具体分析“焚书坑儒”、“以法为教”之类），与汉代的尊儒、重经基本上可说是两码事。当然，作为背景是应关照秦代的，特别是汉初的有些问题，直接与秦代有关，但如果要写秦代，在书中也该单独列篇。

这中间包含着一些论文，所以有些材料、观点反复出现，刚删削过一些，有些地方删也不好删，但又并不完全是一个论文集，这与写学术史的初衷有关，是想以一个较新的面貌把汉代学术史呈献在人们面前。

信手写上一些话，平铺直叙，但比较真实（因为时间长了，有记忆不确的地方，用“比较”二字更合适）。

目　　录

第一章　汉代学术的历史和文化背景

本章撰写基于两个理念：一是经济基础与上层建筑的关系，二是文化的承传性。因为历史的事实确实如此。

一　春秋战国时期社会急剧变化与发展大势

春秋战国时期，社会政治发生着急剧的变化，或可称之为社会转型时期。急剧的变化有两个突出表现：一个是“礼崩乐坏”，传统的社会政治局面被打破，在社会生产力提高的基础上，土地制度（“废井田，开阡陌”之类）、赋税制度（“初税亩”、“初租禾”之类）等都相继发生重大变化，财富的拥有情况也不断变化。例如军功爵赏，可以“利其田宅”①，可以“赐之上田上宅”②，还有“辟草莱”③、“除井田，民得买卖”④，等等。新的财富拥有者，成为新的阶级力量，相应地政治上就产生了一系列的改革，各诸侯国的各种“变法”运动，如吴起变法、商鞅变法就是鲜明的事例。所有的变化虽然反映着历史的进步，但遭到的抵制和反对也是很大的，对于守旧派来说那就是“礼崩乐坏”、“是可忍孰不可忍”。这虽是孔老夫子的话，不过，终究一切变化都发生了。

当时社会急剧变化的另一表现就是兼并战争。从春秋开始，争城夺地之战就时时处处发生，到战国时形成齐、楚、燕、赵、韩、魏、秦七个大国并立的局面，时而合纵，时而连横，各国之间都发生过规模不同的战争。有人大致统计，见于记载的大小战役不下二百次，这些战争对社会经济发展和人民生活是灾难性的，“争地以战，杀人盈野，争城以战，杀人

---

① 《荀子·议兵篇》，诸子集成本，中华书局 1954 年版。

② 《韩非子·内诸说上》，诸子集成本，中华书局 1954 年版。

③ 《孟子·离娄上》，诸子集成本，中华书局 1954 年版。

④ 班固：《汉书》卷二十四，《食货志》，中华书局 1962 年版，第 1137 页。

盈城”①。秦国攻取楚国郢都，引水灌城：

> 水溃城东北角，百姓随水流，死于城东者数十万，城东皆臭……②

公元前260年，长平之战，秦将白起活埋了赵军40多万人③，双方在战争中死伤的人数更多。最受苦、遭殃的是老百姓（包括士兵）。经济的损失当然也是非常惨重的，当时苏秦描述战后的情况说：

> 夫战之明日，尸死扶伤，虽若有功也，军出费，中哭泣，则伤主心矣。死者破家而葬，夷伤者空财而共药，完者内酺而华乐，故其费与死伤者钧。故民之所费也，十年之田而不偿也……④

此虽策士游说之词，但以当时的经济情况而言，“十年之田而不偿也”，并不算太夸张，所有一切费用均转嫁到人民的头上，更是确定的事实。

以上两方面的突出表现，史书中有明确的记载，以《史记》为例，在不少篇章中都有一定的概述，兹举例如下：

> 平王之时（按：即一般所谓东周之时），周室衰微，诸侯强并弱，齐、楚、秦、晋始大，政由方伯……⑤

> 周衰，礼废乐坏，大小相逾。管仲之家，兼备三归。循法守正者见侮于世，奢溢僭差者谓之显荣。自子夏，门人之高弟也，犹云“出见纷华盛丽而说，入闻夫子之道而乐，二者心战，未能自决”，而况中庸以下，渐渍于失教，被服于成俗乎？……⑥

---

① 《孟子·离娄上》，诸子集成本，中华书局1954年版。
② 郦道元：《水经注》卷二十八，《沔水注》，商务印书馆万有文库本1939年版。
③ 事见《史记》卷七十三《白起列传》。
④ 刘向：《战国策》卷十二，《齐国策》，商务印书馆国学基本丛书。
⑤ 司马迁：《史记》卷四，《周本纪》，中华书局1982年版，第149页。
⑥ 司马迁：《史记》卷二十三，《礼书》，中华书局1982年版，第1159页。

> 自是之后（按：春秋时期以后），天下争于战国，贵诈力而贱仁义，先富有而后推让。故庶人之富者或累巨万，而贫者或不厌糟糠；有国强者或并群小以臣诸侯，而弱国或绝祀而灭世。以至于秦，卒并海内。①

所有这些描述，应该说都是当时客观情势的反映。至于对这些历史变化今天该如何看待，仍是值得进一步探讨的问题。

如果从平王东迁（公元前770年）算起，到公元前221年秦统一中国，整个春秋战国时期约有五百五十年，春秋时期三百多年，战国时期近两百年。是否这五百多年都称为社会转型期？这是首先碰到的一个问题。也许在生产力、经济水平相对低下的古代，这个时期是要长一些。事实是，春秋时开始的一些变化都是在战国时完成或者结束的。

另一个问题就是：春秋战国的转型，是何种性质的转型？学者们曾用马克思主义史学观来探讨这种转型，有的学者认为是奴隶制到封建制的转变，即所谓战国封建说（郭沫若）；主张西周（如范文澜）或者春秋（如李亚农）开始封建社会的学者，则认为是封建领主制向封建地主制的转变；主张秦汉或魏晋开始封建社会的学者中，有的认为是从早期奴隶制到发达奴隶制的转变。由此可见，大家都认为，从春秋时期到战国时期的历史转变是重大的、根本性的。但是从具体事实看，无论经济制度或政治制度，一些可以反映整个社会转型的具体制度，都是一个长时间的演变过程，很难找出一个十分明确的具体时段，更难以用哪一个历史事件作为明确的界标。这样，也只能把整个春秋战国时期看成转型期。

如何看待这个漫长的转型期？一方面可以肯定，整个社会是一种进步的转型；另一方面也不难看到，这种进步有很浓的血腥味。事情都有正反两个方面。

兼并战争这一现象发生在历史的转型期，既受社会转型的影响，也影响社会的转型，乃至形成另一种发展趋势——由分裂割据逐渐走向统一，最终形成一个统一的大中国，以及形成一个以汉族为主体的大中华民族。我们将要论述的汉代、汉王朝，就是这个发展的重要结果。

兼并战争，起于“诸侯强并弱”。原来“统一”的周王朝，实行分封制，本意是“封建亲戚，以屏藩周”，但结果是造成了一个实际上的四分

---

① 司马迁：《史记》卷三十，《平准书》，中华书局1982年版，第1442页。

五裂。大小诸侯不但各自为政，而且争城、争地、争民，强凌弱，众暴寡，从争当霸主，到争王、争帝，因此才有数以百计的大小战争。“春秋无义战”这个原始的评价也不无道理，但是从客观结果看，这些兼并战争又逐步解决了四分五裂的问题，七雄并立解决了局部的统一，最后发展到秦统一。对此学者们已经进行过不少论述，统一是符合社会经济发展需要的，从西到东的黄河和长江，把这一块大陆连成了一个整体。如果分裂，不是“东周欲为稻，西周不下水”①，就是“以邻为壑”②，势必严重影响经济的发展。而事实上经过夏、商、西周的长期发展，春秋战国时期已形成了“四海之内若一家”③ 的局面，结束分裂割据、实现统一，势所必然。学者们还指出，当时“人民群众迫切要求统一”④，这也是符合事实的。

当时的百姓，一方面受本国统治者压迫剥削之苦，一方面受战乱之苦，二者相加，生活于水深火热之中，迫切渴望有人解救自己，所以在战争中有时候也会出现“箪食壶浆以迎王师”的情况。《孟子·梁惠王下》记“齐人伐燕”时孟子的说法是很可以说明这一点的：

> 以万乘之国伐万乘之国，箪食壶浆，以迎王师，岂有他哉，避水火也。如水益深，如火益热，亦运而已矣！
>
> ……
>
> 今燕虐其民，王往而征之，民以为将拯己于水火之中也，箪食壶浆，以迎王师，若杀其父兄……如之何其可也？⑤

这样，民之走向就成为当时为政者不能不注意的问题，安定、统一事实上也就成了人心所向，统一即成为发展大势。

二　百家争鸣的学术文化及其实质

社会的进步、经济的发展，必然引起文化的发展和繁荣，这是不争的

---

① 刘向：《战国策》卷一，《东周策》，商务印书馆国学基本丛书。

② 《孟子·告子下》，诸子集成本，中华书局 1954 年版。

③ 《礼记·王制》，十三经注疏本，中华书局 1980 年版。

④ 杨宽：《战国史》，上海人民出版社 1980 年版，第 381～384 页。

⑤ 《孟子·梁惠王下》，诸子集成本，中华书局 1954 年版。

事实。春秋战国的整体文化水平已经相当高，也是可以肯定的。中国古代文明有很长的历史，春秋战国时期的科学技术和科学思想，在当时世界上应处于领先地位，文学、艺术有自己的独特发展，古老的诗辞流传至今，今日越来越多出土的绘画、乐器等，是美术、音乐高度发展最有力的说明。同样，学术思想的发展也是很有特色的，它更直接地反映当时时代的发展。今日“百家争鸣”的概括，非常形象。

学者们对于当时的“百家争鸣”作过大同小异的描述和说明，我们也曾作过四点概括：第一，殊途同归；第二，相生相灭；第三，同源异流；第四，求同存异与“齐万不同”①。这可以说是四个特点，对说明“百家争鸣”的性质是有一定意义的。本章专讲学术，为了了解汉代学术以前的情况，理应再就此作些说明。

首先，“百家争鸣”适应了时代的发展和需要。当时的有些记载也是讲得很明确的。例如《荀子·解蔽篇》所说：

> 今诸侯异政，百家异说，则必或是或非，或治或乱。②

“百家异说”源于“诸侯异政”。这种现象上的联系是客观情势的反映，也有一定的道理。只不过荀子对“百家异说”是持否定态度的，如他在《非十二子篇》中所说：

> 假今之世，饰邪说，文奸言，以枭乱天下，矞宇嵬琐，使天下混然不知是非治乱之所存者有人矣。纵情性，安恣睢，禽兽行，不足以合文通治；然而其持之有故，其言之成理，足以欺惑愚众……③

荀子批评了它嚣、魏牟、陈仲、史鳝、墨翟、宋钘、慎到、田骈、惠施、邓析、子思、孟轲等十二子。其《解蔽篇》又批评说：

---

① 参阅熊铁基、马良怀、刘韶军：《中国老学史》，福建人民出版社2005年版，第二章第一节的“百家争鸣”。

② 《荀子·解蔽篇》，诸子集成本，中华书局1954年版。

③ 《荀子·非十二子篇》，诸子集成本，中华书局1954年版。

> 墨子蔽于用而不知文，宋子蔽于欲而不知得，慎子蔽于法而不知贤，申子蔽于势而不知知，惠子蔽于辞而不知实，庄子蔽于天而不知人。①

荀子写《天论》也不忘批评：

> 慎子有见于后，无见于先；老子有见于诎，无见于信；墨子有见于齐，无见于畸；宋子有见于少，无见于多。②

对于“子宋子”看来荀子是比较尊重的，但在《正论》的最后，也对他的言论评议一番，说他“严然而好说”、“岂不过甚矣哉”。恐怕当世只有他孙卿子一人是正确的，这样就太偏激了。这是战国争鸣时互相间水火不容的情况。如《汉书·艺文志》所说，是“各引一端，崇其所善，以此驰说，取合诸侯”，所以其言“辟犹水火”。战国诸子很少有人不以己是而且人非的。实际上如《尸子》所说：“其学之相非也……皆弇于私也。”如《庄子·天下》所说：“天下多得一察焉以自好。”

其次，各家之所好、所善，不断发挥、完善，也会形成很有意义的学术和学术思想。如《尸子》所说：

> 墨子贵兼，孔子贵公，皇子贵衷，田子贵均，列子贵虚，料子贵别囿。③

又如《吕氏春秋·不二》所说：

> 老耽贵柔，孔子贵仁，墨翟贵廉，关尹贵清，子列子贵虚，陈骈贵齐，阳生贵己，孙膑贵势，王廖贵先，兒良贵后。④

---

① 《荀子·解蔽篇》，诸子集成本，中华书局 1954 年版。
② 《荀子·天论》，诸子集成本，中华书局 1954 年版。
③ 《尸子》，中华书局四部备要本 1980 年版。
④ 《吕氏春秋·不二》，诸子集成本，中华书局 1954 年版。

无论所“贵”如何，都各有其一定的学术意义，而且它们有“一实”之处，如果互相取长补短，综合起来，其意义更大。这一点当时和后来的人都是有一定认识的。如《尸子》就说：

若使兼、公、虚、均、衷、平易、别囿一实也，则无相非也。①

《吕氏春秋·不二》中更明确提出“齐万不同”的主张。

汉人对百家的认识就比较平实了，更多地看到了他们的有用性、一致性，特别是着眼于政治方面的作用和一致。这也是与百家争鸣的实际相符合的。从孔子的惶惶不安“待价而沽”，到孟子的带着弟子们四处奔波游说，无不是针对“好恶殊方”的“时君世主”而“驰说”，无不是为了“取合诸侯”。汉代有识之士对这些有清醒而且十分精辟的认识，那就是我们常常称引的司马谈《论六家之要指》、刘安《淮南子》、班固《汉书·艺文志》中的一些议论，这里不妨再集中罗列一下，以资仔细玩味。司马谈《论六家之要指》曰：

《易大传》：“天下一致而百虑，同归而殊途。”夫阴阳、儒、墨、名、法、道德，此务为治者也。直所从言之异路，有省不省耳。②

稍后的《淮南子》有两处表述，《齐俗训》云：

故百家之言，指奏相反，其合道一体也。③

《氾论训》云：

百川异源而皆归于海，百家殊业而皆务于治。④

---

① 《尸子》，中华书局四部备要本1980年版。
② 司马迁：《史记》卷一百三十，《太史公自序》，中华书局1982年版，第3286页。
③ 刘安：《淮南子·齐俗训》，诸子集成本，中华书局1954年版。
④ 刘安：《淮南子·氾论训》，诸子集成本，中华书局1954年版。

到了东汉，虽然是儒学、经学“独尊”，难得班固有一个较客观全面的认识，他在《汉书·艺文志》中写道：

> 诸子十家，其可观者九家而已。皆起于王道既微，诸侯力政，时君世主，好恶殊方，是以九家之术蜂出并作，各引一端，崇其所善，以此驰说，取合诸侯。其言虽殊，辟犹水火，相灭亦相生也。仁之与义，敬之与和，相反而皆相成也。《易》曰：“天下同归而殊途，一致而百虑。”今异家者各推所长，穷知究虑，以明其指，虽有蔽短，合其要归，亦《六经》之支与流裔。使其人遭明王圣主，得其所折中，皆股肱之材已。仲尼有言：“礼失而求诸野。”方今去圣久远，道术缺废，无所更索，彼九家者，不犹瘉于野乎？若能修六艺之术，而观此九家之言，舍短取长，则可以通万方之略矣。①

读此之后，我们禁不住要说，内容太丰富了！论述太精辟了！每一句都可圈可点。就此而论述学术的发展、论述班固的思想，可以写成一篇很大的文章。

最后，无论是“百家争鸣”形成的原因还是“百家争鸣”的目的，都是与当时政治有密切关系的。各家学说的主要内容，当然也就是讲政治，讲为政之道，或者为政之术（古称为“南面之术”），讲如何争王争霸，讲如何顺应历史潮流实现统一，并且明确认识到，争城争地当中关键还在于取得民心。这一点，在《孟子》所载孟子的言行中，讲得比较明确，讲得比较透彻，如前所说，“齐人伐燕”“五旬而举之”（事在齐宣王五年，公元前 314 年），当时孟子就警告说：

> 若杀其父兄，系累其子弟，毁其宗庙，迁其重器，如之何其可也？天下固畏齐之强也，今又倍地而不行仁政，是动天下之兵也。王速出令，反其旄倪，止其重器，谋于燕众，置君而后去之，则犹可及止也。②

---

① 班固：《汉书》卷三十，《艺文志》，中华书局 1962 年版，第 1746 页。

② 《孟子·梁惠王下》，诸子集成本，中华书局 1954 年版。

孟子当然是为了推销其“仁政”主张，但他谈到是否能得民心，这是个关键问题。燕国人民本来是盼你齐王来解救他们于“水深火热”之中，你反而给他们带来新的灾难，结果当然是：“燕人畔。王曰：‘吾甚惭于孟子。’”① 正是在这种认识的基础上，孟子说出了一些至理名言，如《公孙丑下》中记载的：

> 天时不如地利，地利不如人和。……故曰域民不以封疆之界，固国不以山溪之险，威天下不以兵革之利。得道者多助，失道者寡助。寡助之至，亲戚畔之；多助之至，天下顺之……②

荀子的表述是这样的：

> 用国者，得百姓之力者富，得百姓之死者强，得百姓之誉者荣（按：这是心理层面的认识了）。三得者具而天下归之，三得者亡而天下去之；天下归之之谓王，天下去之之谓亡。③

到战国即将结束，统一即将实现之时，《吕氏春秋》更是明确指出：

> 欲为天子，民之所走，不可不察。④

《吕氏春秋》关于顺民心、得民心的论述是很多的，这里就不一一列举了。诸子百家在这方面有一致的认识。这些是传统学术思想中的民主性精华。

“为治”也好，争取“人和”也好，除了统治者的争王争霸之外，就是一个实现统一的问题。如果说春秋时为了维护统一而打出“尊王攘夷”之旗号的话，到战国时“周室”名存实亡之后，那就是希望出现一个“贤者”、“圣者”、“仁者”来实现统一。时代需要一个新的“天子”，像战国这样的乱世，就是因为没有“天子”，所以《吕氏春秋·谨听》说：

---

① 《孟子·公孙丑下》，诸子集成本，中华书局 1954 年版。
② 《孟子·公孙丑下》，诸子集成本，中华书局 1954 年版。
③ 《荀子·王霸》，诸子集成本，中华书局 1954 年版。
④ 《吕氏春秋·功名》，诸子集成本，中华书局 1954 年版。

今周室既灭，而天子已绝。乱莫大于无天子，无天子则强者胜弱，众者暴寡，以兵相残，不得休息，今之世当之矣。①

战国诸子为新的“天子”统一献出过不少计策，一直到吕不韦都是如此。秦王政实现了统一，但他没有按吕不韦的政治设计办，也没有全面、认真体会诸子的“南面之术”，“举措暴众”“二世而亡”，给刘姓当天子的汉王朝建立创造了机会，也留给刘汉王朝很多宝贵的经验教训，让汉人重新来认识诸子百家，重新整合学术思想。

三 汉代政治历史的主要特点

我们用“国家的大一统”、“政策的大统一”② 来概括汉代的历史特点，这个概括大体上是不错的。秦统一六国，结束诸侯各自为政的局面，一方面是“四海之内”皆为“皇帝之土”，另一方面又“海内”“一统皆为郡县”。但秦国因“举措暴众”而很快灭亡了，汉接着就继承了这种“大一统”的局面，从中央对地方的控制来说，汉武帝时有一个大的发展，曾有史学家说，中国疆土得汉武帝而开。虽然汉代一开始也实行过郡、国并行制，但那些“国”一开始就与先秦的诸侯国很不相同，而且越来越与郡县差不多。当然地方的相对“自治”性③又是始终不同程度存在的。但是，无论当时或后世，都不妨碍人们对这种“大一统”的承认和理解。“大一统”的中国，在疆域上有其不可分割的完整性，除了东部和南部有大海为界之外，西有葱岭，北有大沙漠，自然形成了一个“四海之内”的局面，或者叫“天下”，或者叫“中国”。中国古人对此很早就有明确的认识，这里可引用战国时荀子在前人认识基础上的总结，他在《儒效》《王制》《议兵》等篇都有相同的概括性论述。如《议兵》篇在讲到殷周历史时就说：

故近者歌讴而乐之，远者竭蹶而趋之，无幽间辟陋之国莫不趋使而安乐之，四海之内若一家，通达之属莫不从服……《诗》曰：“自

① 《吕氏春秋·谨听》，诸子集成本，中华书局1954年版。
② 熊铁基、马良怀、刘韶军：《中国老学史》，福建人民出版社2005年版，第134～136页。
③ 有的学者在这方面有所论述，如孙筱之所谓的社会和政权的二重性。

西自东，自南自北，无思不服。”此之谓也。[1]

除了从不同角度概述这相同的话之外，《王制》篇中还有另一段很有意思的表述：

> 北海则有走马吠犬焉，然而中国得而畜使之；南海则有羽翮、齿、革、曾青、丹干焉，然而中国得而财之；东海则有紫、纮、鱼、盐焉，然而中国得而衣食之；西海则有皮革、文旄焉，然而中国得而用之。故泽人足乎木，山人足乎鱼，农夫不斫削、不陶冶而足械用，工贾不耕田而足菽粟。故虎豹为猛矣，然君子剥而用之。故天之所覆，地之所载，莫不尽其美，致其用，上以饰贤良，下以养百姓而安乐之。夫是之谓大神（按：注云“大治”）。《诗》曰：“天作高山，大王荒之。彼作矣，文王康之。”此之谓也。[2]

这些描述，应该说是事实的反映，也是古人的认识。古人对“四海”、“天下”乃至宇宙的认识，是不断进步的，认识范围越来越大，越来越准确，这是十分明显的。例如《禹贡》、驺衍的认识，等等。这一点还可以从多方面论证，此处不再详述。战国乃至秦汉，中国人对“中国”以外的世界有多少认识，还有待详考，但从汉武帝时张骞通西域前后的情况看，天外还有天，中国人对此是有了更多的了解的（前此也许猜测的更多）。但是“海内”、“天下”、“中国”这些概念却早已固定下来，到汉代还有所加深，“大一统”的观念也更加加强。有志之士、有学之士为这个“大一统”的发展和巩固，作出了前赴后继的努力，当然这中间还加夹着一个“国君”或者“皇帝”在中间。这是汉代社会、政治的大势。

“乱莫大于无天子”、“天下定于一”，这是战国诸子的共同理想，汉代知识分子继承了这种理想，而且处于已有的政治“大一统”的局面下，他们的所想所作所为，就是如何发展和巩固这个“大一统”。这个任务并不十分轻松，他们的前辈荀子也曾说过：“兼并易能也，唯坚凝之难焉。”[3]

① 《荀子·议兵篇》，诸子集成本，中华书局 1954 年版。
② 《荀子·王制篇》，诸子集成本，中华书局 1954 年版。
③ 《荀子·议兵篇》，诸子集成本，中华书局 1954 年版。

巩固统一，比实现统一更难。这方面，荀子根据他对历史的总结，提出了“坚凝”的原则“处方”：

> 故凝士以礼，凝民以政，礼修而士服，政平而民安。士服民安，夫是之谓大凝，以守则固，以征则强，令行禁止，王者之事毕矣。①

但原则好说，实践并不容易。

为了“大一统”的发展和巩固，汉代君臣，当然包括知识分子精英，提出和采取了许多统一的思想和政策。这就是我们讲的汉代政治的另一大特点，即政策的大统一。

对于政策的大统一，也需要具体分析。一方面汉王朝在经济、政治、文化各领域都曾有一系列统一的政令，这是毋庸置疑的，在《史记》《汉书》《后汉书》当中多有记载，宋人徐天麟编的《西汉会要》和《东汉会要》有分门别类的资料收集，清人的《全汉文》和《全后汉文》又有按一个个皇帝和人物的集中，资料相对来说，还是比较方便的。但要具体分析其统一实施的情况，那就颇不容易了。因为我们这个幅员广阔的国家实在太大，东西南北中各地各方面的差异都很大，还有历史的诸原因。首先能否实施一个统一的政策，就是一个问题。例如“海内为郡县”，这在认识行政上的“大一统”是有意义的，但是否在全国都能实行郡县制这就是实际问题了。汉代实行郡、国并行制就是一种变通，而且各地的郡县制也会有具体不同，不同地区人口的多少、土地的肥瘠各异，规模建制都有不同，有些边远地区更不同。其次，即使有统一政策，是否能行得通，是否能认真执行，问题就会更大，“天高皇帝远”，你无法管得着，这是无须多论的。例比后代乃至现代也是如此。

再有重要的一点，还应该看到是何种性质的政策。有的政策会实行得比较好，甚至很好，有的政策在某些时候或某些地方就会只是一纸空文。以文教政策为例，汉武帝诏策贤良，那是完全可以做得到的，而且影响和意义都很大。但是一般的“劝学诏”实行得如何就值得研究了。《汉书·循吏传》记载，蜀郡太守文翁在蜀地兴学校，成效显著：

① 《荀子·议兵篇》，诸子集成本，中华书局1954年版。

……由是大化，蜀地学于京师者比齐鲁焉。至武帝时，乃令郡国皆立学校官，自文翁之始云。①

郡国立学是有的，是否全国皆行就不一定了。到了西汉末年平帝时，王莽有一个“立学官”之举：

郡国曰学，县、道、邑、侯国曰校。校、学置经师一人。乡曰庠，聚曰序。序、庠置孝经师一人。②

一方面谁也不会相信，在汉代郡县乡里都有了学校，各个地方至少有一个孝经师。另一方面又不能完全否认，在统治阶级的提倡下，在知识阶层的努力下，全国有不少地方是有人从事学校教育工作的（当然包括私人的开馆授徒）。《汉书·平帝纪》最后一条记载可以为证：

太仆王恽等八人使行风俗，……征天下通知逸经、古记、天文、历算、钟律、小学、史篇、方术、本草及以《五经》、《论语》、《孝经》、《尔雅》教授者，在所为驾一封轺传，遣诣京师。至者数千人。③

这条材料可视为实录，全国各地有不少有各种专长的知识分子，可说明教育、学术一定程度的普及，但决不能认为，全国各地都有学校，有学校的地方也会是时兴时废的，即便有朝一日某地一般人墓葬中出现《论语》或《孝经》的实物，也不能改变这种对当时实际情况的基本的看法。当然，以上这条记载还可说明其他一些问题，比如：其所“征”者中不包括“诸子”的精通和教授者；但是对天文、历算、本草（医药）等科技方面的人才还是重视的，不亚于经学人才；也还注意“逸经”、“古记”，说明并非“经学”一统天下；等等。

以上讲政策大统一，已直接涉及学术发展的问题了。这是本书主要讨

① 班固：《汉书》卷八十九，《循吏传》，中华书局1962年版，第3626页。
② 班固：《汉书》卷十二，《平帝纪》，中华书局1962年版，第355页。
③ 班固：《汉书》卷十二，《平帝纪》，中华书局1962年版，第359页。

论的问题，这里就不再详述了。

汉代政治历史的主要特点是“大一统”和“大统一”，不允许分裂，即使出现种种的“自治”性的现象，但“统一”是最基本的。在当时，皇帝是“一统”的一个主要象征，从“乱莫大于无天子”的认识到“皇帝”的至高无上、神圣不可侵犯的实际地位，汉代几乎所有的政策、措施都是围绕着这个中心而采取和变化的，其作用和影响也是很大的，整个社会都接受了一个早就出现的思想：普天之下莫非王土，率土之滨莫非王臣。天子和臣子、臣民的关系是天经地义的。政治的发展，就围绕着“君临天下”的天子而展开，或者想方设法维护天子的地位，或者在不得已时又设法限制“君权”，有的人有的时候又会利用“君权”（如“挟天子以令诸侯”之类），等等。

在具体探讨汉代学术之前，我们对汉代政治历史的主要特点，作以上这些认识。

第二章　汉初的学术载体

学术有载体才能流传，什么是学术载体呢？主要是两个：一是人，人的头脑；一是物，有文字图形的物，又主要是书籍，故书籍又称“载籍”。思想、学问、知识保存在活人的头脑中，头脑指挥活人的言行，包括创造发明等，所以人既是主体也是载体。人的思想、言行可以在人活着的时候得到表现并发挥作用，但人死之后，这个载体本身就不存在了，然而如老子所说：“其人与骨皆已朽矣，独其言在耳。”① 人死之后其言如何保留呢？除开口耳相传之外，那就是称之为典籍的图书，“载籍之传，维见可观也”②。在中国古代，从已知的情况，最早的是甲骨文，然后是金石文，比较能普及的那就是简帛了。近百年来，战国秦汉时期的简帛出土越来越多，简帛研究已成为热门学问。现在能够看到这么多两千年前的“载籍”，是一种幸运，为我们的学术研究提供了可靠的原始资料。我们研究汉代学术史，可以有更新的视角和更有说服力的根据。

研究汉代学术史，从这最基本的载体——人和书的问题谈起，也许更加牢靠一些。

一　汉初的学术传人

虽然秦朝的“焚书坑儒”可以重新评价，书并未烧尽，东汉时王充都说：“秦虽无道，不燔诸子。诸子尺书文篇具在”③，儒更是大多数存在。但是毕竟有过“禁诗书”之令，王充也知道，李斯曾建议“令史官尽烧五经，有敢藏诸诗书百家语者刑”④。也确发生过“坑儒”事件。在这方面，

---

① 司马迁：《史记》卷六十三，《老子韩非列传》，中华书局 1982 年版，第 2140 页。

② 司马迁：《史记》卷一百一十七，《司马相如列传》载封禅文。

③ 《论衡·书解》，诸子集成本，中华书局 1954 年版。

④ 《论衡·书解》，诸子集成本，中华书局 1954 年版。

汉王朝有一个拨乱反正的问题，因此汉惠帝四年：

> 省法令妨吏民者；除挟书律。①

这是一条非同一般而有实际意义的诏令，针对性很强，《汉书》注引张晏曰：

> 秦律敢有挟书者族。②

废除“挟书律”首先是对“挟书者”的解放。此时离汉王朝建立只有16年，当时的四海之内可以说干戈初定，有此令人们就可以公开持图书，可以阅读、传抄，也可以公开传授原来禁止的《诗》、《书》、百家语。

现在就来看看汉初知识分子的情况：

这里的汉初，可以武帝之前为界，因为从人的寿命来看，秦亡之时十来岁的学童，到武帝时已八九十岁了。看看汉初知识分子的情况，也就是人这个学术载体的情况，这是研究汉代学术首先要关注的问题。秦末汉初知识分子“学”的情况，《史记·儒林列传》有一个概述：

> 及至秦之季世，焚《诗》、《书》，坑术士，《六艺》从此缺焉。陈涉之王也，而鲁诸儒持孔氏之礼器往归陈王。于是孔甲为陈涉博士，卒与涉俱死。陈涉起匹夫……其事至微浅，然而缙绅先生之徒负孔子礼器往委质为臣者，何也？以秦焚其业，积怨而发愤于陈王也。
>
> 及高皇帝诛项籍，举兵围鲁，鲁中诸儒尚讲诵习礼乐，弦歌之音不绝，岂非圣人之遗化，好礼乐之国哉？……故汉兴，然后诸儒始得修其经艺（按：《汉书》作“经学”），讲习大射乡饮之礼。叔孙通作汉礼仪，因为太常，诸生弟子共定者，咸为选首，于是喟然叹兴于学……③

---

① 班固：《汉书》卷二，《惠帝纪》，中华书局1962年版，第90页。
② 班固：《汉书》卷二，《惠帝纪》，中华书局1962年版，第90页。
③ 司马迁：《史记》卷一百二十一，《儒林列传》，中华书局1982年版，第3116～3117页。

应该说司马迁是选择了最典型的材料，记述了当时知识分子或者说学者的情况。虽然从行文看用了“诸儒”、“缙绅先生”，虽然也可以说主要是指习“六艺”之“儒”，但并非后世专讲儒家之儒，而可以看作知识分子的泛指。“秦之季世”以及兵荒马乱之中，知识分子不仅人还在而且有各种各样的活动①。

汉初是所谓“布衣将相之局”，但“布衣”无论有一官半职者或“白徒”，多半都是知识分子，从清人赵翼所列的名单看，无论出身高贵的张良和秦大小官员叔孙通、萧何、曹参等人，还是陈平、王陵、陆贾、郦食其等“白徒”，大多是知识分子，仅樊哙、周勃等人也许少有文墨。值得注意的是，汉初将相中的知识分子又没有几个是纯粹学儒之士。上述诸知识分子的情况，根据《汉书》本传的记载是：

张良，虽“尝学《礼》淮阳”，后来却是“数以《太公兵法》说沛公，沛公喜，常用其策”。可以说是传播和实行的兵家。

萧何，“以文毋害为沛主吏掾”，应该说其所学属于法家。

曹参，“秦时为狱掾”，和萧何一样，“皆起刀笔吏”，也是学法出身。并且当时“百姓歌之曰：萧何为法，讲若画一，曹参代之，守而勿失，载其清静，民以宁壹”。他与萧何实行的也是守住一个“法”字。虽然，今人也把曹参列入黄老之列，道、法本也有联系。

陈平，“少时家贫，好读书，治黄帝老子之术”，其所学应是黄老。

郦食其，虽“好读书”，但“人皆谓之狂生”，与刘邦见面“言六国纵衡事”，不算什么儒生。

陆贾，虽然曾“时时前说称《诗》、《书》”，遭到刘邦骂后，也主要只劝道：“且汤武逆取而以顺守之，文武并用长久之术也。……”他所著《新语》，实在很难归入儒家，而是兼综各家的黄老之作②。

叔孙通，“秦时以文学征，待诏博士”，看起来是学儒家学说的，但他的变通性很大，乃至他的弟子都不理解他一些不合“礼”的行为，直至为刘邦定礼仪而受封赏之后，才“喜曰：叔孙生诚圣人也，知当世之要务”。司马迁关于叔孙通的评议值得一引：“叔孙通希世度务，制礼进退，与时变

① 班固：《汉书》卷八十八，《儒林传》基本全文照录。

② 参阅熊铁基：《秦汉新道家》，上海人民出版社 2001 年版，第十章。

化，卒为汉家儒宗。大直若诎，道固委蛇，盖谓是乎。”①

叔孙通这样“与时变化”的人，是汉初将相中唯一可称为儒家的人。其他将相除“屠狗”（樊哙）、“贩缯”（灌婴）等一些不学或不好学者之外，知识分子又以多少学了点“法家”学说的人居多，如狱吏之类，总之纯粹的儒家学者是比较少的。所以《史记·儒林列传》才有如下记述：

> （高祖时）然尚有干戈，平定四海，亦未暇遑庠序之事也。孝惠、吕后时，公卿皆武力有功之臣。孝文时颇征用（《正义》：言孝文帝稍用文学之士居位），然孝文帝本好刑名之言。及至孝景，不任儒者，而窦太后又好黄老之术，故诸博士具官待问，未有进者。②

总之，汉初的情况是：一方面“公卿皆武力有功之臣”，有一些知识分子（张良、陈平、萧何等）也是以“武功”获得将相之位的，其中儒学的知识分子比较少，所以有“不任儒者”之说；另一方面，从“颇征用”、“具官待问”以及设博士之类的实际情况看，儒学之士也是逐步在政治上被重视起来的，不过在政治上的地位和作用不大罢了。

从政的知识分子，他们的学术及学术思想主要是用在政治上，对政治乃至整个社会的发展变化产生了影响。他们的影响主要不在学术的传承方面。如张良之有《太公兵法》，恐怕就没有往下再传。当然也有的在实践运用中，客观上留下了文字。例如陆贾有《新语》就是很好的事例。还有一些人的学术思想，零星分散地保留在言行之中，如人们之分析曹参的黄老思想；如《史记》《汉书》传记中的一些记录。这些方面的内容，在汉代学术的研究中也是不可忽视的。有些人的言行也会对学术的发展产生直接的影响，如“不好儒”、“好黄帝老子”之类言行记录，就是在当时很有影响的一些事实。

汉初的几十年，一般知识分子从政的不多，但是，因为初汉已经从根本上改秦之弊，这些知识分子“得修其经艺”，人身的自由、讲学的自由已经有了基本保证。一方面有些人陆续被征入朝廷，另一方面在各地讲学

---

① 司马迁：《史记》卷九十九，《刘敬叔孙通列传》太史公曰。

② 司马迁：《史记》卷一百二十一，《儒林列传》，中华书局1982年版，第3117页。

授徒不受任何限制。这两方面的具体情况是：

“孝文时颇征用”，当主要指立博士一事而言。后世一般注意到的是武帝时立五经博士，而汉初立博士的情况则少有记述。

其实，汉朝初年，承秦制是设立了博士的。汉高祖二年，“汉王拜通为博士，号稷嗣君”①。实际上因为他在秦本已是博士，现在又能听听他的一些顺耳之言，给他一个鼓励罢了。所以有些注解“稷嗣君”之号说：“后稷佐唐，欲令复如之。”②（张晏说）或者说：“盖言其德业足以继踵齐稷下之风流也。”③（徐广说）这后者颇近情理，封号之当时，叔孙通不过如稷下学者之仅“议论”。后来才有实践为汉制礼仪，使刘邦大为高兴，“吾乃今日知为皇帝之贵也”，立即“拜通为奉常”。

惠帝时，有孔襄“为孝惠皇帝博士”④，大约因为他是孔子后代，其时孔子虽尚无至尊的地位，但其在学术上的影响不可忽视。

文帝时征用文学之士颇多，博士的设立也较多，故有“孝文时颇征用”一句。《汉旧仪补遗》就说：孝文帝时，博士七十余人，朝服玄端，章甫冠。文帝时立博士的情况有较多的记载，历来都有所考证。这里我们着重指出几点：

第一，文帝所立博士，与武帝以后的“五经博士”不同，不限于“五经”，也不限于儒家，而是一般的“文学之士”（或者如现在所说，有学问的知识分子）。甚至武帝初年都是如此，《汉旧仪》有条记载说：

> 武帝初置博士，取学通行修，博学多艺，晓古文《尔雅》，能属文章者为高第。……称先生，不得言君，其真弟子称门人。⑤

所以文帝时的博士就不是经博士。如人们常引的材料有刘歆在《移太常博士书》中说：

---

① 班固：《汉书》卷四十三，《叔孙通传》，中华书局1962年版。
② 班固：《汉书》卷四十三，《叔孙通传》注，中华书局1962年版，第2125页。
③ 司马迁：《史记》卷九十九，《刘敬叔孙通列传》注，中华书局1982年版，第2722页。
④ 司马迁：《史记》卷四十七，《孔子世家》和《汉书》卷八十一《孔光传》均有记载。
⑤ 周天游点校：《汉官六种》，中华书局1990年版。

（孝文皇帝时）天下众书往往颇出，皆诸子传说，犹广立于学官，为置博士。①

又有后汉赵岐的《孟子章句题辞》云：

孝文帝欲广文学之路，《论语》、《孝经》、《孟子》、《尔雅》皆置博士。②

这些后来虽都被认为是儒家经典，但在当时还是属于诸子之列的。从几个有名有姓的博士看，很难说哪一个是以某一经而为博士的。例如晁错虽然是从伏生所受《尚书》，但很难说迁他为博士就是书经博士，他本来是“学申、商刑名于轵张恢生所”③，在受尚书之前“以文学为太常掌故”，这里“文学”显然也泛指有文有学之士，和“博士”一样，不过是“通古今备顾问”之意，看他受尚书回来后，先是“以为太子、舍人门大夫”，后又迁“博士”，再后又“为太子家令”，“太子家号曰智囊”等等，很难说他是书博士。再例如贾谊：

贾生名谊，洛阳人也。年十八，以能诵诗属书闻于郡中。吴廷尉为河南守，闻其秀才，召置门下，甚幸爱。孝文皇帝初立，闻河南守吴公治平为天下第一，……乃征为廷尉。廷尉乃言贾生年少，颇通诸子百家之书。文帝召以为博士。是时贾生年二十余，最为少。每诏令议下，诸老先生不能言，贾生尽为之对……孝文帝说之，超迁，一岁中至太中大夫。④

由此可见：一、贾谊不是以某一经为博士。二、为博士期间主要是参与对诏、议论。本传还说，当时国家大事，“诸律令所更定，及列侯悉就国，

① 班固：《汉书》卷三十六，《楚元王传》，中华书局 1962 年版，第 1969 页。

② 严可均：《全上古三代秦汉三国六朝文·全后汉文》卷六十二，中华书局 1958 年版，第 815 页。后文出现中华书局版该套书，省略部分书名。

③ 班固：《汉书》卷四十九，《晁错传》，中华书局 1962 年版。《史记》本传中无“博士”记载，故引《汉书》。

④ 司马迁：《史记》卷八十四，《贾谊列传》，中华书局 1982 年版，第 2491～2492 页。

其说皆自贾生发”。三、与他同时“议论”的“诸老先生”亦当为“文学之士”，也当然会有博士。如诗经博士申公、韩婴等人很可能就在其中，只不过贾谊出类拔萃，“诸生于是乃以为能不及也”①。

第二，如上引文中已经表明，和其他时期一样，博士的主要职责是“掌通古今”。《汉旧仪》说得多几句：

博士，秦官。博者，通于古今，（士者）辩于然否。②

一般的时候是“备顾问”，所以不怎么用就叫作“具官待问”，“备”和“待”当皆指未用之时。用的时候，主要就是参与议政，从事实上看，特别是武帝以后，博士制度更完善，其职能可能更多，可以概括为：“议政、制礼、藏书、教授、试策、出使六项职能。”③

第三，从博士职掌中的“教授”与“藏书”这两项职能看，那就是发挥学术继承和传播的作用了，通过“藏书”而保存学术资料，通过教授弟子而传播和发展学术文化。博士藏有这样或那样的书（如伏生之有《书》）是自然的。博士的“教授”职能和其他职能相比，也应该是经常的、最基本的。虽然从武帝以后，才有立太学、立五经博士、置博士弟子员，博士通过教授弟子而传播学术，也是事实。叔孙通从秦到汉初，身边始终有一群数量不少的弟子，“从弟子百余人”。他带着弟子和其他一些人为刘邦“共起朝仪”，事后这批弟子“悉以为郎”，叔孙通“皆以五百金赐诸生”④。关于文帝时博士诸生的记载见于《汉书·郊祀志》：

文帝召公孙臣拜为博士，与诸生申明土德，草改历服色事。⑤

使博士诸生刺《六经》中作《王制》⑥，谋议巡狩封禅事。⑦

---

① 司马迁：《史记》卷八十四，《贾谊列传》，中华书局 1982 年版，第 2492 页。

② 孙星衍：《汉官六种》，中华书局 1990 年版。

③ 张汉东：《论秦汉博士制度》，安作璋、熊铁基：《秦汉官制史稿》（上册）附录二，齐鲁书社 1984 年版，第 409～491 页。

④ 班固：《汉书》卷四十三，《叔孙通传》，中华书局 1962 年版，第 2129 页。

⑤ 班固：《汉书》卷二十五，《郊祀志》，中华书局 1962 年版，第 1212 页。

⑥ 文帝时所作《王制》，据研究多采取传记之文，不仅“六经”。参阅上列张汉东文。

⑦ 司马迁：《史记》卷二十八，《封禅书》，中华书局 1982 年版，第 1392 页。

所谓“诸生”当即博士之弟子。

如前所说，汉初学术传人，绝不限于博士及其弟子，更大量的还是在民间，他们在长安、在各地师徒相授受。《史记》之《儒林列传》、《汉书》之《儒林传》的记载，以及其他散见记载，都能看出这种传承的事实。如：

> 高祖过鲁，申公以弟子从师入见高祖于鲁南宫。吕太后时，申公游学长安，与刘郢同师。（《汉书》云：吕太后时，浮丘伯在长安，楚元王遣子郢与申公俱卒学。）……（申公）归鲁，退居家教，终身不出门，复谢绝宾客，……弟子自远方至受业者百余人。①

申公为朝廷培养了一批官员，如武帝时著名的王臧、赵绾，“弟子为博士者十余人”，著名的还有：

> 孔安国至临淮太守，周霸至胶西内史，夏宽至城阳内史，砀鲁赐至东海太守，兰陵缪生至长沙内史，徐偃为胶西中尉，邹人阙门庆忌为胶东内史。……而至于大夫、郎中、掌故以百数。言《诗》虽殊，多本于申公。②

申公一生，只有两次在政治上做客，一次为楚王“傅太子戊”，一次做了短时间的太中大夫“议明堂事”。无论他自己从师，或他传授弟子，都是在民间进行的，非博士弟子那样的传授。《汉书·儒林传》记这种传授更详细一些：

> （申公）以《诗》、《春秋》授（按：《史记》仅记“独以《诗经》为训以教”），而瑕丘江公尽能传之，徒众最盛。及鲁许生、免中徐公，皆守学教授。③

这些都是民间教授活动。

---

① 司马迁：《史记》卷一百二十一，《儒林列传》，中华书局1982年版，第3120～3121页。

② 司马迁：《史记》卷一百二十一，《儒林列传》，中华书局1982年版，第3122页。

③ 班固：《汉书》卷八十八，《儒林传》，中华书局1962年版，第3608页。

除上述申公及其教授事例比较详尽而且典型之外，有关其他“经书”的传授也莫不如此，在正式立于学官之前，都是在民间教授的。例如《易经》，《汉书·儒林传》记其传授情况云：

> 及秦禁学，《易》为筮卜之书，独不禁，故传授者不绝也。汉兴，田何以齐田徙杜陵，号杜田生，授东武王同子中、洛阳周王孙、丁宽、齐服生，皆著《易传》数篇。同授淄川杨何，字叔元……要言《易》者本之田何。①

> 丁宽字子襄，梁人。（一王）梁项生从田何受《易》，时宽为项生从者，读《易》精敏，材过项生，遂事何。学成，何谢宽。宽东归。何谓门人曰：“《易》已东矣。”宽至洛阳，复从周王孙受古义……②

以上所记，既非博士与诸生的传授，更不是官学。值得注意的是，丁宽从政之后，仍“授同郡砀田王孙”，这种授受关系，似亦非官学之性质。后来王孙授施雠、孟喜、梁丘贺等人，施雠学《易》的情况是：

> 雠为童子，从田王孙受《易》，后雠徙长陵，田王孙为博士，复从卒业，与孟喜、梁丘贺并为门人。③

私授、从学者称为“门人”，与“弟子”相同，即今之学生。也许东汉以后有所不同④。

其他经书在汉初传授情况，大体上在民间。如：

> （伏生以其壁藏之29篇《尚书》）教于齐鲁之间。学者由是颇能言《尚书》，诸山东大师无不涉《尚书》以教矣。伏生教济南张生及欧阳

---

① 司马迁：《史记》卷一百二十一，《儒林列传》作：“然要言《易》者，本于杨何之家。”田何、杨何都是传《易》的重要人物。

② 班固：《汉书》卷八十八，《儒林传》，中华书局1962年版，第3597页。

③ 班固：《汉书》卷八十八，《儒林传》，中华书局1962年版，第3598页。

④ 清人阎若璩曾作《弟子门人》之考证，见《四书释地三续》。

生，欧阳生教千乘兒宽。兒宽既通《尚书》，以文学应郡举，诣博士受业……①

又如：

诸学者多言《礼》，而鲁高堂生最本。《礼》固自孔子时而其经不具，及至秦焚书，书散亡益多，于今独有《士礼》，高堂生能言之。

而鲁徐生善为容（颂）。②

……

胡毋生，齐人也。孝景时为博士，以老归教授。齐之言《春秋》者多受胡毋生，公孙弘亦颇受焉。③

这一群群的师生关系，一串串的教授传承，就是学术传衍的活载体。这些学者，有些人在授受过程中，有创造发明，并著成文字，流传后世，这方面我们将在后面的图书流传中详述。当然，更多的人没有留下著作，但在当时或者对他的学生产生过重要影响。这里还有一点是值得指出的，当时读书人不少，但在学术上有成就、有贡献的并不很多，是因为各人禀赋不同，此虽当然之理，但也有不少具体记载能够证明。如以上所说，丁宽为项生从者，同时从田何受易，丁宽有成，项生则无闻焉。又例如传礼的情况，《汉书·儒林传》记载说：

汉兴，鲁高堂生传《士礼》十七篇，而鲁徐生善为颂。孝文时，徐生以颂为礼官大夫，传子至孙延、襄。襄，其资性善为颂，不能通经；延颇能，未善也。……延及徐氏弟子公户满意、桓生、单次皆为礼官大夫。而瑕丘萧奋以《礼》至淮阳太守。诸言《礼》为颂者由徐氏。④

看来，汉初《礼经》的传授，后继乏人，徐氏之传，也仅仅在颂的方

---

① 司马迁：《史记》卷一百二十一，《儒林列传》，中华书局1982年版，第3125页。
② 司马迁：《史记》卷一百二十一，《儒林列传》，中华书局1982年版，第3126页。
③ 司马迁：《史记》卷一百二十一，《儒林列传》，中华书局1982年版，第3128页。
④ 班固：《汉书》卷八十八，《儒林传》，中华书局1962年版，第3614页。

面，《汉书》注引苏林曰：

> 《汉旧仪》有二郎为此颂貌威仪事，有徐氏，徐氏后有张氏，不知经，但能盘辟为礼容。天下郡国有容史，皆诣鲁学之。①

礼容之事在当时是有作用和影响的，但“不知经”，谈不上学术。

以上所言学术传人的情况，仅是就《诗》《书》《易》《礼》几种所谓“经书”的传授情况举例而言。实际上，其他经书，例如《春秋》，还有《论语》《孟子》之类，除所谓经书之外的诸子之学，天文、术数、医药之学，等等，都是师徒相传的，只不过没有经学那样较完整的系统记载罢了。零星的记载还是有的，最为突出且为人所熟知的是司马谈：

> 学天官于唐都，(《正义》：“《天官书》云：星则唐都也。”) 受《易》于杨何，习道论于黄子。②

这都是他为太史公以前之事。这里所言他师从何人学什么，一方面表明其授受关系，另一方面说明其所学、习之内容不专一家。后者也是汉初较普遍的情况，即便前述学经之人也是如此。所以，汉初的许多学者，很难说他是何家何派，只能从其实践、言论和著述中考察其主要思想倾向，而且各人学术思想有很明显的兼通特点。在所谓设立“五经博士”之前，博士之选也是注意博通的，《汉旧仪》就有一条记载说：

> 武帝初置博士，取学通行修，博学多艺，晓古文《尔雅》，能属文章者为高第。③

博通之意非常明显，还保留着“多闻曰博”的古义。当然也有些专门学术，是要求比较专的，当时比较专门的学问也是私相传授。例如医学方面，《史记·扁鹊仓公列传》所记扁鹊、仓公之学受都是如此。仓公淳于

---

① 班固：《汉书》卷八十八，《儒林传》，中华书局 1962 年版，第 3614 页。
② 班固：《汉书》卷六十二，《司马迁传》，中华书局 1962 年版，第 2709 页。
③ 周天游点校：《汉官六种》，中华书局 1990 年版，第 89 页。

意是汉初人，原为“齐太仓长”，《史记》记其医学事曰：

> 少而喜医方术。高后八年，更受师同郡元里公乘阳庆。庆年七十余，无子，使意尽去其故方，更悉以禁方予之，传黄帝、扁鹊之脉书，五色诊病，知人死生，决嫌疑，定可治，及药论，甚精。受之三年，为人治病，决死生多验……①

《史记》这篇传记，比较详细地记载了仓公淳于意所治之各种病例。最后记他回答文帝问题时又写道：

> 问臣意：师庆安受之，闻于齐诸侯不？对曰：不知庆所师受。庆家富，善为医，不肯为人治病，当以此故不闻。庆又告臣意曰：慎毋令我子孙知若学我方也。
>
> 问臣意：师庆何见于意而爱意，欲悉教意方？对曰：臣意不闻师庆为方善也。意所以知庆者，意少时好诸方事，臣意试其方，皆多验，精良。臣意闻菑川唐里公孙光善为古传方，臣意即往谒之。得见事之，受方化阴阳及传语法（《集解》徐广曰：法一作五），臣意悉受书之。臣意欲尽受他精方，公孙光曰：吾方尽矣，不为爱公所（《索隐》：言于意所不爱惜方术也）。吾身已衰，无所复事之。是吾年少所受妙方也，悉与公，毋以教人。臣意曰：得见事侍公前，悉得禁方，幸甚。意死不敢妄传人。居有间，公孙光闲处，臣意深论方，见言百世为之精也。师光喜曰：公必为国工。吾有所善者皆疏，同产处临菑善为方，吾不若，其方甚奇，非世之所闻也。吾年中时，尝欲受其方，杨中倩不肯，曰：若非其人也。胥（徐广曰：胥犹言须也）与公往见之，当知公喜方也。其人亦老矣，其家给富。时者未往，会庆子男殷来献马，因师光奏马王所，意以故得与殷善。光又属意于殷曰：意好数（《索隐》：谓好术数也），公必谨遇之，其人圣儒（《索隐》：言意儒德，慕圣人之道，故云“圣儒”也）。即为书以意属阳庆，以故知庆。臣意事庆谨，以故爱意也。②

---

① 司马迁：《史记》卷一百〇五，《扁鹊仓公列传》，中华书局1982年版，第2794～2795页。
② 司马迁：《史记》卷一百〇五，《扁鹊仓公列传》，中华书局1982年版，第2815～2816页。

这颇为详细的记载说明：淳于意先是师从公孙光，经公孙光的推荐师从阳庆的。像医术这种专门术数，拜师收徒都是很不容易的，有方、术之人也不肯轻易传授。如杨中倩根本就不传授人，公孙光、阳庆之传于意也是再三考虑过的。同传中也记了淳于意的传人：

> 问臣意曰：吏民尝有事学意方，及毕尽得意方不？何县里人？对曰：临菑人宋邑。邑学，臣意教以五诊。岁余。济北王遣太医高期、王禹学，臣意教以经脉高下及奇胳结，当论俞所居，及气当上下出入邪逆顺，以宜镵石，定砭灸处，岁余。菑川王时遣太仓马长冯信正方……高永侯家丞杜信喜脉，来学，臣意教以……二岁余。临菑召里唐安来学……未成，除为齐王侍医。①

从淳于意所教之人以及所教之内容看，即便已为朝廷和官方注意的专业学者，其传授也是私人性质的。

二 汉初的图书流传

图书与学人是分不开的，在上述学术传人中已涉及一些图书问题，这里再进一步地具体探讨汉初图书的存留与流传情况。

正因为人与书分不开，所以最早的图书目录《汉书·艺文志》一开头就写道：

> 昔仲尼没而微言绝，七十子丧而大义乖。故《春秋》分为五，《诗》分为四，《易》有数家之传。战国纵横，直伪分争，诸子之言纷然殽乱。至秦患之，乃燔灭文章，以愚黔首。
>
> 汉兴，改秦之败，大收篇籍，广开献书之路。迄孝武世，书缺简脱，礼坏乐崩，圣上喟然而称曰：朕甚闵焉！于是建藏书之策，置写书之官，下及诸子传说，皆充秘府。②

---

① 司马迁：《史记》卷一百〇五，《扁鹊仓公列传》，中华书局1982年版，第2816～2817页。
② 班固：《汉书》卷三十，《艺文志》，中华书局1962年版，第1701页。

这是概述汉以前及汉初的情况。从所述汉以前的情况可看出两点：第一，因为一传、再传，一些后世所谓之“经书”，已经有了一些不同传本，“《春秋》分为五”，师古引韦昭曰：“谓《左氏》、《公羊》、《谷梁》、《邵氏》、《夹氏》也。”“《诗》分四”，师古引韦昭曰：“谓《毛氏》、《齐》、《鲁》、《韩》。”韦昭之说，只是根据《艺文志》的记载而言，重要的是，每一种《经》已有数家之传，传、记之不同是肯定的，所传《经》的本身也会有所不同，所以《艺文志》又有“《春秋古经》十二篇（存）”和“《经》十一卷（《公羊》、《谷梁》二家存）”的记载。第二，汉以前还有众多的“诸子之言”，他们著书立说，留下了不少典籍文章，这方面的数量也是不少的。

秦以前众多的图书，经过秦火，损失肯定是不少的。秦政府的藏书（包括其所禁的书）又经过项羽之火烧，损失更大。不算埋入地下的简册（后世特别是近代出土的一些，是秦火之前埋入地下的），流散在民间的仍然不少，只不过很分散罢了，所以王充才说：

> 诸子尺书文篇俱在，可观读以正说，可采掇以示后人。①

事实上汉朝初年，群经诸子都还是存在的。当然，汉政府采取了一些收集图书的措施：“大收篇籍，广开献书之路”，是有不小作用的。齐召南《汉书艺文志考证》说：

> 此二句既叙在孝武之前，则指高祖时萧何收秦图籍，楚元王学诗，惠帝时除挟书之令，文帝使晁错受尚书，使博士作《王制》。又置《论语》、《孝经》、《尔雅》、《孟子》博士即其事也。

萧何所收是“秦丞相、御史律令书”，而楚元王学《诗》浮丘伯，和一些博士手上都是有图书的。例如伏生既口授，也壁藏有书。

> 秦时焚书，伏生壁藏之……汉定，伏生求其书，亡数十篇，独得

① 《论衡·书解》，诸子集成本，中华书局1954年版。

> 二十九篇，即以教于齐鲁之间。①

惠帝四年“除挟书律”，这条记载虽然简单，其意义是重大的，针对性很强，当时人也很清楚。所以《汉书注》引“应劭曰：挟藏也。张晏曰：秦律敢有挟书者族”。惠帝四年，离汉王朝建立仅16年，就颁此诏令，而且与“赦天下，省法令妨吏民者”是同时颁行，针对秦之弊政，使得士人得以合法地、公开地、自由地携带并传授图书（包括抄录）或者献给朝廷、王侯。如《隋书·经籍志》所说“汉初得《世本》”，显然是失而复得，又如文帝时窦公“献其书，乃《周官·大宗伯》之《大司乐章》也”。《汉书·艺文志》记此事时，说窦公是六国魏文侯之乐人，引起后人怀疑，但献书这事是不必怀疑的。

关于汉初搜集图书情况，《汉书》中有两处集中的记载值得引述，《司马迁传》中写道：

> 秦拨去古文，焚灭诗书，故明堂石室金匮玉版图籍散乱。汉兴，萧何次律令，韩信申军法，张苍为章程，叔孙通定礼仪，则文学彬彬稍进，诗书往往间出。自曹参荐盖公言黄老，而贾谊、晁错明申韩，公孙弘以儒显，百年之间，天下遗文古事靡不毕集。②

公孙弘以前之事，大多是汉初，其中“韩信申军法”，《艺文志》中有更具体的记述，曰：

> 汉兴，张良、韩信序次兵法，凡百八十二家。删取要用，定著三十五家。诸吕用事而盗取之。③

汉朝初年，仅兵书就有二百家，诸吕盗取的自然都是图籍。

另一条是《河间献王传》的记载：

---

① 司马迁：《史记》卷一百二十一，《儒林列传》，中华书局1982年版，第3124～3125页。
② 班固：《汉书》卷六十二，《司马迁传》，中华书局1962年版，第2723页。
③ 班固：《汉书》卷三十，《艺文志》，中华书局1962年版，第1762页。

> 河间献王德孝景前二年立，修学好古，实事求是。从民得善书，必为好写与之，留其真，加金帛赐以招之。由是四方道术之人不远千里①，或有先祖旧书，多奉以奏献王者，故得书多，与汉朝等②。是时，淮南王安亦好书，所招致率多浮辩。献王所得书皆古文先秦旧书，《周官》、《尚书》、《礼》、《礼记》、《孟子》、《老子》之属，皆经传说记，七十子之徒所论。其学举六艺，立《毛氏诗》、《左氏春秋》博士③。修礼乐，被服儒术，造次必于儒者。山东诸儒（多）从而游。④

看来，四面八方所藏之“古文先秦旧书”是不少的，虽然河间献王特重“六艺”，“六艺”中除经之外，还有传、记、说，“六艺”之外，又有“《孟子》、《老子》之属”，结合上一条记载的兵书、术数、申韩之类，则诸子书都在流传。而且兵书百八十二家、河间献王书“与汉朝等”，说明数量也是不少的。

上述记载中，关于“淮南王安亦好书”之后一句“所招致率多浮辩”，应该是儒家偏见之词。师古注曰：“言无实用耳”，也非事实。其黄老新道家之言，是汉初“实用”的具体反映。而且“淮南王安为人好书”，“致宾客方术之士数千人”所得之书不会比河间献王少，而且诸子百家之书更多，这从《淮南子》等书的著述中可以看出。本传说：

> 作为《内书》二十一篇，《外书》甚众，又有《中篇》八卷，言神仙黄白之术，亦二十余万言。⑤

在《汉书·艺文志》中，六艺“易”类有“《淮南道训》二篇”，诸子杂家类有“《淮南内》二十一篇”、“《淮南外》三十三篇”；诗赋有“《淮南王

---

① 《西京杂记》卷四：“河间王德筑日华宫，置客馆二十余区，以待学士。自奉养不踰宾客。”

② 与“汉朝等”指与汉廷所藏之书等。

③ 《汉书补注》引齐召南曰：“按《儒林传》：‘毛公治诗，贯公传左氏，皆为河间献王博士，并当时不立于学官者。’”

④ 班固：《汉书》卷五十三，《河间献王传》，中华书局1962年版，第2410页。

⑤ 班固：《汉书》卷四十四，《淮南衡山济北王传》，中华书局1962年版，第2145页。

赋》二十九篇”、“《淮南王群臣赋》四十四篇”、“《淮南歌诗》四篇”；天文有“《淮南杂子星》十九卷”。众所周知，内篇多采诸子之言，而且内容广泛，天文、地理、山林、川泽、精神、风俗、兵略、术数……无所不包，集各类、各派学术之大成。

上述淮南诸书中的《淮南道训》，本注云：“淮南王安，聘明《易》者九人，号九师说。”这说明，刘安的数千宾客中有各类专家学者，他聘请九位高明的《易》学专家，撰成了《道训》，其意义也是非常重大的，或者这是《淮南子》“道论”的基础和精华。

当然，各类各派学术著作，都有自己独立的传承，也会有一些图书，如上述苍公之学医，大多是从师学受“方”或“精方”，那是成文的，不可能全靠背诵，而且是“悉受书之”，书写下来了。六艺经书的“受书”情况（如晁错之录伏生《尚书》），记载要多一些。其他记载不详，但是有，这一点是可以肯定的。《汉书·艺文志》中记载的各种古文、旧书，在作《志》时就已经有很多亡佚了，这是憾事。

然而，20 世纪 70 年代初，先后在山东和湖南出土了一批汉初的竹简和帛书，填补了一些空白。山东银雀山出土的竹简以兵书为多，大体上解决了长期争论的《汉书·艺文志》中《吴孙子》和《齐孙子》的问题。湖南马王堆的帛书，内容更丰富，既有基本上与世传相同的《老子》两种，也有与《战国策》《周易》这些传世本大体相同的书本，还有一些被命名为《春秋事语》《经法》等古佚书，以及天文、星占、阴阳、五行、医方、杂占诸多方面的佚书和地图，共十二万多字。今后也可能有更多的当时文献出土。我们这里只想说明，汉初确有各种图书流传，至于流传的变化，将是下一章的内容。

第三章　两汉学术载体的演变

本章仍按照图书和学人这两个主要方面来分别论述。

一　图书的集散与传世本的初定

《汉书·艺文志》是我国古代最早最完备的一本目录书，记载了西汉一代及其以前的各种图书，所谓“六略三十八种，五百九十六家，万三千二百六十九卷”①。但是，有一个十分引人注目的现象，那就是作《艺文志》时，其所登录的图书大多佚亡了，所存者很少，下面且以表明之（表 3-1）：

表 3-1

类别		家数②	存	亡	残	备注
六艺略	易	13	1	11	1	存含：《古杂》《杂灾异》《神输》 残含：《孟氏京序》等四种
	书	9（11）	0	9	2	仅《古经》之《传》及《图书》残存
	诗	6（14）	3	11	0	存毛诗二种，韩外一种
	礼	13（14）	2	10	2	
	乐	6	0	5	1	
	春秋	23（28）	7	21	0	存经及三传，外加《战国策》和《史记》
	论语	12	1	11	0	仅存鲁论，而且是论存，传亡
	孝经	11（14）	4	10	0	存《孝经》《尔雅》《弟子职》
	小学	10（11）	2	9	0	
小计		123	20	97	6	

---

① 引文见《汉书》卷三十，《艺文志》，具体数字有一定的差别。

② 本表家数与本数不一，是原统计数字不一，如《诗》类仅六家（实为齐、鲁、韩、毛四家），但著录之本数有十四，是含同一家之故、传类。

续表

类别		家数	存	亡	残	备注
诸子略	儒家	53（52）	5	41	6	
	道家	37	3	30	4	
	阴阳家	21	0	21	0	
	法家	10	1	7	2	
	名家	7	3	4	0	
	墨家	6	0	5	1	
	纵横家	12	0	11	1	
	杂家	20	2	16	2	
	农家	9	0	9	0	
	小说家	15	0	15	0	
小计		189	14	159	16	
诗赋略	屈原赋之属	20	3	6	10（11）	注“疑”者 1
	陆贾赋之属	21	1	19	1	扬雄存，司马迁残
	荀卿赋之属	25	0	24	1	荀卿赋十篇残
	杂赋	12	0	12	0	
	歌诗	28	2	22	4	高祖 2 篇，宗庙 5 篇，残中疑 3
小计		106	6	83	17	
兵书略	兵权谋	13	0	11	2	吴孙子残，齐孙子亡
	兵形势	11	0	10	1	尉缭残
	兵阴阳	16	0	16	0	
	兵技巧	13（16）	0	16	0	
小计		56	0	53	3	
数术略	天文	21（22）	0	22	0	
	历谱	18	0	18	0	
	五行	31	0	31	0	
	蓍龟	15	0	15	0	
	杂占	18	0	18	0	
	形法	6	1	5	0	《山海经》存
小计		110	1	109	0	

续表

类别		家数	存	亡	残	备注
方技略	医经	7	0	4	3	《黄帝内经》残，扁鹊内、外疑
	经方	11	0	11	0	
	房中	8	0	8	0	
	神仙	10	0	10	0	
小计		36	0	33	3	

从以上统计情况看，六百二十家（部）当中仅存四十一家，加上残存的四十五家，也只有八十六家，为总数的百分之十几，亡佚之书占百分之八十几。好几个类有目无书。这就是说，在班固作《艺文志》时，大多数书都亡佚了，而且有一些后世流传的图书，在著录时都注明了“亡”字，那么后世流传的书，是重出还是后人编造呢？这是一个不小的问题。下面的考察，以求对此有一较正确的认识。

（一）西汉图书集散之概况

除开秦火使图书损失很大之外，从两汉时期的情况看，改朝换代之类的战乱，图书也常有失散的，特别是国家性质的藏书，集散的变化比较明显。史书中既有较集中的概述，也有许多零星记载，如《汉书·艺文志》除了说汉初“大收篇籍”之外，又写道：

> 迄孝武世，书缺简脱，礼坏乐崩，圣上喟然而称曰：“朕甚闵焉！”于是建藏书之策，置写书之官，下及诸子传说，皆充秘府。
>
> 至成帝时，以书颇散亡，使谒者陈农求遗书于天下。诏光禄大夫刘向校经传诸子诗赋，步兵校尉任宏校兵书，太史令尹咸校数术，侍医李柱国校方技。每一书已，向辄条其篇目，撮其旨意，录而奏之。会向卒，哀帝复使向子侍中奉车都尉歆卒父业。歆于是总群书而奏其《七略》……①

既然前面已说汉初“大收篇籍，广开献书之路”，为什么到武帝时又说

① 班固：《汉书》卷三十，《艺文志》，中华书局1962年版，第1701页。

“书缺简脱”，而且武帝还有“朕甚闵焉”的叹息呢？乃至有人怀疑“汉求遗书始自武帝”①。我想这问题有两个方面：一方面关于武帝的几句，是就整个汉初而言，所以“书缺简脱”之下，还有“礼坏乐崩”一句，这后一句主要当指汉以前而言，汉初“礼乐”已在逐渐恢复重建之中；另一方面前此的“大收篇籍”，是不系统、不定规的，所以才有河间献王之书“与汉朝等”的状况。当时有一些书献给朝廷，有一些书献给诸侯王去了。不过，从“除挟书律”到武帝时，也有三十来年，朝廷所藏之书也是不少的，司马迁就充分利用过当时的藏书撰写《史记》。如《太史公自序》云：

> 百年之间，天下遗文古事靡不毕集太史公。太史公仍父子相续纂其职。②

《史记》参考引用之古书甚多，有的学者认为不少于一百零二种③。虽然它取材范围很广，但有很大一部分是国家所藏，所以说它是“细史记石室金匮之书”。

该如何全面了解和概括武帝以前图书存在和聚集的情况？《隋书·经籍志》作了如下概述：

> 至于秦……制挟书之令。学者逃难，窜伏山林，或失本经，口以传说。汉氏诛除秦、项，未及下车，先命叔孙通草绵蕝之仪，救击柱之弊。其后张苍治律历，陆贾撰《新语》，曹参荐盖公言黄老，惠帝除挟书之律，儒者始以其业行于民间。犹以去圣既远，经籍散逸，简札错乱，传说纰缪，遂使《书》分为二，《诗》分为三，《论语》有齐、鲁之殊，《春秋》有数家之传。其余互有踳驳，不可胜言。此其所以博而寡要，劳而少功者也。武帝置太史公，命天下计书，先上太史，副上丞相，开献书之路，置写书之官，外有太常、太史、博士之藏，内有延阁、广内、秘室之府。④

① 周寿昌：《汉书注校补》，中华书局1985年版。
② 司马迁：《史记》卷一百三十，《太史公自序》，中华书局1985年版。
③ 参阅张大可：《史记研究·论史记》，甘肃人民出版社1985年版，第232页。
④ 魏征：《隋书》卷三十二，《经籍志》，中华书局1973年版，第905页。

由此可见，说汉武帝之前“书缺简脱”也是可以的。惠帝除挟书令之后，首先是“儒者始以其业行于民间”，然后是投奔哪里就向哪里献书。如众多士人献书于河间献王和淮南王；如窦公之献乐于朝廷。至武帝时，无疑是更进一步大收篇籍，大开献书之路。据记载，武帝时河间献王献了不少书给朝廷，《汉书·艺文志》“乐”类写道：

> 武帝时，河间献王好儒，与毛生等共采《周官》诸子弟言乐事者，以作《乐记》，献八佾之舞，与制氏不相远。①

河间献王本传仅有“献雅乐”及对诏策问之事，但其他记载表明，他还有献礼、乐图书之举，《隋书·经籍志》有如下记载：

> 汉时有李氏得《周官》。《周官》盖周公所制官政之法，上于河间献王，独阙《冬官》一篇。献王购以千金不得，遂取《考工记》以补其处，合成六篇奏之。至王莽时，刘歆始置博士，以行于世。②

此记载表明，有些是主动献书，也有的可能是重金收购的。汉代《周礼》的收集、保存情况，此为一说。唐人贾公彦作《周礼义疏》时，在《序》中写道：

> 《周官》，孝武之时出，秘而不传。《周礼》后出者，以其始皇特恶之故也。是以《马融》云：“秦自孝公已下，用商君之法，其政酷烈，与《周官》相反，故始皇禁挟书，特疾恶，欲绝灭之，搜求焚烧之独悉，是以隐藏百年。孝武始除挟书之律，开献书之路。
>
> 既出于山岩屋壁，复入于秘府，五家之儒莫得见焉。至孝成皇帝，达才通人刘向子歆校理秘书，始得列序于录略，然亡其《冬官》一篇，以《考工记》足之……③

---

① 班固：《汉书》卷三十，《艺文志》，中华书局1962年版，第1712页。
② 魏征：《隋书》卷三十二，《经籍志》，中华书局1973年版，第925页。
③ 《周礼义疏》，十三经注疏本，中华书局1954年版。

这是唐人又一说法。《周官》出于武帝时，大家对此看法基本一致，关键是谁整理的？是否河间献王补《考工记》？《隋书·经籍志》说河间献王还献有《礼记》：

汉初，河间献王又得仲尼弟子及后学者所记一百三十一篇献之，时亦无传之者。至刘向考校经籍，检得一百三十篇……①

关于献“乐书”，《经籍志》又写道：

汉初，制氏虽纪其铿锵鼓舞，而不能通其义。其后窦公、河间献王、常山王、张禹，咸献“乐书”。②

这与《汉书·艺文志》的记载基本一致。

又有古经（按：指古“礼经”），出于淹中，而河间献王，好古爱学，收集余烬，得而献之，合五十六篇，并威仪之事。③

此外，据郑玄《诗谱》云：

鲁人大毛公为诂训，传于其家，河间献王得而献之，以小毛公为博士。④

此据《毛诗正义》所引。郑玄《诗谱》早佚，孔颖达作《正义》时，割裂其说分置于风、雅、颂之首。但由此可见，河间献王还献有《毛诗训故》。也许，河间献王献书还不止这些。

献书、收书之后，这些图书自然是藏于国家有关图书机构，而且如上所说，分内、外收藏。因此，武帝时的主要建树是“建藏书之策，置写书

① 魏征：《隋书》卷三十二，《经籍志》，中华书局 1973 年版，第 925 页。
② 魏征：《隋书》卷三十二，《经籍志》，中华书局 1973 年版，第 927 页。
③ 魏征：《隋书》卷三十二，《经籍志》，中华书局 1973 年版，第 925 页。
④ 马端临：《文献通考》卷一百七十九，《经籍六》，中华书局 1986 年版，第 1545 页。

之官”。写书即抄写其所得之书，在纸张未发明之前，自然是抄写在简帛之上，这是一件大事。书写工具是主要的，我们看汉武帝第一次召见司马相如时，司马相如要为“天子游猎之赋”：

上令尚书给笔札。①

师古曰：“札，木简之薄小者也。时未多用纸，故给札以书。”看来，当时还专门有人管理笔札。武帝时写了哪些书，恐怕是很难考察清楚了，但收到所献之书，必令人抄写收藏是可以肯定的。前面已经提到河间献王得了“善书”，都“必为好写与之，留其真”。前面讲到的出土简帛也是当时(或早一些时间)抄写的。写书之事虽难(限于条件)，但越来越多是可以肯定的，人们不可能仅凭口耳相传。汉武帝“置写书之官”，而且“下及诸子传说”，再加上他“立乐府而采歌谣”②，这也是需要书写下来的。在当时的条件下，这些当然是值得大书一笔。

武帝的另一大建树，那就是“建藏书之策”。藏书也并非自武帝开始，但是前所说武帝时：

外有太常、太史、博士之藏，内有延阁、广内、秘室之府。③

这藏书之所似非具体所指，乃是内、外藏书之泛指。太常等职官所藏之书当在官署所在地，而且不仅是只太常、太史、博士等有藏书，或者有些图书藏于其他有关之官署，例如有太卜、理官藏书之记载。如桓谭《新论》说：

《连山》藏于兰台，《归藏》藏于太卜。④

又如《汉书·礼乐志》中说：

---

① 班固：《汉书》卷五十七，《司马相如传》，中华书局1962年版，第2533页。
② 魏征：《隋书》卷三十二，《经籍志》之言根据当为《七略》之佚文。
③ 魏征：《隋书》卷三十二，《经籍志》，中华书局1973年版，第905页。
④ 桓谭：《新论》，上海人民出版社1977年版，第35页。

今叔孙通所撰礼仪，与律令同录，藏于理官……①

太卜属于太常，也可归于太常之藏，“理官”注云“即法官也”，或者属于廷尉，法令典章制度藏于廷尉或者其属官，这也是理所当然的。

至于“延阁、广内、秘室之府”，我看也像是泛指。“秘室之府”，是宫内藏书之所，强调的是一个“秘”字，隐秘之秘，也是秘而不宣的意思，实际上当时的“秘书”也是不轻易示人的②。所以有“发”与“未发”的问题，扬雄的《剧秦美新》文中就有“是以发秘府，览书林”之说。而《汉书·刘歆传》中有云：

皆古文旧书，多者二十余通，藏于秘府，伏而未发。③

另外，这个“秘”字，也如同“石室金匮”一样，并非一个具体藏书处之名，前引司马迁“紬史记石室金匮之书”，虽然《索隐》说“石室金匮，皆国家藏书之处”，但并非藏书阁之名。《汉书·高帝纪》的有关记载及其注解，倒是指出了其实际，《高帝纪》云：

与功臣剖符作誓，丹书铁契，金匮石室，藏之宗庙。④

师古注说：

以金为匮，以石为室，重缄封之，保慎之义。⑤

“金匮”也就像现代的保险柜，“石室”是以石头砌成的特藏之所，此室可建于宗庙，也可建于其他地方。后来东汉之兰台有石室颇能说明问题，据

① 班固：《汉书》卷二十二，《礼乐志》，中华书局1962年版，第1035页。

② 班固：《汉书》卷十九，《百官公卿表》云：“苏昌为太常十一年，坐籍霍山书泄秘书，免。”师古曰：“以秘书借霍山。”（按：顾炎武有不同解释。）《汉书》卷六十八，《霍光传》云：“霍山坐写秘书自杀。”

③ 班固：《汉书》卷三十六，《刘歆传》，中华书局1962年版，第1969页。

④ 班固：《汉书》卷一，《高帝纪》，中华书局1962年版，第81页。

⑤ 班固：《汉书》卷一，《高帝纪》注，中华书局1962年版，第81页。

《牟子理惑论》记载，东汉明帝时将佛经四十二章“藏在兰台石室第十四间”，显然是说藏在兰台的第十四间石室。

总之，秘府（或秘室之府）、金匮、石室，并非某藏书所之专名。而“延阁、广内”，看来也像是泛指宫内，此二词尚无人考索出其含义，一般解释为汉宫廷藏书处。但从稍后的文献资料看，都是泛称帝王藏书之处，如南朝梁简文帝（萧纲）《上昭明太子集别传等表》云：

> 谨撰昭明太子别传文集，请备之延阁，藏诸广内。①

后人解释“延阁”，不过是从属于主体建筑的阁室②。又如南朝梁何逊《佃游》云：

> 驰骋伤仁，好杀非勇，幸广内之丰乐，何禽荒之足重。③

据上所述，刘歆所举内、外之藏，皆为泛指，前者指朝外官署，后者指宫内各处，皆相对而言。

那么，西汉或者是直到汉武帝时，究竟有哪些藏书之处呢？可查考的专藏图书之处，如延阁之称“阁”者，有如下几处：

石渠阁 《三辅黄图》④ 卷六记载：

> 石渠阁，萧何造，其下砻石为渠以导水，若今御沟，因为阁名。所藏入关所得秦之图籍。至于成帝又于此藏秘书焉。（《三辅故事》曰：石渠阁在未央宫殿北，藏秘书之所。）⑤

这段记载表明：（1）如上面解释“延阁”时提到的，是从属于主体建筑未

---

① 严可均：《全梁文》卷九，中华书局 1958 年版，每 3002 页。

② 柳宗元：《永州龙兴寺东丘记》：“固其旷，虽增以崇台延阁，回环日星，临瞰风雨，不可病其敞也。”（《柳先生集》卷二十八）

③ 何逊：《何水部集·七召》，中华书局四部备要本 1936 年版。

④ 《三辅黄图》，虽不知何人所作，但唐书有记载，唐人乃至东汉和魏人均有引用者。

⑤ 《三辅黄图》，中华书局四部备要本 1937 年版。

央宫殿，所有的阁都是如此，所以《三辅黄图》还记载《三秦记》说未央宫有“尧阁”，《庙记》又说“未央宫有白虎阁、属车阁”。说明未央宫周围建有不少的阁，除了藏书阁之外，还有作别的用途的，“属车阁”是否置放属车的？（2）石渠阁为萧何所造没有理由怀疑，它一直作为藏书之所，或不只是成帝才藏秘书，宣帝时就有著名的“石渠阁会议”，讨论《五经》之异同，应该是有不少图书可供讲论之参考。而前此武帝大收藏书，自然也会收藏一些在此处的。

天禄阁　《三辅黄图》卷六又记载说：

天禄阁，藏典籍之所。《汉宫殿疏》云：天禄、麒麟阁，萧何造，以藏秘书，处贤才也。刘向于成帝之末，校书天禄阁……①

看来，萧何时所造成藏书之阁很可能有几处，开始也许所藏有所不同，有的是“所得秦之图籍”，有的像今之档案馆的功能，有的藏一般典籍或者秘书。值得注意的还有“处贤才”一句，“贤才”可以在这里“上班”、做事，所以成帝末刘向在此校书。据《汉书·扬雄传》记载，扬雄也曾“校书天禄阁”，并且“上治狱使者来欲收雄，雄恐不能自免，乃从阁上自投下，几死”，则阁上有楼，跳楼而下。这已经是王莽篡位之后的事了，天禄阁的时间也很长，从汉初开始直至西汉灭亡。

麒麟阁　此阁已见上述，但汉宣帝二十三年有图画功臣于麒麟阁的记载，《汉书·李广苏建传》附苏武曰：

甘露三年，单于始入朝。上思股肱之美，乃图画其人于麒麟阁，法其形貌，署其官爵姓名。（霍光、张安世、韩增、赵充国、魏相、丙吉、杜延年、刘德、梁丘贺、萧望之、苏武）……皆有功德，知名当世，是以表而扬之……②

---

① 《三辅黄图》，中华书局四部备要本 1937 年版。

② 班固：《汉书》卷五十四，《李广苏建传》，中华书局 1962 年版，第 2468～2469 页。

这里未明言藏书之事，但藏书处图画功臣亦未尝不可。不过这一问题仍有不清楚之处。师古作注时，首先引张晏曰：

> 武帝获麒麟时作此阁，图画其像于阁，遂以为名。①

然后师古自己又说：

> 《汉宫阁疏名》云：萧何造。②

而且“图画其像”，或只是图画麒麟之像，与宣帝图画功臣无关。所以胡三省为《通鉴》作注时就明确说：“阁在未央宫中，图画功臣处此始。自宣帝时始。”不知张晏之说，是否指另一处麒麟殿而言，《三辅黄图》卷三记有：

> 未央宫有麒麟殿。《汉书》：哀帝燕董贤父子于麒麟殿。③

此事也见于《汉书·董贤传》。麒麟阁藏书与否，是可以进一步考察的。

兰台 《汉书·百官公卿表》：

> 御史大夫……有两丞，秩千石。一曰中丞，在殿中兰台，掌图籍秘书。④

兰台为藏书之所是可以肯定的，上述桓谭所言“《连山》藏于兰台”为其证之一。《汉书·王莽传》也有谶书藏于兰台的记载：

---

① 班固：《汉书》卷五十四，《李广苏建传》注，中华书局1962年版，第2469页。
② 班固：《汉书》卷五十四，《李广苏建传》注，中华书局1962年版，第2469页。
③ 《三辅黄图》，中华书局四部备要本1937年版。
④ 班固：《汉书》卷十九，《百官公卿表》，中华书局1962年版，第725页。

甘忠可、夏贺良谶书臧（藏?）兰台（师古曰：兰台，掌图籍之所）。①

明显记载藏书之台、阁是以上几处，或曰台，或曰阁。此事再深入也许还有文章可作，因为每一个宫殿周围，亭台楼阁是很多的，《三辅黄图》卷二在记未央宫时说：

未央宫有宣室、麒麟、金华、承明、武台、钩弋等殿。又有殿阁三十有二。有寿成、万岁……曲台、白虎等殿。……

《汉宫殿疏》曰：未央宫有麒麟阁、天禄阁，有金马门……②

台、阁很多，各有各的用处，其中有的是藏书之台、阁，这问题是很清楚的。至于具体的变化，以及武帝时藏书的情况，仍是一个值得深入探讨的问题。

关于汉武帝“建藏书之策”，人们还注意到刘歆《七略》中的一段话：

孝武皇帝敕丞相公孙弘，广开献书之路，百年之间，书积如丘山。故外有太常、太史、博士之藏，内有延阁、广内、秘室之府。③

后面几句即为上述《隋书·经籍志》记述之所据。“百年之间，书积如丘山”，当为武帝以后之事，到成帝时约百年时间（武帝建元元年是公元前140年，成帝建始元年为公元前32年）。

那么，《艺文志》中“成帝时，以书颇散亡，使谒者陈农求遗书于天下”，该作何解释?

“书颇散亡”是一句不够确切的话，如果说武帝之前还曾有诸吕盗取兵书之类的大事，武帝以后却未见什么大的“散亡”。当然，在图书集聚和收藏中，藏这里那里，自然也会有些散亡，特别是所谓“秘书”会有些变化，所以《隋书·经籍志》和《资治通鉴》记载说是“上以中秘书颇散

---

① 班固：《汉书》卷九十九，《王莽传》，中华书局1962年版，第4094页。
② 《三辅黄图》，中华书局四部备要本1937年版。
③ 严可均：《全汉文》卷四十一，中华书局1958年版，第351页。

亡”或“秘藏之书颇有散亡”，“乃使谒者陈农求遗书于天下”。而且据《汉书·成帝纪》的记载，似乎是顺带做的一件事：

（河平三年八月）光禄大夫刘向校中秘书（师古曰：言中以别外）。谒者陈农使，使求遗书于天下（师古曰：言令陈农为使，而吏反下使，使之求遗书也。）①

从这段记载看，当时大事是刘向校中秘书，《汉书补注》引何焯曰：“向校中秘书大书于《帝纪》，尊经籍也。”可能是校书时，发现“中秘书散亡”，因先是使陈农求遗书，陈农又分派另一些人去“求遗书于天下”，是再一次较集中的收集图书。刘歆所云“书积如丘山”，也应该是包括了这一次所收集的图书。

（二）东汉图书集散之概况

《后汉书》没有《艺文志》，关于图书的集散在《儒林列传》中有些反映：

昔王莽、更始之际，天下散乱，礼乐分崩，典文残落。及光武中兴，爱好经术，未及下车，而先访儒雅，采求阙文，补缀漏逸。先是四方学士多怀协图书，遁逃林薮。自是莫不抱负坟策，云会京师，范升、陈元、郑兴、杜林、卫宏、刘昆、桓荣之徒，继踵而集。于是立五经博士……凡十四博士，太常差次总领焉。②

……

初，光武迁还洛阳，其经牒秘书载之二千余两，自此以后，叁倍于前。及董卓移都之际，吏民扰乱，自辟雍、东观、兰台、石室、宣明、鸿都诸藏典策文章，竞共剖散，其缣帛图书，大则连为帷盖，小乃制为縢囊。及王允所收而西者，载七十余乘，道路艰远，复弃其半矣。后长安之乱，一时焚荡，莫不泯尽焉。③

① 班固：《汉书》卷十，《成帝纪》，中华书局1962年版，第310页。
② 范晔：《后汉书》卷七十九，《儒林列传》，中华书局1965年版，第2545页。
③ 范晔：《后汉书》卷七十九，《儒林列传》，中华书局1965年版，第2548页。

东汉初年的情况与西汉大不相同，虽然因战乱而“典文残落”，损失了一些图书，但不同的是：第一，没有秦火那样的“焚书”，也没有禁挟书之令；第二，与那个开始不爱《诗》《书》的刘邦不同，刘秀是“爱好经术”的，而且，刘邦的将相之中屠狗、贩缯之徒不少，一般“学历”不高，刘秀部下多为知书达理之人，大司徒邓禹就是他太学的同学，伏湛是“名儒旧臣”①；第三，东汉政权刚一建立，原“逃遁山林”避难的文人学士就立即“抱负坟策，云会京师”，这是因为知识分子很快就看到了新建立的东汉政权，是需要人才和图书的，实际上就是关系到他们自己的前途；第四，西汉近200年的公私“写书”，除开公藏的“堆积如山”之外，私家藏书也不少，如杜林就“家既多书”。总之，书的基数比西汉初要大得多，而且无须开献书之路，人们多自动抱书而来。

西汉都城长安，虽经王莽之乱，更始，赤眉先后进入长安，未见有大的焚书之举，辎重图书还是有不少的。所以东汉定都洛阳之后，就有迁图书之举，上述“光武迁还洛阳，其经牒秘书载之二千余两”一句，东汉应劭之《风俗通》中写作：

> 光武车驾徙都洛阳，载素简纸经凡二千两。②

看来当时除简帛之书外，也有“纸经”了，既轻便又多。“二千两”当然是二千辆车，不论车的大小，这确也是一个不小的数目。上引“自此以后，叁倍于前”，那就是六千辆之数。这只是一个大概，而且主要是就政府所收藏图书而言。

东汉首都洛阳藏书之处有哪些？上引文中所说，是“自辟雍、东观、兰台、石室、宣明、鸿都诸藏”，这应该只是举例而言。其中有些是主要的藏书之所，如东观、兰台，有些是指特藏某些书而言，如“辟雍”。辟雍虽为古大学之称，刘秀建明堂、辟雍③，主要作为行礼所在，即便藏书也不会太多，或有一些礼仪之书？这只不过是推测。又如“石室”，我始终认为非专指某一藏书之所，而是以石为室，重其坚固，很可能开石室者

---

① 事见《后汉书》各人本传。

② 应劭：《风俗通》，中华书局四部备要本1937年版。

③ 范晔：《后汉书》卷一，《光武帝纪》中元三年。

不只一处，《后汉书·李固列传》云：

当今之急务。陛下宜开石室，陈图书，招会群儒，引问失得……①

《黄琼传》亦有“宜开石室，案河洛”之语，这是顺帝时的事，此“宜开石室”当是指于某处新开一石室，并不排斥原来已有的一些石室；再例如“秘馆”也是如此，《后汉书·贾逵列传》记载说：

（贾逵）尤明《左氏传》、《国语》，为之《解诂》五十一篇，永平中，上疏献之，显宗重其书，写藏秘馆。②

这秘馆或为殿内某一藏书之所，不会是大规模的藏书之地。

东汉时期，可以明确肯定，而且藏书比较集中之处，应该有：

兰台 如前所述，西汉时是御史中丞在殿中兰台，掌图书秘籍。东汉也设置兰台藏书，并且专设兰台令史，《后汉书·百官志》云：

兰台令史，六百石。本注曰：掌奏及印工文书。③

因为班固曾为“兰台令史”，李贤注《后汉书·班固列传》时曾引《汉官仪》曰：

兰台令史六人，秩百石，掌书劾奏。④

百石、六百石，不同说法，有待详考。不过，这当为东汉新设之官，与写书、掌管图书有关。《论衡·别通篇》有一段设问和议论写道：

① 范晔：《后汉书》卷六十三，《李固列传》，中华书局 1965 年版，第 2077 页。
② 范晔：《后汉书》卷三十六，《贾逵列传》，中华书局 1965 年版，第 1235 页。
③ 范晔：《后汉书》卷一百一十六，《百官志》，中华书局 1965 年版，第 3600 页。
④ 范晔：《后汉书》卷四十，《班固列传》，中华书局 1965 年版，第 1334 页。

或曰："通人之官，兰台令史，职校书定字，比夫太史、太祝，职在文书，无典民之用，不可施设。是以兰台之史，班固、贾逵、杨终、傅毅之徒，名香文美，委积不绁，大用于世。"曰："此不继周世通览之人……然则兰台之官，国所监得失也。……令史虽微，典国道藏，通人所由进，犹博士之官，儒生所由兴也。委积不绁，岂圣国微遇之哉！殆以书未定而职未毕也。"①

王充这些记述颇能回答一些问题：第一，"比夫太史、太祝"，应该是"秩六百石"，"令史虽微"，在朝廷中不算高官厚禄，但和博士一样，是儒生"进"与"兴"的一个重要台阶；第二，其职掌不仅"典国道藏"，而且还写书、编书。

兰台是主要藏书之所毫无问题。

东观　东观可能晚于兰台，但其规模和影响都比兰台大。东汉中期，东观的地位作用日渐增大，有如下一些记载：

章帝时，孔僖曾为兰台令史，后回阙里。元和二年，"拜僖郎中……诏僖从还京师，使校书东观。"②

（邓）太后自入宫掖，从曹大家受经书，兼天文、算数。昼省王政，夜则诵读，而患其谬误，惧乖典章，乃博选诸儒刘珍等及博士、议郎、四府掾史五十余人，诣东观校雠传记。事毕奏御，赐葛布各有差。又诏中官近臣于东观受读经传，以教授宫人，左右习诵，朝夕济济。③

（班）固著《汉书》，其八表及《天文志》未及竟而卒，和帝诏（班）昭就东观藏书阁踵而成之。帝数召入宫，令皇后诸贵人师事焉，号曰大家。④

① 《论衡·别通》，诸子集成本，中华书局1954年版。
② 范晔：《后汉书》卷七十九，《儒林列传》，中华书局1965年版，第2562页。
③ 范晔：《后汉书》卷十，《和熹邓皇后纪》，中华书局1965年版，第424页。
④ 范晔：《后汉书》卷八十四，《列女列传》，中华书局1965年版，第2784～2785页。

从这些记载看，东观既是藏书之所，也是写书、校书、读书、教授之所。东观看来地方很大，一次即可容50多人校书，可以很多人济济一堂。称观者，多半是高大的建筑，甚至可以包括宫阙楼阁，如《三辅黄图》引《云阳宫记》云：

云宫东北有石门山，岗峦纠纷，干霄秀出，有石岩容数百人，上起甘泉观。①

《三辅黄图》又云：

成山观，成王（山?）在东莱不夜县，于其上筑宫阙以为观。②

均可见“观”之高大。又从上文曹大家的记载看，东观之内有专门的藏书之阁，故曰“东观藏书阁”。东观藏书之多，故有“书林”、“藏府”之誉。和帝永元十三年：

帝幸东观，览书林，阅篇籍，博选术艺之士以充其官。③

《东观汉记》的记述可互为补充，并加强我们的理解，其文曰：

十三年春正月，上以《五经》义异，书传意殊，亲幸东观，览书林，阅篇籍。④

这里补充了“幸东观”的原因，但没有上述“博选术艺之士以充其官”的内容，这后者也是有事实根据的。《后汉书·文苑列传·李尤列传》云：

尤同郡李胜，亦有文才，为东观郎……⑤

① 《三辅黄图》，中华书局四部备要本1937年版。
② 《三辅黄图》，中华书局四部备要本1937年版。
③ 范晔：《后汉书》卷四，《和帝纪》，中华书局1965年版，第188页。
④ 吴树平：《东观汉记校注》，中华书局2008年版，第88页。
⑤ 范晔：《后汉书》卷八十，《文苑列传》，中华书局1965年版，第2616页。

李尤也是和帝时“召诣东观”“拜兰台令史”的。又据《后汉书·窦章列传》记载，太仆邓康“荐章入东观为校书郎”，这当然是“充其观”的内容。这是安帝时候的事，此时知识分子对东观为藏书之所已有共识：

是时学者称东观为老氏臧室，道家蓬莱山……

注云：

老子为守藏史，复为柱下史，四方所记文书皆归柱下，事见《史记》。言东观经籍多也。蓬莱，海中神山，为仙府，幽经秘录，并皆在焉。①

安帝永初四年：

诏谒者刘珍及《五经》博士，校定东观《五经》、诸子、传记、百家艺术，整齐脱误，是正文字。②

同年又有马融应大将军邓骘之召：

拜校书郎（中?），诣东观典校秘书。③

由此可见，东观藏书，既有《五经》，又有“诸子传记、百家艺术”，还有“秘书”，种类之多，亦可见其藏书之丰富了。实际上，明、章之后，东观又一直是修史、著文之所，直至东汉末年，上述刘珍其人，既在东观校书，又在东观修史：

永宁中，邓太后召（刘）毅及（刘）騊駼入东观，与谒者仆射刘

---

① 范晔：《后汉书》卷二十三，《窦章列传》，中华书局1965年版，第821～822页。

② 范晔：《后汉书》卷五，《安帝纪》，中华书局1965年版，第215页。

③ 范晔：《后汉书》卷六十，《马融列传》，又《刘珍列传》说是“与騊駼、马融及《五经》博士”一起参与校定。《蔡伦传》说他“监典其事”，参加者还有“博士良史”。

> 珍著中兴以下名臣列士传。①

史书之修在东观，故后来有《东观汉记》，自然藏有史书及当朝文书，否则无法修史。

东观藏书胜于兰台，是可以肯定的。东观在何处，《洛阳宫殿名》曰：

> 南宫有东观。②

宣明 当指宣明殿，宣明殿“在（北宫）德阳殿后”③，《后汉书·桓郁列传》云：

> （明）帝自制《五家要说章句》，令郁校定于宣明殿……④

可以校书之处，自有藏书。

鸿都 当指鸿都门学，这是东汉后期灵帝时候的事。《后汉书·灵帝纪》云：

> （光和元年二月）始置鸿都门学生。

李贤注云：

> 鸿都，门名也，于内置学。时其中诸生，皆敕州、郡、三公举召能为尺牍辞赋及工书鸟篆者相课试，至千人焉。⑤

鸿都之藏，即鸿都门学之藏书。以此类推，太学、宫邸学等处，也会有藏

---

① 范晔：《后汉书》卷十四，《宗室四王列传·北海靖王兴》，中华书局1965年版，第558页。
② 范晔：《后汉书》卷五，《安帝纪》注引，中华书局1965年版，第215页。
③ 范晔：《后汉书》卷三十七，《桓郁列传》注，明帝起北宫及德阳殿，见《后汉纪》卷九。
④ 范晔：《后汉书》卷三十七，《桓郁列传》，中华书局1965年版，第1254～1255页。
⑤ 范晔：《后汉书》卷八，《灵帝纪》，中华书局1965年版，第340～341页。

书的。藏书之处甚多，前引《后汉书·儒林列传》所言，当为举例以明之。

再者，宫殿之内，必有多处藏书。因为皇帝本人、太子、王子乃至后妃也要读书，他们不可能跑到东观、兰台去看书，要去就是“幸临东观”了，因而，各宫殿之内都当有藏收之处。有两条材料可以看出一点消息。一条是前引所说“写、藏秘馆”，这“秘馆”当即某宫殿之内一写书和藏书之馆。《后汉书·马严列传》又云：

> 有诏留仁寿闼，与校书郎杜抚、班固等杂定《建武注记》。①

“闼”或为“阁”，有待细考，如果按“闼”的意义来说，可以解释为寝殿周围之小屋，故有“禁闼”之说，“仁寿闼”或在寝殿附近，非常人可以任意出入。

总之，宫殿内有些地方是可以写书、藏书、读书的，这些地方的书，或者总称之谓“中书”。《后汉书·卢植列传》云：

> 征拜议郎，与谏议大夫马日磾、议郎蔡邕、杨彪、韩说等并在东观，校中书《五经》记传，补续《汉纪》。②

李贤注云：

> 言中书以别于外也。

当是把宫内“秘馆”、禁闼等地的藏书拿到东观来校对。

中、外图书颇多，曾“初置秘书监，掌典图书”，也许是想统一管理图书，或者是至少管理部分图书。此事《后汉书》《东观汉记》均有记载，唐宋多种类书都曾征引。不过，官职不大，《汉官仪》记载，秩六百石。能否总领，是否后来废置，都是问题。大集中似不可能。

---

① 范晔：《后汉书》卷二十四，《马严列传》，中华书局 1965 年版，第 859 页。
② 范晔：《后汉书》卷六十四，《卢植列传》，中华书局 1965 年版，第 2117 页。

本节开头引述《后汉书·儒林列传》的记载表明，东汉末年的战乱，图书又受到一次大的损失。董卓迁都时，王允也曾转移了一部分图书，《后汉书·王允列传》记载说：

> 及董卓迁都关中，悉收敛兰台、石室图书秘纬要者以从。既至长安，皆分别条上。又集汉朝旧事所当施用者，一皆奏之。经籍俱存，允有力焉。①

这一补充记载，有两点值得注意，其一，“兰台”、“石室”，可以点开读，也可以不点开。点开即两处，不点开即兰台之石室。这两种可能都存在，也许匆忙之际，王允只是选择了一部分“图书秘纬要者”。其二，这里所说“经籍俱存”，恐怕主要是就当时一段时间而言。据《后汉书·儒林列传》的说法，后来“长安之乱，一时焚荡，莫不泯尽焉”。

以上是东汉朝廷图书聚散之概况。

与西汉不同的是，东汉私人藏书越来越多，其原因是私人教授者多。翻开《后汉书》的《儒林列传》和《文苑列传》，许多文人学士教授弟子，动辄数十数百，以千、万记者也不在少数。例如：

张兴：“显宗数访问经术。既而声称著闻，弟子自远至者，著录且万人，为梁丘家宗。”

孙期：“远人从其学者，皆执经垄畔以追之，里落化其仁让。”

曹曾：“门徒三千人。”

牟长：“长自为博士及在河内，诸生讲学者常有千余人。”

杨伦：“讲授于大泽中，弟子至千余人。”

魏应：“教授山泽中，徒众常数百人。……应经明行修，弟子自远方至，著录数千人。”

杜抚：“归乡里教授。……弟子千余人。”

丁恭：“学义精明，教授常数百人。……十一年，迁少府。诸生自远方至者，著录数千人，当世称大儒。”

楼望：“教授不倦，世称儒宗，诸生著录九千余人。年八十，永元十

---

① 范晔：《后汉书》卷六十六，《王允列传》，中华书局1965年版，第2174页。

二年卒于官，门生会葬者数千人，儒家以为荣。”

张玄：“诸儒皆伏其多通，著录千余人。”

蔡玄：“门徒常千人，其著录者万六千人。”①

以上仅举数以千、万计者。《后汉书·儒林列传》之外，更有一些大家门徒众多，如马融“施养诸生，常有千余人”，常有千余人他如何教授？不过是“弟子以次相传，鲜有入其室者”。“融门徒四百余人，升堂进者五十余生。融素骄贵，（郑）玄在门下三年不得见，使高业子弟传授于玄。”郑玄游学归乡，虽然是“客耕东莱，学徒相传已数百千人”。

以上这些表明，东汉读书的人数不少，而且和汉初主要口耳传授有所不同，一般都是有图书在手的，所谓“执经问难”乃至“执经垄畔”，说明都“执”有图书。

再者，文人学士著书也颇多，著作有的是讲篇数、种数，明言有二十万言（伏恭）、五十万言（景鸾）② 也不在少数。如果不是纸写，那竹简就非“汗牛充栋”不可。所有著作，是抄写流传的，否则就无法传于世。学者的著述，“文不存”、“多亡失”的记载有一些，“传于世”、“显于世”的也不少。如《后汉书·儒林列传》云：

> （赵）晔著《吴越春秋》、《诗细历神渊》。蔡邕至会稽，读《诗细》而叹息，以为长于《论衡》。邕还京师，传之，学者咸诵习焉。③

这里蔡邕之读、传以及“学者咸诵习”，都是有图书的具体证明。

东汉民间图书非常多，从市肆上有卖书者可见书的数量不少。人们熟知的例子就是王充：

> 家贫无书，常游洛阳市肆，阅所卖书，一见辄能诵忆，遂博通众流百家之言。④

---

① 范晔：《后汉书》卷七十九，《儒林列传》，中华书局1965年版，第2553～2588页。
② 见《后汉书》本传。
③ 范晔：《后汉书》卷七十九，《儒林列传》，中华书局1965年版，第2575页。
④ 范晔：《后汉书》卷四十九，《王充列传》，中华书局1965年版，第1629页。

“常游”，那就是有比较长期固定的贸易之处，这个“肆”是卖书的，应该说就是“书肆”，很可能各种书都有，即所谓“众流百家之言”。当时有书买卖是可以肯定的。《后汉书·文苑列传·刘梁列传》记载说：

> 梁宗室子孙，而少孤贫，卖书于市以自资。①

这明显是“卖书于市”，东汉已有“书肆”②，而且时间很长，王充读书于市肆当在东汉初，刘梁卖书于市则在顺帝时期，再以后还有荀悦读书于市的记载：

> 贫无书，每至市间阅读篇牍，一见多能忆诵。③

书可以买卖，陈列于市肆，亦可说明民间藏书之日渐丰富。民间之藏书也会有各种变化，如买卖之类，遇大的战乱或个人家庭其他变故，也会有变化，但一般不会焚毁，只会流散。后来经过魏晋南北朝的战乱，士人也颠沛流离，所以到《隋书·经籍志》时，民间藏书又亡佚不少，这是以后的事了。

（三）传世古籍的初步定型

这里主要讨论传至后世之先秦古籍是如何在汉代初步定型的。因为先秦古籍大多数不是后世流传的样子，而是经过了汉人的整理甚至改编，越来越多的出土古籍证明了这一点。

首先以《老子》一书为例，《汉书·艺文志》中关于《老子》只有《老子邻氏经传》《老子傅氏经传》《老子徐氏经说》《刘向说老子》四种。梁启超在《诸子略考释》中写道：

---

① 范晔：《后汉书》卷八十，《文苑列传》，中华书局1965年版，第2635页。

② 扬雄《法言·吾子》有“好书而不要诸仲尼，书肆也”。注云：“卖书市肆，不能释义。”

③ 此据《太平御览》卷六百一十四所引司马彪《续汉书》，《后汉书》本传作：“每之人间，所见篇牍，一览多能诵记。”谢承《后汉书》又作“每间行见篇牍”，记载不一，但“家贫无书”是一致的，无论“市间”、“人间”或“间行”，未指明何人，当也是流通之书。

本志如六艺略中，诸经皆先列正史后举传注。今道家《老子》著录邻、傅、徐、刘四家传注而《老子》本书反不入录，然则吾侪今日谓《汉志》中之《老子》存耶？佚耶？两无是处。①

这是看到了特殊现象，尚未仔细分析。实际上，上述四家传注，原注均有“亡”字，《老子邻氏经传》稍不同的是注为“残，传亡”。传亡了，那么“残”当指经而言，似乎经传、经说都是有经的原文的，只是后来都见不到了。奇怪的是《刘向说老子》也已亡佚，至少是班固作《艺文志》时未能见到，才会有亡佚之注。然而事实上整理过图书的刘向，当然整理过《老子》，为何他自己的书也会亡佚呢？汉志中为什么没有《老子》书呢？这是个大疑问。两汉之士读《老子》是比较普遍的，东汉尤为突出，马融还注过《老子》。《老子》之经文流传是没有断掉的。也许因为“经学”日益居于统治地位，人们忽略了关于它的记述，到了《隋书·经籍志》，记载仍不很全面，其所记关于《老子》的注解、音义、讲疏有十八种，但大多是魏晋南北朝时期的人所作，其中首列《老子道德经二卷》之注云：

周柱下史李耳撰。汉文帝时，河上公注。梁有战国时河上丈人注《老子经》二卷。汉长陵三老毋丘望之注《老子》二卷。汉征士严遵注《老子》二卷。虞翻注《老子》二卷，亡。②

河上公和严遵注均传于后世了（严遵注今有辑本）。另有严遵《老子指归》也传于世，虽《艺文志》不载，但不会是伪造的。据上所述，《老子》经不是没有，而是记载有缺。今天的我们比梁启超幸运，1972 年长沙马王堆出土了汉初的帛书本《老子》两种。它们的内容和传世本大体相同，但是，有些文字很不相同，并且德、道两部分顺序不同，德经在前道经在后。汉初这种本子是汉初还是汉以前形成的？而传世的道在前德在后的顺序又是否汉人所改定的？这都是值得进一步研讨的问题。这两者都很可能

---

① 《梁启超全集》第 8 册《汉书·艺文志·诸子略》考释，北京出版社 1999 年版，第 4707 页。

② 魏征：《隋书》卷三十二，《经籍志》，中华书局 1973 年版，第 1000 页。

是在汉代，一个在汉初，一个在东汉前后。20 世纪 90 年代，湖北荆门又有郭店竹简本《老子》的出土，内容与传世本和帛书本有很大的不同，学术界或以为是《老子》原本，或以为是《老子》之摘抄等，一时尚无法断定。但从我们现在讨论的角度看，恰恰是在汉代，逐渐形成了传于后世的《老子》定本。

其次，从汉代重要的儒家经典"六艺"来看，我们现在几乎无法知道先秦究竟是什么样子，除非如郭店竹简一样，有更多的古籍出土。甚至于汉初的传本是什么样子，我们也不能清楚知道，因为《汉书》中虽有一些记载，但说不清原书是什么样子。《易》《书》《诗》《礼》《春秋》等书，《汉书·艺文志》所记述的，也大多失亡了。下面就分别具体谈谈：

《易经》 《艺文志》记载的十三家《易》大都亡佚了，仅《孟氏京房》的几种书残存。刘向在校书时，有些书可能是见到过的，其《别录》的一些片断文字有：

> 子夏易传。
>
> 服氏齐人，号服光。
>
> 京房易说云……
>
> 所校中《易传》《淮南九师道训》，除复重，定著十二篇。淮南王聘善为易者九人，从之采获，故中书署曰九师书。
>
> 所校中《易》传《古孟子书》，除复重，定著十八篇。分六十四卦著之日辰，自甲子至于壬子，凡五子，故号曰五子。①

由此可见，《艺文志》记述的一些书，刘向之时是还存在的，而且有多种传本，所以才"除复重"。也许和上述《老子》一样，经文是存在的。《汉书·艺文志》写道：

> 《易》为筮卜之事，传者不绝。汉兴，田何传之。迄于宣、元，有施、孟、梁丘、京氏，列于学官，而民间有费、高二家之说。刘向

① 严可均：《全汉文》卷三十八，中华书局 1958 年版，第 336 页。

以中《古文易经》校施、孟、梁丘经，或脱去“无咎”、“悔亡”，唯费氏经与古文同。①

《易》经“传者不绝”，有不同传本是显然的。朝廷藏书，也许几经战乱，亡佚殆尽了。但民间的传播仍然是不绝的。《隋书·经籍志》的概述，在追述西汉及其以前的情况之后，说东汉《易》之流传：

后汉施、孟、梁丘、京氏，凡四家并立，而传者甚众。汉初又有东莱费直传《易》，其本皆古字，号曰《古文易》。以授琅邪王璜，璜授沛人高相，相以授子康及兰陵毋将永。故有费氏之学，行于人间，而未得立。后汉陈元、郑众皆传费氏之学。马融又为其“传”，以授郑玄。玄作《易》注，荀爽又作《易》传。魏代王肃、王弼，并为之注。自是费氏大兴，……梁丘、施氏、高氏，亡于西晋。孟氏、京氏，有书无师。梁、陈郑玄、王弼二注，列于国学。齐代唯传郑义。至隋，王注盛行，郑学浸微，今殆绝矣。《归藏》，汉初已亡……②

《易经》各种传、注流传及存、废的情况，记述得比较清楚，当然不是很全面。清人作《补后汉书艺文志》就列有一二十种，或许留有蛛丝马迹。但是，我们现在能看到的主要是郑玄和王弼注，他们用的是同一祖本。所以，人们现在能看到的《易经》，是西汉初费直的传本，权威的解释，是东汉郑玄之注。费直所传“与古文同”，是否如此？传授过程中有无变化？这有待进一步查考。如有出土文字证明更好。

《诗经》　《史记·孔子世家》记载：

古者诗三千余篇，及至孔子，去其重，取可施于礼义……三百五篇。

---

① 班固：《汉书》卷三十，《艺文志》，中华书局1962年版，第1704页。

② 魏征：《隋书》卷三十二，《经籍志》，中华书局1973年版，第912～913页。

这305篇如何传到汉代，《汉书·艺文志》一方面说，“遭秦而全者，以其讽诵，不独在竹帛故也”。另一方面，其所著录又大部分亡佚，汉初著名的齐、鲁、韩三家，除一本《韩诗外传》之外，一无所有，仅存《毛诗》两种。传《诗》之人，如何传授，《艺文志》对鲁、齐、韩之传有如下几句引人注目之言：

或取《春秋》，采杂说，咸非其本义。与不得已，鲁最为近之。

师古曰：“三家不得其真，而鲁最近之。”也许是讲训说不得《诗》之真义，但在训、故的过程中，《诗经》走了样没有，是值得怀疑的。

《艺文志》著录中尚存的《毛诗》二十九卷和《毛诗故训传》三十卷。到《隋书·经籍志》时，著录的三十九部《诗》，属毛诗系统的三十六部，魏晋南北朝的诗作，全是围绕毛诗而作，关于《毛诗》二十卷，本注云：

汉河间太守毛苌传，郑氏笺。梁有《毛诗》十卷，马融注，亡。

另一《毛诗》二十卷本注云：

王肃注。梁有《毛诗》二十卷，郑玄、王肃合注……

由此可见，后世能看到《诗经》，是汉人所传的《毛诗》，流传后世的“权威”注释是东汉郑玄之笺。尽管东汉贾逵、马融等大家都有作过《毛诗》之传，但大多被淘汰了，有些也为郑玄所吸收了。

后世所传，如今能见之《诗经》，是汉人之《诗经》。

《书经》 《书经》在汉初由伏生独传，这一点各种记载都比较一致，书籍是如何留存和传授的？根据有关记述有两点：第一，即《汉书·艺文志》所记：

秦燔书禁学，济南伏生独壁藏之。汉兴亡失，求得二十九篇，以教齐、鲁之间。①

这是原壁藏的书，经过“亡失”而复得二十九篇，伏生以为传授之依据，当有人继续传抄；第二，应该是前述晁错之笔录伏生“口传”。《隋书·经籍志》写道：

遭秦灭学，至汉，唯济南伏生口传二十八篇。又河内女子得《泰誓》一篇，献之。伏生作《尚书传》四十一篇，以授同郡张生……②

显然是从两个角度记述的，前者是民间自然传授的，后者是晁错笔录之后藏于朝廷某处的。两种图书同时并行。西汉中期以后，又出现了所谓古文《尚书》。《隋书·经籍志》记其事较详：

初汉武帝时，鲁恭王坏孔子旧宅，得其末孙惠所藏之书，字皆古文。孔安国以今文校之，得二十五篇。其《泰誓》与河内女子所献不同。又济南伏生所诵，有五篇相合。安国并依古文，开其篇第，以隶古字写之，合成五十八篇。其余篇幅简错乱，不可复读，并送之官府。安国又为五十八篇作传，……私传其业……后汉扶风杜林，传古文《尚书》，同郡贾逵为之作训，马融作传，郑玄亦为之注。然其所传，唯二十九篇，又杂以今文，非孔旧本。自余绝无师说。③

这里抛开今古文之争，不讨论孔传之真伪，不详论其传授之各种具体变化，我们只肯定一条，后世流传且我们今天能看到的《尚书》，是汉人的传本，郑玄在一定程度上是综合了今古文的。

《春秋》 《汉书·艺文志》记有“《春秋古经》十二篇”，并且注明尚存。但是，马端临《文献通考·经籍考》云：

---

① 班固：《汉书》卷三十，《艺文志》，中华书局1962年版，第1108页。
② 魏征：《隋书》卷三十二，《经籍志》，中华书局1973年版，第914页。
③ 魏征：《隋书》卷三十二，《经籍志》，中华书局1973年版，第915页。

> 《春秋古经》，虽《艺文志》有之，然夫子所修《春秋》，其本文世所不见。而自汉以来所编古经，则俱自三《传》中取出经文，名之曰正经耳。①

这是很有见地的，《春秋古经》是汉人根据三《传》“取出”来的。汉初三《传》俱存，其流传情况，《隋书·经籍志》的记载也较清晰，先是简化《汉书·艺文志》关于孔子作春秋，口授子弟，左丘明为之传，并有公羊、谷梁、邹、夹之传同时流传，到汉初都有：

> 秦灭学，口说尚存。汉初有公羊、谷梁、邹氏、夹氏四家并行。王莽之乱，邹氏无师，夹氏亡。②

> 初齐人胡毋子都，传《公羊春秋》，授……东海严彭祖、鲁人颜安乐。故后汉《公羊》有严氏、颜氏之学，与《谷梁》三家并立。汉末，何休又作《公羊解说》。而左氏，汉初出于张苍之家，本无传者。至文帝时，梁太傅贾谊为训诂，授赵人贯公。其后刘歆典校经籍，考而正之，欲立于学，诸儒莫应。至建武中，尚书令韩歆请立而未行。时陈元最明《左传》，又上书讼之。于是乃以魏郡李封为左氏博士。……然诸儒传左氏者甚众。永平中，能为左氏者，擢高第为讲郎。其后贾逵、服虔并为训解。至魏，遂行于世。③

《春秋》三传在汉初都有传人，当然也都有书籍之传授。关于公羊，有记载表明是公羊高的后代，与胡毋子都著录成书的，王应麟《汉艺文志考证》引戴宏《序》云：

> 子夏传公羊高……敢传子寿。至汉景帝时，寿乃共弟子胡母子都著于竹帛。④

---

① 马端临：《文献通考·经籍考》，中华书局2006年版。
② 班固：《汉书》卷三十，《艺文志》，作：“夹氏未有书。”
③ 魏征：《隋书》卷三十二，《经籍志》，中华书局1973年版，第932～933页。
④ 陈国庆：《汉书艺文志注释汇编》，中华书局1983年版，第62页。

后世学者，均认为此说可信。至于《左传》，“出于张苍之家”，那当然是书“出”①，《汉书·儒林传》说：

> 汉兴，北平侯张苍及梁太傅贾谊、京兆尹张敞、太中大夫刘公子皆修《春秋左氏传》。谊为《左氏传训故》，授赵人贯公……②

荀悦《汉纪》还说，张苍、贾谊皆为左氏训。关于《谷梁》，汉代最早的传人是申公和瑕丘江公，至于《谷梁》传本，何时由谁著于竹帛，有待详考。总之，《春秋》三传传之后世的也是汉人著录之本。

《礼》《乐》二经　此两类古籍变化最大，至少从西周开始，已经有了一套套的礼仪制度，自然有不少文献典册，故有“礼经三百，威仪三千”之说，而与“礼”相配合的就是“乐”，行“礼”时要奏乐，一般诗歌也往往配以乐章。但是，随着时代的变化，特别是随着礼制的变化，旧的礼、乐文献，自然会淘汰和改变。所以《汉书·艺文志》记载此二类书时写道：

> 及周之衰，诸侯将逾法度，恶其害己，皆灭去其籍，自孔子时而不具，至秦大坏。汉兴，鲁高堂生传《士礼》十七篇。讫孝宣世，后仓最明。戴德、戴圣、庆普皆其弟子，三家立于学官。《礼古经》者，出于鲁淹中及孔氏，学七十（与十七?）篇文相似，多三十九篇。及《明堂阴阳》、《王史氏记》所见，多天子诸侯卿大夫之制，虽不能备，犹愈仓等推《士礼》而致于天子之说。
>
> 自黄帝下至三代，乐各有名。孔子曰：“安上治民，莫善于礼，移风易俗，莫善于乐。”二者相与并行。周衰俱坏，乐尤微眇，以音律为节，又为郑卫所乱故无遗法。汉兴，制氏以雅乐声律，世在乐官，颇能纪其铿锵鼓舞，而不能言其义。六国之君，魏文侯最为好古，孝文时得其乐人窦公（?），献其书，乃《周官大宗伯》之《大司

---

① 许慎《说文解字·序》明确说是“北平侯张苍献《春秋左氏传》”。
② 班固：《汉书》卷八十八，《儒林传》，中华书局 1962 年版，第 3620 页。

> 乐章》也。武帝时，河间献王好儒，与毛生等共采《周官》及诸子弟言乐事者，以作《乐记》，献八佾之舞，与制氏不相远。……①

从书籍流传的情况看，《汉书·艺文志》的记载是很清楚的，关于“礼”经，它记载了十三家（种），除了汉代的几种之外，仅有《礼古经》五十六卷，“经七十篇”（后氏、戴氏所传）“存残”、《记》百三十一篇“残”。其余《明堂阴阳》之类皆已亡佚。而《周官经》六篇“存”，则特别注明“王莽时刘歆置博士”，这就牵涉经的今古文之争了，后人或谓为“伪经”。是汉人凭空伪造，还是汉人根据原有的东西改编而成的呢？这里且不讨论。重要的是，后世能看到的是汉人的整理本，所以在《隋书·经籍志》中，就是马融、郑玄、王肃等人以及两晋南北朝人的注本。

至于《乐》经，因为“乐”是与“礼”紧密配合的，春秋以后，“礼崩乐坏”，所以才如上所说：“周衰俱坏，乐尤微眇，以音律为节，又为郑、卫所乱，故无遗法。”师古注云：

> 言其道精微，节在音律，不可具于书。②

礼的意义、规范形式、动作都可记于书。乐的“雅乐声”、“铿锵鼓舞”，有些是技巧层面的东西，是人口耳、手足相传的，“不可具于书”。就像如今之通俗唱法、美声唱法等各有各的技巧，“郑卫之音”与“雅乐声律”也大不相同，魏文侯端冕听古乐昏昏欲睡，听郑卫之音则不知疲倦，在“流行的”郑卫之音的冲击下，“雅乐声律”更难保存。所以到了汉初，能“纪其铿锵鼓舞”的人已经不多了，而且还“不能言其义”。汉代本身的乐也是如此，只能不断变化地往下传。当然，“记乐之义”的书也是有的，那就是《乐记》二十三篇。应该说在《史记·乐书》中可以见到其大要。其他的也是不断变化的，所以《隋书·经籍志》中就看不到什么注古乐记的书籍了，因而写道：

---

① 班固：《汉书》卷三十，《艺文志》，中华书局1962年版，第1710、1711～1712页。
② 班固：《汉书》卷三十，《艺文志》注，中华书局1962年版，第1712页。

魏晋已后，虽加损益，去正转远，事在《声乐志》，今录其见书，以补乐章之阙。①

“乐”是很难成“经”的，汉代本身的“乐”也很难流传后世，流传的是不断变化着的“乐”，所以关于“乐”的古籍是很难发现的。

收入《汉志》“六艺略”中的还有《论语》《孝经》和“小学”诸书，和上述诸经一样，在汉代也是有多种传本，后来才慢慢统一起来。例如：

《论语》 《汉书·艺文志》概述其要说：

《论语》者，孔子应答弟子时人及弟子相与言而接闻于夫子之语也。当时弟子各有所记。夫子既卒，门人相与辑而论纂，故谓之《论语》。

汉兴，有齐、鲁之说。传《齐论》者，昌邑中尉王吉、少府宋畸、御史大夫贡禹、尚书令五鹿充宗、胶东庸生，唯王阳名家。

传《鲁论语》者，常山都尉龚奋、长信少府夏侯胜、丞相韦贤、鲁扶卿、前将军萧望之、安昌侯张禹，皆名家。张氏最后而行于世。②

当然也还著录了“《论语》古二十余篇”，但后来传世的是张禹所传之《鲁论》(或称《张侯论》)，东汉郑玄注《论语》，就以这个本子为主，后来何晏作《集解》时说：

汉末，大司农郑玄，就《鲁论》篇章，考之《齐》、《古》，为之注。③

现在通行的是东汉定下来的本子。1973 年，河北定州八角廊西汉墓中出土了《论语》残简，篇章数、字数乃至文字，多与今本不同，这是不足奇怪

① 魏征：《隋书》卷三十二，《经籍志》，中华书局 1973 年版，第 914 页。
② 班固：《汉书》卷三十，《艺文志》，中华书局 1962 年版，第 1717 页。
③ 《论语正义》，诸子集成本，中华书局 1954 年版。

的。如果发现更早的《论语》，也许不同还要大得多。

《孝经》 《汉书·艺文志》云：

> 孝经者，孔子为曾子陈孝道也。夫孝，天之经，地之义，民之行也。举大者言，故曰《孝经》。汉兴，长孙氏、博士江翁、少府后仓、谏大夫翼奉、安昌侯张禹传之，各自名家，经文皆同。唯孔氏壁中古文为异。“父母生之，续莫大焉”，“故亲生之膝下”，诸家说不安处，古文字读皆异。①

此段文字可作如下分析：第一，文中未明说孝经为何人所作，但从流传情况看，可以断言，此书非汉人所造，无论四家、七家等作者之说，都不否认为先秦作品，更不消说有项羽妾墓中得《古文孝经》的记述；第二，汉代传人记述清楚，“各自名家，经文皆同”，经文本身和其他古籍相比为先秦原貌之可能性更大一些；第三，但孔壁中出土的《古文孝经》，篇章与文字有所不同，文中已举了两个例子，而唐人师古作注时，更引桓谭《新论》云：“古《孝经》千八百七十二字，今异者四百余字。”这 1/4 还多的不同字，在思想意义上还是有多少不同的，有待详考。总之，先秦古籍《孝经》在汉代流行有“经文皆同”的本子，至于今古文不同的本子最后如何流传，据《隋书·经籍志》记载，也是刘向校书时所定：

> 遭秦焚书，为河间人颜芝所藏。汉初，芝子贞出之，凡十八章，而长孙氏、博士江翁、少府后苍、谏仪大夫翼奉、安昌侯张禹，皆名其学。又有《古文孝经》……至刘向典校经籍，以颜本比古文，除其繁惑，以十八章为定，郑众、马融并为之注。又有郑氏注，相传或云郑玄。其立义与玄所注余书不同，故疑之。②

《孝经》的今古文以后虽并行，但到了唐代，唐玄宗御注《孝经》，主要是

---

① 班固：《汉书》卷三十，《艺文志》，中华书局 1962 年版，第 1719 页。
② 魏征：《隋书》卷三十二，《经籍志》，中华书局 1973 年版，第 935 页。

以刘向定型、郑玄等作注的本子继续流传。《孝经》定本于汉代也是毋庸置疑的。

子书的情况更为复杂。一方面，一经秦火之焚、二有汉之“罢黜百家”（虽未尽罢，但多少影响其传播），许多书的保存和传播远不如儒家经书；但是另一方面民间的保存和传播，又是不会停止的，所以有些在《汉书·艺文志》中注明亡佚了的，在《隋书·经籍志》中又有著录。当然后世流传的本子，绝不会是原始的面貌，这一点是十分肯定的，大多数都经过汉人的整理，特别是刘向、刘歆父子及其同时代人的整理，这是有明确记载的。即《汉书·艺文志》所说：

> （成帝时）诏光禄大夫刘向校经传、诸子、诗赋，步兵校尉任宏校兵书，太史令尹咸校数术，侍医李柱国校方技。每一书已，向辄条其篇目，撮其旨意，录而奏之。会向卒，哀帝复使向子侍中奉车都尉歆卒父业。歆于是总群书而奏其《七略》。①

从现有刘向的“书录”看，可以说所有当时校定的书，都经过了他们的选择、比较、编次等工作，不会有原封不动的图书。班固写《艺文志》时，一方面是根据了刘歆的《七略》，另一方面又记录了存、亡、佚、残的当时情况。不过，班固说亡的，也并非真正亡佚，国家藏书中未看到，并不等于民间没有流传的。“诸子诗赋”这方面更为突出一些。

关于刘向整理子书的情况，其编定的《晏子》一书可以作为一个典型事例，《晏子叙录》云：

> 所校中书《晏子》十一篇，臣向谨与长社尉臣参校雠，太史书五篇，臣向书一篇，参书十三篇，凡中外书三十篇，为八百三十八章，除复重二十二篇六百三十八章，定著八篇二百一十五章。外书无有三十六章，中书无有七十一章，中外皆有以相定……《晏子》盖短，其书六篇，皆忠谏其君，文章可观，义理可法，皆合六经之义。又有复重，文辞颇异，不敢遗失，复列以为一篇。又有不合经术，似非晏子

① 班固：《汉书》卷三十，《艺文志》，中华书局1962年版，第1701页。

> 言，疑后世辩士所为者，故亦不敢失，复以为一篇。凡八篇。其六篇可常置御旁观，谨第录……①

这段记述所反映的内容相当丰富：首先，《晏子》一书在汉代流传的情况，和其他许多图书一样，不像后来整部整部图书的流传，而是单篇或数篇的流传，所以有的人手上只有一篇，有的人则有数篇或十数篇，各人各处所有之书有篇的不同，也有章的不同，还有内容、文字的不同。如《叙录》中所说，"中书以夭为芳，又为备，先为牛，章为长，如此类者颇多"，这就要经过"揃"（注释）"定"然后"杀青""缮写"。其次，编定一部书，是有取舍、确定标准的，"中外皆有以相定"是一条标准，这应该是就章的内容而言，有些"中书"所无的（七十一章），有些是"外书"所无的（三十六章），中、外皆有的"章"才编定；另外的标准可说是思想的标准，"义理可法"、"合六经之义"，这种灵活性很大的标准，如何应用，伸缩性、可变性也是很大的，但它确定存在而且有很大的影响。这个思想标准，对其他图书的整理，乃至对整个学术的发展，都是有很大影响的。最后，以上《叙录》文字中还透露出一个参加校书的长社尉臣参，也许是一个子书的收藏爱好者，他手中有《晏子》十三篇，比中书还多，此人手中也有《列子》书二篇（见《列子书录》），结合任宏校兵书、尹咸校数术、李柱国校方技看，参加校书的人是各有专长的。

应该说，当时所有图书，包括群经、诸子、诗赋、方技等，都是经过刘向等人审定改编过的，《汉书·艺文志》著录存、残、亡、佚的书都在内。同时，也有些书在汉代还有其他人的改编。例如，从后世流传之《孟子》一书看，刘向之后又有东汉末年的赵岐之鉴定甚至改编，《艺文志》记《孟子》十一篇，赵岐《孟子题辞》云：

> （孟子）著书七篇，二百六十一章，三万四千六百八十五字。……又有外书四篇，性善、辩文、说孝经、为政，其文不能弘深，不与内篇相似，似非《孟子》本真，后世依放而托之者也。

① 严可均：《全汉文》卷三十七，中华书局1958年版，第332页。

也许刘向时把十一篇分成内、外篇，赵岐注《孟子》时，注了内篇七篇，“其篇目各自有名”，原来各章都是有篇名的，但赵岐又可能进行了重新编次①。他的《孟子篇叙》说：

《孟子篇叙》者，言《孟子》七篇所以相次叙之意也。孟子以为圣王之盛，惟有尧舜，尧舜之道，仁义为上，故以梁惠王问利国对以仁义为首篇也……尽己之心，与天道通，道之极者也，是以终于尽也。篇所以七者……②

这是赵岐对原有编次的体会、发挥，还是赵岐改编《孟子》的思想说明？两种可能都是存在的。重要的是，后世乃至我们今天能看到的《孟子》是经过赵岐定型的，虽然以后还会有些变化，那是后话。

总之，先秦诸子和群经一样，图籍之保存，一是经过刘向等人的一次大整理，二是不同的人对各种不同的书籍，有不同程度的整理和改编。如前述《老子》书一样，今天能看到的，除了传世的严遵本、河上本之外，又有新出土的汉初帛书本和更早的竹简本，本子不同，思想内容不同，有的区别甚至很大，大有文章可作。

不可否认，先秦典籍在汉代大多已非原貌，有汉人以己意所作的各种改变，甚至掺入一些原书所无的内容，但是否完全是汉人“伪造”的古籍，则是一个值得进一步研讨的问题。除了谶纬图书之外，很难说有完全凭空制造的伪书。

不过，传世先秦古籍，是经过汉人改定的，这一点完全可以肯定。由此亦可见汉代在中国学术史上的地位重要性。

二　两汉士人的学习与贡献

如前所述，士人也是学术载体，而且是很重要的载体。人虽然会死，但其学术可以著之于竹帛，可以薪火相传。因此士人的学习与创造，是学

① 范晔《后汉书》本传说是“著《孟子章句》”。

② 严可均：《全后汉文》卷六十二，中华书局1958年版，第815页。

术发展史中不可或缺的内容。从汉代的情况看，可以着重记叙以下的内容。

(一) 师承的演变

前面在讲汉初学术传人时，已经引用《汉书·儒林传》等一些材料，说明了一些古籍由师徒传授的情况。任何一种书籍都有师徒之传授，只不过有些系统很明确，有些较模糊罢了。任何一个人都会有师承，都会从师某一个人或者多个人，不过有的明显，有的缺记了，无师自通是很少的，而且在图籍流传相当困难的当时，几乎是不可能的。到东汉以后，随着文化图书、学校、书馆等事业的发展，也许有多种学习的途径，有的人既有家学的条件，又有上学的机会，还有名师的指点，这方面可以举王充为例。据《论衡·自纪篇》说，他出身"细族孤门"，"宗祖无淑懿之基，文墨无篇籍之遗"，但也并非真正一无所有，至少衣食无忧，所以他能够"六岁教书"，"八岁出于书馆……手书既成，辞师授《论语》、《尚书》，日讽千字"。又《后汉书·王充列传》记载说：

> 后到京师，受业太学，师事扶风班彪。好博览而不守章句。家贫无书，常游洛阳市肆，阅所卖书，一见辄能诵忆，遂博通众流百家之言。①

则是既有启蒙老师（当包括父母），也师事过当时名师班彪，再就是在洛阳市肆的自学。当然，这已是东汉中后期了，此类师承博杂的情况越来越多。但前此，特别是西汉时期，越早就越注重师承，汉代经学中的师法与家法就是如此。

关于经学中的师法与家法可以在此作一简略的记述：

"师法"一词见于《荀子》，但似乎又师是师、法是法。《荀子·儒效》有"有师法者人之大宝也，无师法者人之大殃也"的说法，但前面又说是"无师无法"、"有师无法"，师和法没有联起来。在《修身》中，法似乎指

---

① 钟肇鹏《王充年谱》（齐鲁书社 1983 年版）说王充 18 岁到 22 岁之间学于太学，"游洛阳市肆"，亦当即在此期间。

礼而言：

> 礼者所以正身也，师者所以正礼也。无礼何以正身，无师吾安知礼之为是也。……故非礼，是无法也，非师，是无师也。不是师法而好自用，譬之是犹以盲辨色……故学也者，礼法也，夫师，以身为正仪而贵自安者也。①

杨倞注云："效师之礼法以为正仪如性之所安斯为贵也。"即便师、法分别有所指，效师之礼法，也有师所传授的意思，这就与汉代以老师传授的学问和技能为师法的意思是一致的。

从汉代开始，经学传授中的师法和家法问题就逐渐突出起来。《后汉书·章帝纪》建初四年的诏书中曾说：

> 汉承暴秦，褒显儒术，建立五经，为置博士。其后学者精进，虽曰承师，亦别名家。②

这就涉及传经之师以及师与家的关系问题。和帝时鲁丕上疏所云更加明确：

> 臣闻说经者，传先师之言，非从己出，不得相让；相让则道不明，若规矩权衡之不可枉也。……法异者，各令自说师法，博观其义。③

《论衡·效力》也有：

> 诸生能传百万言，不能览古今，守信师法，虽辞说多，终不为博。

---

① 《荀子·修身篇》，诸子集成本，中华书局1954年版。
② 范晔：《后汉书》卷三，《章帝纪》，中华书局1965年版，第137页。
③ 范晔：《后汉书》卷二十五，《卓鲁魏刘列传》，中华书局1965年版，第884页。

这都明确说传经中有师法问题。家法是由师法而产生的，上引诏文："虽曰师承一师之业，其后触类而长，更为章名，则别为一家之学。"任何一个经学家都有自己的师承，都有师法，学业精进，稍有点自己的东西之后，就独立成家，就有了自己的家法，所以皮锡瑞在《经学历史》[1]中说：

> 先有师法，而后能成一家之言。师法者，溯其源；家法者，衍其流。

这等于是师法和家法的定义，大体上是不错的。

两汉时期非常重视师法和家法，学者以守师法传授为荣，不守师法则受到非难。他们在皇帝面前往往以师法对问，从而受到嘉奖，如翼奉上封事，开口就是"臣闻之于师"（《汉书·翼奉传》），以师法为自己的立论根据。学通师法还可受到推举，如萧望之荐举张禹："奏禹经学业有习，有师法，可试事。"（《汉书·张禹传》）反之，不守师法者就不被任用，如宣帝时博士缺人，"众人荐（孟）喜，上闻喜改师法，遂不用喜"（《汉书·儒林传》）。东汉以后重家法也是如此，察孝廉、举明经、试博士皆重家法，如《后汉书·左雄列传》记载：

> 雄又上言："郡国孝廉，古之贡士，出则宰民，宣协风教。……请自今孝廉年不满四十，不得察举，皆先诣公府，诸生试家法，文吏课笺奏……"帝从之，于是班下郡国。[2]

又如同书《徐防传》记载：

> （防上疏曰：）"伏见太学试博士弟子，皆以意说，不修家法，私相容隐，开生奸路。……今不依章句，妄生穿凿，以遵师为非义，意说为得理，轻侮道术，浸以成俗，诚非诏书实选本意。……若不依先师，义有相伐，皆正以为非……"诏书下公卿，皆从防言。[3]

---

① 皮锡瑞：《经学历史》，中华书局1959年版。

② 范晔：《后汉书》卷六十一，《左雄列传》，中华书局1965年版，第2020页。

③ 范晔：《后汉书》卷四十四，《徐防列传》，中华书局1965年版，第1501页。

从以上引证和其他材料看，皮锡瑞在《经学历史》中说“前汉重师法，后汉重家法”是有一定道理和根据的。但是，如上所说，师法和家法又不是截然分开的，有时根本不能分。以上徐防所说“不修家法”和“不依先师”，就既是家法又是师法。

皮锡瑞在《经学历史》中具体举例说明了师法与家法如何区分，说明师法产生在前，家法产生在后，家法从师法中分出，师法的派别大，家法的派别小，等等。但是没有说明家法怎样才能形成、为什么会出现家法。《后汉书》一些注文中有关于家法的解释。如《质帝纪》注：“儒生为《诗》者谓之诗家，《礼》者谓之礼家，故言各随家法也。”《徐防传》注：“诸经为业，各自名家。”《左雄列传》注：“儒有一家之学，故称家法。”这些解释的意思基本相同，家法与师法似无区别。本来，师上有师，家后有家，是一个师承不断的系统。例如《易经》的施、孟、梁丘之学是所谓师法，但他们同祖丁宽，故丁宽被称为“祖师”①。实际上丁宽之前还有老师田何，《汉书·儒林传》说：

> 成帝时，刘向校书，考《易》说，以为诸《易》家说皆祖田何、杨叔、丁将军，大谊略同……②

则祖师当为田何，称丁宽为“祖师”，也许是就西汉师法而言，这是师上有师。又如施雠授张禹、琅邪鲁伯，张禹又授淮阳彭宣等人，由是施家有张、彭之学。同样，孟有翟、白之学，梁丘有士孙、邓衡之学。不仅《易经》如此，其他各经莫不皆然，所谓“经有数家，家有数说”，“枝叶蕃滋”，发展就是如此。

然而，家法之所以从师法中分出，除了先后、大小之不同外，还有更重要的因素，并非有多少弟子就分多少家，而是如前引章帝诏所说，是“学者精进”的结果，才“虽曰师承，亦别名家”，别为一家之学。要独立成家，看来至少要两个条件：一是精通师法，二是有自己的独立见解。范晔在《后汉书·儒林列传》后论曰：

---

① 《汉书·外戚传》：“定陶丁姬……《易》祖师丁将军之玄孙。”

② 班固：《汉书》卷八十八，《儒林传》，中华书局1962年版，第3601页。

> 其耆名高义开门受徒者，编牒不下万人，皆专相传祖，莫或讹杂。至有分争王庭，树朋私里，繁其章条，穿求崖穴，以合一家之说。①

就是一方面“专相传祖”，继承和精通师法；另一方面又要能“繁其章条，穿求崖穴”，有一定本领，才能另立一家之说。徒弟以万数，不可能人人各自成家。通常说的精通师法，在史书上又叫作“究极师法”。如《后汉书·卓茂列传》：

> 茂，元帝时学于长安，事博士江生，习《诗》、《礼》及历算，究极师法，称为通儒。

又《后汉书·刘宽传》注引《谢承书》曰：

> 宽少学欧阳《尚书》、京氏《易》，尤明《韩诗外传》。星官、风角、算历，皆究极师法，称为通儒。

“究极师法”这四字大有讲究：一方面不能不遵师法，否则不但会受到非难，同门也要攻击，已如前述，而实际上任何人也不可能无师自通（至少从广义上说“师承”）；另一方面，固守师说，也会有不少弊病，就如王充所言：

> 儒者说五经，多失其实。前儒不见本末，空生虚说。后儒信前师之言，随旧述故，滑习辞语。苟名一师之学，趋为师教授，及时蚤仕，汲汲竞进，不暇留精用心，考实根核。故虚说传而不绝，实事没而不见，五经并失其实。②

所以范晔论曰：

---

① 范晔：《后汉书》卷七十九，《儒林列传》，中华书局 1965 年版，第 2588 页。
② 《论衡·正说》，诸子集成本，中华书局 1954 年版。

> 夫书理无二，义归有宗，而硕学之徒，莫之或徙，故通人鄙其固焉。①

真正作为一个“通儒”或者“通人”很不容易，但只有这样的人才能立“家法”。他必须在“究极”——研究透“师法”的基础上，又提出自己的见解来，才能独立成家。而且，从以上所引和其他许多“通儒”、“通人”的材料看，没有一个是只专治一经的，差不多都兼通数经，甚至博采百家之说。除上述王充之外，其他如班固，如著名的经学大师贾、马、许、郑等，莫不如此。

师法、家法存在于经学的极盛时期，有时候门户特别森严，这是因为有些人“分争王庭，树朋私里”（前引范晔语）。但它本身的发展，却在事实上不断地打破门户之见，所以，以后越来越多地出现一批越来越大的“通儒”。一直到唐代以后，有了兼存各家的《五经正义》，师法、家法的问题就不存在了。但并非以后的学者没有老师，也并非以后的老师对学生就没有影响，《宋元学案》《明儒学案》《清学案小识》等，也都讲了师承乃至派别关系，只不过不像汉代那样讲师法和家法罢了。

师法和家法是一种历史文化现象，它在历史上是起了一定作用的，特别是对经学的传授起了很大作用，使得经学一度极盛，对于后世乃至现在研究儒家经典也起了作用。

就经学而言，师承关系的资料是比较丰富的，但是诸子以及其他方面学术如何传授呢？师承也肯定是存在的，这里举几个众所周知的明显的例子：

西汉初年，如：

> 太史公（司马谈）学天官于唐都，受《易》于杨何，习道论于黄子。②

除了《易》之外，“道论”“天官”都是经学以外的学术，是有师传授的。

---

① 范晔：《后汉书》卷七十九，《儒林列传》，中华书局 1965 年版，第 2589 页。

② 司马迁：《史记》卷一百三十，《太史公自序》，中华书局 1982 年版，第 3288 页。

再如西汉后期的严遵（君平）：

君平卜筮于成都市……裁日阅数人，得百钱足自养，则闭肆下帘而授《老子》。……扬雄少时从游学，以而仕京师显名，数为朝廷在位贤者称君平德……君平年九十余，遂以其业终……①

严君平授《老子》，因弟子扬雄的“显名”而得以扬名。这里保留了一点子学（《老子》）传授的信息。

翻开前、后《汉书》，诸子和其他学术的传授，师从什么人？学什么东西？记载也还是有不少的，不过不系统罢了。实际上，时间长了，即便是经学一脉相传也是不可能的，不受重视的子学及其他学问就更不可能了。思想的传承又是另一回事，以后再作论述。

（二）博通与专精

这是士人学习与创造中的一个问题。从有关西汉特别是汉初的记载看，似乎学者们专长某一门的情况比较多，如《诗》《书》《易》《礼》等学问，某某人专长，然后传授给某某，等等。但是，实际上并非都是只专一门的，这一点我们必须看到。《汉书·儒林传》虽然是按《易》《书》《诗》《礼》等经学来记述的，但从不完整的记载也可看出，各经书的传人，本来也并非只专一经的，他们的学术渊源乃至传授内容，绝不是单一的。例如易学专家孟喜，其父孟卿“善为《礼》、《春秋》”②，命孟喜“从田王孙受《易》”，喜又自学“易家阴阳灾变书”。又有费直的传人王璜，既传《易》，又传《古文尚书》。申公是“鲁诗”的创始人，但他晚年“以《诗》、《春秋》授弟子”，如“瑕丘江公受《谷梁春秋》及《诗》于鲁申公”，而且从经历上看他也是懂礼学的，汉初在鲁南宫礼见过高祖刘邦，武帝时又曾被请出来“议明堂事”，他的学生中也有“治礼”的专家。稍后一些的记载就更为明显了，如：

---

① 班固：《汉书》卷七十二，《王贡两龚鲍传》，中华书局 1962 年版，第 3056 页。

② 他传授后苍、疏广，形成了后来的“后氏礼”、“疏氏春秋”。引文均见《汉书·儒林传》，中华书局 1962 年版。以下不注出处者同。

> 后苍……事夏侯始昌，始昌通《五经》，苍亦通《诗》、《礼》，为博士……

而齐诗创始人辕固生说《老子》是“家人言”，当然是读过《老子》而且有一定学习和研究的。韩婴既是“韩诗”创始人，又有“韩氏易”传授。据上述一些简略记述，西汉的情况是，一方面有大量专长某一门的学者不断产生，另一方面他们也多数是兼学其他的。

到了东汉，士人的学问的专精与博通都有进一步的发展。东汉专精的发展，和西汉不同的突出表现是，传各门学问的学人，有一些独立的著作出现。以“五经”为例，西汉时虽形成了一些学派，有“××学”之类的著作，多半是师法、家法创始人之著作，并且应该是章句之类著作，而一般传人很少有著作。东汉时有关的研究著作就要多一些，一则不限于某学专门之传人，二则多创造性的研究成果，这可以从清人所补之后汉书《艺文志》① 中看出：

先以《易经》类为例。专门之作不少，除“章句”② 之外，论、传、注、记之类的著作，更有学术价值。而作者不一定是某一派的传人，并且均学问博通。见于记载的，刘表、樊英、袁太伯、冯颢等人均有“章句”。例如樊英之学问就相当广博：

> 受业三辅，习京氏易，兼明五经。又善风角、星算、河洛七纬……③

刘表、冯颢均为地方政要，而且是有学问的政要，袁太伯被王充誉为“刘子政、杨子云不能过也”④。

传、注、记、说之类，不限于“章句”的确定，有更多的解释、发挥，当然更有学术价值。据记载，郑众、郑玄、宋衷均作有《周易注》，马融、荀爽各有《周易传》，景鸾有《易说》，这些人都是当时“知名于

---

① 《二十五史补编》中收有钱大昭、姚振宗等人四种，今以姚振宗《后汉艺文志》为据。

② “章句”当然不只是分章、断句，也有注解之类的内容。

③ 范晔:《后汉书》卷八十二,《方术列传》，中华书局 1965 年版，第 2720 页。

④ 《论衡·案书》，诸子集成本，中华书局 1954 年版。

世”，影响很大而且“才高博洽”的大儒、通儒。例如荀爽及其《易传》，他的侄子荀悦著《汉纪》时有一段叙说：

> 马融著易解，颇生异说。及臣悦叔父故司徒爽著《易传》，据爻象承应阴阳变化之义，以十篇之文解说经意，由是兖、豫之言《易》者，咸传荀氏学。而马氏亦颇行于世。爽又著《诗传》，皆附正义，无他说。①

这里提到了马著、荀著的不同解说及其意义，究竟如何解说经义？乃至有哪些异说？研究清人辑佚之作的内容，也还是可以探幽发微作一些研究的。

另外，如洼丹之《易通论》、袁京之《易难记》、陆绩之《周易述》及《周易日月变例》，从书名上看这些书就已经是具有论著性质的著作了。《易通论》七篇“世号《洼君通》，丹学义研深，易家宗之，称为大儒”②。《难记》“三十万言”。这些有自己见解的专著，在汉代学术发展史上，自然有它们的价值地位。

除易类之外，其他各经的情况大体相同，许多博通的学者，都有某一经书的专精之作。同样据姚振宗《后汉艺文志》的收集：《书经》类，东汉著作也与西汉有所不同，西汉有今古文之分，除章句之外，只有极少的传记、说义之作。东汉则多为有所发挥的传、记、注、说，作者有桓荣、桓郁、牟长、张奂、周防、卫宏、贾逵、马融、刘陶、荀爽、卢植、郑玄、王粲等多位当时著名学者。他们的著作，以古文《尚书》为多，这与今古文之争有关，但糅杂今古是发展方向，如郑玄之注《古文尚书》，就或从古文，或采今说。今古文之合通，是发展方向，所以刘陶的《中文尚书》就是合今古文乃至各家文字之作：

> 陶明《尚书》、《春秋》，为之训诂。推三家《尚书》（注云：三家谓夏侯建、夏侯胜、欧阳和伯也）及古文，是正文字七百余事，名曰《中文尚书》。③

---

① 荀悦：《汉纪》卷二十五，《成帝纪》卷二。

② 范晔：《后汉书》卷七十九，《儒林列传》，中华书局1965年版，第2551页。

③ 范晔：《后汉书》卷七十九，《儒林列传》，中华书局1965年版，第1843页。

这些专著的作者，大多是通人，知识非常渊博，这个情况可以说是众所周知了，再引一点材料可以加深认识。例如《后汉书·马融列传》记载说：

> 融才高博洽，为世通儒……尝欲训《左氏春秋》，及见贾逵、郑众注，乃曰："贾君精而不博，郑君博而不精。既精既博，吾何加焉！"但著《三传异同说》。注《孝经》、《论语》、《诗》、《易》、《三礼》、《尚书》、《列女传》、《老子》、《淮南子》、《离骚》，所著赋、颂、碑、诔、书、记、表、奏、七言、琴歌、对策、遗令，凡二十一篇。①

从这个简要的著述目录，可见其博学之一斑了。重要的是他已明确注意到"博"与"精"（实际是专精）的问题了。

再例如郑玄：

> ……造太学受业，师事京兆第五元先，始通《京氏易》、《公羊春秋》、《三统历》、《九章算术》。又从东郡张恭祖受《周官》、《礼记》、《左氏春秋》、《韩诗》、《古文尚书》。以山东无足问者，乃西入关，因涿郡卢植，事扶风马融。
>
> ……
>
> 门人相与撰玄答诸子弟问《五经》，依《论语》作《郑志》八篇。凡玄所注《周易》、《尚书》、《毛诗》、《仪礼》、《礼记》、《论语》、《孝经》、《尚书大传》、《中候》、《乾象历》，又著《天文七政论》、《鲁论禘祫义》、《六艺论》、《毛诗谱》、《驳许慎五经异义》、《答临孝存周礼难》，凡百余万言。②

可见郑玄学得很广，如他自己所说："博稽六艺，粗览传记，时睹秘书纬术之奥。"③ 他的著作主要是"遍注群经"，这与马融略有不同，但并不能因此而否认其"博通"。他著作之专精，从后人之重视可见。他的一些经

---

① 范晔：《后汉书》卷六十，《马融列传》，中华书局1965年版，第1972页。
② 范晔：《后汉书》卷三十五，《郑玄列传》，中华书局1965年版，第1207页。
③ 范晔：《后汉书》卷三十五，《郑玄列传》，中华书局1965年版，第1212页。

注多为后人援用和征引，如《毛公传》《三礼注》为唐孔颖达、贾公彦等沿用，没有采用的，或者因看法不同（如《尚书》用孔安国传），或因其后有更好注本（如《论语》之用何晏等注）。

马融、郑玄仅仅是两个例子，还不能说是少有的例子。两汉时期无论哪方面有突出成就的学者，无一不是在博学的基础上而创造出专精成果的。经学家是如此，除马、郑之外还有许多，有些人的成就可称为“空前绝后”。例如“少博学经籍”、“《五经》无双”的许慎，所作《说文解字》就是如此。史学家司马迁父子、班固父子以及荀悦、蔡邕等人，他们留下了传世之作，他们也都是博学通人。例如荀悦，他“年十二，能说《春秋》。家贫无书，每之人间，所见篇牍，一览多能诵记”①。他的《汉纪》有较高价值，他的《申鉴》“其所论辨，通见政体”，理当被称为“通人”。再如“作浑天仪”，“著《灵宪》、《算罔论》”的张衡，不仅“少善属文”，而且“入京师，观太学，遂通《五经》贯六艺”，“善机巧，尤致思于天文、阴阳、历算，常耽好《玄经》”②。这位天文、历算均精通的自然科学家，也通五经、六艺。还有医学家华佗，“游学徐土，兼通数经。晓养性之术”③。中国古代学术的综合性，是很重要的特点，但作为学术载体的士人，特别是知名的、在某些方面有突出成就和贡献的士人，都是学问博通的。他们在知识渊博的基础上，创造出传世的专精之作，这也是当时的学术特点之一。

（三）入世与归隐

对作为学术载体的士人，自古以来就有所谓“天下有道则见，无道则隐”④ 的说法，但具体情况却是多种多样的，不完全是“无道则隐”。唐尧时的巢父、许由拒不入仕，周武王时的伯夷、叔齐甚至饿死首阳山中，就并非因天下“无道”。汉代也一样，即便是朝政最好的时候，也是有一些“逸民”的。但是，从总的情况看，士人基本上是入世的，如果不仅指做官从政走入仕途，而包括关心时世，那就几乎没有“隐”的问题了，“隐”

① 范晔：《后汉书》卷六十二，《荀悦列传》，中华书局 1965 年版，第 2058 页。

② 范晔：《后汉书》卷五十九，《张衡列传》，中华书局 1965 年版，第 1897 页。

③ 范晔：《后汉书》卷八十二下，《方术列传下》，中华书局 1965 年版，第 2740 页。

④ 《论语・泰伯》，诸子集成本，中华书局 1954 年版。

是值得分析的。

首先说入世问题，汉代知识分子一开始就积极参与了时世。对于秦始皇的“焚书坑儒”，他们极为不满，纷纷远身避祸。难能可贵的是，一方面他们继续私下传授，另一方面把一些书籍想办法壁藏起来，突出的例子如孔安国所说：

> 及秦始皇灭先代典籍，焚书坑儒，天下学士逃难解散，我先人用藏其家书于屋壁。①

其先人藏书，当即《孔丛子》所记孔鲋藏书之事：

> 陈余曰：“秦将灭先王之籍，而子为书籍之王，其危哉?”孔鲋曰：“吾为无用之学，知吾者惟吾友，秦非吾友，吾何危哉? 吾将藏之以待其术，求至无患矣。”

实际上，壁藏或者用其他方法收藏的不少，伏生也是壁藏过书籍的。

> 秦时焚书，伏生壁藏之，其后兵大起，流亡。汉定，伏生求其书，亡数十篇，独得二十九篇，即以教于齐鲁之间，学者由是颇能言《尚书》。②

也许和后来孔宅中所出之书一样，是用的古文字，所谓“科斗书废已久，时人无能知者”，要靠伏生翻译，所以才有晁错“往受”《尚书》之事。其他明确记载藏书的还有：

> 《孝经》，遭秦焚书，为河间人颜芝所藏，汉初芝子贞出之，凡十八章。③

---

① 孔安国：《尚书序》，十三经注疏本，中华书局 1980 年版。
② 司马迁：《史记》卷一百二十一，《儒林列传》，中华书局 1982 年版，第 3114 页。
③ 魏征：《隋书》卷三十二，《经籍志》，中华书局 1973 年版，第 935 页。

汉初除挟书令、收天下遗书以及河间献王、淮南王之图书收集，当都是指秦焚书时民间收藏起来的图书。

在当时条件下，士人藏书的学术意义很大，这也是一种以退为进的办法，他们终究要靠这些东西入世的。而且就在当时，他们不畏强暴，纷纷投身反秦斗争：

> 陈涉之王也，而鲁诸儒持孔氏之礼器往归陈王。于是孔甲为陈涉博士……缙绅先生之徒，负孔子礼器，往委质为臣者，何也？以秦焚其业，积怨而发愤于陈王也。①

稍后一些，士人又纷纷投奔刘邦。清人对汉初政权作过“布衣将相之局”②的概括，主要应理解为将相大臣皆起至下层，所谓“白徒”之类，但决不都是“屠狗”、“贩缯”者。其中有不少士人，除了叔孙通秦时即为“待诏博士”之外，张良、萧何、陆贾、陈平、曹参、张苍……许多都是士人。

西汉初年，士人入世的途径很多，或为朝廷任用，或为诸侯王、大臣收养，特别值得注意的是，其中有不少从事了古籍整理和学术研究的工作，诸侯王中突出的有河间献王和淮南王：

> 河间献王德……修学好古，实事求是。从民得善书，必为好写与之，留其真，加金帛赐以招之。繇是四方道术之人，不远千里，或有先祖旧书，多奉以奏献王者，故得书多，与汉朝等。是时淮南王安亦好书，所招致率多浮辩。献王所得书皆古文先秦旧书，《周官》、《尚书》、《礼》、《礼记》、《孟子》、《老子》之属，皆经传说记，七十子之徒所论。③

河间献王那里聚集了多少士人，只有“山东诸儒者（多?）从而游”一句，百计还是千计不得而知。

---

① 司马迁：《史记》卷一百二十一，《儒林列传》，中华书局1982年版，第3116页。
② 赵翼著，王树民校证：《廿二史札记校证（下册）》，中华书局1984年版，第36页。
③ 班固：《汉书》卷五十三，《景十三王传》，中华书局1962年版，第2410页。

上面提到过淮南王，据记载，刘安“招致宾客方术之士数千人”①，其中是否有“鸡鸣狗盗”之徒，不得而知，但大多数会是士人。班固说“多浮辩”，那是偏见，刘安集中的士人编著了许多图书，那是对学术文化有贡献的，留下来的一部《淮南子》就是一个思想资料的宝库，这是不可否认的。

后来汉武帝“立五经博士，开弟子员，设科射策，励以官禄”②，知识分子纷纷入仕或准备入仕，都是入世的。西汉时期，特别是初年，是否有士人有意去归隐逃世，虽不敢说绝对没有，不会很多，不成气候是可以肯定的。汉初士人纷纷入世，逃隐之人很少，而且是暂时的，商山四皓的例子比较典型。《史记·留侯世家》记载，张良曾献计迎四皓保护太子，他说：

> 天下有四人，四人者年老矣，皆以为上慢侮人，故逃匿山中，义不为汉臣。然上高此四人。今公诚能无爱金玉璧帛，令太子为书，卑辞安车，因使辩士固请，宜来。来，以为客，时时从入朝，令上见之，则必异而问之。问之，上知此四人贤，则一助也。

此计被吕后采纳，而且真起了作用：

> 于是吕后令吕泽使人奉太子书，卑辞厚礼，迎此四人。四人至，客建成侯所。

刘邦多次想易太子，最后，在一次酒会上：

> 太子侍，四人从太子，年皆八十有余，须眉皓白，衣冠甚伟，上怪之，问曰：“彼何为者？”四人前对，各言名姓曰：东园公、角里先生、绮里先生、夏黄公。上乃大惊，曰：“吾求公数岁，公辟逃我，今公何自从吾儿游乎！”四人皆曰：“陛下轻士善骂，臣等义不受辱，故恐而亡匿。窃闻太子为人仁孝、恭敬爱士，天下莫不延颈欲为太子

① 班固：《汉书》卷四十四，《淮南衡山济北王传》，中华书局1962年版，第2145页。
② 范晔：《后汉书》卷八十八，《儒林列传》，中华书局1965年版，第3594页。

死，故臣等来耳。”上曰：“烦公幸卒调护太子。”四人为寿已毕，趋去，上目送之，召戚夫人，指示四人者曰：“我欲易之，彼四人辅之，羽翼已成，难动矣……”……罢酒。竟不易太子者，留侯本招此四人之力也。①

四皓之事又见《高士传》。四人之逃隐本在秦始皇时，刘邦开始不用诗、书，慢侮儒者，所以四人继续退隐②，但是太子“卑辞厚礼”终于把他们请出来了。他们虽讲究“志”、“节”，但并不是要归隐终身的，只不过是希望“天下安定”，在唐虞那样有道之世有一番作为。所以西汉时期，我们较难见到著名人士隐居的，只要有机会，他们就入世以求发展。士人入世，以其所承传之学术为资本，或者“以儒求进”而封官受赏，或者著书立说扬名于世，或者开门授徒享受尊崇，而且多半还兼而有之。

无论是动乱时期或升平之日，士人以学术入世，这是主要方面。

至于归隐之士，一般也没有放弃学术，而且有一些是颇有贡献的。西汉时期的隐逸之士肯定有一些，史籍所载仅郑子真、严君平因扬雄之推崇而得知其名，《汉书·王贡两龚鲍传》的总序中记载说：

其后（按：汉初四皓之后）谷口有郑子真，蜀有严君平，皆修身自保，非其服弗服，非其食弗食。成帝时……③

君平卜筮于成都市。以为卜筮者贱业而可以惠众人……裁日阅数人，得百钱足自养，则闭肆下帘而授《老子》，博览亡不通，依老子、严周之指，著书十余万言。扬雄少时从游学……④

严君平只不过未仕，但仍有济世救人之志，而且学术活动不绝，教出了扬雄这样的杰出人才，其所著之《道德指归论》有很大的学术价值。

---

① 引文均见《史记》卷五十五，《留侯世家》，中华书局 1962 年版，第 2045～2047 页。

② 《高士传》记载，他们隐居“以待天下之定”，而“刘邦闻而征之，不至。深自匿终山不能屈也”。

③ 从汉初到成帝时，仅此二人著录，可说明西汉著名隐士不多。

④ 班固：《汉书》卷七十二，《王贡两龚鲍传》，中华书局 1962 年版，第 3056 页。

和西汉不同，经过西汉末年的战乱，东汉时期出现了更多的“逸民”，《后汉书》还有了一个《逸民列传》，其序云：

> 汉室中微，王莽篡位，士之蕴籍义愤甚矣。是时裂冠毁冕，相携持而去之者，盖不可胜数。扬雄曰：“鸿飞冥冥，弋者何篡焉。”言其违患之远也。光武侧席幽人，求之若不及，旌帛蒲车之所征贲，相望于岩中矣。若薛方、逢萌聘而不肯至，严光、周党、王霸至而不能屈。群方咸遂，志士怀仁，斯固所谓“举逸民天下归心”者乎！肃宗亦礼郑均而征高凤，以成其节。自后帝德稍衰，邪孽当朝，处子耿介，羞与卿相等列，至乃抗愤而不顾，多失其中行焉。……①

这段序文表明：士人仍然是“有道则见，无道则隐”，“不可胜数”的逃隐是在王莽篡位之后，东汉建立后应该说是如《后汉书·儒林列传》所说：“自是莫不抱负坟策，云会京师。”而不肯入仕的人，有的甚至可以说有点矫情，沽名钓誉。例如周党其人征而不至，“至而不能屈”，博士范升上书奏毁党曰：

> 臣闻尧不须许由、巢父，而建号天下；周不待伯夷、叔齐，而王道以成。伏见太原周党、东海王良、山阳王成等，蒙受厚恩，使者三聘，乃肯就车。及陛见帝廷，党不以礼屈，伏而不谒，偃蹇骄悍，同时俱逝。党等文不能演义，武不能死君，钓采华名，庶几三公之位。臣愿与坐云台之下，考试图国之道。不如臣言，伏虚妄之罪。而敢私窃虚名，夸上求高，皆大不敬。②

汉光武帝刘秀“开明”，没有接受范升的意见，反而“赐帛四十匹”，这又当别论。依我之见，范升之言不无一定道理，有些人的确是“钓采华名”，甚至有的也很可能是“庶几三公之位”，还想得到更大的官位。

当然，后来朝政腐败（“后帝德稍衰”），有些“隐居避患”之人也当

① 范晔：《后汉书》卷八十三，《逸民列传》，中华书局1965年版，第2755页。
② 范晔：《后汉书》卷八十三，《逸民列传》，中华书局1965年版，第2762页。

别论。东汉末年就出现过一些有道之士，他们有些发人深省的见解，例如《逸民列传》所记桓帝时的汉阴老父、陈留老父之类，桓帝出游，“百姓莫不观者”，汉阴老父“独耕不辍”，并且对尚书郎张温说：

> 请问天下乱而立天子耶？理而立天子耶？立天子以父天下耶？役天下以奉天子耶？
>
> 昔圣王宰世，茅茨采椽，而万人以宁。今子之君，劳人自纵，逸游无忌。吾为子羞之，子何忍欲人观之乎！①

看来，这位老父是一位饱学之士，“茅茨采椽”采用的是尧舜典故，李贤注云：“韩子曰：尧舜采椽不刮，茅茨不剪。”但是他又不公开称明尧舜，不明确肯定是“乱”还是“理”而立天下，这已是更深的思考了，是一位高人高论。不过，如果他既不授徒，也不著书，也就仅只保留了这一点思想。

归隐是一种社会现象，真正逃隐了恐怕也无人知道了，汉阴老父、陈留老父可谓真隐士，只是因他人他事而保留下来了一点点言行之迹，这毕竟是少数。大多数的所谓“逸民”，则是“逃名而名随我，避名而名我追，可谓百世之师者矣！”得到友人“共刊石颂之”，或者“州里称其高”②，范升说是“钓采华名”，有一定道理。

收授弟子，著书立说者，对学术流传、发展有贡献，沽名钓誉者不足言道，无影无踪者就不可得知了。

（四）贡献与作用

如果没有士人，学术、文化就无法传承、发展，学术文化物化的载体图书，是士人撰写的，也靠士人传授。虽然，人活百岁也有一死，但人的精神可以不死，人所创造的学术、文化可以继续传播，即所谓“薪尽火传”。但学术文化的发展终归是人起作用，是士人起作用。各个历史时期的士人，都有自己所起的作用和所作的贡献，这里要说的是两汉士人在学

---

① 范晔：《后汉书》卷八十三，《逸民列传》，中华书局1965年版，第2775页。
② 范晔：《后汉书》卷八十三，《逸民列传》，中华书局1965年版，第2775页。

术文化中的作用和贡献。

两汉士人的作用，这里主要谈其学术文化方面的作用，不包括在政治方面的作用。士人作为学术载体，对社会的贡献，主要表现在两个方面：一方面是文化的普及和学术文化的传承；另一方面就是学术成果的创造。

先说第一方面。

士人的数量是衡量一个社会文化水平的重要指标之一。汉代士人和前代相比数量是否增加，很难作出定量性的结论，从汉代本身的发展来看，是逐步有所增加的，尤其是汉代的学校制度、官吏选举制度等的形成和发展，更是促进士人数量增加的直接原因，这里不得不再次征引班固在《汉书·儒林传》中的那一段精彩概述：

> 自武帝立五经博士，开弟子员，设科射策，劝以官禄，讫于元始，百有余年，传业者浸盛，枝叶蕃滋，一经说至百余万言，大师众至千余人，盖禄利之路然也。①

“大师”级的学者“千余人”，虽是约数，实际也不会很少。每个“传业”“大师”必然传授不少弟子，只不过西汉的记载不多且不太具体，这是比较特殊的，许多大师虽有传授记载，但都只记述几个传其学并有成就的弟子，从学者人数则少有记录，有几条教授弟子较多的材料，也多不具体。例如：

> 疏广……少好学，明《春秋》，家居教授，学者自远方至。②

还有如翟“宣教授，诸生满堂”③，学生数都不太具体。而个别的也有弟子千余人的说法：

> 初，（吴）章为当世名儒，教授尤盛，弟子千余人。④

---

① 班固：《汉书》卷八十八，《儒林传》，中华书局1962年版，第3620～3621页。
② 班固：《汉书》卷七十一，《疏广传》，中华书局1962年版，第3039页。
③ 班固：《汉书》卷八十四，《翟方进传》，中华书局1962年版，第3424页。
④ 班固：《汉书》卷六十七，《云敞传》，中华书局1962年版，第2727页。

这材料因其弟子云敞在王莽时有冒死“收抱章尸”的记载而得以保存。看来，“大师”之门下，数以百千计的事实是存在的。这也并不奇怪，早在先秦时期，孔门弟子三千，从孟子学者数百，连农家学者许行也有门徒数十人，大师有弟子学生数以千百计不是稀奇事。到了东汉，记载就很多了，吕思勉先生根据史料作过一个概述值得征引：

> 《后书》所载，诸儒门下，受业著录，动至数千，甚或盈万，其不及千人者，几不足数矣。如杨厚，门生上名录者三千余人。樊儵，门徒前后三千余人。曹褒，诸生千余人。郑玄，弟子自远方至者数千。丁鸿，远方至者数千人。周盘，门徒常千人。姜肱，士之远来就学者三千余人。张奂，养徒千人。李膺，免官还居纶氏，教授常千人，郭泰，闭门教授，子弟以千数。张兴，著录万人。曹曾，门徒三千人。牟长，自为博士，及在河内，诸生讲学者，常有千余人，著录前后万余人。（牟长）子纡，门生千人。宋登，教授数千人。杨伦，弟子千余人。魏应，弟子自远方至者，著录数千人。杜抚，弟子千余人。丁恭，诸生自远方至者，著录数千。楼望，诸生著录九千余人。张玄，著录千余。颍容，避乱荆州，聚徒千余人。谢该，门徒数百千人。蔡玄，门徒常千人。其著录者万六千人。杜恭，门徒常千余人。索卢放，以《尚书》教授千余人。徐房、李子云，养徒各千人。以上皆见《后汉书》各本传及《儒林》、《文苑》、《逸民》传。①

这还不是全部，还有不少是缺载的，例如当时赫赫有名的马融，究竟有多少门徒，没有大略的统计，《后汉书·郑玄列传》记载说：“融门徒四百余人，升堂进者五十余生。”而且“玄在门下，三年不得见”，三年当中，当有进进出出，数目绝不止四百余人。当然，如上所述不及千人的更多，而且以上未统计的方术之士，他们也是有弟子诸生的②。《后汉书·儒林列传》最后的“论曰”：

---

① 吕思勉：《秦汉史》，上海古籍出版社 1983 年版，第 728 页。

② 参阅《后汉书·方术列传》。

自光武中年以后，干戈稍戢，专事经学，自是其风世笃焉。其服儒衣，称先王，游庠序，聚横塾者，盖布之于邦域矣。若乃经生所处，不远万里之路，精庐暂建，赢粮动有千百，其耆名高义开门受徒者，编牒不下万人……①

以上数以万计的具体数字，只是零散记载的收集。在生员弟子人数方面，还有很大一部分，那就是各级学校。

首先是中央的太学。西汉时的情况记载不详，大约从汉武帝开始，与置五经博士的同时已兴太学。这是接受了董仲舒、公孙弘等人的意见而兴立的，一般应该是生员弟子受业于博士，如董仲舒：

孝景时为博士，下帷讲诵，弟子以久次相受业，或莫见其面。

至于太学弟子员的数目，西汉时似乎不多，武帝时太常孔臧、博士平等曾建议“博士官置弟子五十人”②，究竟实际情况如何，无法详述，后来的人数，《汉书·儒林传》的总序中有所记述：

昭帝时举贤良文学，增博士弟子员满百人。宣帝末倍增之。元帝好儒，能通一经者皆复，数年，以用度不足，更为设员千人。郡国置五经百石卒史（按：《补注》沈钦韩曰：此乡学教官之始）。成帝末，或言孔子布衣养徒三千人，今天子太学弟子少。于是增弟子员三千人。岁余复如故。平帝时王莽秉政，增元士之子得受业如弟子，勿以为员（师古曰：常员之外，更开此路）。③

总的看来，西汉太学生员不是太多④，不过应该都算是高级知识分子。东汉太学生大大超过西汉是很明显的，这也正是学术蓬勃发展的表现之一。

---

① 范晔：《后汉书》卷七十九，《儒林列传》，中华书局1965年版，第2589页。

② 班固：《汉书》卷八十八，《儒林传》，中华书局1962年版，第3594页。

③ 班固：《汉书》卷八十八，《儒林传》，中华书局1962年版，第3596页。

④ 《后汉书·翟酺列传》记载，翟酺在上言修缮太学时，曾有西汉时“弟子万数”之说，大约是就整个西汉时期而言。

《后汉书·儒林列传》有较为具体的记载：

顺帝感翟酺之言，乃更修黉宇，凡所造构二百四十房，千八百五十室。试明经下第补弟子，增甲、乙之科员各十人，除郡国耆儒皆补郎、舍人。本初元年，梁太后诏曰："大将军下至六百石，悉遣子就学，每岁辄于乡射月一飨会之，以此为常。"（注引《汉官仪》曰：春三月，秋九月，习乡射礼，礼生皆使太学学生。）自是游学增盛，至三万余生。①

这些在《顺帝纪》中亦略有记载："缮起太学"在永建六年九月，一年后，阳嘉元年七月：

以太学新成，试明经下第者补弟子，增甲、乙科员各十人。除郡国耆儒九十人补郎、舍人。

又冲帝本初元年也有相关记载。可以证明，《儒林列传》的记述是有事实根据的，三万余生当亦为事实。这个在学太学生数字，在当时最高五千万人口的总数中，比例不算太小。另外，在帝都还有所谓"宫邸学"、"鸿都门学"等短暂的培养集聚知识分子的措施和地点未在统计之内。

当然，比较经常而且面更广泛的那就是郡国之学。汉代地方设学校，开始于西汉初年，到西汉末逐渐形成制度。时兴时废是肯定的，但日益发展的总趋势却十分明显，有关记载可以清楚地说明。

关于郡县设学之始，《汉书·循吏传》记载说：

（文翁）景帝末为蜀郡守，仁爱好教化。见蜀地辟陋有蛮夷风，文翁欲诱进文，乃选郡县小吏开敏有材者张叔等十余人亲自饬厉，遣诣京师，受业博士，或学律令。数岁，蜀生皆成就还归。文翁以为右职，用次察举，官有至郡守、刺史者。又修起学官于成都市中，招下县子弟以为学官弟子，为除更徭，高者以补郡县吏，次为孝弟力田。常选学官僮子，使在便坐受事。每出行县，益从学官诸生明经饬行者

① 范晔：《后汉书》卷七十九，《儒林列传》，中华书局1965年版，第2545页。

与俱。使传教令，出入闺阁。县邑吏民见而荣之。数年，争欲为学官弟子，富人至出钱以求之。由是大化。蜀地学于京师者比齐、鲁焉。至武帝时，乃令天下郡国皆立学校官，自文翁为之始云。①

武帝下令的具体情况如何，没有更多的材料说明。但武帝以后，除蜀郡之外，其他地方是有“学宫”的。例如，昭帝时，韩延寿为淮阳太守时曾“令文学校官诸生皮弁执俎豆（师古曰：校亦学也）。为吏民行丧嫁娶礼”，后为东郡太守又“修治学官（师古曰：学官为庠序之舍也）”②。又例如宣、元之时，何武为扬州刺史，“州中清平”，他“行部”之时：

必先即学宫见诸生（师古曰：即，就也。学宫，学舍也。），试其诵论，问以得失。然后入传舍……乃见二千石。以为常。③

则宣帝时，扬州各郡均有学舍。

郡国学是如何发展、完善的，是值得进一步研讨的问题。《汉书·儒林传》记有元帝时“郡国置五经百石卒史”一事。清人沈钦韩认为“此乡学教官之始”④，可作再深入研究之参考。后来平帝元始三年，王莽奏立学官：

郡国曰学，县、道、邑、侯国曰校。校、学置经师一人。乡曰庠，聚曰序，序、庠置孝经师一人。⑤

也许王莽是做了个制度和名称的统一工作，是对原有事实的总结和重申。

东汉时期关于郡国之学的记载更多更具体，班固的《东都赋》说：

四海之内，学校如林，庠序盈门，献酬交错，俎豆莘莘，下舞上歌，蹈德咏仁。

---

① 班固：《汉书》卷八十九，《循吏传》，中华书局1962年版，第3596页。
② 班固：《汉书》卷七十六，《韩延寿传》，中华书局1962年版，第3210页。
③ 班固：《汉书》卷八十六，《何武传》，中华书局1962年版，第3483页。
④ 王先谦：《汉书补注》引。
⑤ 班固：《汉书》卷十二，《平帝纪》，中华书局1962年版，第355页。

这当然是歌功颂德溢美之词，但学校越来越多，越来越受重视，却是发展趋势。朝廷也一再重申兴学之事，《后汉书·礼仪志》有一条记载写道：

明帝永平二年三月，上始帅群臣躬养三老、五更于辟雍。行大射之礼。郡、县、道行乡饮酒于学校，皆祀周公、孔子，牲以犬。于是七郊礼乐三雍之义备矣。①

乡饮酒礼是汉代施行的重要礼仪之一，此礼一般在学校举行。例如李忠为丹阳太守：

忠以丹阳越俗不好学，嫁娶礼仪，衰于中国，乃为起学校，习礼容，春秋乡饮。②

这是建武年间的事。明帝之时也不过是一次重申，实际上行乡饮酒礼早在光武帝时就曾强调施行，光武帝建武三年伏湛代邓禹为大司徒：

是岁奏行乡饮酒礼，遂施行之。③

这两次面向全国之令，反映出全国各地学校是比较多的，事实也是如此，有些地方的学校还比较大。例如桓帝时刘梁为“北新城长”：

乃更大作讲舍，延聚生徒数百人，朝夕自往劝诫，身执经卷，试策殿最，儒化大行。此邑至后犹称其教焉。④

一时兴学，影响一方，影响多年（之后）⑤。又如献帝时管辂之父为琅邪即

① 范晔：《后汉书·礼仪志上》，中华书局1965年版。

② 范晔：《后汉书》卷二十一，《李忠列传》，中华书局1965年版，第756页。

③ 范晔：《后汉书》卷二十六，《伏湛列传》，中华书局1965年版，第896页。

④ 范晔：《后汉书》卷八十上，《文苑列传上》，中华书局1965年版，第2639页。

⑤ 刘梁“告县人曰：昔文翁在蜀，道著巴汉……”是影响一方，到了东汉末，刘梁仍以文翁为榜样。

丘长：

（管辂）时年十五，来至官舍读书，始读《诗》、《论语》及《易》本，便开渊（?）布笔，辞义斐然。于时黉上有远方及国内（谓琅邪国内）诸生四百余人，皆服其才也。①

这里或者还透露出县学的学习内容。以上两个不大的县城，有学徒数百人，这规模是可观的，但是发展肯定不平衡，学校不会很普遍是可以肯定的。各个地方官兴学之举就往往受到重视，被史书记录下来，《后汉书》中能见到的还有不少，如：鲍德为南阳太守，“时郡学久废，德乃修起横（注：学也）舍”，秦彭迁山阳太守，“敦明庠序”，任延守武威“造立校（注：学也）官”，等等。还有如贾洪“历守三县令，所在辄开除厩舍，亲授诸生”②，溧阳长潘乾“构修学官”，还留下了有名的《校官碑》③。郡守、县令累有兴学之举，遍于全国各地，而特别值得指出的是，一些边远地区的长吏做得尤为突出，为边远地区经济、文化的发展，作出了不可磨灭的贡献。例如“南垂”桂阳一地史书记载先后几个郡守兴学，早期有卫飒、茨充等人“修庠序之教”，顺帝时又有栾巴“兴立（校）学［校］”④。同一地方反复兴修的记载，一方面反映时兴时废的客观事实，另一方面说明历代都有循良的地方官吏兴学从教。又如交阯一地也是如此，虽从秦开始即为郡，但东汉的教化又重来：

光武中兴，锡光为交阯，任延守九真，于是教其耕稼，制为冠履……建立学校，导之礼义。⑤

其他如西北的武威、凉州，西南的巴、蜀等地，都有地方官兴学之举。蜀

① 陈寿：《三国志·魏书》卷二十九，《管辂传》注引《辂别传》，中华书局1959年版，第218页。

② 陈寿：《三国志·魏书》卷十三，《王肃传》注引《魏略》，中华书局1959年版，第420页。

③ 参阅《隶释》或高文：《汉碑集释》，河南大学出版社1997年版。

④ 范晔：《后汉书》卷五十七，《栾巴列传》，中华书局1965年版，第1841页。

⑤ 范晔：《后汉书》卷八十六，《南蛮西南夷列传》，中华书局1965年版，第2836页。

郡虽为最早兴学之地，到了东汉末年，王商为蜀郡守又“修学广农”①。学校是要不断兴修的，自然是因为凋零破坏的时候很多。

学校普及到了什么程度？有的时候有的地方也是有乡邑之学的。《后汉书·循吏传》记仇览说：

> 为蒲亭长。劝人生业，为制科令……农事既毕，乃令子弟群居，还就黉学。……期年称大化。

注引《谢承书》说他是“为县阳遂亭长”，对一个不孝子“与一卷《孝经》，使诵谈之”。此事与“庠序置孝经师一人”的记载相合，《孝经》是当时最基层小学的一个主要课本。

综上所述，两汉时期，私人的教学，政府的大、中（郡县）、小（乡邑）学，培养了不少大、中、小的知识分子。没有这些士人的不断产生和扩大，文化就谈不上传承和普及，士人培养士人，使文化和学术传统得以延续，这是士人的主要贡献之一。

士人对社会的贡献和作用的另一大方面，那就是文化和学术方面的创造。从学术方面谈士人的创造，这里我首先想接着顾颉刚先生的话再说。顾先生是20世纪最早写《汉代学术史略》（30年代出版）的人，当时他以汉代学术思想的“主流”——经学为中心进行论述，他在20世纪50年代重版该书的序中写道：

> 然而汉代的学术方面尚有很多的辉煌的成果，例如唐都、落下闳、邓平、刘歆、张衡的天文学和历法学，张衡的地震学，王景、桑钦的地理学，赵过的农学，许商、平当、贾让的水利学，淳于意、张机、华佗的医学，马钧的机械学，桑弘羊、桓宽、王符、仲长统的经济政治学，司马谈、迁父子和班彪、固父子以及荀悦、蔡邕的史学，刘向、歆父子的古文籍考订学，扬雄、爰礼、甄丰、服虔、许慎、马融、郑玄的文字学和训诂学，以及王充的唯物主义的怀疑思想等等，都

① 陈寿：《三国志·魏书》卷三十八，《许靖传》注引《益州耆旧传》，中华书局1959年版，第967页。

是值得大书特书的。①

顾先生所列举的许多方面（还有他未列举到的内容和人物），学术界已作了不少较深入的研究，新的综合性的《汉代学术史》也有出版②。这里我想再从“发展”的角度，进一步指明，哪些内容是传统学术的继承和发展，哪些是汉人的新创造发明，它们有什么样的意义和作用，等等。

古代没有自然科学与人文社会科学的划分，但实际有这两方面的内容。自然科学方面，天文历法、农学、医学，不仅有悠久的历史，而且在古代是比较先进，指导和解决了实际问题的。汉代在这些方面都有很大的发展，汉代知识分子作出了自己的贡献。

1. 天文历法

古代的天文学，主要是对天象的观测和记录，其目的是定方位、定时间、定季节，用以指导人们的生产和生活。如《尚书·尧典》所说：“乃命羲和，历象日月星辰，敬授民时。”“敬授民时”，这就是历法。古人在长期的生活实践中（应该从原始人开始），看到自然界的寒来暑往、白天黑夜、阴晴圆缺等现象，看到植物的生长、成熟，看到动物的活动规律，逐渐地开始农业、牧业的生产，以保证更好的生活。天文、历法之学因此而生，在中国起源甚早。

据《史记·历书》记载，有黄帝考定“星历”，帝尧“明时正度”之事，虽暂时无法确考，但“授民以时”，人们按一定的自然规律进行生产，实际上应该比传说的尧舜时代更早。到夏、商、周时代，天文历法之学已相当发达，《夏小正》之说，应该是夏代天文历法知识的反映。古代关于天象、星宿的记载，其所使用的名词，我们一般很难看懂，但有一些沿袭至今的，人们也还知道一些。例如夏、商时期就有的干支纪日法，把十天干甲、乙、丙、丁……和十二地支子、丑、寅、卯等，配成甲子、乙丑、丙寅、丁卯等六十干支，还有如十日为一“旬”的概念，今天也还在用。再经春秋战国时期，天象观测的经验更丰富，历法更精确。汉代的天文历法之学，就是在此前长期较丰厚的基础上进一步发展的。

---

① 顾颉刚：《秦汉的方士与儒生》，上海古籍出版社 1978 年版，第 10～11 页。

② 王铁：《汉代学术史》，华东师范大学出版社 1995 年版。

汉代有了至今能见到的天文学著作。战国时虽也有甘德的《天文星占》、石申的《天文》等著作，但这些著作早已亡佚，而汉代带有总结性的系统的天文学著作，则有多种，如《淮南子》中有《天文训》《时则训》，《史记》中有《律书》《历书》《天官书》，《汉书》中有《律历志》《天文志》，还有《五行志》等，都涉及天文学，《后汉书》与《汉书》的篇目完全一样，而内容更丰富。值得一说的是，由于春秋战国以来阴阳五行学说的流行、天人合一思想的发展，汉代的天文学，明显地把天象与人事联系起来，如《淮南子·天文训》说：

> 人主之情，上通于天。故诛暴则多飘风，枉法令则多虫螟，杀无辜则国赤地，令不收则多淫雨。四时者，天之吏也；日月者，天之使也；星辰者，天之期也；虹霓、彗星者，天之忌也。①

天人感应之说实际早已流行，并不能全怪后来的董仲舒。司马迁也说："天下有道，则不失纪序；无道，则正朔不行于诸侯。"他把记天象之书名为《天官书》，《索隐》云：

> 案：天文有五官，官者星官也。星座有尊卑，若人之官曹列位，故曰天官。②

司马迁在《天官书》中作了不少"天变"、"星占"的论述。例如：

> 太史公推古天变，未有可考于今者。盖略以春秋二百四十二年之间，日食三十六，彗星三见，宋襄公时星陨如雨，天子微，诸侯力政，五伯代兴，更为主命。自是之后，众暴寡，大并小……并为战国，争于攻取，兵革更起，城邑数屠，因以饥馑疾疫焦苦，臣主共忧患，其察禨祥，候星气尤急。近世十二诸侯七国相王，言从衡者继踵，而皋、唐、甘、石，因时务，论其书传，故其占验，凌杂米盐，二十

---

① 《淮南子》，诸子集成本，中华书局1954年版。

② 司马迁：《史记》卷二十七，《天官书》，中华书局1982年版，第1289页。

> 八舍主十三州，斗秉兼之，所从来久矣。①

以天象占验人事，“所从来久矣”，甘公、石申、尹皋、唐都作《天文》或《天文占星》，都是如此，司马迁的“推天变”、“占验”也不例外。

汉人的天文历法之学，一方面总结先秦的成果，另一方面继续观测、记录天象，并不断制定新的历法。前者，如上述关于春秋242年间日食、彗星、星陨之类的记述，就属于总结性的。再如，我们在《淮南子·天文训》中可以看到二十四个节气的完整名称，也是总结性的标志。至于二十八宿、北斗七星，以及黄道、赤道等的记载，一般人很难弄清楚，但在当时这些是天象的一些重要坐标，时人也不断使之精确。汉人的继续发展，表现在观天象方面，恒星的记录越来越多就是很突出的例子。据统计，《史记·天官书》中所记星官91个，包括500多颗恒星②，《汉书·天文志》的记载则是：

> 凡天文在图籍昭昭可知者，经星常宿中外官凡百一十八名，积数七百八十三星，皆有州国官宫物类之象。③

张衡在《灵宪》中所说之星数更多：

> 中外之官，常明者百有二十四，可名者三百二十，为星二千五百，而海人之占未存焉。微星之数，盖万一千五百二十。

张衡之说，无法确考，满天星斗是客观存在的，人们对星星的观察和记录越来越多是可以肯定的。

尽管观测天象到汉代越来越成为“天人感应”的学说了，《五行志》的出现尤为突出，但与制定历法有关的天文学，其科学的方面也是始终存在的，季节、气候与生产的关系，不可以玩虚的。所以制定历法就主要讲科学。我们看《史记》的“八书”，除《礼书》《乐书》之外，《律书》第三，

① 司马迁：《史记》卷二十七，《天官书》，中华书局1982年版，第1344页。
② 参考王铁：《汉代学术史》，华东师范大学出版社1995年版，第2页。
③ 班固：《汉书》卷二十六，《天文志》，中华书局1962年版，第1273页。

《历书》第四，《天官书》第五。记录天象并着重记“天人感应”的《天官书》，放在着重讲实际的《律书》和《历书》的后面，司马迁作为实事求是的史家，对讲实际的科学更注重些。他在《律书》中开宗明义地写道：

> 王者制事立法，物度轨则，壹禀于六律，六律为万事根本焉。①

六律是指音律，音律是以竹管的长短而定的，长短就有一个数的问题，所以《汉书·律历志》的开头是这样写的：

> 《虞书》曰：“乃同律度量衡”，所以齐远近立民信也。自伏羲画八卦，由数起。
>
> 至黄帝尧舜而大备，三代稽古，法度章焉。②

《后汉书·律历志》的开头是：

> 古之人论数也，曰“物生而后有象，象而后有滋，滋而后有数”。然则天地初形，人物既著，则算数之事生矣。记称大桡作甲子，隶首作数。二者既立，以比日表，以管万事。夫一、十、百、千、万所同用也；律、度、量、衡、历，其别用也。故体有长短，检以度；物有多少，受以量；量有轻重，平以权衡，声有清浊，协以律吕；三光运行，纪以历数；然后幽隐之情，精微之变，可得而综也。③

这些说得很清楚，数律为“万事根本”，一、十、百、千、万的“数”是最根本的，事物的长短、大小、轻重都有“数”，而这个“数”是最讲实际、最讲科学的。例如中国古代之确定分寸、斤两，简单地说，大体上是以一颗不大不小的黍子广度为一分，“十分为一寸，十寸为一尺，十尺为一丈，十丈为一引”。量也是如此，不必一一列举。史家对这种实际的东西似乎更注重，《汉书》十志更是《律历志》第一，然后才是《礼乐志》

---

① 司马迁：《史记》卷二十五，《律书》，中华书局1982年版，第1239页。

② 班固：《汉书》卷二十一上，《律历志上》，中华书局1962年版，第955页。

③ 范晔：《后汉书》志第一，《律历上》，中华书局1965年版，第2999页。

《刑法志》《食货志》等志，《天文志》第六，《五行志》第七。《后汉书》志的排列大体相同。两汉书虽然增加了篇幅很大的《五行志》大讲“天人感应”，但对《律历志》的重视与《史记》却是相同的。

历法之学与生产关系密切，经夏、商、周特别是春秋战国之后，历法相当完备、精确，而且能够指导实践这是可以肯定的。但是由于时代条件的限制，它又不可能完全准确，时间长了之后，不准确的地方就显现出来，所以就有一个不断修订历法的问题。《后汉书·律历志》写道：

> 自太初元年始用《三统历》，施行百有余年，历稍后天，朔先［于］历，朔或在晦，月［或朔］见。考其行，日有退无进，月有进无退。建武八年中，太仆朱浮、太中大夫许淑等数上书，言历［朔］不正，宜当改更。时分度觉差尚微，上以天下初定，未遑考正。
>
> 至永平五年，官历署七月十六日［月］食。待诏杨岑见时月食多先历，即缩用算上为日，因上言“月当十五日食，官历不中”，诏书令岑普［候］，与官［历］课。起七月，尽十一月，弦望凡五，官历皆失，岑皆中。庚寅，诏［书］令岑署弦望月食官，复令待诏张盛、景防、鲍邺等以《四分法》与岑课。岁余，盛等所中多岑六事。十二年十一月丙予，诏书令盛、防代岑署望月食加时。《四分》之术，始颇施行。是时盛、防等未能分明历元，综校分度，故但用其弦望而已。①

接着又记述了一些关于历法问题的具体讨论，有所谓“贾逵论历”、“永元论历”、“延光论历”、“汉安论历”、“熹平论历”和“论月食”，等等。

从以上记述我们可以看出以下几点：首先，由于天象等观测不是绝对的准确，时间长了，历法就出现误差，“宜当更改”，所以改历之事就不断被提出。并且，随着天文历法知识的相对普及，讨论就越来越多，当然历法也就越来越进步。东汉末年刘洪创立“乾象历”，其测算就相当精细。例如他第一次明确给出一个近点月长度的数据为27.5533590月，与今推值27.55456890相差约百秒②，为后世历法的发展提供了楷模，唐人天文学

---

① 范晔：《后汉书》志第二，《律历中》，中华书局1965年版，第3025页。

② 参阅杜石然等编著：《中国科学技术史稿》上册，科学出版社1985年版，第175页。

家李淳风称“洪术为后代推步之师表”①。

其次，《后汉书·律历志》记载，汉代历法之事是由太史令主管的，但其下还有专门的分工，最经常的是“治历”或“治历郎”，明记汉武帝时“乃诏太史令司马迁、治历邓平等更建《太初》，改元易朔”。东汉顺帝时的“太史令虞恭、治历宗欣等”一起参与“论历”。“治历”是职掌，是专门的“治历者”，但不知是不是官名，而“熹平中，故治历郎梁国宗整上《九道》术”的记载或可证明为官职之名。另又有“弦望月食官”，“诏令岑署弦望月食官”，“诏书令盛、防代岑署望月食加时”。还有专门“典星”之官，有“待诏星象”和“典星待诏”，如“问典星待诏姚崇、井毕等十二人”，“典星”当主管“星象”之观测和记录，“待诏”那就有具体事情了。至于“北平侯张苍首律历事”、“羲和刘歆”“考定律历”② 那是特例。

再次，特别值得一说的是，汉代许多知识分子都多少有一些天文历法知识。《后汉书·律历志》记载，从东汉初年开始，就经常有人就“历不正”的问题上奏，明帝以后也常下诏令群臣讨论，或“事下三公，太常知历者杂议”，或“每月讼者，百寮会议，群儒骋思”，参加讨论的人很多。例如：

> 安帝延光二年，中谒者亶诵言当用甲寅元，河南梁丰言当复用《太初》。尚书郎张衡、周兴皆能历，数难诵、丰，或不对，或言失误。衡、兴参案仪注，考往校今，以为《九道法》最密，诏书下公卿详议。③

这次下诏引起了一场大的讨论，“（太尉）恺等八十四人议，宜从《太初》”，而“河南尹祉，太子舍人李泓等四十人议”，认为“《四分历》本起图谶，最得其正，不宜易”。当时的尚书令忠也是支持现行的《四分历》，结果“上纳其言，遂［寝］改历事”。

这种共议历法之事，实际上西汉就已经开始，汉武帝时就有一次较大的议论：

---

① 房玄龄：《晋书》卷十七，《律历志》，中华书局1974年版，第499页。

② 参阅《汉书·律历志》及《刘歆传》。

③ 范晔：《后汉书》志第二，《律历中》，中华书局1965年版，第3034页。

武帝元封七年，汉兴百二岁矣。太中大夫公孙卿、壶遂、太史令司马迁等言历纪坏废，宣改正朔。是时御史大夫兒宽明经术，上乃诏宽曰："与博士共议，今宜何以为正朔……"宽与博士赐等议。……遂诏卿、遂、迁与侍郎尊、大典星射姓等，议造汉历。……姓等奏不能为算，愿募治历者，更造密度……乃选治历邓平及长乐司马可、酒泉候宜君、侍郎尊及与民间治历者，凡二十余人。方士唐都、巴郡落下闳与焉。都分天部，而宏运算转历。其法以律起历……乃诏迁用邓平所造八十一分律历，罢废尤疏远者十七家。复使校历律昏明，宦者淳于陵渠，复覆《太初历》……陵渠奏状，遂用邓平历，以平为太史丞……①

以下还记有昭帝时的"杂候"讨论，也有二十余人，再以后王莽时，"征天下通知丞钟律者百余人，使羲和刘歆等典领条奏"②。由此可见，西汉即已开始集议历法，参加的人很多，有些来自民间，从淳于陵渠，还有"主历使者鲜于妄人"等名字看，应是当时的少数民族。参加讨论的人多，说明"能历"、"通知钟律者"不少。汉代利用统一王朝的优势，集"天下"能人之智慧，不断改进历法，这是社会进步的表现，也促进了天文历法学术的发展。

在众多的知识分子中有一些特别突出的人物，他们在当时起过很大的作用，如西汉的唐都、落下闳、邓平等人，当然还有一些人如司马谈父子、许商、杜忠、京房、翼奉、扬雄、桓谭以及某些高官等，因为他们其他方面的作为和贡献，不必通通算在天文立法之学的贡献之内。东汉也是如此，从《后汉书·律历志》记载的几次"论历"情况看，涉及的大学者就有贾逵、张衡、蔡邕等人，也有太尉、尚书令之类的大官，还有一些来自民间的"公乘"、"待诏"之类。从两汉实际施行的历法看，汉武帝开始实行的《太初历》，是以邓平为主制定的，唐都、落下闳等人参加了，司马谈作为太史令应为具体的组织者。西汉末年刘歆主持修订《太初历》而成的《三统历》，流行后世，影响很大。东汉明、章之时改行《四分历》，制定者张盛、景防、鲍邺等人，都只是普通的"待诏"，经过另一些人

① 班固：《汉书》卷二十一上，《律历志上》，中华书局 1962 年版，第 974 页。
② 班固：《汉书》卷二十一上，《律历志上》，中华书局 1962 年版，第 986 页。

（如编䜣、李梵、贾逵等）的补充修订而成。如前所述，东汉末年有刘洪的《乾象历》。许多在当时起过关键作用的人，并未得后人广为传诵，但历史是应该记载他们的。

最后，汉代继承的天文历法之学，原本在春秋战国时就已与阴阳五行相结合，在西汉中、后期谶纬之学产生之后，就大量地存在于谶纬图书之中。东汉人讨论历法甚至以纬书为论据，天文历法的内容要从纬书中、从正史的《五行志》等记载中寻找出来。尤其值得注意的是，一些关于天象的记录，如日食、彗星，还有黑子、极光、流星雨等，内容非常丰富，为近现代科学研究提供了宝贵的历史资料。

2. 与天文历法有关系的数学

数学是现代的科学名称，虽然数是古代“礼、乐、射、御、书、数”“六艺”之一，是一种术，算术一名更合古义，但是数目之数是基础。《汉书·律历志》中有一段话说：

> 数者，一、十、百、千、万也，所以算数事物，顺性命之理也。书曰：“先其算命”（师古曰：逸书也。言天者统业，先立算数，以命百事也。）……夫推历生律，制器，规园矩方，权重衡平，准绳嘉量，探赜索隐，钩深致远，莫不用焉。度长短者不失毫厘。纪于一，协于十，长于百，大于千，衍于万其法在算术。宣于天下小学是则，职在太史，羲和掌之。①

这里说明了数与律历之学的关系，在数与数学联系得更紧密之后（战国秦汉时），数术（含天文、历谱、五行、蓍龟杂占乃至形法等）的意义加大了，算术的意义渐退至次位。但是，一切事物离不开算数，所以算数这门学问也是不断发展的。

反映汉代数学成就的就是流传至今的《九章算术》，《九章算术》代表着汉代的数学水平，它包括了现代初等数学中算术、代数、几何的一些内容。它从实际问题出发，总括出了理论，计算方法具有相当高的水平。它在中国后世乃至世界其他地方都产生过影响，长期是中国人学数学的主要

① 班固：《汉书》卷二十一上，《律历志上》，中华书局1962年版，第956页。

教科书，隋唐以后传入朝鲜、日本，也被定为教科书。还传入印度、阿拉伯并辗转传入欧洲①。

这里我们要说的是，《九章算术》是汉代知识分子对前人成果的总结，是知识分子的集体创造。《九章算术》因为晋人刘徽作注保留下来，其所注的本子为何人所作，史无明文。因为汉初张苍“善用算历律”为计相，有说为他所整理，但并无确证。《九章算术》或称《九章术》，也许是当时数学著作的一个代表作，经汉人整理而成，汉人所学之算术即《九章术》，它源于古代“六艺”之“九数”，《周礼·地官·保氏》注引郑众说，认为九数即九章算术，故有周公作《九章算术》之说。《后汉书·郑玄列传》说郑玄通《九章算术》注云：

> 《九章算术》，周公作也，凡有九篇，方田一，粟米二……盈不足八，钩股九。

另外马融的兄弟马续，也有“善《九章算术》”的记载②。很明显汉代特别是东汉，已有一个通行的《九章算术》本子，刘徽说：

> 周公制礼而有九数，九数之流，则九章是矣。③

汉代还有无其他数学著作？肯定是有的。《汉书·艺文志》中就记有《许商算术》二十六卷，《杜忠算术》十六卷。

另外，“九章之术”也可能指称数学这门学问，叶长青《汉志问答》《广韵》算字注曰：

> 又有九章术。汉许商、杜忠、吴陈炽、魏王粲并善之。是许、杜皆衍九章之术。

---

① 参考杜石然等编著：《中国科学技术史稿》上册，科学出版社1985年版，第134～136页。

② 范晔：《后汉书》卷二十四，《马援列传》，中华书局1965年版，第1207页。

③ 郭书春：《汇校九章算术》，辽宁教育出版社2004年版，第1页。

似乎学习和精通算术之人，都可称为“衍九章之术”。但各人的数学著作，是有其书名的。除上述许、杜之《算术》之外，当时还有汉人注过的《周髀算经》。张衡著有《算罔论》，虽然是有关天文学的著作，但也可说是算术著作。《后汉书·张衡列传》注云：

> 《衡集》无《算罔论》，盖网络天地而算之，因名焉。

又如上述魏王粲之“善”“九章术”，也作过《算术》：

> （王粲）性善算，作《算术》，略尽其理。①

如许、杜例或可叫《王粲算术》。

汉代知识分子在数学方面有自己的贡献，在总结以往成就的基础上有所发展。

3. 中国古代文明，或称农耕文明

农业生产，关系国计民生。文明的历史有多久，农业生产的发展也就有多久。农业生产的不断发展进步，是劳动人民辛勤劳动和经验积累的结果，但离不开知识分子的记录、总结和提高。知识分子关心国家，关心社会，既上知天文，又下懂地理，在各人的著作中，天地人无所不谈，自然也包括一些农业生产问题，而战国诸子中有农家一派，则是突出的代表，他们撰写了不少农学著作。战国以前的著作很难考证了，秦代《吕氏春秋》中《上农》《任地》《辨土》《审时》成了宝贵的历史资料。《汉书·艺文志》中记载了九家一百一十四篇农书，除开今天有《氾胜之书》的辑本，能看到一点当时情况之外，其他全部佚亡了。但是九家之中，除《神农》二十篇、《野志》十七篇明确是“六国时”作品之外，其他七篇当均为西汉之作，作者都是“好农”的大官，如《蔡癸》一篇注云：“宣帝时，以言便宜，至弘农太守。”此人在《汉书·食货志》中也有记载：“五凤中……而蔡癸以好农，使劝郡国，至大官。”又如《尹都尉》十四篇，《艺文类聚》八三引刘向《别录》云：尹都尉书有《种瓜篇》《种芥》《葵》

---

① 《三国志·魏书·王粲传》中华书局标点本未作书名，不当。

《蓼》《薤》《葱》诸篇。《赵氏五篇》有人认为即武帝末搜粟都尉赵过之书。也许因为农学不断有人总结，历代都有新的农学书存在，原有的就不断被淘汰了。但经验、学术是连续性发展的，《氾胜之书》多为后世农书征引就是一个明显例子。东汉时农家之书，清人姚振宗的《后汉艺文志》录有《王景蚕织法》《秦彭度田条式》《崔寔四民月令》等几种。《四民月令》在后来的《齐民要术》中被征引的不少，直称“崔寔曰”。

应该指出，古代的农学、农家之作，实际上包含着后世的农、林、牧、副、渔，所以《种瓜篇》《蚕织法》之类都属于农学。从《汉书·艺文志》“数术略”的记载看，有一些也应该是属于农学方面的。例如：“杂占”中有《昭明子钓种生鱼鳖》八卷，被认为是古《养鱼经》。又有《种树臧果相蚕》十三卷，清人姚振宗《汉书艺文志条理》以为《齐民要术》中种树诸篇以及引食经臧果法数十条，皆出于本书。再如“刑法”中的《相六畜》三十八卷，也应属于农学著作，畜牧之类。据说汉代还有《牛经》《马经》或者《相马经》①，《齐民要术》有一卷专讲“养牛马驴骡”、“养羊”、“养猪”、“养鸡”、“养鹅鸭”、“养鱼”，当然承汉及其以前而来，这些在当时属于农学范围十分明显。

与农业有密切关系的水利，似乎没有专书，《史记·河渠书》《汉书·沟洫志》都是从“水之为利害”而作的，顺便记述了一些水利问题。除开治河这个大问题之外，汉代也兴建一些水利工程，但汉武帝开始修关中渠时，是为了解决漕运问题，客观上使“渠下民田万余顷”得到灌溉，接着又修了龙首渠、白公渠等水利工程。在水利工程中，当然有些人有经验有知识，有专门的水工，如“齐人水工徐伯”，还有连名也未留下的“白公”，但多数人成了无名英雄。水利虽无专书，但当时“争言水利”的人还是不少的，如翦伯赞所说：“假使把两汉时关于水利的建议书纂辑起来，也是一部洋洋大观的集子。”② 这可说是研究古代水利学史的一个思路。两汉时期水利中最大的事是治河，东汉时王景治河的技术成就是很突出的。

4. 医学

古代自然科学中，医学（中医学）当然是最重要的内容之一，它解决

---

① 参阅陈国庆：《汉书艺文志注释汇编》，中华书局1983年版，第222页。

② 翦伯赞：《秦汉史》，北京大学出版社1983年版，第508页。

人的疾病问题。人吃五谷杂粮，在自然方面风雨侵袭、寒暑交加的情况下，难免生病，这就需要医学。在我国古代最早就是巫医，有巫、医不分之说，其实，一开始“巫医”并不应是贬义词，不过是作为掌握知识的巫同时也行医之事，到后来才发生“信巫不信医”的问题，后来医脱离了巫，真正的医学家如扁鹊就有“病有六不治”的原则，“信巫不信医”不治是其中之一。

医学长期的发展，到汉代已经相当成熟，中医的基本理论、方法已经形成体系，至今仍是中医学发展的基础。资料表明，当时行医的人是不少的，朝廷中也有专职的太医令，民间的高人不少，但成名成家的并不是很多。记述汉代医学成就的有两个集中的东西，一个是《史记》中的《扁鹊仓公列传》，一个是《汉书·艺文志》中的“方技略”。

《史记·扁鹊仓公列传》首先记述了一个先秦的医学代表人物扁鹊，并简要记述了他的医术。其诊断方法是“切脉、望色、听声、写形”，实际上是已经采用了后世通用的望、闻、问、切的诊法。他对切脉诊断的贡献，司马迁说：“至今天下言脉者，由扁鹊也。”治疗上他熟练地掌握了当时已有的治疗方法，如“针石”、“酒醪”、“汤液”等，即针灸、砭石、按摩、熨帖、汤药乃至导引、手术等。他“随俗为变”，除内、外之外，也曾“为带下医”（妇科）、“为小儿医”（儿科）、“为耳目痹医”（针对“爱老人”的五官科）。扁鹊因医术高、名气大，不幸为“秦太医令李醯”使人“刺杀”。

该传 2/3 的篇幅是记当时名医“太仓公”淳于意，主要记述淳于意回答文帝之问，而列举给 24 个人治病的例子，记述一些病名（如疽、气鬲、涌疝、热病、风蹶、肾痹等）及其诊断方法。其诊断以切脉为主：“意治病人，必先切其脉，乃治之。”也涉及病因、病机、病变的分析，内伤、外邪都是一些中医的理论。他治病主要是用药方，所以总是说“为方”。

这篇传记中提到了“古方”、“故方”、“禁方”等，当然“医方术”是一个整体，不对症下药是治不好病的，所以首先是诊断，然后是用方下药，否则手中有药方也毫无用处，不会用就等于无用。因此，有些方也就会因为无人识、不会用而失传。中医是师徒相传的，传方的同时也就传了医术。仓公传中记述了仓公的师承和传授，他主要是“受师同郡元里公乘阳庆”，还有一位“善为古传方”的“菑川唐里公孙光”。仓公所传授之人也有好几位：

教宋邑“以五诊”，教济北王之太医，以及菑川王、高永侯等的属下学医。他曾传授医术给不同身份的人，医学正是这样传承的。同时，从这简要的记述中可见，淳于意的医术是比较全面的，掌握的各种药方也很多，司马迁为其立传记述，可以说是因为他是西汉前期的一个突出代表。

《汉书·艺文志》的“方技略”，是对西汉及其以前的医学另一种形式的总结。“方技略”与“六艺略”、“诸子略”等平列，多少可看出医学书籍的地位。其分为四个部分：“医经”、“经方”、“房中”、“神仙”。表面看来，“医经”主要讲医学理论、方法和技术，“经方”主要是治病的药方，“房中”可以说是性知识的一类，与养生之学有关，“神仙”一类并非一般的神仙理论和学说，而是一些与“长生不老”有关的养生理论和方法，所以刘向的《列仙传》之类的书并未著录。《道要杂子》之类，当讲基本理论，《黄帝杂子步引》《黄帝岐伯按摩》《神农杂子技道》，应该是讲导引、按摩之类的内容。《黄帝杂子芝菌》《泰壹杂黄冶》显然是指植物和矿物类药物，“黄冶”是指铸金炼丹之术。总共“凡方技三十六家，八百六十八卷”，除开个别如《黄帝内经》残存之外，几乎全部亡佚了。此种亡佚或者可视为自然淘汰的“正常”现象，医药方面的书不是秦始皇时“焚书”的内容，与其他图书不同，未经过“秦火”之劫。但是社会上积累的医经、药方是很多的，也不存在公认成熟的内容，在传授过程中因各种原因（如无传人、效果不明显或其他意外等），自然亡佚不少。所以即便《艺文志》能辑录到书名，也无法看到原书。

另一方面，由于现代考古发现，又出现了一些《艺文志》未记述的医经和经方。例如，居延、甘肃汉简中就出现过药方，而1973年长沙马王堆汉墓中更是出土了一批古医书，考古人员把它们定名为：《足臂十一脉灸经》，《阴阳十一脉灸经》甲、乙本，《脉法》，《阴阳脉死候》，《五十二病方》，《却谷食气》，《引导图》，《养生方》，《杂疗方》，《脱主书》，《十问》，《合阴阳》，《杂禁方》和《天下至道谈》等，可以说分别属于《艺文志》“方技略”中的那四个部分。这既可说明当时的“医经”、“经方”很多，同时又表明这些医药书也曾经失传。

但是，作为一门比较成熟的学问，又没有根本失传，尤其汉代这样总结前代学术的时代，自应有比较成熟的东西出现。成书于汉代的《黄帝内经》《神农本草》就是这种具有总结性而且相当成熟的著作。

《黄帝内经》虽不是汉代才有的，但它经过了汉人的整理和补充，成为先秦至汉代医学著作的总汇。它记述的是中医的基础理论，包括现代所谓人体解剖、生理、病理、病因、诊断等，同时还有针灸、经络、卫生保健等多方面的内容。它有中医自己完整而独特的体系，脏腑、经络学说是其重要组成部分，它的理论和方法已经实践了两千多年，行之有效，许多时候，有些方面还有奇效，有些内容如何用现代科学眼光来认识，至今仍是值得进一步研究的问题。

《神农本草》也是代表战国至汉代药物学成就的总结性著作。《汉书·艺文志》没有“本草”这样一类记载，但汉代已经有“本草”这样的书籍则是可以肯定的。《汉书·郊祀志》记成帝时事，有“本草待诏”这样的名称，师古曰：

> 本草待诏，谓以方药本草而待诏者。

本草就是指的“方药本草”。《汉书·平帝纪》元始五年的诏书中说：

> 征天下通知逸经、古记、天下、历算、钟律、小学、史篇、方术、本草，以及《五经》、《论语》、《孝经》、《尔雅》教授者……①

则“本草”是有人教授的，是与天文、历算等一样的一门学问，有这门学问当然也就有这方面的书籍，所以元帝时世医之子楼护，年少时：

> 随父为医长安，出入贵戚家。护诵医经、本草、方术数十万言。②

本草和医经一样，是有书可读诵的。汉代所有的本草（药物）类书，还有如《子仪本草经》《蔡邕本草》以及《桐君采药录》《雷公药对》等都亡佚了。《神农本草》也早已散佚，今天能见到的是清人辑本。从辑本看，记有365种药物，以植物类居多，有252种，故名“本草”，但同时又记有动

① 班固：《汉书》卷十二，《平帝纪》，中华书局1962年版，第359页。
② 班固：《汉书》卷九十二，《游侠传》，中华书局1962年版，第3706页。

物类药 67 种、矿物药 46 种，所以应该说中国古代有药物学，而且是现存最早的药物学专著。《神农本草》不仅记药物之名，而且记其功用和主治病症。它按药物毒性的大小把药物分为上、中、下，并根据其性能确定使用的目的、原则和方法，“药有君臣佐使，以相宣摄合和”，记述了一些配合方剂的重要原则。

医学发展，到了东汉末年，出现了张机、华佗等重要的代表人物。如《后汉书·方术列传·华佗列传》所说：“汉世异术之士甚众，虽云不经，而亦有不可诬。”但史书中除了华佗有专门立传外，其他人均无专门的记载①。而华佗之列传，大约主要是他为曹操所杀，曹操又曾后悔思念，其爱子仓舒病困，太祖叹曰：“吾悔杀华佗，令此儿强死也。”② 当然，华佗医术高明，内外科皆精通，而且他还有吴普、樊阿等弟子影响很大。华佗没有著作留下来，是因为他自己烧掉了：

> 佗临死，出一卷书与狱吏，曰：“此可以活人。”吏畏法不敢受，佗不强与，索火烧之。③

后世也曾流传《华佗方》十卷（一作华氏方）、《华佗观形察色并三部脉经》、《华佗五禽术》、《华佗济急仙方》一卷、《急救仙方》六十卷等书，当为其弟子和他人撰辑。

张机，字仲景，正史不载，但也有《名医别录》之类的记载，他主要有《伤寒杂病论》一书流传至今。他的书经两晋南北朝时人整理，特别是晋代名医王叔和的整理，得以保存和留存，有关事迹也得以略知一二。如《湖广旧志·方技传》写道：

> 张机，字仲景，棘阳（按：它书作南阳）人，学医于同郡张伯祖，尽得其传。灵帝时，举孝廉，官至长沙太守。少时与同郡何颙客游洛阳，颙谓人曰：“仲景之格精于伯祖。”
>
> 著《伤寒论》十卷行世。华佗读而喜曰：此真治人书也。又著

① 《后汉书·方术列传》中也提到郭玉等人之医术，均语焉不详。
② 陈寿：《三国志·魏书》卷二十九，《华佗传》，中华书局 1959 年版，第 802 页。
③ 范晔：《后汉书》卷八十二下，《方术列传下》，中华书局 1965 年版，第 2739 页。

>《金匮玉函经》，推为医中亚圣。又曰：晋王叔和纂次仲景《伤寒流论》为三十六卷行于世。①

书名卷数经多次整理，现在看到的是宋人校订过的《伤寒论》与《金匮要略》。今传的明代刻本（当然以后也还会有变化），两篇刻书的序言中有一些有意义的话说明其历史和意义，郑佐《新刻伤寒论序》云：

> 伤寒论为文简严，而寓意渊奥……散之若截然殊科，融之则约于一贯，顾读而用之者何如耳。……医之《素问》、《灵枢》视儒之《六经》，若《伤寒论》，可视《语》、《孟》……②

又江瓘《刻伤寒论序》云：

> 后汉张长沙氏，始因《素问》、《热论》广伊尹汤液，肆为论说，发其疑义，而经复一明，既而撰次于王叔和，注释于成无已，厥后庞、朱、韩、许之流，因亦互有开发，提纲揭要，无越乎吐、汗、下、温四法而已……③

前人一致的认识是，《伤寒论》虽为张仲景之著作，但传世本是经晋太医令王叔和撰次，而后经多人注释过的本子，而它又来源于更早的《素问》《灵枢》等医经（即前所说《黄帝内经》）。它“文简”而“义奥”，一般人是难以看懂的。近人根据书的内容简明地指出，《伤寒论》主要论述被称为“伤寒”（病因“伤于寒”）的急性传染病的诊断和治疗，《金匮要略》则以论述内科、外科、妇科等杂病为主要内容。张仲景是依据《黄帝内经》的基本理论，总结汉代经验建立了一套“辨证论治”的理论体系，源于《内经》的所谓“八纲”：阴、阳、表、里、寒、热、虚、实，在张仲景书中得到了明确而具体的论述。“八纲”之中，阴阳是纲中之纲，所以《伤寒论》开宗明义就讲这一问题，其《辨脉第一》云：

---

① 引文见姚振宗《后汉艺文志》，《二十五史补编》第二册。
② 《新刻伤寒论序》，中华书局四部备要本1937年版。
③ 《刻伤寒论序》，中华书局四部备要本1937年版。

问曰：脉有阴阳者何谓也？答曰：凡脉大、浮、数、动、滑，此名阳也；脉沉、涩、弱、弦、微，此名阴也。凡阴病见阳脉者生，阳病见阴脉者死。

注引《内经》曰：

微妙在脉不可不察，察之有纪，从阴阳始，始之有经从一行生……

诸如此类的说法，简略难懂，特别是难以具体掌握和运用，脉“大”、“数”、“弱”还好理解，“浮”、“华”、“弦”就不好掌握了。所以，中医的理论是自成体系的（包括望、闻、问、切的诊断方法），这种体系在张仲景那里算是基本完成了，在他的著作中有论、辨、证、治，具体的又体现在医方之中。据统计，《伤寒论》中有112道药方，《金匮要略》中“除重复合262方之数”。治什么病用什么样方是分类记述的，而且根据不同的病情及其发展，方药是要变化的，这些在张仲景的书中都有具体的论述。

一般人知道华佗的较多，而在中医发展史上张仲景的地位更为重要。

以上所述，是汉代知识分子在古代一些主要的自然科学方面的创造，既不是全面记述当时的所有科学技术，也没有更多地列举知识分子的代表人物，实际上这两方面都还有更多的内容。例如讲了天文没有讲地理，而汉代地理学方面的著作也是不少的，《淮南子》中有《坠形训》，《史记》中有《河渠书》，《汉书》中有《地理志》（《沟洫志》亦有关），1973年出土的马王堆汉墓中还有地形图。

关于较集中地讲知识分子为学术和文化发展所作出的贡献，最后还有必要说明两点：第一，以上所述只是一些有记载可查而在某一方面比较突出的代表人物，实际上由于古代学术的综合性特点，许多知识分子都或多或少掌握诸多方面的知识，有时还参与讨论，有时在他们的著作中还有其他方面的真知灼见。第二，前引顾颉刚先生所提到的经济政治学说、历史学、文字文献学等人文社会科学方面的成果，这里完全没有涉及，我们将在本书后面的章节中对其分别并相对集中地加以论述。

第四章　影响学术发展的重大举措

秦始皇本来想将秦朝江山传至万世，但秦二世而亡，人们对秦亡原因探讨了两千多年，不外乎“举措暴众”、“滥用刑罚”、统治的思想不对（任用法家之类）、政策不当（“焚书坑儒”之类），等等。汉朝建立后，新的统治者（包括皇帝和大臣们）希望“长治久安”，他们一方面忙于军政事务，另一方面反复讨论秦亡的教训。在实践和讨论中，他们逐渐认识了一些根本性的问题，并相应地采取了一系列巩固统治的措施。例如政治上“清静无为”，经济上“与民休息”，等等。然而，“长治久安”不可忽视的问题是：如何确立统治的“指导”思想，如何进行思想方面的统治，如果秦末起义之前人们可以有“鸿鹄之志”、有“彼可取而代之”的思想，那么如何从根本上消灭这种思想，是一个值得注意的问题。“天命”、“天子”、君权神授等，是实行思想统治的重要内容，这在儒家思想理论中有丰富的内容。人们如何认识它，如何运用并发展它，这是要有一个历史过程的。人们的认识也有一个过程：刘邦从讨厌儒生、“谓读书无益”到在山东朝孔，检讨自己的“多不是”，文帝、景帝从好儒到设立作为儒生榜样的博士，还有各种礼仪制度的逐步建立，等等，都与统治思想的建立有关。统治思想会体现在各种政策、法令之中，最后还会集中到学术思想上面。统一思想就必定落脚到统一学术。汉代学术或被笼统地称为经学，经学在汉代成为占据主导地位的学术，它是综合性的学术，它涵盖和影响学术文化的各个方面。不过，经学主导地位的形成和发展是一个长期的过程，在这个过程中，朝廷有一系列的重大举措，这些举措不同程度地对汉代学术的发展发生影响。本章将较具体地分述如后。

一　博士制度的形成、演变及其影响

博士这个官职何时产生虽不是十分清楚，但在汉代已形成一种制度是确定的。博士官位虽然不高，但对知识分子的影响是很大的。《汉书·百官公卿表》说：

博士，秦官，掌通古今，秩比六百石，员多至数十人。①

大致上说，战国末博学之士的“博士”已变成了一种官名，这一点汉人还知道一些，《七国考》引许慎的《五经异义》云，“战国时，齐置博士之官”。具体情况并不十分清楚，但“博士，秦官”却是很确定的。据《史记》《汉书》的记载，秦始皇时有博士七十人，具体有姓名和活动材料的也有一些，博士仆射周青臣就非常明确是当时现任官职。《汉书·百官公卿表》的记述表明，博士是“汉承秦制”，秦的博士有活到汉初的，但仅有叔孙通一人曾被汉王拜为博士：

汉王拜叔孙通为博士，号稷嗣君。②

这不能算是一个朝廷的正式官职。刘邦做皇帝之后，叔孙通因为制定朝仪有功，被拜为太常，太常才是他的正式官职。

汉高祖时有无博士官？后世的记载中有一个随何。《风俗通》说“汉有博士随何”③，随何是汉初人，《汉书·黥布传》只提到他是“谒者”，未有“博士”的记载。惠帝时有孔襄为博士，这是有明确记载的④，其他情况还不太清楚。最能肯定的是文帝时的“置博士”，主要记载依据有《汉书·楚文王传》记刘歆《移让太常博士书》中云：

（至孝文皇帝）天下众书往往颇出，皆诸子传说，犹广立于学官，为置博士。⑤

---

① 班固：《汉书》卷十九上，《百官公卿表上》，中华书局1962年版，第726页。

② 司马迁：《史记》卷九十九，《叔孙通列传》，中华书局1982年版，第2722页。

③ 这是一条佚文，为《广韵》卷一所引。

④ 司马迁：《史记》卷四十七，《孔子世家》，中华书局1982年版，第1946页。

⑤ 班固：《汉书》卷三十六，《楚元王列传》，中华书局1962年版，第1969页。

东汉人赵岐曾说：

> 孝文皇帝欲广游学之路，《论语》、《孝经》、《孟子》、《尔雅》皆置博士。后置传记博士，独立五经而已。①

这是说文帝时肯定正式设置了博士官，特别是诸子乃至传记都置有博士。“独立五经而已”，应该是说在“五经”之外，设置了诸子、传记博士官，那么“五经”肯定是有博士的，所以又有“孝文帝始置一经博士”② 等说法。“始置”，是否说汉文帝时才正式开始设立博士官，或是意味着正式形成制度，再或者二者兼有。《汉旧仪补遗》有记载说：

> 孝文帝时，博士七十余人，朝服玄端、章甫冠。

这条材料说明：第一，孝文帝时有“博士七十余人”，这在当时是一个总数也是一个约数，《汉官仪》中还有“文帝博士七十余人，为待诏博士”一语，如果没有误字，“待诏”在这里何意？是名为“待诏博士”呢，还是讲“博士”“待诏”任命或差遣？细究还是有些问题值得深入查考的。第二，“朝服玄端、章甫冠”，一是“朝服”可以说列入朝班，那就是正式的一种官职，二是有表明其身份的统一冠服，这是制度化的一种标志，制度一经形成，当然还会不断完善。也还有一些更具体的内容，清人孙星衍所校集应劭《汉官仪》就有一条待详考的记述：

> 博士，秦官也。博者，通博古今；士者，辨于然否。孝武建元五年，初置五经博士，秩六百石。（按：《太平御览》引有此四字）后增至十四人。太常差次（或作“差选”）有聪明威重者一人为祭酒，总领纲纪，其举状曰：“生事爱敬，丧没如礼。通《易》、《尚书》、《孝经》、《论语》，兼综载籍，穷微阐奥。隐居乐道，不求闻达。身无金痍痼疾，世（或作州）六属不与妖恶交通、王侯赏赐。行应四科，经

① 严可均：《全汉文》卷六十二，《孟子题辞》，中华书局1958年版，第1129页。

② 范晔：《后汉书》卷四十八，《翟酺列传》，中华书局1965年版，第1606页。

任博士。”下言某官某甲保举。(《后汉书·朱浮传》注、《艺文类聚》职官部、《太平御览》职官部。)①

东汉应劭作《汉官仪》，本是一种概述，再经后人转引、集校，错误在所难免。例如上文《太平御览》所引有博士“秩六百石”的说法，这与前述《百官公卿表》“秩比六百石”的记载就不一致，表文应该是正确的②，应该是博士祭酒才“秩六百石”。《唐六典》二十一所引之《汉官仪》就有“汉置博士祭酒一人，秩六百石”的记载。

其次，从上引《汉官仪》之文中我们还看到，博士的选拔以及任博士的条件，也是有一套制度的。被任为博士除“通经传”之外，还有“兼综载籍”，知识面要宽，“穷微阐奥”，要有研究能力，而且还不只这些，还有品德行为，乃至身体健康等多方面的要求，也是“全面发展”的人才。至于“差选”，看来也是有一套制度的，且著之于令，这就是《功令》，司马迁写《儒林列传》开头就说：

余读《功令》，至于广厉学官之路，未尝不废书而叹也。……③

《索隐》案：

谓学者课功著之于令，即今学令是也。④

当时是有“广厉学官”之令的，当包括如何选举，如何考课，等等。汉武帝时太常臧、博士平等进一步议论，提出了一些具体补充意见，“请著《功令》”，师古注曰：

---

① 应邵：《汉官仪》，中华书局四部备要本汉官六种 1990 年版。

② 当然还有各种不同记载，《后汉书·百官志》本注有“博士四百石，宣帝增秩”的记载，《后汉书·舆服志》注引《东观书》又有博十秩六百石的记载。《百官志》明确是博士祭酒六百石，博士比六百石。

③ 司马迁：《史记》卷一百二十一，《儒林列传》，中华书局 1982 年版，第 3115 页。

④ 司马迁：《史记》卷一百二十一，《儒林列传》，中华书局 1982 年版，第 3115 页。

新立此条，请以著于《功令》。《功令》篇名，若今选举令。①

其具体方案就包括选举、考课之内容：

请因旧官而兴焉，为博士官置弟子五十人，复其身。太常择民年十八已上，仪状端正者，补博士弟子。郡、国、县、道、邑，有好文学、敬长上、肃政教、顺乡里，出入不悖所闻者，令相、长、丞上属所二千石，二千石谨察可者，当与计偕，诣太常，得受业如弟子。一岁皆辄试，能通一艺以上，补文学掌故缺，其高第可以为郎中者，太常籍奏。即有秀才异等，辄以名闻。其不事学，若下材及不能通一艺，辄罢之，而请诸不称者罚。②

博士和博士弟子都是原有的，故曰“因旧官而兴”，这里虽主要指博士弟子的选拔、考课而言，但可见《功令》内容之一斑。首先，选拔的人才必须品学兼优，而且还有年龄和“仪状端正”的要求；其次，层层推选（令相、长、丞到二千石）、审查（“谨察”），而“请诸不称者罚”，失察或者如现今之“开后门”，那是要受到惩罚的；再次，选入一年后要考试，好的可以任官职，不好的“辄罢之”，取消资格，无“保险箱”可进；最后，参加学官“受业”的，除博士弟子之外，人数可以不限，只要符合条件，通过考查、考试，和博士弟子一样“受业”乃至补迁。

虽然博士制度前前后后有许多发展变化，但西汉武帝时比较完善，特别是“置五经博士”一事，成为一个重大的有代表意义的事件，许多论述都以此为中心。其主要意义有两条：一是反映博士制度的更加完善；二是其影响很大，特别是在确立经学的地位方面影响很大。

《汉书·武帝纪》记“置五经博士”是建元五年春，此时窦太后还在，但儒学的发展是大势所趋，所以这是一件标志性的大事。所以《汉书·百官公卿表》在博士“员多至数十人”之后，特别记上一笔：

① 班固：《汉书》卷八十八，《儒林传》，中华书局1962年版，第3596页。

② 司马迁：《史记》卷一百二十一，《儒林列传》，中华书局1982年版，第3119页；班固：《汉书》卷八十八，《儒林传》，中华书局1962年版，第3594页。

> 武帝建元五年，初置五经博士。宣帝黄龙元年，稍增员十二人。①

这里“稍增员十二人”，似应理解为十二家才好，因为仅就武帝时的博士人数也有二十人左右，大体上治《五经》者分为七家，而“稍增员十二人”应是十二家，具体史事也正是如此②。以后东汉的十四博士，以及经今古文之争，主要也是争何家立于学官为博士的问题，关于后者，可征引以下一段研究结论：

> 经今古文对博士的争夺，实质上是对政治地位的争夺，今文想独占，古文则要分占。尽管古文经学在东汉后期从学术上压倒了今文经学，但武帝独尊儒术后，两汉三百多年的历史中，今文经学一直在政治地位上占有压倒优势，这是由于经今古文学的不同特点所造成的。今文经趋时，善于逢迎现实政治需要，所以能够长期稳居博士位；古文经趋古，不合时宜，也就难以保持博士位，即使一度立了博士，也很快被赶下台。③

这也是学术与政治关系的一种表现。

两汉时期博士制度的完善，表现在它统一由太常主管，为太常之属官，而且如《后汉书·百官表》所记：“每选试博士”是由太常“奏其能否”，选拔、考核都是经由太常操办的。但是，他们又与太常同列仕于朝，有一些独立职守，如参与议政、参与制礼、藏书校书、教授弟子并参与征试博士等，其中大多是直接对皇帝负责的，甚至由皇帝临时差遣出使。这些都逐渐制度化。

博士秩卑，仅比六百石，最多也是六百石，应该是列于朝班的最低级，一般五六百石的官吏恐无上朝的机会。但是，博士又是人们心目中，特别是知识分子心目中极为尊贵的一种职位，东汉王充在《论衡·书解

---

① 班固：《汉书》卷十九上，《百官公卿表上》，中华书局 1962 年版，第 726 页。

② 参阅张汉东：《论秦汉博士制度》，安作璋、熊铁基：《秦汉官制史稿》（上册）附录二，齐鲁书社 1984 年版，第 415～417 页。人数问题还值得进一步探讨。

③ 张汉东：《论秦汉博士制度》，安作璋、熊铁基：《秦汉官制史稿》（上册）附录二，齐鲁书社 1984 年版，第 427 页。

篇》中说：

著作者为文儒，说经者为世儒。二儒在世，未知何者为优。或曰：文儒不若世儒。世儒说圣人之经，解贤者之传，义理广博，无不实见，故在官常位；位最尊者为博士，门徒聚众，招会千里，身虽死亡，学传于后世。①

王充没有表示明确的立场，“位最尊者为博士”，应该是反映当时人心目中博士的地位。为什么会“尊贵”它，说白了是因为博士不仅有当时的荣耀（列于朝班、门徒聚众等），而且是很容易升迁，例如有初步的统计情况如下：

汉代中央博士共计一百七十八人，其初迁之职可考者有五十人，其中直迁九卿者四人，郡守、尉、诸侯王国相、太傅者十五人，诸大夫、侍中者十八人，刺史州牧者五人。以秩叙之，秩比二千石以上者三十六人，八百石以上者八人，超迁者占88%。可见博士官运亨通，秩卑是暂时的，而职尊则成了士人进取高官厚禄的通阶……②

如前所述，博士弟子也可以受课除吏，“补文学掌故”、“为郎中”等。《汉书·儒林传》在述汉末情况时还写道：

岁课甲科四十人为郎中，乙科二十人，为太子舍人，丙科四十补文学掌故云。③

综上所述，整个博士制度，其主要的影响，《汉书·儒林传》后，班固最后的“赞曰”写得很好、很到位：

自武帝立五经博士，开弟子员，设科射策，劝以官禄，讫于元

---

① 《论衡·书解篇》，诸子集成本，中华书局1954年版。

② 张汉东：《论秦汉博士制度》，安作璋、熊铁基：《秦汉官制史稿》（上册）附录二，齐鲁书社1984年版，第440页。

③ 班固：《汉书》卷八十八，《儒林传》，中华书局1962年版，第3596页。

> 始，百有余年，传业者浸盛，枝叶蕃滋，一经说至百余万言，大师众至千余人，盖禄利之路然也。（师古曰：言为经学者，则受爵禄而获其利，所以益劝。）①

所谓“五经”原本不过是几部古书，并不属于何家专有，大家都可以称引。孔子以后，儒家在整理、解说方面做了一些工作（如孔子删《诗》《书》，作《易传》之类），逐渐就变成了儒家信奉的经典。到汉代，儒家进行了“垄断”，形成了儒家所独有的“经学”，“立五经博士”就是提高经学的地位，也是提高儒家的地位。从统治者来说，是建立统治思想、进行思想统治的需要；从士人来说，是“禄利之路”，是生存、发展的出路，并且几乎是“唯一”的出路，像现在的学生参加高考一样。

从有关材料看，本来从秦始皇开始，博士中儒生的数量就占多数，汉初也是如此，武帝立五经博士之后，博士就为儒家垄断了。虽有经今古文之争立博士，但是属于内部之争。“独尊儒术”也好，“经学”之形成也好，都是儒学、经学在汉代学术中占主要地位的概括和反映。

因此，从汉代学术发展看，博士制度是一个有很大影响的极重要的举措。

二 “贤良对策”及其意义和影响

大家都说汉武帝接受董仲舒的建议，罢黜百家，独尊儒术，这实在是一个过于笼统的论断，大大小小的疑问不少。应该说，这是关于汉代学术发展问题的概括之一，但并不是一个很准确的概括。七十多年前，现代著名史学家吕思勉先生在写《秦汉史》② 的《儒术之兴》一节时就曾写道：

> 中国自汉以后，儒术盛行，其事实始于武帝，此人人能言之。然武帝非真知儒术之人也。……儒术卒以武帝之提倡而盛行，何哉？则所谓风气既成，受其鼓动而不自知也。

---

① 班固：《汉书》卷八十八，《儒林传》，中华书局 1962 年版，第 3620 页。
② 吕思勉：《秦汉史》，上海古籍出版社 1983 年版，第 97～98 页。

> ……然则罢黜百家，表章《六经》之事，其为风气使然，无足疑矣。

还有如：

> 《五经》博士之立，事在建元五年，太后亦尚未崩，未闻其争不立老子，此太后不疾儒术之证。以本无所知之人，而亦能可罢黜百家之奏，益知儒术之兴，由于时会也。……夫欲法制度，定教化，固非儒家莫能为。故儒术之兴，实时势使然，不特非武帝若魏其、武安之属所能为，并非董仲舒、公孙弘辈所能扶翼也。①

虽然有些结论还有待进一步辨析，但“时势使然”这个大前提是可以成立的。

不过，话又说回来，在发展大势中，标志性的事件还是有的，代表性人物也是有的，汉武帝时的“贤良对策”就可算一个标志性的事件，汉武帝、董仲舒自然是突出的代表人物。这里不妨作些具体分析。

汉武帝时的“贤良对策”，是西汉历史上的一件大事。讨论的是治国大政方针、统治思想的问题，讨论后采取了一些重大举措，有很大影响和意义，但因材料不足，其具体情况少有论述，今略予梳理。

举贤良是西汉选拔人才的主要途径之一，记载表明，汉文帝时就有过几次，汉武帝即位时又有此举，《汉书·武帝纪》：

> 建元元年冬十月，诏丞相、御史、列侯、中二千石、二千石、诸侯相举贤良方正直言极谏之士。丞相（卫）绾奏：“所举贤良，或治申、商、韩非、苏秦、张仪之言，乱国政，请皆罢。”奏可。②

这里除开“举贤良”一事之外，还有一个“罢”“乱国政”的“申、商、韩非、苏秦、张仪之言”的问题。“奏可”，应该看作窦太后之认可，此时

---

① 吕思勉：《秦汉史》，上海古籍出版社1983年版，第99～100页。

② 班固：《汉书》卷六，《武帝纪》，中华书局1962年版，第155页。

武帝年仅16岁。而“罢……”，似亦可看作“罢黜百家”的前奏，也证明是当时的时势所趋。

举贤良之后，文帝时也有“上亲策之”的先例。《汉书·文帝纪》：

(十五年)九月，诏诸侯王、公卿、郡守举贤良能直言极谏者，上亲策之，傅纳以言[1]。

但武帝时的“贤良对策”就意义重大了，关于武帝的贤良对策记载都比较笼统，记述此事的有：

武帝即位，举贤良文学之士前后百数，而仲舒以贤良对策焉。[2]

建元元年，天子初即位，招贤良文学之士。是时弘年六十，征以贤良为博士。使匈奴，还报，不合上意……弘乃病免归。元光五年，有诏征文学，菑川国复推上公孙弘……弘至太常。太常令所征儒士各对策，百余人，弘第居下。策奏，天子擢弘对为第一。召入见，……拜为博士。[3]

贤良对策，特别是董仲舒的对策究竟在何时？一次还是多次？从公孙弘之“对策”的情况看，是否还有书面对策或当面对策的区别？这些都是不好断言的问题。

《资治通鉴》记董仲舒之对策于建元元年，从具体时间来讲似不恰当，恐怕也不会有其他证据。建元元年，武帝只有十六七岁。从下策察问的内容看，他还不太可能，而且当时窦太后当权，重大事情都得奏太皇太后(赵绾就因“请毋奏事太皇太后”[4] 而“坐”“下狱”)，汉武帝还不能任意而为。《汉书·武帝纪》元光元年五月，记录了一道给贤良的诏书，似为

---

① 班固:《汉书》卷四,《文帝纪》,中华书局1962年版,第127页。

② 班固:《汉书》卷五十六,《董仲舒传》,中华书局1962年版,第2495页。

③ 司马迁:《史记》卷一百一十二,《平津侯主父列传》,中华书局1982年版,第2949页;及班固:《汉书》卷五十八,《公孙弘传》,中华书局1962年版,第2613页。

④ 班固:《汉书》卷六,《武帝纪》,中华书局1962年版,第157页。

“对策”之开始：

> ……贤良明于古今王事之体，受策察问，咸以书对，著之于篇，朕视览焉。①

此诏文之后，《汉书》继续写道：“于是董仲舒、公孙弘等出焉。”各种记载表明，“贤良对策”绝不是一次，所以才会有“前后百数”等说法，但一次也有“百余人”。对策一般是书面的，所以太常评公孙弘“第居下”，而上奏之后为武帝“擢”为“第一”。而董仲舒的对策，记载留下来的一次所谓“天人三策”，是一次面对面的讨论（当然也要先成文而奏），时间应该是在元光元年之后。一是此时汉武帝已经二十三四岁，亲自策问并有自己的一些想法的可能性比十六七岁时要大得多；二是“对策”之诏记于元光元年五月，与一般的诏“举贤良”不同，《公孙弘传》的两次应诏就是证明。第一次不过是为博士、出使，第二次才参加“对策”。董仲舒的对策是否与公孙弘的第二次同时仍是一个问题。因为既然“擢弘对第一”，为什么又称董仲舒选为“举首”？故贤良对策的时间和次数是还要细论的。

《汉书·董仲舒传》主要是记他的“天人三策”，看来是有三个来回的“对话”，虽然是书面的形式，但却是直接的“对话”。请看关于接连三个对话过程的记述：

> 仲舒以贤良对策焉。制曰：……今子大夫褎然为举首……子大夫其尽心，靡有所隐，朕将亲览焉。仲舒对曰……天子览其对而异焉。乃复册之曰：制曰：……今子大夫待诏百有余人，或道世务而未济，稽诸上古之不同，考之于今而难行，毋乃牵于文系而不得骋与？将所由异术，所闻殊方与？各悉对，著于篇，毋讳有司。明其指略，切磋究之，以称朕意。仲舒对曰：……陛下加惠，宽臣之罪……臣敢不尽愚。于是天子复册之，制曰：盖闻善言天者必有征于人……今子大夫明于阴阳，既已著大道之极……其悉之究之，孰之复之……朕将亲览焉，子大夫其茂明之。仲舒复对曰……册曰……臣闻……对既毕。天

---

① 班固：《汉书》卷六，《武帝纪》，中华书局1962年版，第161页。

予以仲舒为江都相……①

从要形成书面的策文和对策文看，首先，不可能是一天或者一次完成的，应该有一个连续的时间过程，当然也不会是间隔很长时间。

其次，从上述过程的有关文字看，这一次三个来回的对策，应该是以董仲舒为主的，同时有百余人参加。说以董仲舒为主，其“子大夫”的用法应该是指董仲舒，而不是“你们”。“今子大夫褎然为举首”，注引张晏曰：“为举贤良之首”，当然是一个而不是一群。“今子大夫既已著大道之极”，更具体指董仲舒之对策内容。“子大夫”指“你”而言，当是当时的一种用法，楚昭王给伍子胥的信中就有“今子大夫报寡人也特甚……今子大夫何不来归……”② 的称呼法。策之中又有一句“今子大夫，待诏百有余人，或道……各悉对著于篇”③。这又表明是同时参加的人都要“对策”，其他的人也许有对了的，不过未引起武帝的注意，只有董仲舒的对策一开始就引起了武帝的注意，“天子览其对而异焉”。

再次，策文虽然仍有普通性，第三次的册文就主要是对董仲舒的论述的具体讨论了。

对策的主要内容究竟是什么？

从汉武帝来说，是要解决统治之“大道”，董仲舒则是出谋划策，汉武帝开宗明义讲得很清楚：

制曰：朕获承至尊休德，传之亡穷，而施之罔极，任大而守重，是以夙夜不皇康宁，永惟万事之统。犹惧有阙。……欲闻大道之要，至论之极。④

在董仲舒讲了一通天人之际、教化、更化等内容之后，汉武帝进一步提问“帝王之道”，虞舜的“垂拱无为”和文王的“日不暇食”该如何看？究竟该用什么办法治理？董仲舒抓住他“力本任贤”、“贤不肖浑殽”等思想，

① 班固：《汉书》卷五十六，《董仲舒传》，中华书局1962年版，第2495～2523页。
② 《越绝书·荆平王内传》，中华书局四部备要本1957年版。
③ 《汉书·公孙弘传》中记元光五年的诏文中之“子大夫”似又为泛指“你们”。
④ 班固：《汉书》卷五十六，《董仲舒传》，中华书局1962年版，第2495页。

大讲“养士”、“求贤”的办法：

> 故养士之大者，莫大乎太学。太学者，贤士之所以关也，教化之本原也。……臣愿陛下兴太学，置明师，以养天下之士。①

汉武帝觉得“大道之极”、“治乱之端”还讲得不太透彻，“天人之应”还讲得不够，所以要“悉之究之，孰之复之”。董仲舒针对“天人之应”、“古今之验”作了一番回答，并且提出了一句后世沿用的名言“天不变道亦不变”，他说：

> 道之大原出于天，天不变，道亦不变，是以禹继舜、舜继尧，三圣相受而守一道，亡救弊之政也，故不言其所损益也。由是观之，继治世者其道同，继乱世者其道变。今汉继大乱之后，若宜少损周之文致，用夏之忠者。陛下有明德嘉道……举贤良方正之士，论议考问，将欲兴仁谊之休德，明帝王之法制，建太平之道也。……若乃论政事之得失，察天下之息耗，此大臣辅佐之职，三公九卿之任，非臣仲舒所能及也……②

可以说董仲舒这时有点要“滑头”，“更化”什么？只提到一个“大乱”（实际是秦乱）之后，“垂拱无为”也不明确表志，只含蓄地说“欲兴仁谊之休德，明帝王之法制”（当然这也是武帝所希望的），但当时的现行政事，他推给“大臣辅佐”、“三公九卿”，他说那是他们的“职”和“任”。然后，他话锋一转，暗暗地把矛头指向了“受禄之家”，他们应该“居君子之位，当君子之行”。最后他抛出了一个明确而较具体的主张：

> 春秋大一统者，天地之常经，古今之通谊也。今师异道，人异论，百家殊方，指意不同。是以上亡以持一统；法制数变，下不知所守。臣愚以为：诸不在六艺之科、孔子之术者，皆绝其道，勿使并

---

① 班固：《汉书》卷五十六，《董仲舒传》，中华书局 1962 年版，第 2512 页。

② 班固：《汉书》卷五十六，《董仲舒传》，中华书局 1962 年版，第 2518 页。

进。邪僻之说灭息，然后统纪可一而法度可明，民知所从矣。①

第一，符合“天地之经”的“大一统”一定要实行；第二，要“一统”的首先是思想和理论（“道”、“方”、“论”、“指意”等），然后才“统纪可一”、“法度可明”、“民知所从”；第三，统一思想理论的标准是“六艺之科、孔子之术”，其他的思想主张“勿使并进”。这样的主张，后人概括为“罢黜百家，独尊儒术”，大体上也是不错的，班固写《汉书》时已作了这样的概括：

自武帝初立，魏其、武安侯为相而隆儒矣。及仲舒对册，推明孔氏，抑黜百家，立学校之官，州郡举茂材、孝廉，皆自仲舒发之。②

“推明孔氏，抑黜百家”及相应采取的一些具体措施，都与董仲舒之对策有关，这是毋庸置疑的，前面已提到他“兴太学”、“数考问”等建议。以上引文还应该注意的一点是，他们对策是在一个已经“隆儒矣”的环境下进行的，贤良对策是进一步促进“隆儒”的重大事件，董仲舒的“天人三策”是其中的典型代表。

我们要进一步明确的是：如何评价董仲舒的天人三策？如何评价董仲舒这个人？如何看待贤良对策？它的意义何在？有什么影响？

关于董仲舒，我们首先看看他同时代的司马迁是如何记述与评价他的。司马迁把他作为《春秋》经的一个突出代表列入《儒林列传》：

汉兴至于五世之间，唯董仲舒名为明于《春秋》，其传公羊氏也。③

董仲舒在景帝时就已为博士，学生很多，很受尊重，“学士皆师尊之”。他生平中另一件大事就是“著书”，所以概括为“以修学著书为事”。他的弟子和子孙“皆以学至大官”。他本人仕途并不顺利，仅做过两次王国之相，

① 班固：《汉书》卷五十六，《董仲舒传》，中华书局1962年版，第2523页。
② 班固：《汉书》卷五十六，《董仲舒传》，中华书局1962年版，第2525页。
③ 司马迁：《史记》卷一百二十一，《儒林列传》，中华书局1982年版，第3128页。

受到过当权者公孙弘、主父偃的排挤和迫害。不知为什么，“贤良对策”的问题，司马迁只字未提。或者，这一点反映出两个问题：一个是“贤良对策”的影响尚未明显透显，另一个是当时“赵绾、王臧之属明儒学，而上亦乡之”，大势所趋。

到了班固写《汉书》时，“儒学独尊”之局早已形成，“贤良对策”以及董仲舒所起的作用，都值得重新认识了。所以在《儒林传》之外专列了一篇很长的《董仲舒传》，并且着重记述他的“天人三策”。除了上引其对于儒学发展之影响的概述之外，还综述了其所“著书”之情况：

> 仲舒所著，皆明经术之意，及上疏条教，凡百二十三篇。而说《春秋》事得失，《闻举》、《玉杯》、《蕃露》、《清明》、《竹林》之属，复数十篇，十余万言，皆传于后世。掇其切当世，施朝廷者著于篇。①

汉代学术界如何评价董仲舒，班固在其传末的“赞曰”中记述说：

> 刘向称“董仲舒有王佐之材，虽伊、吕亡以加，管、晏之属，伯者之佐，殆不及也”。至向子歆以为：“伊、吕乃圣人之耦，王者不得则不兴。……仲舒遭汉承秦灭学之后，六经离析，下帷发愤，潜心大业，令后学者有所统一，为群儒首。然考其师友渊源所渐，犹未及乎游、夏，而曰管、晏弗及，伊吕不加，过矣。”至向曾孙龚，笃论君子也，以歆之言为然。②

刘向、刘歆父子对董仲舒作如此评价，可作为汉代学术界的一种评价代表。当时的其他记载还有一些，但主要的应为上述。至于董仲舒著作的内容、学术思想等，我们在后面的章节中再加论述，这里暂时不说。

另一个重要问题可以这样问：在贤良对策中，汉武帝和董仲舒谁起主导作用？谁影响谁？时下仍有人在讨论。20世纪有影响的侯外庐著《中国思想通史》曾引用“董仲舒梦蛟龙入怀，乃作《春秋繁露》”③ 的“神秘传

① 班固：《汉书》卷五十六，《董仲舒传》，中华书局1962年版，第2526页。
② 班固：《汉书》卷五十六，《董仲舒传》，中华书局1962年版，第2526页。
③ 葛洪撰、周天游校注：《西京杂记》，三秦出版社2005年版，第96页。

闻”，指出是“董仲舒窥见武帝的圣意”[①]，“龙入怀”“象征着武帝的圣旨”。我认为这种分析有一定的道理，暂且不说《春秋繁露》一书的内容，从前述三次“对策”的情况看，董仲舒是紧跟着汉武帝的“册问”思路而阐述自己的主张的。另一方面，更确切地说，应该是互相影响，而且是在一个“隆儒”要求的背景下的互相影响。如前所述，建元元年丞相王绾就曾奏罢“或治申、商、韩非、苏秦、张仪之言”的“贤良”，“魏其、武安侯为相而隆儒矣”等。“隆儒”是一个发展大势，因此，在本节开头就较多地征引了吕思勉先生的一些论述。这里要进一步指出的是：“罢黜百家，独尊儒术”有一个发展过程，不是一天两天、一次两次形成的。一般说是武帝时，但有些具体措施，如立太学、设五经博士等，具体是何时，是怎样施行的，都值得深入研究。例如：“置五经博士”这在后人看来的大事，《汉书》中仅此五字记于建元五年，这个时间恰恰是“隆儒”的赵绾、王臧死后第二年，元光元年诏贤良对策的前两年，看不出是如何施行的。哪些人当时成了博士，也看不出一个明确记载。公孙弘在武帝时两次“以贤良为博士”，一次是建元元年，一次是元光五年，这是史有明文[②]的，都不在建元五年。又例如“举茂材孝廉”之事，“元光元年冬十一月，初令郡国举孝廉各一人”[③]。明显是五月（十月为岁首）诏贤良对策之前，也不能说“自仲舒发之”。该细考的内容很多。

总而言之，汉武帝时期是“隆儒”的一个转折时期，汉武帝等人也确实采取了一些有影响的措施。除立太学、置五经博士之外，还常有“劝学”诏令颁发，如元朔五年“丞相弘请为博士置弟子员，学者益广”[④]，又如因为蜀郡守文翁在地方办学成绩显著，“至武帝时，乃令天下郡国皆立学校官”[⑤]。而博士弟子，地方学校均以五经六艺为主要学习内容，而且“设科射策，劝以官禄”，以《五经》为内容的儒学日益兴盛，这是大势所趋。而武帝时的“贤良对策”，讨论治国的思想、教化的原则、兴学的办法等，显然是有集中性的代表意义的。“对策”时汉武帝的表扬、任用等，

---

① 侯外庐等：《中国思想通史》第二卷，人民出版社 1957 年版，第 91 页。
② 《史记》《汉书》“公孙弘传”同。不过，前一次《汉书》用的是“武帝初即位”。
③ 班固：《汉书》卷六，《武帝纪》，中华书局 1962 年版，第 155 页。
④ 班固：《汉书》卷六，《武帝纪》，中华书局 1962 年版，第 171 页。
⑤ 班固：《汉书》卷八十九，《循吏传》，中华书局 1962 年版，第 3622 页。

对当时士人的影响是很大的，对后世的影响更大，可以说影响了汉代学术的发展。

当然，有些影响是从较长的历史时期来看的，对当时有些具体情况的分析不能简单化、绝对化。例如，“儒术独尊”的趋势是确定了，但“抑黜百家”的情况又如何呢？建元元年“罢”了一些治申、商之言的“贤良”，“黄老”不可能抑黜，而且，据司马迁说：

> 至今上即位，博开艺能之路，悉延百端之学，通一伎之士，咸得自效，绝伦超奇者为右，无所阿私。①

司马迁《史记》讫于天汉年间②，武帝晚年了，还没有十分注意“抑黜百家”之事，“悉延百端之学”给他的印象更深，据此“抑黜百家”的具体情况就值得进一步探讨了。再如董仲舒、公孙弘都受到武帝器重，但为官大小情况不一，做的贡献也不一样，后人对他们的具体评价也是很有意思的。

关于汉武帝时“贤良对策”的问题就述及于此。

三 石渠阁“会议”的意义

宣帝甘露二年的石渠阁“会议”，在汉代学术史上有一定的代表性，也是一个重大举措，但未被引起足够的注意。

石渠阁为西汉藏书之所，《三辅黄图》云：

> 未央宫有石渠阁，萧何造，其下砻石为渠以导水，若今御沟，因为阁名。所藏入关所得秦之图籍。至于成帝，于此藏秘书焉。

藏书之处也是纳贤所在，常有一批“待诏”士人于此读书或者校书、著书。《汉书·艺文志》中所记之“石渠论”，当即于此处完成。其所记“石

① 司马迁：《史记》卷一百二十八，《龟策列传》，中华书局1982年版，第3224页。
② 施丁：《司马迁行年新考》，陕西人民教育出版社1995年版。

渠论”有：《书》《议奏》四十二篇（本注：宣帝时石渠论），《礼》《议奏》三十八篇（本注：石渠），《春秋》《议奏》三十九篇（本注：石渠论），《论语》《议奏》十八篇（本注：石渠论），《五经杂议》十八篇（本注：石渠论）。这些《议奏》被称为“石渠论”，那就应该是与一次“会议”的讨论有关，而这样的大讨论恰恰又是宣帝甘露年间的事。集中的记述有如下两条材料，一条是：

> （甘露三年三月）诏诸儒讲五经同异，太子太傅萧望之等平奏其议，上亲称制临决焉。乃立梁丘《易》，大、小夏侯《尚书》、《谷梁春秋》博士。①

另一条时间不很明确：

> 宣帝即位，闻卫太子好《谷梁春秋》……宜兴《谷梁》……乃征周庆、丁姓待诏保宫，使卒授十人。自元康中始讲，至甘露元年，积十余岁，皆明习。乃召五经名儒太子太傅萧望之等大议殿中，平《公羊》、《谷梁》同异，各以经处是非。时《公羊》博士严彭祖、侍郎申挽、伊推、宋显，《谷梁》议郎尹更始，待诏刘向、周庆、丁姓并论。《公羊》家多不见从，愿请内侍郎许广，使者亦并内，《谷梁》家中郎王亥，各五人，议三十余事。望之等十一人，各以经谊对，多从《谷梁》。由是《谷梁》之学大盛，庆、姓皆为博士。②

没有说具体时间，但肯定是甘露元年之后，“大议殿中”，而且参加的人有一定限制，记述中有“内”、“使者”等词，师古注曰：

> 使者，谓当时诏遣监议者也。内，谓引入议所也。公羊家既请内许广，而使者因并内王亥也。③

---

① 班固：《汉书》卷八，《宣帝纪》，中华书局1962年版，第271页。
② 班固：《汉书》卷八十八，《儒林传》，中华书局1962年版，第3618页。
③ 班固：《汉书》卷八十八，《儒林传》，中华书局1962年版，第3619页。

这一条记载，主要是“平《公羊》、《谷梁》同异”，与前一条“诏诸儒讲五经同异”是否一回事，或者是一回事的多次“会议”？主持人都是太子太傅萧望之，这种“会议”既在“殿中”面圣，有“称制临决”的时候，也有更多的时候是在石渠阁进行讨论（包括起草奏议），这有几条记述可以证明：

（韦）玄成受诏（按：时被拜为淮阳中尉，王未就国），与太子太傅萧望之及五经诸儒杂论同异于石渠阁，条奏其对。①

也许《艺文志》中的《议奏》就是经过整理的“条奏其对”。又如：

（梁丘临为黄门郎）甘露中奉使问诸儒于石渠，临学精孰……时宣帝选高材郎十人从临讲……②

这也是一个上述“监议”“使者”，“奉使问”即奉宣帝之旨，上传下达。再如：

诏拜（施）雠为博士（按：授王孙《易》）。甘露中，与五经诸儒杂论同异于石渠阁。③

这些记载都明确表示是在石渠阁讨论，所以概括为一个石渠阁“会议”是可以的。

参加石渠阁讨论的人不少，仅就《汉书·儒林传》的记载就有：

（欧阳）地余……为博士，论石渠。（《欧阳生传》）④

林尊……事欧阳高，为博士，论石渠。（本传）⑤

---

① 班固：《汉书》卷七十三，《韦玄成传》，中华书局1962年版，第3113页。
② 班固：《汉书》卷八十八，《儒林传》，中华书局1962年版，第3600页。
③ 班固：《汉书》卷八十八，《儒林传》，中华书局1962年版，第3598页。
④ 班固：《汉书》卷八十八，《儒林传》，中华书局1962年版，第3603页。
⑤ 班固：《汉书》卷八十八，《儒林传》，中华书局1962年版，第3604页。

周堪……与孔霸俱事大夏侯胜……堪译官令，论于石渠，经为最高。(本传)①

张山拊……事小夏侯建，为博士，论石渠。……仓以谒者，论石渠。(《张山拊传》)②

韦贤治诗……传子玄成，以淮阳中尉论石渠。(《申公传》，又见前引《韦玄成传》)③

(博士) 张生论石渠，至淮阳中尉……初薛广得亦事王式，以博士论石渠。(《王式传》，薛广得又见其本传。)④

(戴) 圣号小戴，以博士论石渠。(《孟卿传》)⑤

以上《诗》《书》《易》《礼》《春秋》诸家均有代表人物参加，“五经诸传”一语属实，基本上写的都是“论石渠”，讨论会的主要地点在石渠阁自无可疑。所以说宣帝时有一个石渠阁“会议”，应该是可以的。

石渠阁“会议”可以看作一次大会，不仅也不可能是一天两天，从酝酿到结束，时间可能很长，所以记载中有时用“甘露中”这种方法计时。也可能是大会小会结合，大至有时宣帝亲自“称制临决”，也有可能是专题与综合讨论的穿插进行，故既有《书》《礼》《春秋》《论语》的分别《议奏》，也有《五经杂议》的综合记录。

会议的结果，直接的当然是产生了一批《议奏》，可惜这批图书没有像东汉的《白虎通义》一样保留下来，因此无法知道当时的一些结论。但是另一方面，参加者各有师承和传授，例如施雠“从田王孙受《易》，又授张禹，禹授彭宣，由是施家有张彭之学”⑥。参加会议的欧阳地余、林尊

---

① 班固：《汉书》卷八十八，《儒林传》，中华书局 1962 年版，第 3604 页。
② 班固：《汉书》卷八十八，《儒林传》，中华书局 1962 年版，第 3605 页。
③ 班固：《汉书》卷七十三，《韦玄成传》，中华书局 1962 年版，第 3113 页。
④ 班固：《汉书》卷八十八，《儒林传》，中华书局 1962 年版，第 3610 页。
⑤ 班固：《汉书》卷八十八，《儒林传》，中华书局 1962 年版，第 3615 页。
⑥ 班固：《汉书》卷八十八，《儒林传》，中华书局 1962 年版。

都是《书经》“欧阳氏学”的传人，周堪、张山拊是“夏侯之学”的传人，韦玄成是鲁诗的传人，且“鲁诗有韦氏学”，还有张生创鲁诗之“张、唐、楮氏之学”。“礼有大戴、小戴、庆氏之学”，戴圣也“以博士论石渠”。《春秋》更不消说，无论是《公羊》或《谷梁》，都有各自的代表人物，学术上后来大有影响的刘向（详下），当时是“受谷梁”的。他们都以各种形式多多少少留下了其所议论的内容，而且影响后世。

与这个会议有关的，就是在其前后增立了一些博士。各经都有不同的传人，形成一些不同的学派，讨论经义问题，也是争自己一派的正确性，争自己学派的地位，也就是争立博士。所以上述记甘露三年“讲论五经同异”之后，紧接着就写上“乃立梁丘《易》、大、小夏侯《尚书》、《谷梁春秋》博士”一事。就是说宣帝时增设了几家博士。这些在前面博士制度一节中已经论及。

总而言之，无论是讨论“五经同异”也好，增立博士也好，儒家经典的绝对地位，显然是已经确立了。“独尊儒术”之势实已形成，经学成为当时学术的主流也是无可争议的了。

石渠阁“会议”就是这种发展大势的一个突出反映，并且进一步加深了这种大势的发展。同时，也强化了经学内部的学派分野，师法、家法的问题也就越来越突出了。石渠阁“会议”的意义正在于此。

四　刘向父子校书

刘向父子校书是学术史上的一件大事。传世的汉以前（包括西汉）的古书，大多是经过他们整理的，他们有保存之功，也有删改之嫌，这一点我们在利用古书、研究古史（特别是古代文化思想史）时应予以充分注意。把他们校书的情况弄清楚，是有很重要的意义的。关于这件事的记载是有的，但不是很系统、全面。主要资料在《汉书·艺文志》以及有关的纪、传中，还有记录他们整理结果的不完全的几个“书录”、《别录》和《七略》佚文，后世的记载也可参考。许多研究，如关于刘向父子的研究、关于图书发展史的研究等，已经作了一些论述，在此再作一番较系统的清理并重新予以认识。

（一）校书的时间和群体

首先是整理时间。《汉书·成帝纪》记载说，河平三年八月“光禄大夫刘向校中秘书。谒者陈农使求遗书于天下”。这就是《艺文志》中所说的：

> 成帝时，以书颇散亡，使谒者陈农求遗书于天下。诏光禄大夫刘向校经传、诸子、诗赋。①

应该说校书开始于河平三年，时刘向五十来岁。他“年七十二卒”，去世时已经进行了二十多年，尚未完成，由儿子刘歆“卒父前业”②，这是哀帝时候的事了，约二十四五年③。

其次，刘向、刘歆先后总“领”其事，参加者不少④。工作量大，校书的人是很多的，但留下姓名的不多，可考者有《汉书·艺文志》中明确记载的：

> 步兵校尉任宏校兵书，太史令尹咸校数术，侍医李柱国校方技。⑤

显然在刘向总领之下，还有兵书、数术、方技等专门书籍的分领者。

很容易让人产生误解的是，似乎刘向一人点校了经传、诸子、诗赋三略，占全部图书的1/2甚至2/3以上，这是不太可能的。应该特别重视的是，刘向本传中有“诏向领校中五经祕书”一句，是“领校”而不是直接的点校，所以我们用总领、分领说明刘向等人在校书中的地位。事实上总领、分领者不可能做每一本书，而具体一本本书的校对，则另有其人。例如刘歆的《上〈山海经〉表》云：

---

① 班固：《汉书》卷三十，《艺文志》，中华书局1962年版，第1701页。

② 班固：《汉书》卷三十六，《楚元王传》，中华书局1962年版，第1976页。

③ 刘向“卒后十三岁而王氏代汉”，刘歆乃王莽为大司马时所举荐，参同上注。

④ 阮孝绪《七录序》中还说：命“刘向及子俊（伋?）、歆等，雠校篇籍”，则刘歆之外还有一子参加。

⑤ 班固：《汉书》卷三十，《艺文志》，中华书局1962年版，第1701页。

……臣秀领校秘书，言校秘书（?）太常属臣望所校《山海经》凡三十二篇，今定为一十八篇，已定。

《山海经》就是这位名叫望（不知其姓）的太常属臣所校。

史书零星记载的参加校书者还有如：

臣向谨与长社尉杜参校中秘书。①

（班）斿博学有俊材……与刘向校秘书，每奏事（师古曰：斿每奏校书之事）……②

时光禄勋王龚，以外属内卿，与奉车都尉刘歆共校书……歆白《左氏春秋》可立，……丞相孔光……光卒不肯。唯（房）凤、龚许歆，遂共移书责让太常博士。③

有些参与共校者有较高的地位，有较大的作用，可以参与上奏校书之事，甚至刘歆有名的《责让太常博士书》王龚也是参加者（“共移书”，当即联名移文）。

刘向父子以及任宏等人，除了“领校书”之外，自己当然也具体参加了校对，或单校、或合校，如：

臣向与黄门侍郎歆所校《列女传》，种类相从为七篇。④

又《刘歆传》中记载说：

丞相史尹咸，以能治《左氏》，与歆共校经传。⑤

---

① 严可均：《全汉文》卷三十八，《别录》，中华书局1958年版，第336页。
② 班固：《汉书》卷一百上，《叙传》，中华书局1962年版，第4203页。
③ 班固：《汉书》卷八十八，《儒林传》，中华书局1962年版，第3619页。
④ 严可均：《全汉文》卷三十八，《别录》，中华书局1958年版，第336页。
⑤ 班固：《汉书》卷三十六，《刘歆传》，中华书局1962年版，第1967页。

则尹咸领校数术之外，又具体参加《左氏》经传之校。必还有其他一些参加者未被记载。

总之，刘向父子校书是一个长达二十几年的群体工作。

（二）校书的方法和结果

校书工作是在广泛收集图书的基础上进行的，所以史书记载，总是把“求遗书于天下”与诏校图书说在一起。在收集图书时，除了国家藏书、某些官府或官员藏书之外，也注意到民间图书，《别录》佚文有两条说：

> 《九府》书民间无有，《山高》一名《形势》。

> （《申子》）今民间所有上、下二篇，中书六篇皆合。二篇已备，过太史公所记也。

校书工作首先一步即对中、外藏书（也当包括民间新收集来的图书）进行一番清理。当时藏书之所很多，刘歆《七略》曾概述说：

> 孝武皇帝敕丞相公孙弘，广开献书之路，百年之间，书积如丘山。故外有太常、太史、博士之藏，内有延阁、广内、秘室之府。①

此藏书之所概述还并不全面，到刘向校书时所提到的中、外之书当略有不同。所谓“中”，应该是国家所藏图书，包括石渠阁、天禄阁、兰台、石室乃至太常、太史等处都有藏书，就不知刘向他们是否全部参考到了。“外”，应该就是一些私人藏书（包括民间有的）。校书时收集过中、外之书是可以肯定的，这可以从刘向当时所写的一些“书录”中看出。例如《晏子叙录》说：

> 臣向言：所校中书《晏子》十一篇，臣向谨与长社尉臣参校雠，

---

① 严可均：《全汉文》卷四十一，《七略》，中华书局1958年版，第351页。

太史书五篇，臣向书一篇，参书十三篇，凡中外书三十篇，为八百三十八章。①

又如《管子书录》说：

臣向言：所校雠中《管子》书三百八十九篇，太中大夫卜圭书二十七篇，臣富参书四十一篇，射声校尉立书十一篇，太史书九十六篇，凡中外书五百六十四篇以校。②

现在可见的七八篇“书录”都是如此。

这里又透露出另一个很普通而未被重视的现象，在书写条件比较困难的情况下，书籍大多是单篇流传的，很少有如后世完整的某一部书，而刘向等人的工作，倒是做了“整部”书的工作。他们搜集、参校之后，就除去重复，各种本子互相补充，整理编次，如上引《晏子叙录》又接着写道：

凡中外书三十篇，为八百三十八章，除复重二十二篇六百三十八章，定著八篇二百一十五章，外书无有三十六章，中书无有七十一章，中外皆有以相定。③

他们的整理是有一定的依据和标准的，这篇“叙录”最后又写道：

晏子盖短，其书六篇，皆忠谏其君。文章可观，义理可法，皆合六经之义。又有复重文辞颇异，不敢遗失，复列以为一篇。又有颇不合经术，似非晏子言，疑后世辩士所为者，故亦不敢失，复以为一篇，凡八篇。其六篇可常置旁御观，谨第录。④

---

① 严可均：《全汉文》卷三十七，《晏子叙录》，中华书局 1958 年版，第 332 页。
② 严可均：《全汉文》卷三十七，《管子书录》，中华书局 1958 年版，第 332 页。
③ 严可均：《全汉文》卷三十七，《晏子叙录》，中华书局 1958 年版，第 332 页。
④ 严可均：《全汉文》卷三十七，《晏子叙录》，中华书局 1958 年版，第 332 页。

整理的指导思想、具体的原则方法及其慎重的态度，都能够反映出来。其他“书录”详略不一，整理的基本原则和方法是相同的。

有些书错乱得比较厉害，他们予以了重新整理，甚至新定书名。例如《战国策书录》云：

> 臣向言：所校中《战国策》书，中书余卷，错乱相糅莒。又有国别者八篇，少不足。臣向因国别者，略以时次之，分别不以序者以相补，除复重，得三十三篇。本字多误脱为半字，以赵为肖，以齐为立，如此字者多。中书本号或曰《国策》，或曰《国事》，或曰《短长》，或曰《事语》，或曰《长书》，或曰《修书》。臣向以为，战国时游士辅所用之国，为之策谋，宜为《战国策》。①

后来所见到的《战国策》是刘向等人整理、定名的。还有其他一些当时杂乱无章的书，也是这样整理的。如《说苑书录》云：

> 臣向言：所校中书《说苑杂事》及臣向书，民间书诬。校雠其事类众多，章句相溷，或上下谬乱，难分别次序。除去与《新序》复重者。其余者，浅薄不中义理，别集以为百家。后（？复）令以类相从，一一条别篇目，更以造新事十万言以上，凡二十篇，七百八十四章，号曰《新（说）苑》，皆可观。②

这是刘向对自己的书，重新进行整理编次。

校书工作量很大，除上述收集、清理、删重、分类等工作，还包括认真地校雠、誊抄定本等费时费力的细致工作。关于校雠，刘向在《别录》中写道：

> 雠校，一人读书，校其上下，得谬误为校。一人持本，一人读书，若怨家相对为雠。

---

① 严可均：《全汉文》卷三十七，《战国策书录》，中华书局1958年版，第331页。

② 严可均：《全汉文》卷三十七，《说苑书录》，中华书局1958年版，第334页。

这种校对工作，主要在于补阙订伪，工作很细，意义很大。无论旧日的抄刻，还是现代的捡字、输入、排印，在图书整理过程中都是不可或缺的工作。刘向等人当时所做工作，是有记载说明的，如《汉书·艺文志》的记载中有几处写道：

> 刘向以中《古文易经》校施、孟、梁丘经，或脱去。“无咎”、“悔亡”。唯费氏经与古文同。①

与古文同，则无脱也。这是校对的结果。又：

> 刘向以中古文校欧阳、大、小夏侯三家经文，《酒诰》脱简一，《召诰》脱简二。率简二十五字者，脱亦二十五字；简二十二字者，脱亦二十二字。文字异者七百有余，脱字数十。②

显然是一句、一字校对出来的缺脱。而当时每一书的“叙录”中都有订正伪误文字的记载，如《战国策书录》中说：

> 本字多误脱为半字，以赵为肖，以齐为立，如此字者多。③

《列子书录》中说：

> 中书多外书少。章乱布在诸篇，中或字误，以尽为进，以贤为形，如此者众。④

《晏子叙录》中说：

---

① 班固：《汉书》卷三十，《艺文志》，中华书局1962年版，第1704页。
② 班固：《汉书》卷三十，《艺文志》，中华书局1962年版，第1706页。
③ 严可均：《全汉文》卷三十七，《战国策书录》，中华书局1958年版，第331页。
④ 严可均：《全汉文》卷三十七，《列子书录》，中华书局1958年版，第333页。

中书以夭为芳，又为备，先为牛，章为长，如此类者多。①

《别录》中还有一条写道：

故或误，以见为典，以陶为阴，如此类多。②

形、音之误的各种情况都有。校出来的虽只有几个字，但却是整篇整篇逐字逐句校对出来的，工作量很大。

另一件费时费力的具体工作就是誊抄定本，后世谓之“杀青”，这也出现在当时的“书录”之中。如《战国策书录》云：

其事继春秋以后，讫楚汉之起，二百四五十年间之事皆定，以杀青，书可缮写。③

《管子书录》：

定著八十六篇，杀青而书可缮写也。④

还有“皆已定，以杀青，书可缮写”（《晏子》）、“皆已定，杀青，简书可缮写”（《孙卿》）、“已定，皆以杀青，书可缮写”（《列子》）等句子。何以曰“杀青”，自有说法。应劭《风俗通》写道：

刘向《别录》：“杀青者，直治竹作简书之耳。新竹有汁，善折蠹，凡作简者，皆于火上炙干之，陈、楚间谓之汗。汗者，去其汁也。吴、越曰杀，亦治也。”刘向为孝成皇帝典校书籍二十余年，皆先书竹，改易刊定，可缮写去以上素也。由是言之，杀青者竹，斯为

① 严可均：《全汉文》卷三十七，《晏子叙录》，中华书局1958年版，第332页。
② 严可均：《全汉文》卷三十八，《别录》，中华书局1958年版，第336页。
③ 严可均：《全汉文》卷三十七，《战国策书录》，中华书局1958年版，第331页。
④ 严可均：《全汉文》卷三十七，《管子书录》，中华书局1958年版，第332页。

> 明矣。[①]

此乃《风俗通》佚文，为《太平御览》卷六〇六所引，《初学记》（卷二八）《文选》李善注《张景阳杂诗》均曾引用，文字小异。“杀青”之说，在东汉已较流行，《后汉书·吴祐传》有记载：

> （吴）恢欲杀青简以写经书。[②]

注云：

> 杀青者，以火炙简令汗，取其青易书，复不蠹，谓之杀青，亦谓汗简。义见刘向《别录》。[③]

“杀青”之说，或者始于刘向？顺便说一句题外话，这里出现了“汗简”一词，与现代说的“汉简”显然不同，但研究简牍，考其制作源流，或者也是值得注意的说法。

应该说，后世乃至今日所见之古书，很多是刘向他们整理的成果。

（三）“条其篇目”与“撮其旨意”

据上所述，刘向等的校书工作逐渐清晰起来了。但是《汉书·艺文志》还有一句分量很重的概述：

> 每一书已，向辄条其篇目，撮其旨意，录而奏之。[④]

“每一书已”，什么叫“已”？“杀青”也许就是“已”，但这“已”之前，除了校对之外，更重要的是去重复、定篇目、定全书的规模乃至书名（前面均已涉及）。还有，校对时如何确定底本？或者以何种书校何种书？底

---

① 吴树平校释：《风俗通校译》，天津人民出版社1980年版，第409页。
② 范晔：《后汉书》卷六十四，《吴佑传》，中华书局1965年版，第2099页。
③ 范晔：《后汉书》卷六十四，《吴佑传》，中华书局1965年版，第2099页。
④ 班固：《汉书》卷三十，《艺文志》，中华书局1962年版，第1701页。

本如何确定？从上述所引《艺文志》的“以中书”校××看，“中书”，国家藏书是其底本，从现存的几篇“书录”看也是如此，“所校中《战国策》书”、“所校雠中《管子》书三百八十九篇”、“所校中书《晏子》十一篇”、“所校雠中《孙卿书》凡三百二十二篇”、“所校中书《列子》五篇”等，当然是互相校对，但“中书”为主，《邓析书录》云：

> 中《邓析书》四篇，臣叙书一篇，凡中、外书五篇，以相校。①

这里“臣叙书”不知“叙”是否人名？

虽然以中书为主，但中书本身也大多是单篇的存留，重复也不少。如《孙卿书录》中说：“中孙卿书凡三百二十二篇，以相校，除复重二百九十篇，定著三十二篇。”重复多至九倍。

刘向等人所编定的整部书，包括篇目、顺序、书名等，当即“条其篇目”。这也有不少问题，是原书篇目还是改编、重编篇目？顺序如何？量大的怎么办？从传世的图书看，不少书分为上、下，是原有的还是整理者所为？从现存的“书录”及有关记载看，有的书完全是新编定的。如《列子书录》说：

> 右新书定著八章……内外书凡二十篇以校，除复重十二篇，定著八篇。中书多，外书少，章乱布在诸篇中……及在新书有栈，校雠从中书。……孝景皇帝时贵黄老术，此书颇行于世，及后遗落，散在民间，未有传者。且多寓言，与庄周相类，故太史公司马迁不为列传。谨第录。臣向昧死上。

可见刘向完全新编了一部《列子》书②。

此外如《别录》所记，确定礼、乐等书的篇目也是如此，而且记述得很详细，例如关于《仪礼》的篇目：

---

① 严可均：《全汉文》卷三十七，《邓析书录》，中华书局1958年版，第333页。

② 后人也有认为《列子》及其“书录”皆为魏晋以来好事之徒所为。说完全是伪的恐亦不然，从“书录”最后“臣向所校《列子书录》，永始三年八月壬寅上”之文字看，《列子书录》不像是伪造。

士冠礼第一，士昏礼第二，士相见礼第三，乡饮酒礼第四，乡射礼第五，燕礼第六，大射仪第七，聘礼第八，公食大夫礼第九，觐礼第十，丧服第十一，士丧礼第十二，士丧礼下篇第十三，士虞礼第十四，特牲馈食礼第十五，少牢馈食礼第十六，少牢下篇第十七。①

篇次与传本稍异。《礼记》的编次更有说明性的文字：

曲礼属制度。檀弓属通论，王制属制度，月令属明堂阴阳。曾子问属丧服，文王世子属世子法，礼运属通论。礼器属制度，郊特牲属祭祀，内则属子法，玉藻属通论，明堂位属明堂阴阳，丧服小记属丧服，大传属通论，少仪属制度，学记属通论，乐记属乐记，杂记属丧服，丧大记属丧服，祭法属祭祀，祭义属祭祀，祭统属祭祀，经解属通论，哀公问属通论，仲尼燕居属通论，孔子闲居属通论……奔丧属丧服……三年问属丧服，深衣属制度，投壶属吉礼……冠仪属吉事，……聘义属吉事，丧服四制旧说属丧服。②

“条其篇目”是有一套原则和方法的。

“撮其旨意”，主要反映校书者的思想，也涉及当时的整个学术思想。他们选裁别择是有指导思想的，而且非常明确，如上引《晏子》被认为是“盖忠谏其君”，“文章可观，义理可法，皆合六经之义”。他们所理解和推崇的“旨意”，在各“书录”中均有表述：

凡《管子》书，务富国安民，道约言要，可以晓合经义，向谨第录。

观孙卿之书，其陈王道甚易行，疾世莫能用。其言凄怆，甚可痛也。呜呼！使斯人卒终于闾巷，而功业不得见于世。哀哉可为陨涕！其书比于记传，可以为法，谨第录。③

---

① 严可均：《全汉文》卷三十八，《别录》，中华书局1958年版，第336页。
② 严可均：《全汉文》卷三十八，《别录》，中华书局1958年版，第336页。
③ 严可均：《全汉文》卷三十七，《战国策书录》，中华书局1958年版，第331页。

又《别录》中也有：

> 申子学号曰刑名者，循名以责实，其尊君卑臣，崇上抑下，合于六经也。宣帝好观其《君臣》篇。
>
> （毛公）论坚白同异，以为可以治天下。①

或者合“六经”之义，或者可以为治天下所法，这些就是他们从书中所撮取之“旨意”。为此，在有些“书录”中还写长篇大论的叙，《战国策书录》就是如此：

> 叙曰：周室外自文武始兴，崇道德，隆礼义，设辟雍、泮宫、庠序之教，陈礼乐弦歌移风之化，叙人伦，正夫妇，天下莫不晓然。论孝弟之义，惇笃义之行，故仁义之道满乎天下，卒致刑错四十余年。远方慕义，莫不宾服，雅颂歌咏，以思其德……②

应该说，这是经学占主导地位之后，成熟了的汉代儒家的政治理想。他们就是按照这样的政治理想，撮取经、子各书之“旨意”的，也是按照这样的“旨意”编校图书的。其“旨意”即当时的主流思潮——儒家的思想。

（四）“书录”和《七略》

校书的最后是“录而奏之”。当然是上奏“杀青”、缮正之后的定本。《隋书·经籍志》说：

> 每一书就，向辄撰为一录，论其指归，辨其讹谬，叙而奏之。③

“撰为一录”，当即所谓“书录”，“书录”是否又叫“叙录”，这是现存材料中的问题，陈国庆在《汉书艺文志注释汇编》中有一段按语写得很好：

---

① 严可均：《全汉文》卷三十八，《别录》，中华书局 1958 年版，第 332 页。
② 严可均：《全汉文》卷三十七，《战国策书录》，中华书局 1958 年版，第 331 页。
③ 魏征等：《隋书》卷三十二，《经籍志一》，中华书局 1973 年版，第 915 页。

向所做的“书录”，其附在本书的，谓之“叙录”，现今所存的，只有《战国策》、《管子》、《晏子》、《列子》、《荀子》、《邓析子》、《说苑》七书中的各一篇，其他如《关尹子》、《子华子》二书中之“叙录”，伪托不足信。汇集诸书之“叙录”，别为一书，则为《别录》，今已不存。①

在此，我们要进一步提出两个问题：其一，现存的“书录”或者“叙录”，有的可能并非原貌。《韩非子书录》最为明显，没有所校中、外书篇数，也无“定著”之类语言。其二，“书录”不一定全是刘向一人所作，除了《韩非子书录》“宋本不著名”之外，现存的《邓析书录》也颇可疑，和其他几个“书录”前后有“臣向言”、“向谨第录”、“向昧死上”的体例不同。如上所引，开头是“中邓析书四篇，臣叙书一篇，凡中外书五篇以相校”，我怀疑“臣叙”之“叙”是一校者之名，最后又是“谨第上”，没有“向”字，严可均在编《全汉文》时云：

案：此“叙”《意林》、《荀子解》杨倞注、高似孙《子略》皆作刘向。或据《书录解题》改属刘歆，检《书录解题》无此说。

以我看，前人“皆作刘向”，情有可原，如今日之认“主编”，刘向是“主编”这是毫无疑问的。五六百家、一万三四千卷书又不全是刘向本人校对的，绝不可能由刘向一人写“书录”，《隋志》说向撰“书录”之言，一是根据《汉志》的笼统说法，二是就总领其事而言的。再退一步说，即便所有“书录”刘向都看过、都署了名，也应该是别人起草了的。

但是刘歆在《别录》基础上所著的《七略》则可能是个人之作。他可以根据已有的“书录”对当时的全部图书作一系统的简要的记述（略述）。《汉书·艺文志》讲得很明确：

会向卒，哀帝复使向子侍中奉车都尉歆卒父业。歆于是总群书而

① 陈国庆：《汉书艺文志注释汇编》，中华书局1983年版，第6页。

奏其《七略》。①

是“总群书”而作，《隋书·经籍志》所述略详：

哀帝使歆嗣父之业，乃徙温室中书于天禄阁上，歆遂总括群篇，撮其指要，著为《七略》。②

“徙”“中书”像是又一次图书集中，“总括群篇”当指新编定的图书及其“叙录”，这里“撮其指要”应该是“书录”之“指要”，最后分类而略述之。《汉书·艺文志》云：

故有《辑略》，有《六艺略》，有《诸子略》，有《诗赋略》，有《兵书略》，有《术数略》，有《方技略》。今删其要，以备篇籍。③

这后一句是班固说其《艺文志》是“删”《七略》之要而成篇。规模是《七略》的，但现在看到的是《六艺略》等六略，没有《辑略》，《汉书艺文志注释汇编》按曰：

略，约要也。说者谓，班志每略的叙文，即取刘歆的《辑略》，故虽六略，而实七略具足。似颇近理。④

此说“近理”，散见的《七略》一些遗文，确实可以在《艺文志》每略的叙文中见到，这里就不再一一列举了。而《七略》之文，有一些又可以在《别录》中见到，其中继承、沿用关系是比较清楚的，不必多说了。

《七略》之分类也有文章可作。图书的分类，《七略》的形成或者可以说是刘歆创造的，《别录》记述了每一书的“旨意”，当然是分类的基础，《七略》佚文就有分家的明确记载，《史记·管晏列传》的《正义》引《七

① 班固：《汉书》卷三十，《艺文志》，中华书局1962年版，第1701页。
② 魏征等：《隋书》卷三十二，《经籍志》，中华书局1973年版，第905页。
③ 班固：《汉书》卷三十，《艺文志》，中华书局1962年版，第1701页。
④ 陈国庆：《汉书艺文志注释汇编》，中华书局1983年版，第7页。

略》云：

> 《晏子》七篇，在儒家。
> 《管子》十八篇，在法家。

《艺文志》著录《晏子》为“八篇”，与刘向所定八篇相同，引文如果不是七、八之误的话，刘歆当别有选择。《管子》也是如此，《艺文志》著录的篇数与刘向定著同，但列于“道家类”，与《七略》之分类不同，但《隋书·经籍志》将《管子》改列于法家之首，当是采用刘歆之分类。另一条佚文更明确：

> 论方技为四家，有医经家，有方家，有房中家，有神仙家。(《初学记》二十)

《艺文志·方技略》正有“医经”、“经方”、“房中”、“神仙”四部分。

《汉书·艺文志》继承了《七略》的规模，同时也与《别录》有密切关系，这是毫无疑问的，《论语》之著录，就反映《别录》的条理，皇侃《论语义疏序》引《别录》云：

> 鲁人所学谓之鲁论，齐人所学谓之齐论，古壁所传谓之古论。

《艺文志》即列“论语古二十篇”、“齐二十篇”、“鲁二十篇”，还有“齐说”、“鲁××说”等书目，是按照刘向“鲁论”、“齐论”之说分类的。

如果说《辑略》是“诸书之总要”的话，《七略》中其他六略，就是图书的分类。《六艺略》为首，即把儒家的经典，所谓“五经”、“六经”放在首位，这是时代的反映。刘向、刘歆以及班固的时代，绝对已是经学的极盛时代，《易》《书》《诗》《礼》《乐》《春秋》理当最受重视，至于《论语》、《孝经》、“小学”放在《六艺略》中，“序六艺为九种”，王先谦《汉书补注》解释得好：

> 序六艺兼及《论语》以下诸书者，别《论语》于儒家，遵孔子

也。侪《孝经》于六艺，尊其书也。《弟子职》缘《孝经》而入者也。《尔雅》、《古今字》，所以通知经义、经字，故以《五经杂义》并附于此。

此种附类也可能是《七略》原貌，因为刘向整理图书时是有此类书籍的，《别录》遗文有：

(《孝经》) 古文字也。《庶人》章分为二也。《曾子敢问章》为三。又多一章，凡二十二章。(《艺文志》注)。

周宣王太史作大篆也。(《文选·魏都赋》注)

其他几略是"六经"以外之书，"诸子"是最多的，所谓"诸子十家"，被认为是"《六经》之支与流裔"。那么其他四略呢？也是当时学术现状的反映，诗赋、数术都是风行一时的文化、学术。

诗赋的数量很多，"凡诗赋百有六家，千三百一十八篇"，而且孔子说过，"不学诗，无以言"，"大儒孙卿及楚臣屈原，离谗忧国，皆作赋以风，咸有恻隐古诗之义"。汉代也有此传统：

自孝武立乐府而采歌谣，于是有代赵之讴，秦楚之风，皆感于哀乐，缘事而发，亦可以观俗，知薄厚云，序诗赋为五种。①

值得注意的是《汉书·艺文志》"诗赋略"之体例与其他几略不同，没有每部分的分论，这或是《七略》乃至《别录》未最后完成的反映，应进一步留意。

数术之书既多且乱，"凡数术者百九十家，二千五百二十八卷"。这个原本为"明堂羲和史卜之职"的学问，流为江湖巫卜星相之学，变成"虽有其书，而无其人"了，"故因旧书以序数术为六种"②。

兵书关系到"国之武备"，"方技者皆生生之具，王官之一守也"。各

---

① 班固：《汉书》卷三十，《艺文志》，中华书局 1962 年版，第 1756 页。
② 班固：《汉书》卷三十，《艺文志》，中华书局 1962 年版，第 1775 页。

有单独分类的理由。不过“兵书”有点特殊，它本可以放在“诸子”之中，也许因为它和数术、方技一样，学问比较专门，有一定的独立性，而且开始分工就确定由“步兵校尉任宏校兵书”，《七略》当即据此而分，《艺文志》中分“兵权谋”、“兵形势”、“兵阴阳”、“兵技巧”四类，即本原于任宏所分，所以有这么一句：“至于孝成，命任宏论次兵书为四种。”大约是根据任宏的分类、编目照录了。但班固写《艺文志》时有较大的删改，并且已经注明，在总结兵权谋时注云：

> 省《伊尹》、《太公》、《管子》、《孙卿子》、《鹖冠子》、《苏子》、《蒯通》、《陆贾》、《淮南王》，二百五十九种，出《司马法》入礼也。①

在总结所有兵书时又注曰：

> 省十家二百七十一篇重，入《蹴鞠》一家，二十五篇，出《司马法》百五十五篇入礼也。②

显然是对《兵书略》作了较大的删改。有人对此评论说：

> 刘《略》重出之书，多至四百余种，必非偶误。兼著则明，偏著则缺，班氏去取未有当也。③

据上所述，“书录”和《七略》可以说是刘向父子校书的总结性成果。

（五）对刘向父子校书的重新认识

综上所述，西汉末年先后由刘向、刘歆父子总领，组织一批专家学者，花二十多年时间，对当时流存的图书进行了一番清理，逐本予以定著，并且缮写清本，然后分类编目，予以保存。这是一次大规模的图书清理，不亚于后代之修《永乐大典》《四库全书》，而且意义更大。刘向等人

---

① 班固：《汉书》卷三十，《艺文志》，中华书局1962年版，第1757页。
② 班固：《汉书》卷三十，《艺文志》，中华书局1962年版，第1757页。
③ 陈国庆：《汉书艺文志注释汇编》，中华书局1983年版，第189页。

按照当时的主流思潮，按照他们自己的见识、理解，对几乎所有的图书施行了一次大手术——整编乃至改编。我们没有理由也不必武断，说他们会篡改、作伪，但也不能忽视他们的主观校定所留下的时代痕迹和某些附会的内容。

图书作为学术的主要载体，在学术发展史上起着承前启后的作用。图书（含出土文简书牍）是古文献研究主要的甚至是唯一的基础，更是研究学术史和学术思想的主要依据，舍此，不能谈古代传统学术、思想和文化。弄清刘向父子等人校书一事的意义就在于此。

今天，我们对刘向校书应有新的认识，如前所述，关于校书群体的问题、关于指导思想问题、关于结果问题等。

最重要的是，我们应该看到，后世流传乃至我们今日看到的西汉及其以前的古书，篇章、文字甚至有些书名都是刘向他们校定的，当时几乎所有的图书都经过了他们的认定乃至改造。他们按照当时思潮、理解所定所改，当然免不了打上时代的烙印。此即刘向校书的历史地位。但是长期以来，这一点未得到充分认识，以为后世乃至今日所读的先秦古籍就是原来的样子，这就难免产生这样那样的误解，得出与历史真实不符的结论，历代学者中有不少人发现了一些问题，于是产生疑、辨，因而有指伪之作。我想，唐宋以后至于近代的许多辨伪、辨疑，甚至说刘向、刘歆伪造，主要就是因上述大整理中出现的问题（特别是思想认识问题）而产生的。今天来认识和清理一些历史问题，把握刘向校书这一主要事实，重新讨论古书辨疑问题应该更加客观一些，加上近几十年出土了不少刘向以前的一些古书，可以比较、参校，更有利于弄清问题。

但是，最后还有一点值得提出，刘向等人校书之后，定本抄写了多少？（如《四库全书》之抄写七部）有无转抄复本流传等？这些都还有待详考。经过西汉末年的又一次图书大失散，《汉书·艺文志》著录的图书大多亡佚了，再以后复出的，是否仍为刘向等人的定本？或者还有定本之前的流散本？这些暂时还无法解决的问题，都是值得考虑的。不过应该看到，也可以肯定，刘向等人的校书工作及其结果，是从多方面影响着后世的。

五　东汉初年的文化政策

东汉的开始与西汉的建立有所不同，皇帝的出身就有所不同。刘邦虽不必过于贬低他，但不算是一个知书达理之人，所以有《诗》《书》无用之说，到晚年才有后悔之意；刘秀就很不一样了，毕竟是两百年皇室的后代，而且从小在叔父刘良的关怀下，入小学、游太学，受到了良好的教育。刘秀在游学期间，就十分关心时政，《东观汉记·世祖光武皇帝》写道：

> 朝政每下，必先闻知，具为同舍解说。高才好学，然亦喜游侠，斗鸡走马，具知闾里奸邪、吏治得失。
>
> 时会朝请，舍长安尚冠里，南阳大人往来长安，为之邸，暗稽疑议。①

刘秀的政治、文化修养为后来打天下、坐天下打下了良好的基础，这就是他与刘邦建立西汉时况大不一样之处。因此，他在政治上用“柔道”，是自觉地吸取西汉初年黄老之治的经验，在文化上的政策，就更有丰富的、完整的内容可以依循。《后汉书·儒林列传》序能比较全面而准确地反映刘秀及东汉初年的文化政策，其文曰：

> 昔王莽、更始之际，天下散乱，礼乐分崩，典文残落。汉光武中兴，爱好经术，未及下车，而先访儒雅，摭求阙文，补缀漏逸。先是四方学士多怀协图书，遁逃林薮。自是莫不抱负坟策，云会京师，范升、陈元、郑兴、杜林、卫宏、刘昆、桓荣之徒，继踵而集。于是立《五经》博士，各以家法教授，《易》有施、孟、梁丘、京氏，《尚书》欧阳、大小夏侯，《诗》齐、鲁、韩，《礼》大小戴，《春秋》严、颜，凡十四博士，太常差次总领焉。
>
> 建武五年，乃修起太学，稽式古典，笾豆干戚之容，备之于列，

---

① 吴树平：《东观汉记校注》卷一，《世祖光武皇帝纪》，中州古籍出版社 1987 年版，第 2 页。

服方领习矩步者，委它乎其中……①

这完全可以说是“拨乱反正”②。他访儒雅、采阙文、立《五经》博士，兴起太学、与群臣“讲论经义”等一系列措施所显现的文化政策，完全是西汉中、后期已经成熟了的一套文化政策。其实施结果是儒家、经学的恢复和进一步发展，出现了一个“经学极盛”的时代。如《后汉书·儒林列传》论曰：

自光武中年以后，干戈稍戢，专事经学，自是其风世笃焉。其服儒衣，称先王，游庠序，聚横塾者，盖布之于邦域矣。……所谈者仁义，所传者圣法也。故人识君臣父子之纲，家知违邪归正之路。③

虽然后来并非就一直这样发展下去，但东汉前期乃至中期的文化、学术发展，是东汉初的文化学术的延续，是东汉初期的文化政策所影响的，这一点无可怀疑。

值得一提的是，刘秀本人对这种文化政策的“身体力行”，《后汉书·光武帝纪》写道：

每旦视朝，日仄乃罢。数引公卿、郎、将讲论经理，夜分乃寐。皇太子见帝勤劳不怠，承间谏曰：“陛下有禹汤之明，而失黄老养性之福，愿颐爱精神，优游自宁。”帝曰：“我自乐此，不为疲也。”④

《东观汉记·世祖光武皇帝》记述说：

旦听朝，至日晏，夜讲经听诵。坐则功臣特进在侧，论时政毕，道古行事，次说在家所识乡里能吏，次第比类。又道忠臣、孝子、义夫、节士，坐者莫不激扬凄怆，欣然和悦。群臣争论上前，常连日。⑤

---

① 范晔：《后汉书》卷七十九上，《儒林列传上》，中华书局1965年版，第2545页。
② 时陈元上疏有“陛下拨乱反正”之语。
③ 范晔：《后汉书》卷七十九下，《儒林列传下》，中华书局1965年版，第2588页。
④ 范晔：《后汉书》卷一下，《光武帝纪下》，中华书局1965年版，第85页。
⑤ 吴树平：《东观汉记校注》，中华书局2008年版，第13页。

“听朝”之余还“讲经听诵”，而且是论古谈今，很有“活学活用”的味道，他一生乐此不疲。而且召臣下问对、讨论经义等具体事例还有不少，其中范升、陈元、戴凭等人的传记中有具体内容，如《范升列传》：

（建武）时尚书令韩歆上疏，欲为《费氏易》、《左氏春秋》，立博士，诏下其议。四年正月，朝公卿、大夫、博士，见于云台。帝曰：“范博士可前平说。”升起对曰……遂与韩歆及太中大夫许淑等互相辩难，日中乃罢。升退而奏曰……时难者以太史公多引《左氏》，升又上太史公违戾《五经》，谬孔子言，及《左氏春秋》不可录三十一事。诏以下博士。①

当时，陈元反对范升：

书奏，下其议，范升复与元相辩难，凡十余上。帝卒立左氏学……诸儒以左氏之立，论议谨哗，自公卿以下，数廷争之。②

“见于云台”、“廷争”，都说明光武皇帝亲自参加，亲自听取、决断。《戴凭传》的记述更有意思：

时诏公卿大会，群臣皆就席，凭独立。光武问其意。凭对曰：“博士说经皆不如臣，而坐居臣上，是以不得就席。”帝即召上殿，令与诸儒难说，凭多所解释……

正旦朝贺，百僚毕会，帝令群臣能说经者更相难诘，义有不通，辄夺其席以益通者，凭遂重坐五十余席。故京师为之语曰：“解经不穷戴侍中。”③

光武帝的这些行为，自然对当时人们谈经论学有很大的影响，所谓“上有好者，下必甚焉”。

---

① 范晔：《后汉书》卷三十六，《范升列传》，中华书局1965年版，第1226页。
② 范晔：《后汉书》卷三十六，《陈元列传》，中华书局1965年版，第1231页。
③ 范晔：《后汉书》卷八十八，《儒林列传》，中华书局1965年版，第2553页。

在光武帝的文化政策中，影响当时学术发展的另一大事，是他在讲诵经书的同时还信谶和善谶，《后汉记・光武皇帝纪》卷五有一段文字写道：

初军旅间，贼檄日以百数，上犹以余暇讲诵经书，自河图、洛书、谶记之文，无不毕览。

关于刘秀相信、运用图谶，乃至组织人员点校图谶的事例很多，桓谭、尹敏等人的例子常为人们所征引，这里不再重复。《后汉书・张衡列传》用了一个“光武善谶”的字眼，“善”字甚妙。刘秀正是善于利用图谶，帮助了他政治上的成功。事实比较清楚，西汉末年以来，许多人利用图谶为自己的政治活动服务，刘秀只是其中之一，但他用得巧妙，并且取得成功。例如他与公孙述对峙，均利用图谶为自己辩护，公孙述“妄引谶记”，引《录运法》“立公孙”等谶言，刘秀“乃与述书曰”：

图谶言“公孙”，即宣帝也。代汉者当涂高，君岂高之身邪？乃复以掌文为瑞，王莽何足效乎！君非吾贼臣乱子，仓卒时人皆欲为君事耳，何足数也。君日月已逝，妻子弱小，当早为定计，可以无忧。天下神器，不可力争，宜留三思。①

书后刘秀还“署曰：公孙皇帝”。在许多事情上刘秀采用谶言行事，这些就不一一详述了。所以“善谶”之说很恰当。他成功之后，命令臣下“校图谶”，并且“使蠲去崔发所为王莽著录次比”②，鼓励臣下“讲图谶”③，他在最后的日子（去世前两个月），还来了一个“宣布图谶于天下”④，其意何在？那就是把经过校（删）定的图谶以及《河图》《洛书》等“秘经”，作一次公布，以此为准，再不许造作，不许再增益、私改，

① 范晔：《后汉书》卷十三，《公孙述列传》，中华书局 1965 年版，第 538 页。

② 范晔：《后汉书》卷五十九，《儒林列传》，中华书局 1965 年版，第 2599 页。又薛汉“为博士，受诏校定图谶”。

③ 范晔：《后汉书》卷三十三，《朱浮列传》，中华书局 1965 年版，第 1145 页。

④ 范晔：《后汉书》卷一下，《光武帝纪下》，中华书局 1965 年版，第 84 页。

否则严办。所以楚王英、阜陵质王延与人造作图谶，就被判为“大逆不道”，株连很多人[①]。刘秀此举的用意，主要在政治上，是为了巩固统治。但是，在客观上却对学术的发展带来了很大的影响，出现了“儒者争学图谶”的局面，这方面的情况，史书多有概述。如《后汉书·张衡列传》写道：

初，光武善谶，及显宗、肃宗因祖述焉。自中兴之后，儒者争学图纬，兼复附以妖言。[②]

又《后汉书·方术列传》写道：

汉自武帝颇好方术，天下怀协道艺之士，莫不负策抵掌，顺风而届焉。后王莽矫用符命，及光武尤信谶言，士之赴趣时宜者，皆骋驰穿凿，争谈之也。故王梁、孙咸名应图箓，越登槐鼎之任，郑兴、贾逵以附同称显，桓谭、尹敏以乖忤沦败，自是习为内学，尚奇文，贵异数，不乏于时矣。是以通儒硕生，忿其奸妄不经，奏议慷慨，以为宜见藏摈。[③]

基本情况如宋人徐天麟所说：

上意所好，下争趋之。由是东京之士，波流风靡，虽贾逵、曹褒之伦，亦且溺其习而不自觉。[④]

信谶的风气已形成，在当朝的提倡之下，谶纬之学大为发展。谶纬之学的兴盛是东汉学术中的大事、要事，谶纬之学依托六经，其内容是不可忽视的，其影响更为重要，我们后面会详加论述。

---

① 范晔：《后汉书》卷四十二，《光武十王列传》，中华书局 1965 年版，第 1427 页。
② 范晔：《后汉书》卷五十九，《张衡列传》，中华书局 1965 年版，第 1911 页。
③ 范晔：《后汉书》卷八十二上，《方术列传上》，中华书局 1965 年版，第 2705 页。
④ 徐天麟：《东汉会要》卷十三，《论谶》，中华书局 1955 年版，第 137 页。

六　君臣讲经与白虎观“会议”

儒家经学的发展，由光武帝带头之后，东汉初各朝皇帝都与群臣讲论经义，“孝明皇帝”更是“博贯六艺，不舍昼夜”①。《后汉书·儒林列传》记述：

> 飨射礼毕，帝正坐自讲，群儒执经问难于前，冠带缙绅之人，圜桥门而观听者，盖亿万计。其后复为功臣子孙、四姓末属别立校舍，搜选高能以受其业，自期门羽林之士，悉令通《孝经》章句，匈奴亦遣子入学。济济乎，洋洋乎，盛于永平矣!②

讲经、谈经之风兴盛，既是经学大盛的原因，也是经学大盛的结果。学经的人多，大师不少，派别也多，同一部经典各有师承之不同，直至别自“名家”。经义的解释产生不少歧义，常常争论得很激烈，这种争论从东汉初年已经开始，前面提到立《左氏学》博士的争论即为一例：

> 时（按：建武之时），尚书令韩歆上疏，欲为《费氏易》、《左氏春秋》立博士，诏下其议。四年正月，朝公卿、大夫、博士，见于云台。帝曰：“范博士可前平说。”升起对曰：“左氏不祖孔子，而出于丘明，师徒相传，又无其人，且非先帝所存，无因得立。”遂与韩歆及太中大夫许淑等互相辩难，日中乃罢。升退而奏曰：“臣闻主不稽古，无以承天，臣不述旧，无以奉君。陛下愍学微缺，劳心经艺，情存博闻，故异端竞进。近有司请置《京氏易》博士，群下执事，莫能据正。《京氏》既立，《费氏》怨望，《左氏春秋》复以比类，亦希置之。《京》、《费》已行，次复《高氏》，《春秋》之家，又有《驺》、《夹》。如令《左氏》、《费氏》得置博士，《高氏》、《驺》、《夹》，《五经》奇异，并复求立，各有所执，乖戾分争。从之则失

① 范晔：《后汉书》卷三，《章帝纪》，中华书局1965年版，第131页。
② 范晔：《后汉书》卷七十九上，《儒林列传上》，中华书局1965年版，第2545～2546页。

道，不从则失人，将恐陛下必有厌倦之听。孔子曰：……《老子》曰：……今《费》、《左》二学，无有本师，而多反异，先帝前世，有疑于此，故《京氏》虽立，辄复见废。……愿陛下疑先帝之所疑，信先帝之所信，以示反本，明不专己。……《五经》之本自孔子始，谨奏《左氏》之失凡十四事。”时难者以太史公多引《左氏》，升又上太史公违戾《五经》，谬孔子言，及《左氏春秋》不可录三十一事。诏以下博士。①

以上引文删节了几句引经据典的论述，事件的原委还是比较清楚的。但事情并未完结，当时“与桓谭、杜林、郑玄俱为学者所宗”的陈元“乃诣阙上疏”范升之议奏，刘秀再“下其议”，结果是：

范升复与（陈）元相辩难，凡十余上。帝卒立《左氏》学，太常选博士四人，元为第一。帝以元新忿争，乃用其次司隶从事李封，于是诸儒以《左氏》之立，论议讙哗，自公卿以下，数廷争之。会封病卒，《左氏》复废。②

范升作为《梁丘易》的博士，反对立《费氏易》《左氏春秋》的博士，陈元传《左氏春秋》之父业，力举立《左氏》并一度成功。从这两个回合中我们不难看出，虽然打着经义之争的旗号（其各自陈述理由的文字此处未征引），实质主要是争立博士的地位问题。一开始，刘秀虽立了十四个博士，但并没有照顾到各家各派，所以才出现这样激烈的争论。至于后来章帝爱好《左氏》，《左氏春秋》实际得到大行③，是紧接着的发展变化。

凭着讲经的本领谋取政治地位的，有许多事例，前述戴凭以说经之长，拜为侍中，争得官位、荣耀，就是一个比较突出的例子。

当然，经学的派别，经义的解释，也确实存在着许多问题需要解决，章帝时的白虎观“会议”，就是在这样的情况下召开的。

---

① 范晔：《后汉书》卷三十六，《范升列传》，中华书局1965年版，第1226页。

② 范晔：《后汉书》卷三十六，《陈元列传》，中华书局1965年版，第1233页。

③ 范晔：《后汉书·贾逵列传》：“八年，乃诏诸儒各选高才生，受《左氏》、《谷梁春秋》、《古文尚书》、《毛传》，由是四经遂行于世。”

白虎观是章帝时的讲经之所，《后汉书·贾逵列传》记载说：

建初元年，诏（贾）逵入讲北宫白虎观、南宫云台。①

则白虎观在北宫，是当时讲经之所，此处建初四年开了一次较大规模的会议，《后汉书·章帝纪》记其事曰：

十一月壬戌，诏曰："盖三代导人，教学为本。汉承暴秦，褒显儒术，建立《五经》，为置博士。其后学者精进，虽曰承师，亦别名家（注：言虽承一师之业，其后触类而长，更为章句，则别为一家之学）。孝宣皇帝以为去圣久远，学不厌博，故遂立《大、小夏侯尚书》，后又立《京氏易》。至建武中，复置《颜氏》、《严氏春秋》、《大、小戴礼》博士。此皆所以扶进微学，尊广道艺也。中元元年诏书，《五经》章句烦多，议欲减省。至永平元年，长水校尉儵奏言，先帝大业，当以时施行。欲使诸儒共正经义，颇令学者得以自助。孔子曰：'学之不讲，是吾忧也。'又曰'……于戏，其勉之哉！'"

于是下太常，将、大夫、博士、议郎、郎官及诸生、诸儒会白虎观，讲议《五经》同异，使五官中郎将魏应承制问，侍中淳于恭奏，帝亲称制临决，如孝宣甘露石渠故事，作《白虎议奏》。②

此次会议参加的人很多，《后汉书·丁鸿列传》写道：

肃宗诏鸿与广平王羡及诸儒楼望、成封、桓郁、贾逵等，论定《五经》同异于北宫白虎观，使五官中郎将魏应主承制问难，侍中淳于恭奏上，帝亲称制临决。鸿以才高，论难最明，诸儒称之，帝数嗟美焉。时人叹曰："殿中无双丁孝公。"③

经学的派别之争，主要是对经义的解释各有不同，此次"会议"是试

---

① 范晔：《后汉书》卷三十六，《贾逵列传》，中华书局1965年版，第1236页。

② 范晔：《后汉书》卷三，《章帝纪》，中华书局1965年版，第137～138页。

③ 范晔：《后汉书》卷三十七，《丁鸿列传》，中华书局1965年版，第1264页。

图把不同派别的人合起来讨论《五经》异同问题，想求统一。虽然是不可能的，但在当时是这样做了，并且在章帝亲自决断之下形成了《白虎议奏》，就是流传后世的《白虎通》或《白虎通义》。《白虎通义》后来一般都题为“班固撰”，实际上主要是他记录、整理的，关于这一点的记载相当简略，《后汉书·班固列传》只有一句：

> 天子会诸儒讲论《五经》，作《白虎通德论》，令固撰集其事。①

如果据此事而研讨班固思想未尝不可，但以之研究当时的整个社会思潮应该是更为重要。当今许多学者就是这样认识的，有的学者认为：“白虎观所钦定奏议，也就是赋予这样的‘国宪’，以神学的理论根据的谶纬国教化的法典。”② 有的学者说：“《白虎通》是神学经学化、经学神学化的双重关系指导下编纂的一个经学官方答案，又是两千年前比较完整的‘圣谕广训’。”③ 有的学者则称之为“皇帝钦定的经学教科书，在汉代具有很高的权威性”④。强调其庸俗性乃至反动性的学者比较多，主要问题是它大量援据和运用谶纬，甚至有的说《白虎通义》“百分之九十的内容出自于谶纬”⑤，这里无须具体引书，该书“稽会图谶”以谶纬解经，确实是比较明显的。

据上所述，之所以有白虎观“会议”，是因为经学大发展，经义在发展过程中由于师法、家法的许多不同，产生不少歧异之义。从统一学术的角度看，通过讲经统一经义，是有先例可循的，有许多事实，这里就不一一列举了。能否在认识上普遍统一又另当别论，实际上恐怕是不可能的。白虎观讲论经义的突出一点是，采用谶纬解经，这是一个值得深入研究的大问题。它一方面反映经学的僵化、谶纬之学的盛行；另一方面似乎也不该简单称其庸俗、反动而全盘否定。谶纬之学在学术发展史上有一定地位，也有很值得研究的内容。

---

① 范晔：《后汉书》卷四十下，《班固列传下》，中华书局 1965 年版，第 1373 页。
② 侯外庐：《中国思想通史》第二卷，人民出版社 1957 年版，第 225 页。
③ 任继愈主编：《中国哲学史》第二册，人民出版社 1979 年版，第 101 页。
④ 钟肇鹏：《谶纬略论》，辽宁教育出版社 1991 年版，第 141 页。
⑤ 钟肇鹏：《谶纬略论》，辽宁教育出版社 1991 年版，第 141 页。

七 兴学与校书的制度化

学校的发展，图书的流传，都是与学术发展关系最大的事。兴学问题本书前面已有涉及，总的趋势是，东汉比西汉更为发展，班固的《东都赋》写道：

> 四海之内，学校如林，庠序盈门，献酬交错，俎豆莘莘，下舞上歌，蹈德咏仁。①

这当然是歌功颂德之辞，但多少也反映各级学校较为普遍的情况。无论是太学、地方学校或者乡里庠序之教，从西汉后期开始日益成为发展趋势，政治平稳时期更为明显。班固写东都赋的东汉明帝、章帝时期就是如此，以后时期的太学虽有荒废，但也不断有修缮，一直到东汉末年都是如此。地方学校的兴废则与地方长吏的吏治有关，不过东汉地方兴学的记载比西汉时要多得多。我们说兴学制度化，还有一个主要的理由，因为无论太学或地方学，往往是举行礼仪的场所，而礼仪是当时政治乃至社会生活中的重要内容。如《后汉书·礼仪志》论述说：

> 明帝永平二年三月，上始帅群臣躬养三老、五更于辟雍。行大射之礼。郡、县、道行乡饮酒于学校，皆祀圣师周公、孔子，牲以犬。于是七郊礼乐三雍之义备矣。
>
> 养三老、五更之仪，先吉日……皆斋于太学讲堂。其日，乘舆先到辟雍礼殿，御坐东厢，遣使者安车迎三老、五更……②

各种礼仪举行之辟雍、明堂均在太学附近，礼仪是不断的，这些地方的兴修也是不断的。上引文的注文中有：

---

① 范晔：《后汉书》卷四十下，《班固列传下》，中华书局1965年版，第1368页。

② 范晔：《后汉书》志第四，《礼仪上》，中华书局1965年版，第3109页。

郑玄注《乡饮酒礼》曰："今郡国十月行乡饮酒礼，党正每岁邦索鬼神而祭祀，则以礼属民而饮酒于序，以正齿位之礼。凡乡党饮酒，必于民聚之时，欲其见化知尚贤尊长也。玄冠衣皮弁服，与《礼》异。"服虔、应劭曰："汉家郡县飨射祭祀，皆假士礼而行之。乐悬笙磬笾俎，皆如士制。"①

郑玄的一个"今"字，既有时间性，也有普遍性，郑玄、服虔、应劭都是东汉末年的人，他们所说之事，是整个东汉的事，乡饮酒礼之类关系社会礼俗的事情，必有普遍性。以此证班固之"学校如林"、"俎豆莘莘"，再加上历朝都有有关的奏议和措施，兴学之制度化是东汉较西汉的一大进步。

关于西汉末年刘向等人的校书已如上详述。从东汉的情况看，也可以用制度化来加以概述。

东汉的校书似乎是一件比较经常的事情。

东汉之初，虽经过了西汉末年的战乱，都城也由长安迁到洛阳，但与西汉初不同的是，图书散佚的情况相对要少一些："光武迁还洛阳，其经牒秘书载之两千余两，自此以后，叁倍于前。"当然散佚也是不少的，《汉书·艺文志》中许多图书都注明亡佚即是证明。陆续增加的一些书就有一个校定的需要，所以几乎东汉一开始就有校书的记载。

汉光武帝时只见到令人"校图谶"的记载，但从汉明帝开始，就有一些较为明确的校书记载了，《后汉书·班固列传》写道：

显宗甚奇之，召诣校书部，除兰台令史，与……陈宗、……尹敏……共成《世祖本纪》。迁为郎，典校秘书。②

《汉书·叙传》中班固自己也说："永平中为郎，典校秘书。"这里有了一个"典"字，当有"掌管"、"主持"之意。同时参与者还有贾逵等人。贾逵也是明帝时"拜郎中，与班固并校秘书，应对左右"③。班固校书一直持续到章帝时期：

① 范晔：《后汉书》志第四，《礼仪上》，中华书局 1965 年版，第 3109 页。
② 范晔：《后汉书》卷四十上，《班固列传上》，中华书局 1965 年版，第 1334 页。
③ 范晔：《后汉书》卷三十六上，《贾逵列传上》，中华书局 1965 年版，第 1235 页。

建初中，肃宗博召文学之士，以（傅）毅为兰台令史，拜郎中，与班固、贾逵共典校书。①

章帝时还有孔僖，先后为兰台令史、郎中、校书东观②。以后和帝、安帝、顺帝一直到灵帝，朝朝都有校书的明确记载：

（和帝）十三年春正月丁丑，帝幸东观，览书林，阅篇籍，博选术艺之士以充其官。③

补充的“官”，当指“掌奏及印工文书”的“兰台令史”以及“校书郎”之类的官员。

安帝初年，邓太后临朝：

太后自入宫掖，从曹大家受经书，兼天文、算数。昼省王政，夜则诵读，而患其谬误，惧乖典章，乃博选诸儒刘珍等及博士、议郎、四府掾史五十余人，诣东观雠校传记。事毕奏御，赐葛布各有差。又诏中官近臣于东观受读经传，以教授宫人，左右习诵，朝夕济济。④

又安帝永初四年（帝已年十八岁）：

诏谒者刘珍及《五经》博士，校定东观《五经》、诸子、传记、百家艺术，整齐脱误，是正文字。⑤

这也许是邓太后之连续活动：

（刘珍）永初中，为谒者仆射。邓太后诏使与校书（郎?）刘驹

① 范晔：《后汉书》卷八十上，《文苑列传》，中华书局1965年版，第2613页。
② 范晔：《后汉书》卷七十九上，《儒林列传上》，中华书局1965年版，第2561页。
③ 范晔：《后汉书》卷四，《和帝纪》，中华书局1965年版，第188页。
④ 范晔：《后汉书》卷十上，《皇后纪上》，中华书局1965年版，第424页。
⑤ 范晔：《后汉书》卷五，《安帝纪》，中华书局1965年版，第215页。

骁、马融及《五经》博士，校定东观《五经》、诸子传记、百家艺术、整齐脱误，是正文字。①

此事又见《后汉书·宦者列传·蔡伦列传》：

（元初）四年，帝以经传之文多不正定，乃选通儒谒者刘珍及博士良史诣东观，各雠校（汉）家法，令伦监典其事。②

这次校书还有著名的《楚辞章句》作者王逸参加：

元初中，举上计吏，为校书郎。③

又有窦章：

是时（永初中）学者称东观为老氏臧室，道家蓬莱山，（太仆邓）康遂荐章入东观为校书郎。④

当时东观图书甚多，注云：

老子为守臧史，复为柱下史，四方所记文书皆归柱下，事见《史记》。言东观经籍多也。蓬莱，海中神山，为仙府，幽经秘录并皆在焉。⑤

故诏令中有“百家艺术”之说。

顺帝时的校书，记载有：

---

① 范晔：《后汉书》卷八十上，《文苑列传上》，中华书局 1965 年版，第 2617 页。《后汉书·文苑列传·刘珍列传》，《后汉书·文苑列传·王逸列传》，《后汉书·伏湛列传》附无忌。

② 范晔：《后汉书》卷七十八，《宦者列传》，中华书局 1965 年版，第 2513 页。

③ 范晔：《后汉书》卷八十上，《文苑列传上》，中华书局 1965 年版，第 2617 页。

④ 范晔：《后汉书》卷八十上，《文苑列传上》，中华书局 1965 年版，第 2618 页。

⑤ 范晔：《后汉书》卷二十三，《窦章列传》，中华书局 1965 年版，第 820 页。

永和元年，诏无忌与议郎黄景校定中书《五经》，诸子百家、艺术。①

一直到灵帝，东观校书更为有名，《后汉书·灵帝纪》虽只有一句：

(熹平) 四年春三月，诏诸儒正《五经》文字，刻石立于太学门外。②

刻于石上，那就比一般版本刻印大不相同，是希望永为定本，对此事有关列传记载较为详细：

熹平四年，灵帝乃诏诸儒正定《五经》，刊于石碑，为古文、篆、隶三体书法以相参检，树之学门，使天下咸取则焉。③

(灵帝时，蔡邕) 召拜郎中，校书东观。迁议郎。邕以经籍去圣久远，文字多谬，俗儒穿凿，疑误后学，熹平四年，乃与五官中郎将堂谿典、光禄大夫杨赐、谏议大夫马日磾、议郎张驯、韩说、太史令单飏等，奏求正定《六经》文字。灵帝许之，邕乃自书 (册) [丹] 于碑。使工镌刻立于太学门外。于是后儒晚学，咸取正焉。及碑始立，其观视及摹写者，车乘日千余两，填塞街陌。④

如此盛况的描述，当为当时实录，注又引《洛阳记》曰：

太学在洛城南开阳门外，讲堂长十丈，广二丈。堂前《石经》四部。本碑凡十六枚，西行，《尚书》、《周易》、《公羊传》十六碑存，十二碑毁。南行，《礼记》十五碑悉崩坏。……《礼记》碑上有谏议大夫马日磾、议郎蔡邕名。⑤

---

① 范晔：《后汉书》卷二十六，《伏湛列传》，中华书局 1965 年版，第 898 页。
② 范晔：《后汉书》卷八，《灵帝纪》，中华书局 1965 年版，第 336 页。
③ 范晔：《后汉书》卷七十九上，《儒林列传上》，中华书局 1965 年版，第 2547 页。
④ 范晔：《后汉书》卷六十下，《蔡邕列传下》，中华书局 1965 年版，第 1990 页。
⑤ 范晔：《后汉书》卷六十下，《蔡邕列传下》，中华书局 1965 年版，第 1990 页。

不过，有的材料表明，《石经》之立还有更细的情节，《后汉书·宦者列传·吕强传》记述说：

> 时宦者济阴丁肃、下邳徐衍、南阳郭耽、汝阳李巡、北海赵祐等五人称为清忠，皆在里巷，不争威权。巡以为诸博士试甲乙科，争第高下，更相告言，至有行赂定兰台漆书经字，以合其私文者，乃白帝，与诸儒共刻《五经》文于石，于是诏蔡邕等正其文字。自后《五经》一定，争者用息。赵祐博学多览，著作校书，诸儒称之。①

这样的记载表明，上言、参与刻石经的人还有不少，除蔡邕这样为后世所熟知的人之外，当时"诸儒称之"的名人还有不少，如《文苑列传》中的高彪，也曾"校书东观"，实际还有更多的人，这是稍后一些的实录。

《石经》定本之后，仍有校书之事继续进行。《后汉书·卢植列传》记载说：

> 时始立太学《石经》，以正《五经》文字。植乃上书曰："臣少从通儒……马融受古学，颇知今之《礼记》特多回冗。臣前以《周礼》诸经，发起纰谬，敢率愚浅，为之解诂，而家乏，无力供缮［写］上。愿得将能书生二人，共诣东观，就官财粮，专心研精，合《尚书》章句，考《礼记》失得，庶裁定圣典，刊正碑文。……"
>
> 岁余，复征拜议郎，与谏议大夫马日磾、议郎蔡邕、杨彪、韩说等并在东观，校中书《五经》记传，补续《汉记》。②

此后似无结果，因为当时"帝以非急务"。他自己则曾有《尚书章句》《三礼解诂》等新著，不过并未流传于后世罢了。

从以上记述看，我们说东汉时的校书已制度化，可以归结为几点：

第一，已经有了正式的机构"校书部"及专门的官职"校书郎"。除了上述班固、窦章明确为"校书郎"之外，上述刘珍传中有"校书刘騊駼、

---

① 范晔：《后汉书》卷七十八，《宦者列传》，中华书局1965年版，第2533页。

② 范晔：《后汉书》卷六十四，《卢植列传》，中华书局1965年版，第2116页。

马融”。我认为也掉了一个“郎”字，《张衡列传》中正是写作“校书郎刘騊駼”，而《马融列传》中则说马融在永初四年“拜为校书郎中，诣东观典校秘书”，注云：

《谢承［书］》及《续汉书》并云为校书郎，又拜郎中也。

有“校书郎”之职当无疑义，“东观郎”①，或者也是参与校书事宜的。至于“兰台令史”一官与校书郎的关系如何，值得进一步探讨，因为好几个参与校书的人，皆曾为“兰台令史”，而且先为“兰台令史”后“迁”为“郎”。从当时一般情况看，郎官应该是六百石（也有四百石的），与六百石或四百石的令相等（也有千石之令），而令史则为百石或二百石，例如《后汉书·百官志》中尚书令之下就有“令史十八人，二百石”，符节令下“符节令史，二百石”，等等。据此，《后汉书·百官志》中所记“兰台令史，六百石”，恐有误，或者应有一个六百石的“兰台令”，然后有“兰台令史”，与符节令下有符节令史、尚书令下有“令史十八人”一样。而且《百官志》把“兰台令史，六百石”放在少府属官的最后，似乎未包括它，其本注云：

职属少府者，自太医、上林凡四官。自侍中至御史，皆以文属焉。②

而“兰台令史”的记述还是在“御史”之后。这样，班固等人在兰台（藏书之所）的校书部，先为兰台令史（主管兰台的兰台令之下属，或为二百石），后迁为校书之郎（或为四百石），也就是校书郎，这就顺理成章了。不过“校书郎”之名当时是否真有，倒确是一个问题，上引《马融列传》的有关记述就不清楚，清代有人就持疑义③。但可以肯定，从东汉初开始，一直就有“郎”这个级别和称呼的校书官职，称之曰“校书郎”也未尝不可。至于“校书部”也不多见，或者就是在藏书之所兰台，由兰台令主

① 范晔：《后汉书·文苑列传·李尤列传》：“尤同郡李胜，亦有文才，为东观郎。”

② 范晔：《后汉书》志第二十六，《百官三》，中华书局 1965 年版，第 3600 页。

③ 参阅《后汉书集解》之引述。

管，这也是有待详考的。

第二，东汉的校书部应该是先在兰台，后在东观。东汉初年校书的记载，都在兰台，和帝以后一直到东汉末年都是在东观。东观既是藏书之所，当然也是校书之所，同时它还是赋诗、作文、撰史之所，例如李尤：

> 和帝时……召诣东观，受诏作赋，拜兰台令史。稍迁，安帝时为谏议大夫，受诏与谒者仆射刘珍等俱撰《汉记》。①

东观，当时这个国家图书馆，有许多文人学者在这里进行了校书、写书（诗文创作和编撰史记）等活动。这些人的身份是多种多样的，除了兰台令史和各种郎官之外，各种头衔、级别的官员都有，只是不同时期的校书有不同的“典”事之人，这些在前面略有涉及。《后汉书·张衡列传》写道：

> 永初中，谒者仆射刘珍、校书郎刘騊駼等著作东观，撰集《汉记》，因定汉家礼仪，上言请衡参论其事，会并卒，而衡常叹息，欲终成之。及为侍中，上疏请问专事东观，收捡遗文，毕力补缀……②

第三，那就是校书的经常化。如上所述，几乎东汉各朝各帝都下过校书的诏令，或者是原有的藏书，或者是新书、新收集的图书，都需要校定，也是指不同学派的不同版本。乃至于刻为《石经》之后，仍提出校正和校定的问题。

经常性制度化的校书，对整个学术的发展是有影响的，与民间的校书也是互为影响的。如上所述，许多参与校书者，事先都有师承，各种图书的是非、正误，在民间、在不同学者中都曾有自己的看法，也都曾做过许多校正工作。无论儒林、文苑或许多大学者的列传，都有他们著作的论述。

在校书形成风气的情况下，人们在读书、讲学的同时也在校书，不仅是校正字句，同时也校正篇章，更进一步而及渊源流别，终于发展形成一门校雠之学。略具规模的校雠学，一般认为从刘向父子校书开始，这是不

① 范晔：《后汉书》卷八十上，《文苑列传上》，中华书局 1965 年版，第 2616 页。
② 范晔：《后汉书》卷五十九，《张衡列传》，中华书局 1965 年版，第 1910 页。

错的，但也有一种误解，就是此学曾经中断，到后来南宋时才由郑樵所继承，例如清人章学诚就说：

> 校雠之学，自刘氏父子渊源流别，最为推见古人大体，而校订字句，则其小焉者也，绝学不传，千载而论，郑樵始有窥见，特著校雠之略……①

这显然有失偏颇。我认为，随着校书工作的发展，在东汉时校雠之学已经有了更丰富的内容，清人所崇尚的许、郑之学即可为突出的代表。许慎生活在经学大显的东汉中期，师从当时的通儒贾逵，与大儒马融为友，并与之同在东观校书，《后汉书·儒林列传》记载他：

> 少博学经籍，马融常推敬之，时人为之语曰："《五经》无双许叔重……"
>
> 初，慎以《五经》传说臧否不同，于是撰为《五经异义》，又作《说文解字》十四篇，皆传于世。②

《说文解字》流传至今，《五经异义》失传了，此二书应该都是校书的结果，是对校雠学的发展和丰富。《说文解字》是我国乃至世界最早最完备的一部字典，但绝不仅仅是一部简单的解释文字的字典，而如许冲《上说文表》所说：

> 六艺群言之诂，皆通其意，而天地鬼神、山川草木、鸟兽昆虫、杂物奇怪，王制礼仪、世间人事，莫不毕载。

它是校书的一个重大的成果，是校书的一种新总结，丰富了校雠学的内容。

所谓郑学，即郑玄之学。郑玄晚许慎约六十年，但对《说文解字》是

---

① 章学诚：《章氏遗书·外编·信摭》。

② 范晔：《后汉书》卷七十九下，《儒林列传下》，中华书局1965年版，第2558页。

曾引以为据的，对其《五经异义》也有驳说。郑玄“遍注群经”，被视为经学家，实际上他在实践中对校雠学贡献颇大。张舜徽先生所著《郑学丛著》，撰有《郑氏校雠学发微》《郑氏经注释例》以及《郑雅》等篇，张先生写道：

> 世人徒以康成注经，兼录异文，考订疑误，大有裨于遗经；而不知其不可泯没之功，固犹在考镜源流，厘析篇秩间也。盖必学术渊湛，论断精审，而后能语乎校雠流别之义，后之经师所以不能望及郑氏者此耳。……郑康成惟能博稽六艺，深造有得，故虽不以校雠名，而校雠之业，莫盛于郑氏。①

张先生在《发微》中列举了“辨章六艺”、“注述旧典”、“叙次篇目”、“广罗异本”、“博综众说”、“求同存异”、“考辨遗编”、“补脱订伪”、“审言定字”等十五篇。在《释例》中又举出二十例，如“订正衍伪”、“诠次章句”、“改字”、“征古”、“证今”、“尊经”、“信纬”等。张先生又纂辑所有郑玄注经之文，写成极有参考价值的《郑雅》一编：

> 此编训诂名物之繁赜，倍蓰于《毛传》、《尔雅》、《说文》。苟能贯通郑学，则群经莫不迎刃而解。斯一编也，不第六艺之钤键，抑亦考古之渊薮矣。

据上所述，清人崇尚的“许郑之学”，实际上是广义的校雠之学，是校雠学中的主要内容，标志着校雠学的成熟和发展，它是在当时校书制度化影响下出现的。

由此可见，学术方面和政治、经济等其他方面一样，任何一个重大的举措的采取，都有其深厚的社会、历史背景，同时又反过来影响社会、历史的发展和变化。这种影响有正面的也有负面的。正面的就往往能持久，影响也大；负面的有时也会发生较大影响，但是一般不能持久。当然，也有些影响，会是始料未及的。具体问题具体分析，就会使我们有较深刻、正确的认识。

① 张舜徽：《郑学丛著》，齐鲁书刊1984年版，第41页。

第五章　论学术思想的趋同与整合

自然界变化莫测，人类社会变化多端，人们的思想认识在不断发展进步的同时，也会产生各种各样不同的思想，在学术上也因此而不断出现不同的派别，后人对前人的思想和学术派别又有不同的看法和态度，并不断趋同与整合，这就是学术发展史。今以汉代学术为例，说明学术思想的趋同与整合。

一　汉人如何看待先秦诸子

先秦，特别是春秋战国时期，人们对自然和社会的认识已经相当进步，一些学者纷纷著书立说，各抒己见，被称为“诸子百家”。“诸子百家”这个概括也是汉人发明的，《史记·贾谊列传》中就写道：

> 廷尉乃言贾生年少，颇通诸子百家之书。①

这“诸子百家”，后来又被归纳为几个大的学派。

有的西方学者发问，为什么要分派？也许是因为看到了不同派别之间的共性，但我认为分家分派是客观存在的，人们对他们的认识有一个发展过程，如何分法，自然又会有不同意见。

（一）思想派别不同是客观存在

先说一下客观存在，一方面是有不同的思想主张并且有“争鸣”的事实，另一方面时人已有各种不同的主张派别的划分和归类。

虽然说儒家和道家的不同和划分是后来的事，但老子与孔子思想之间

---

① 司马迁：《史记》卷八十四，《贾谊列传》，中华书局1982年版，第2491页。

的不同是客观存在而且可以说是一开始就明显不同。如果我们承认有孔子曾问礼于老子这样的事，而且相信司马迁的记述①，那么老、孔的思想在当时就是不同的。《史记·老子韩非列传》写道：

> 孔子适周，将问礼于老子。老子曰："子所言者，其人与骨皆已朽矣，独其言在耳。且君子得其时则驾；不得其时则蓬累而行。吾闻之'良贾深藏若虚；君子盛德，容貌若愚'。去子之骄气与多欲、态色与淫志，是皆无益于子之身。吾所以告子，若是而已。"孔子去，谓弟子曰："……吾今日见老子，其犹龙邪。"②

这个记载的可靠性有多大？司马迁为什么要选这一条材料？其材料来源如何？许多问题都是可以讨论的。我们这里只想证明一点，老子与孔子的思想是不同的，孔子没有"争"，或者不敢"争"，是因为他年纪小还是无言以对，这些都无法知道了。要任我们想象，似乎过去批判过孔子不识时务、想恢复旧的周礼，而老子能够立足当时、审时度势……这些也可以进一步深论。

孔子的思想，当时人如何看？这与后人对孔子的评价应该区别开来。

当时人另一个值得提出的就是墨子。墨子的思想主张有自己的特点（兼爱、尚同、节用……），但他原来是学儒的，是从儒家中分化出来的。如《淮南子·要略》所说：

> 墨子学儒者之业，受孔子之术，以为其礼烦扰而不说，厚葬靡财而贫民，[久]服伤生而害事，故背周道而用夏政。③

墨子的思想主张曾经有一段时间影响很大，这从孟子的言论中可以看得出来，他说：

> 圣王不作，诸侯放恣，处士横议，杨朱、墨翟之言盈天下。天下

① 此事有无，过去学术界讨论过不少，不过轻易否定司马迁的记述也不太合适。
② 司马迁：《史记》卷六十三，《老子韩非列传》，中华书局 1982 年版，第 2143 页。
③ 《淮南子·要略》，诸子集成本，中华书局 1954 年版。

之言不归杨，则归墨。杨氏为我，是无君也；墨氏兼爱，是无父也。无父无君，是禽兽也。……杨墨之道不息，孔子之道不著，是邪说诬民，充塞仁义也。……闲（捍卫）先圣之道，距杨墨，放淫辞，邪说者不得作……①

“天下之学不归杨，则归墨。”这句话即便是夸大之词，也多少能反映墨子、杨子思想的影响是很大的。孟子又在《尽心》篇一再提到这两个人，并且说：

逃墨必归于杨，逃杨必归于儒。归，斯受之而已矣。今之与杨、墨辩者，如追放豚，既入其苙，又从而招之（羁其足）。

杨子问题比较难考，儒、墨皆为当时显学，而且存在着儒、墨之争，则是可以肯定的。

由此可见，孔子、孟子与老子、墨子等人的思想学说是不同的，自然形成不同的派别，所以说思想派别的不同是客观存在的。

（二）战国时已有不同思想的分类

既然先秦时期有不同思想派别的事实，面对当时的事实，战国后期开始，人们已经开始了派别的划分，众所周知，《庄子》《荀子》《韩非子》《吕氏春秋》中均有这种划分的表述。

《庄子·天下篇》在评述“百家”、“方术”时，首先把墨翟、禽滑厘归为一派，以后依次是宋钘、尹文，彭蒙、田骈、慎到，关尹、老聃，庄周，惠施。对于各派思想的长短均有议论，关尹、老聃、庄周则不言其短。另外，在总论中提到“邹鲁之士”“明《诗》、《书》、《礼》、《乐》者”，未加评述，似乎指的儒家。

《荀子·非十二子》将百家分成六类进行批评，称之为“六说”、“十二子”，他们是：它嚣、魏牟，陈仲、史鳝，墨翟、宋钘，慎到、田骈，惠施、邓析，子思、孟轲。“六说”之归类这里不作详述，那是荀子的一

① 《孟子·滕文公下》，诸子集成本，中华书局1954年版。

种思想学说，也是思想学说派别的一种划分，是可以肯定的。当然，就是《荀子》书中，也还有对学术派别的另外看法和分法，如《解蔽》篇中就说：

> 墨子蔽于用而不知文，宋子蔽于欲而不知得，慎子蔽于法而不知贤，申子蔽于势而不知知，惠子蔽于辞而不知实，庄子蔽于天而不知人。①

这又是对不同学派学术思想的一种概括。

《韩非子·显学》篇关于学派的划分及论述有如下文字：

> 世之显学，儒、墨也。儒之所至，孔丘也。墨之所至，墨翟也。自孔子之死也，有子张之儒，有子思之儒，有颜氏之儒，有孟氏之儒，有漆雕氏之儒，有仲良氏之儒，有孙氏之儒，有乐正氏之儒。自墨子之死也，有相里氏之墨，有相夫氏之墨，有邓陵氏之墨。故孔、墨之后，儒分为八，墨离为三，取舍相反不同，而皆自谓真孔、墨，孔、墨不可复生，将谁使定世之学乎?！孔子、墨子俱道尧、舜，而取舍不同，皆自谓真尧、舜，尧、舜不能复生，将谁使定儒、墨之诚乎？……今乃欲审尧、舜之道于三千岁之前，意者其不可必乎！无参验而必之者，愚也；弗能必而据之者，诬也。故明据先王，必定尧、舜者，非愚则诬也。②

这一大段话能说明不少问题，值得我们注意。首先，韩非之时（战国末），儒、墨之学是“世之显学”，为什么不讲道、法？是否和孟子站在儒学的立场只评杨、墨一样？韩非是法家主张，而法是生于道的。其次，“儒分为八，墨离为三”这一现象的总结，对研究学术派别及其发展也是很有意义的。关于墨子后学之争，《庄子·天下》更具体地写道：

---

① 《荀子·解蔽》，诸子集成本，中华书局1954年版。
② 《韩非子·显学》，诸子集成本，中华书局1954年版。

相里勤之弟子，五侯之徒，南方之墨者苦获、已齿、邓陵子之属，俱诵《墨经》，而倍谲不同，相谓"别墨"；以坚白同异之辩相訾，以奇偶不仵之辞相应；以巨子为圣人，皆愿为之尸，冀得为其后世，至今不决。[①]

同样一个墨家学派，因为具体的思想主张不同，以至于他们互相指责、诋毁，纷争不决，为的是争一个"巨子"正传地位。汉代经今、古文之争立博士，和这也是一样的。再次，"孔墨俱道尧、舜，而取舍不同"，这当然与思想主张有关，都是讲尧、舜之道，"必定尧、舜者，非愚则诬"的说法未免极端了一些，但对尧、舜之道的理解不同，取舍不同，都是各家各派主张不同的客观反映。如《庄子》所说，"百家之学时或称而道之"，不过《庄子》具体指对《诗》《书》《礼》《乐》之理解和取舍。最后，《显学》篇虽然主要讲儒、墨及其内部之争，也涉及其他诸子之争，例如说：

夫是墨子之俭，将非孔子之侈也；是孔子之孝，将非墨子之戾也。今孝、戾、侈、俭俱在儒、墨，而上兼礼之。……夫是漆雕之廉，将非宋荣之恕也；是宋荣之宽，将非漆雕之暴也。今宽、廉、恕、暴俱在二子，人主兼而礼之……[②]

韩非的下文似乎不赞同"兼而礼之"，这就错了。"兼而礼之"是历史的发展方向，不仅"人主"可以而且应该"兼礼"，学术发展中各个派别也会彼此兼、合、撮，关于这一点我们在下面再说。

先秦的最后一部名著《吕氏春秋》，是出于各家学者众人之手，他们也知道各学派主张之差异，其《不二》篇就有如下表述：

老聃贵柔，孔子贵仁，墨翟贵廉，关尹贵清，子列子贵虚，陈骈贵齐，阳生贵己，孙膑贵势，王廖贵先，兒良贵后。[③]

---

① 《庄子·天下》，诸子集成本，中华书局 1954 年版。
② 《韩非子·显学》，诸子集成本，中华书局 1954 年版。
③ 《吕氏春秋·不二》，诸子集成本，中华书局 1954 年版。

这实际上是讲不同学派的不同主张，不过和韩非之反对“兼而礼之”不同[①]，虽然也说“一则治，异则乱”，但其正面主张是：

> 夫能齐万不同，愚智工拙，皆尽力竭能，如出乎一穴者，其唯圣人矣乎？[②]

这是“兼礼”之道。

此外，讲不同学派不同主张的还有一些，如《尸子》[③]之类，不必一一列举了。正是根据先秦学术有不同派别的事实，根据前人有不同派别的各种区分，汉人作出了“诸子百家”、“九流十家”之类的概括。

（三）司马谈《论六家之要指》

众所周知的、这里我们不可忽略的，那就是司马谈的《论六家之要指》，这是最早、最明确，也是比较全面总结先秦的学派的论著，其论述应该称引，而且值得反复琢磨，故在此详细引述其一段文字：

> 《易大传》：“天下一致而百虑，同归而殊途”，夫阴阳、儒、墨、名、法、道德，此务为治者也。直所从言之异路，有省不省耳。
>
> 尝窃观：阴阳之术，大祥而众忌讳，使人拘而多所畏，然其序四时之大顺，不可失也。儒者博而寡要，劳而少功，是以其事难尽从，然其叙君臣父子之礼，列夫妇长幼之别，不可易也。墨者俭而难遵，是以其事不可遍循，然其强本节用，不可废也。法家严而少恩，然其正君臣上下之分，不可改矣。名家使人俭而善失真，然其正名实，不可不察也。道家使人精神专一，动合无形，赡足万物，其为术也，因阴阳之大顺，采儒墨之善，撮名法之要，与时迁移，应物变化，立俗施事，无所不宜，指约易操，事少功多。儒者则不然，以为人主天下之仪表也，主倡臣和，主先臣随，如此，则主劳而臣逸。至于大道之

---

① 陈其猷先生注释此篇时说：“此篇所论，与《韩非子·显学》之旨趣全同。”

② 《吕氏春秋·不二》，诸子集成本，中华书局 1954 年版。

③ 《尸子·广泽》中说：“墨子贵兼，孔子贵公，皇子贵衷，田子贵均，列子贵虚，料子贵别囿。”

> 要，去健羡，黜聪明，释此而任术，夫神大用则竭，形大劳则敝，形神骚动，欲与天地长久，非所闻也。①

下面还有一段进一步地解释各派的长、短，这里就不再继续全引下去了。

从引述的文字看，司马谈作了阴阳、儒、墨、名、法、道德六家的概括，其中道德一家又简称道家，应该说这是首次对先秦诸子学派所作的比较全面而且确切的理论概括，因为是对事实的正确总结，可称为不刊之论。其对各派长、短之论述，基本观点也是不好改变的。当然，司马谈的“立场”十分鲜明，他对于各家都有长、短之客观分析，而对道家则情有独钟。似乎道家没有什么不该遵循和“难尽从”的，而是“无所不宜”、“事少功多”等，非遵从不可。从上文看到，在讲了道家的各种优点之后，还把儒者的“形神骚动”批了一通，作为对比。其下文对各派长短作了进一步说明，最后讲道家，又有一番进一步的赞扬：

> 道家无为，又曰无不为，其实易行，其辞难知。其术以虚无为本，以因循为用。无成势，无常形，故能究万物之情。不为物先，不为物后，故能为万物主。有法无法，因时为业，有度无度，因物与合。故曰：圣人不朽，时变是守。虚者道之常也，因者君之纲也。……神者生之本也，形者生之具也。不先定其神而曰“我有以治天下”。何由哉！②

这一段论述，是不是可以看作司马谈对汉初“无为而治”政治实践的总结或者是为“治天下”者出谋划策？他分析各家主张，看到“百虑而一致”，都是“务为治者也”，所以最后落脚道家“我有以治天下”。

（四）司马迁关于先秦诸子的评议

司马谈的上述论述，其意义和价值是非常大的，但全面、深入、具体的分析、诠释实在是很不够，本书后面还会涉及，这里只强调他总结、区

---

① 班固：《汉书》卷六十二，《司马迁传》，中华书局1962年版，第2707页。
② 班固：《汉书》卷六十二，《司马迁传》，中华书局1962年版，第2708页。

分先秦学术“六家”的首创之功，和《庄子》《荀子》等的学派分辨相比有很大的进步，可以说更为准确、合适，或者说更为科学。

司马谈所分的六家，是先秦最主要的几个学派，可以说一锤定音，汉人再没有什么大的改变，后世至今也一直沿用。但是，司马谈没有具体举出某子属于某家。这个工作留给了后人，首先是他的儿子司马迁，在《史记》中有《老子韩非列传》《仲尼弟子列传》《商君鞅列传》乃至《孙武吴起列传》，等等，大体上是按学派归类的。只有一个《孟子荀卿列传》有点杂，仔细读起来，是面对战国晚期学派的变化，从时事政治的角度记述孟、荀，同时牵涉到了战国中后期各派（特别是黄老学派）。关于孟轲，司马迁认为他是不识时务：

> 天下方务于合纵连衡，以攻伐为贤，而孟轲乃述唐、虞、三代之德。是以所如者不合，退而与万章之徒，序《诗》《书》，述仲尼之意，作《孟子》七篇。其后有驺子之属……①

在评述孟子的迂阔之论后，司马迁着重介绍了“诸侯见尊礼”的驺衍及其学说。在司马迁看来，驺衍虽“其语闳大不经”，“然要其贵必止乎仁义节俭，君道上下六亲之施，始也滥耳”。然后带出了一批以学术思想“干世主”的“稷下先生”，其文曰：

> 自驺衍与齐之稷下先生，如淳于髡、慎到、环渊、接子、田骈、驺奭之徒，各著书言治乱之事，以干世主，岂可胜道哉！②

接着又分别略记了举出名字的这几个人，这些人或者“学无所主”（淳于髡），或者“皆学黄老道德之术”（慎到、田骈、接子、环渊）。司马迁不是专门分辨学派，但是他指出了一些人的学派属性。

再接下去记述荀卿。值得注意的是，司马迁是以齐稷下为中心来记述荀卿的。说在驺衍、“田骈之属皆已死”之后，“荀卿最为老师”，虽然记

① 司马迁：《史记》卷七十四，《孟子荀卿列传》，中华书局1982年版，第2343页。
② 司马迁：《史记》卷七十四，《孟子荀卿列传》，中华书局1982年版，第2343页。

述不多，写得像是一个简历，但最后指出“荀卿嫉浊世之政”而著书：

于是推儒、墨、道德之行事兴坏，序列著数万言而卒。①

荀子的思想中已经有一种综合各家的趋向了。

《孟子荀卿列传》的最后还顺便介绍了其他学派，在荀卿“葬兰陵”之后紧接着的文字是：

而赵亦有公孙龙，为坚白同异之辩；剧子之言；魏有李悝尽地力之教；楚有尸子、长卢；阿之吁子焉。自如孟子至于吁子，世多有其书，故不论其传云。盖墨翟宋之大夫，善守御，为节用，或曰并孔子时，或曰在其后。②

综上所述，司马谈明确分辨了六个学派（六家），并且评述了各派之长短（道家主要讲其长，只有一句“其大道难知”的话），但未举出各派具体代表人物及其著作。司马迁在写人物列传时，大体上指出并归类了各学派的人物，对各人思想之长短、宗旨也有所论述，其见解当主要沿袭其父。其所叙各派的人物的特点，后来被儒家所忽视乃至抛弃的观点，值得深入研究时注意。

（五）《汉书·艺文志》中的学派划分及其主要观点

司马谈父子的学派划分，为汉代以后的学者所继承，但变化不小。如本书前章所述，刘向父子在校书过程中是进行了图书分类的，在分类诸子图书时，就是按儒、墨、道、法等学派划分的。刘向的分类，在遗存的一些“书录”文字中是有反映的。如：韩非“喜刑名法术之学，而归其本于黄老”，这与司马迁的说法是一致的；列子“其学本于黄帝、老子，号曰道家”，但又说“《杨子》之篇贵放逸，二义乖背，不似一家之书”。另外，视晏子与管子同类；“盖次管仲”；“孙卿善为《诗》《礼》《易》《春秋》”；

---

① 司马迁：《史记》卷七十四，《孟子荀卿列传》，中华书局 1982 年版，第 2344 页。

② 司马迁：《史记》卷七十四，《孟子荀卿列传》，中华书局 1982 年版，第 2344 页。

邓析“好刑名，操两可之说”；“（我子）为墨子之学”；等等，都是按学派分类图书的迹象。到刘歆整理成《七略》时，这种分类就更为明显了，如：

> 《晏子》七篇在儒家。
> 《管子》十八篇在法家。[①]

《七略》原文不可考，一般认为从班固的《汉书·艺文志》中可见其大概。从分学派这一点来看，《艺文志》的“诸子略”分儒家、道家、阴阳家、法家、名家、墨家、纵横家、杂家、农家、小说家十家。班固说“诸子十家，其可观者九家而已”，不包括小说家，分诸子为九家，比司马谈的六家增加了纵横家、杂家、农家。这是刘歆作《七略》时已有的分类呢，还是班固的创造，有待详考。

班固按照学派对图书进行分类以及某些说明，沿袭刘向《别录》和刘歆《七略》的内容，有些话都是前者的原话。这是毫无疑问的，问题是有些图书的归属原本就有问题，如上所说，有些书“不似一家之书”，究竟放在哪一类好？《艺文志》自有自己的裁择，最明显的是上述刘歆说“《管子》十八篇在法家”，班固将其放在道家一类之中（后来《隋书·经籍志》又改列为法家之首）。又如《周训》十四篇，刘向《别录》说是“人间小书，其言俗薄”，班固把它归在道家类。另外，对于“不似一家之书”，班固还采取分别在不同类别中著录的办法。例如儒家有《李克》七篇，注：“子贡弟子，为魏王侯相”；法家有《李子》三十二篇，注：“名悝，相魏文侯，富国强兵”；又兵权谋家有《李子》十篇（无注）。或认为“俱非同书”[②]。后者又有人“疑李悝”[③]。李克即李悝，学术界也有定论。我认为，这些分入不同类别的可能性更大，一些兵书的处理就是如此。

《汉书·艺文志》虽然是一部图书目录，但在一类图书之后，班固都有提要式的介绍和评论。我们讲汉人对先秦诸子的看法，不能不讲班固关于诸子的评议，现集中征引其原文如下：

---

① 严可均：《全汉文》卷四十一，《七略》，中华书局1958年版。
② 顾实：《汉书艺文志讲疏》，广文书局1951年版，第139页。
③ 沈钦伟：《汉书疏证》卷二十六，《艺文志》。

儒家者流，盖出于司徒之官，助人君顺阴阳明教化者也。游文于六经之中，留意于仁义之际，祖述尧舜，宪章文武，宗师仲尼，以重其言，于道为最高。孔子曰："如有所誉，其有所试。"唐虞之隆，殷周之盛，仲尼之业，已试之效者也。然惑者既失精微，而辟者又随时抑扬，违离道本，苟以哗众取宠。后进循之，是以《五经》乖析，儒学寖衰，此辟儒之患。①

由此可见，班固完全是肯定儒家的，儒家"于道为最高"，它的道就是"助人君顺阴阳明教化者也"，而且是经历唐（尧）、虞（舜）、殷、周试之有效的。但是班固之时，也看到了"儒学寖衰"的事实，不过他认为这并非儒家本身的问题，而是一伙"辟儒"搞坏了，他们为了哗众取宠，违离了道本。看来儒家从来就是不纯的，先秦就有"俗儒"、"陋儒"之辈，此处所谓"辟儒"亦是如此，或者认为他们是打着儒家的旗号"随时抑扬"亦可。

对于其他各家，均有或长或短的评议。例如说道家：

道家者流，盖出于史官，历记成败存亡祸福古今之道，然后知秉要执本，清虚以自守，卑弱以自持，此君人南面之术也。合于尧之克攘（攘即让），《易》之嗛嗛，一谦而四益，此其所长也。及放者为之，则欲绝去礼学，兼弃仁义。曰独任清虚可以为治。②

从"君人南面之术"来看待道家，而且此术符合唐尧"允恭克让"③ 之德，也符合《易经》"一谦而四益"④ 的精神，道家"清虚"之长"可以为治"。有意思的是，班固没有直接言道家之短，只是指责"放者"之"绝去礼学，兼弃仁义"。看来，这是值得仔细玩味的一个问题。《老子》中仁义、礼究竟是什么态度，从班固的言外之意看，从新出土的竹简本《老子》内容看，是可以进一步讨论的。

---

① 班固：《汉书》卷三十，《艺文志》，中华书局 1962 年版，第 1728 页。
② 班固：《汉书》卷三十，《艺文志》，中华书局 1962 年版，第 1732 页。
③ 《尚书・尧典》，十二经注疏本，中华书局 1980 年版。
④ 《易・谦卦・彖辞》，十三经注疏本，中华书局 1980 年版。

再看班固对其他各家的评议：

> 阴阳家者流，盖出于羲和之官，敬顺昊天，历象日月星辰，敬授民时，此其所长也。及拘者为之，则牵于禁忌，泥于小数，舍人事而任鬼神。①

> 法家者流，盖出于理官，信赏必罚，以辅礼制。《易》曰："先王以明罚饬法。"此其所长也。及刻者为之，则无教化，去仁爱，专任刑法而欲以致治，至于残害至亲，伤恩薄厚。②

> 名家者流，盖出于礼官。古者名位不同，礼亦异数。孔子曰："必也正名乎？名不正则言不顺，言不顺则事不成。"此其所长也。及警者为之，则苟钩派析乱而已。③

> 墨家者流，盖出于清庙之守。茅屋采椽，是以贵俭；养三老五更，是以兼爱；选士大射，是以上贤；宗祀严父，是以右鬼；顺四时而行，是以非命；以孝视天下，是以上同：此其所长也。及蔽者为之，见俭之利，因以非礼，推兼爱之意，而不知别亲疏。④

显然，这里对墨家稍多花了些笔墨，评价与以往也不尽相同，不仅不再像孟子那样大骂"墨氏兼爱是无父也"，"是禽兽也"，也与司马谈只强调其"强本兼用"不同，而列举了其"贵俭"、"兼爱"、"上贤"、"右鬼"、"非命"、"上同"等多种长处。应该是反映当时人对一个已经不流行了的学派的一种看法。

接下去的几家是司马谈所论六家之外的：

> 纵横家者流，盖出于行人之官。孔子曰："诵《诗》三百，使于四

① 班固：《汉书》卷三十，《艺文志》，中华书局1962年版，第1734页。
② 班固：《汉书》卷三十，《艺文志》，中华书局1962年版，第1736页。
③ 班固：《汉书》卷三十，《艺文志》，中华书局1962年版，第1737页。
④ 班固：《汉书》卷三十，《艺文志》，中华书局1962年版，第1738页。

方，不能专对，虽多亦奚以为?”又曰：“使乎，使乎!”言其当权事制宜，受命而不受辞，此其所长也。及邪人为之，则上诈谖而弃其信。[1]

“权事制宜，受命而不受辞”，看不出有什么思想主旨。

杂家者流，盖出于议官。兼儒、墨，合名、法，知国体之有此，见王治之无不贯，此其所长也。及荡者为之，则漫羡而无所归心。[2]

这个“杂家”问题很多，我曾经做过简要的考辨文章[3]。班固提出了一个“兼儒、墨，合名、法”的说法，以明其“杂”。而这个说法与司马谈说道家之“采儒墨之善，撮名法之要”极易混淆。后者是黄老道家之特色，然而班固所列之《吕览》《淮南》又恰恰应该是属于黄老道家的[4]。如果抛开学术思想主旨，仅见“其务为治”的一面，那与各家学说是一样的。唐人师古沿着“杂家”这个思路云：“治国之体，亦当有此杂家之说。”“王者之治，于百家之道无不贯综。”实际上这两句话也应该是不同的。

农家者流，盖出于农稷之官。播百谷，劝耕桑，以足衣食，故八政一曰食，二曰货。孔子曰：“所重民食”，此其所长也。及鄙者为之，以为无所事圣王，欲使君臣并耕，誖上下之序。[5]

师古曰：“言不须圣，天下自治。”统治者只需要“劝”，不应该“并耕”，这里我们不得不说，阶级性太强了。

小说家者流，盖出于稗官。街谈巷语，道听途说之所造也。孔子曰：“虽小道，必有可观者焉，致远恐泥，是以君子弗为也。”然亦弗灭也。闾里小知者之所及，亦使缀而不忘。如或一言可采，此亦刍荛

① 班固：《汉书》卷三十，《艺文志》，中华书局1962年版，第1740页。
② 班固：《汉书》卷三十，《艺文志》，中华书局1962年版，第1742页。
③ 熊铁基：《秦汉新道家》，上海人民出版社2001年版，第535～546页。
④ 此说已为不少学者所认同，当然也有不同意的，不过没有更有说服力的理由。
⑤ 班固：《汉书》卷三十，《艺文志》，中华书局1962年版，第1743页。

狂夫之议也。①

这更不能算是什么学派了，所以班固总结说，“诸子十家，其可观者九家而已”。

实际上，除司马谈所言的儒、墨、道、阴阳、名、法六家之外，这后面的几家，不能算是什么学派。他们当然也是“诸子百家”，不仅如此，班固《六略》之中，《兵书略》《数术略》乃至《诗赋略》所记一些书籍的作者如孙子、吴子、屈原（也被称为屈子）等许多人物，应该也可称为“诸子”，这是从广义上讲的。

班固讲学派及其思想问题，主要在《诸子略》之中。班固的评议，除上引对各派具体评议之外，还有一个总的评议，是很值得注意的：

> 诸子十家，其可观者九家而已。皆起于王道既微，诸侯力政，时君世主，好恶殊方，是以九家之术蜂出并作，各引一端，崇其所善，以此驰说，取合诸侯。其言虽殊，辟犹水火，相灭亦相生也。仁之与义，敬之与和，相反而皆相成也。《易》曰：“天下同归而殊途，一致而百虑。”今异家者各推所长，穷知究虑，以明其指，虽有蔽短，合其要归，亦《六经》之支与流裔。使其人遭明王圣主，得其所折中，皆股肱之材已。仲尼有言：“礼失而求诸野。”方今去圣久远，道术缺废，无所更索，彼九家者，不犹瘉于野乎！若能修六艺之术，而观此九家之言，舍短取长，则可以通万方之略矣。②

首先，班固继承了司马谈诸家“皆务为治”的思想，并且结合历史有更具体一些的论述，诸子是“各引一端”，“驰说”“取合诸侯”，谁遇上了“明王圣主”，都是“股肱之材”；其次，诸子的思想主张虽好像是水火不容，但“相灭亦相生也”，是相反相成的，而且从根本上讲他们都是“《六经》之支与流裔”；再次，九家虽各有长短，如果能“舍短取长，则可以通万方之略”。由此可见，班固一方面是明显的儒家立场，认为《六经》是根

① 班固：《汉书》卷三十，《艺文志》，中华书局1962年版，第1745页。
② 班固：《汉书》卷三十，《艺文志》，中华书局1962年版，第1746页。

本（这基本符合事实，有一定道理），主张应该“修六艺之术”；另一方面他看到了诸子百家同源异流的事实，注意到了其相生相灭、相反相成的道理。前一方面是已经形成的“经学时代”所决定的；后一方面又是学术综合性发展的一种反映。班固自觉不自觉地意识到了这一点。

（六）诸子百家及其争鸣的总特点

十多年前我在论战国“百家争鸣”时①，曾经在汉人论述的基础上，提出过几点看法，自认为是比较新的，今天从学术发展的角度再重复强调一下，改写如下：

第一，同源异流。

先秦诸子百家，异彩纷呈，各自突出自己的思想和主张，四处驰说，以图取合诸侯。不同的人的不同思想主张，如上所述，各有特色，所谓“崇其所善”，但是仔细地、深入地从根本上看，它们都可以说是“同源”的。这一点，至少从战国时期开始人们已经意识到。例如《庄子·天下》篇在具体论述崇尚“道术”某一方面的诸子之前，有一个总的说明：

> 天下之治方术者多矣，皆以其有为不可加矣。古之所谓道术者，果恶乎在？曰：“无乎不在。”……圣有所生，王有所成，皆原于一。
>
> ……
>
> 天下大乱，贤圣不明，道德不一，天下多得一察焉以自好。……犹百家众技也，皆有所长，时有所用。虽然，不该不遍，一曲之士也。……天下之人各为其所欲焉以自为方。悲夫！百家往而不反，必不合矣！后世之学者，不幸不见天地之纯，古人之大体，道术将为天下裂。②

“道术”是宇宙、人生的根本方向，又称为“一”。“方术”是“百家之学”或者“百家众技”，虽然各家“皆有所长，时有所用”，但只是“多得一察焉以自好”，只不过各执一端以自耀，这和上引《汉书·艺文志》中的

① 熊铁基、马良怀、刘韶军：《中国老学史》，福建人民出版社1997年版，第83～91页。
② 《庄子·天下》，诸子集成本，中华书局1954年版。

“各引一端，崇其所善”的说法是一致的（当然是后者继承《庄子》之说）。我们所看到的是“百家之学”源于“道术”，都是“道术”的一部分，只不过各家所长、所好不同，因而有“百家之学”。这当然可以说是“同源异流”。

这种“同源”之说，到汉代有了进一步的发展。《淮南子·齐俗训》沿袭了《庄子》之说：

> 故百家之言，指奏相反，其合道一体也。①

在《汉书·艺文志》中，这个“源”就不是抽象的道了，而具体认为各家都是“《六经》之支与流裔”（如前所引）。其实这个意思在《庄子》中也有，那就是“（道术）其在于《诗》、《书》、《礼》、《乐》者，缙绅先生多能明之”。不过，在东汉时，经学隆盛，《六经》的地位无比尊崇，班固自然会得出这种结论了，当然他这样说也包含着如何“整合”各种学说的思潮（详后）。各家思想源于《六经》，人们是很容易找到证据的，例如姚明辉在《汉志注解》中就说：

> 异家，各相异之家也。所长，如墨家《贵俭》、《兼爱》、《尚贤》、《右鬼》、《非命》、《上同》是。……九家各引一端，则指殊方矣。故长于此者，必有所蔽而短于彼，……如墨家之非礼及不知别亲疏，即其蔽短也。……九家虽殊途，而同归于《六经》，虽百虑而一致于《六经》，故其会归皆合于《六经》。儒无论已，道合于尧之克攘，《易》之嗛嗛，是《六经》之支与流裔也。阴阳出于羲和。法，同《易》噬嗑之象辞。名，孔子亦欲正名，是皆《六经》之支与流裔也。墨之六长，悉本于《六经》。孔子叹使乎使乎，为纵横家所长。杂能一贯王治。农知所重民食。又皆《六经》之支与流裔之证也。②

---

① 《淮南子·齐俗训》，诸子集成本，中华书局1954年版。

② 陈国庆：《汉书艺文志注释汇编》，中华书局1983年版，第164～165页。

各家所长，“悉本于《六经》”，都可以在《六经》中找到根据，同源于《六经》。

异流就是不同的流派，不同的派别。不过，在事实上也没有一成不变的学术派别，往往是派别形成之时，就是派别分化的开始，这也是先秦就有的现象。有的派别如儒、墨，有明显的宗主，如前引《韩非子》所说：“儒之所至，孔丘也。墨之所至，墨翟也。”孔、墨在世时，也许他们的弟子会亦步亦趋（也不尽然），但孔、墨死后，这些弟子就“儒分为八，墨离为三”了。道家、法家没有孔、墨这样的宗主，它们的形成不是单一的，道家或者还有一个老子可以算是最早的（后来道教称之为道祖），但在道家形成过程中，庄子占有极重要的地位。郭沫若曾在《十批判书》中称庄子为道家的马鸣、龙树，对道教的形成和隆盛是有很大贡献的。法家之作为学派之称，看起来是汉人所为，始见于司马谈之说。先秦有讲法、术之人，但未形成完整的学派，更无师承之迹可寻，一直到战国的最后，出现了韩非，他被认为是法家之“集大成者”。他的《韩非子》一书中有《定法》一篇，可算是直接讲法家学派思想的著作，其文曰：

> 问者曰：“申不害、公孙鞅，此二家之言孰急于国？”
>
> 应之曰：“是不可程也。……今申不害言术而公孙鞅为法。术者，因任而授官，循名而责实，操杀生之柄，课群臣之能者也，此人主之所执也。法者，宪令著于官府，刑罚必于民心，赏存乎慎法，而罚加乎奸令者也，此臣所师也。君无术则弊于上，臣无法则乱于下，此不可一无，皆帝王之具也。
>
> ……
>
> 问者曰：“主用申子之术，而官行商君之法，可乎？”
>
> 对曰：“申子未尽于术，商君未尽于法也。……故曰：二子之于法术，皆未尽善也。”①

开头“二家”二字即“诸子百家”之家，“一家之言”之“家”，没有明显的学派意思，后面又称“二子”，他们都被后人列入法家，甚至认为商鞅

① 《韩非子·定法》，诸子集成本，中华书局1954年版。

是法家的创始人，这是不确切的，韩非都是不认同的。申子则有人要归于名家①。至于韩非本人，他是荀子的学生，司马迁说他“喜刑名法术之学，而其归本于黄老”②。法家的思想来源是比较复杂的，班固说法家也是“《六经》之支与流裔”，那就是符合《易》所说的：“先主以明罚饬法。”

总而言之，异流之各家，皆同源于《六经》，或者同源于“道”，仔细想来，二者也并不矛盾，只不过后来各家对“道”的认识和理解越来越有分歧罢了。

第二，殊途同归。

如前所述，司马谈把先秦诸子百家归为六家，分别对六家的学说思想进行了评述，同时又明确提出了各家在目的上是一致的：

> 《易大传》：“天下一致而百虑，同归而殊途。”夫阴阳、儒、墨、名、法、道德，此务为治者也，直所从言之异路，有省不省耳。③

“务为治”，是诸子百家的共同目的，战国以来，总结各学派思想的人，实际上也是这样看的，上引《庄子·天下》中所说，“天下之人各为其所欲焉以自为方”，这个“方”就是治世之方，欲以“自好”之“方”治世，目的是治世。而上引《荀子·非十二子》的批评十二子，也是从“治乱”问题上讲的：

> 假今之世，饰邪说，文奸言，以枭乱天下，矞宇嵬琐，使天下混然不知是非治乱之所存者，有人矣。④

批评他们“其持之有故，其言之成理，是以欺惑愚众”，但“不足以合文通治”。意思是都应该“合文通治”。又如上引韩非子之言，开口闭口讲的是“孰急于国”，“帝王之具”，亦皆务治者也。相比而言，当然是司马谈讲得最明确。一直到班固，上面也已引述，他同样引用《易》“一致百虑”

① 章学诚：《校雠通义·内篇三》。

② 司马迁：《史记》卷六十三，《老子韩非列传》，中华书局1982年版，第2146页。

③ 司马迁：《史记》卷一百三十，《太史公自序》，中华书局1982年版，第3288页。

④ 《荀子·非十二子》，诸子集成本，中华书局1954年版。

之说，并且继续发挥司马谈评论六家长短之思想。他还指出："使其人遭明王圣主，得其所折中，皆股肱之材也。""若能修六艺之术，而观此九家之言，舍短取长，则可以通万方之略矣。"这里的"方"也是治世之方，肯定无论哪一派都可以成为"股肱之材"。

说诸子学说的目的都是"治"，时人已经讲得很清楚，而司马谈的表达最为简明扼要。把握诸子百家这一根本性的特点，对于研究学术的发展是有很重要意义的。战国诸子之活动，如游说诸侯、齐集稷下、拜师求问或者背叛师说等，无一不与治有关系。应该说，这里的治，就是包括统治、治理等在内的政治。学术既为政治出谋献策，也随时为政治作总结并发展自身。学术因政治不断发展，形成一个"治"的传统。学术的"独立性"只能是相对的，很难摆脱政治的影响，即便故意回避政治，也是政治的一种影响。当然，这并不排斥学术在一些较深专的领域有所发展，特别是在科学技术等领域的深度发展。

第三，相生相灭。

上述《汉书·艺文志》关于诸子的总评中，班固指出了各派之间"相生相灭"、"相反相成"这一重要特点，只可惜未加申述。这是一个相当深刻的重要思想，有普遍性的意义。"相反相成"讲的是对立统一以及统一体中对立面的相互转化等问题。这个词语，是常有人用的，对于《汉书·艺文志》之用在"百家争鸣"这个问题上，也有人做过诠释，例如吕思勉《论诸子之法》曾经说：

> 然则一切现象，正惟相反，然后相成，故无是非善恶之可言，而物伦可齐也。夫道家主因任自然，而法家主整齐画一，似相反矣；然其整齐画一，乃正欲使天下皆遵守自然之律，而绝去私意，则法家之旨，与道家不相背也。儒家贵仁，而法家贱之。然其言曰："法之为道，前苦而长利；仁之为道，偷乐而后穷。"则其所攻者，乃姑息之爱，非儒家所谓仁也。儒家重文学，而法家列之五蠹。然其言曰："糟糠不饱者，不务梁肉；短褐不完者，不待文绣。"则亦取救一时之急耳。秦有天下，遂行商君之政而不改，非法家本意也。则法家之与儒家，又不相背也。举此数端，余可类推。要之古代哲学之根本大义，仍贯通乎诸子之中。有时其言似相反者，则以其所论之事不同。

史谈所谓“所从言之者异”耳。故《汉志》譬诸水火，相灭亦相生也。①

“余可类推”，具体地比较说明确实可以说上很多。不过，还应该指出，吕思勉先生以上所言，也只是就一个主要方面而言的，是就其目的和“根本大义”而言的，所以他还说：“万物既出于一，则形色虽殊，原理不异。”至于对立面如何转化，百家之间如何互相影响、彼此吸收等等，也应该是相反相成的内容，这从儒、道等家本身前前后后的一些变化中可以看得出来。仅以荀子为例作一简单说明。荀子是推崇孔子的，他自己也以“雅儒”、“大儒”自居。他在思想方面的成就是很高的，其原因就是吸收了各家的思想，论短较长，从而形成自己的学说，他在《解蔽》中说：

墨子蔽于用而不知文，宋子蔽于欲而不知得，慎子蔽于法而不知贤，申子蔽于势而不知知，惠子蔽于辞而不知实，庄子蔽于天而不知人。故由用谓之道，尽利矣，由俗（欲）谓之道，尽谦矣；由法谓之道，尽数矣；由势谓之道，尽便矣；由辞谓之道，尽论矣；由天谓之道，尽因矣。此数具者，皆道之一隅也。夫道者，体常而尽变，一隅不足以举之。②

荀子深刻认识到诸子之蔽，全面作了权衡，所以，他兼取各家强调的东西，以长补短，从而形成自己的新思想、新学说。例如对庄子的“蔽于天而不知人”，注云：“天谓无为自然之道，庄子但推治乱于天而不知在人也。”荀子主张“善言天者必有征于人”③，应该“明于天人之分”，他说：

天行有常，不为尧存，不为桀亡。应之以治则吉，应之以乱则凶。强本而节用，则天不能贫；养备而动时，则天不能病；修道而不贰，则天不能祸。④

① 吕思勉：《先秦学术概论》，中国大百科全书出版社1985年版，第10页。
② 《荀子·解蔽》，诸子集成本，中华书局1954年版。
③ 《荀子·性恶》，诸子集成本，中华书局1954年版。
④ 《荀子·天论》，诸子集成本，中华书局1954年版。

“天行有常”是承认道家的“道法自然”的思想，其他则讲吉凶祸福由人不由天。这是“天人之分”。更重要的是，对于天道，荀子进行了冷静的思考，运用天道自然观，对人的客观自然性进行了多方面的描述和规定。如他讲礼的起源，就从“人生而有欲”讲起，礼义就是为了“养人之欲，给人之求”，“使欲必不穷于物，物不屈于欲”①。这样，就把老子反对人道有为的天道自然观转化成了人道有为的依据，老子说：“夫礼者，忠信之薄，而乱之首。”② 荀子说：

> 人莫贵乎生，莫乐乎安，所以养生安乐者，莫大乎礼义。③

因为礼是顺人之欲而产生的。这种相反相成的转化是比较明显的。

“相生相灭”、“相反相成”，是一种辩证表述，也可以说是班固的发明创造，其源头当然是先秦时期，《老子》第二章中说：

> 有无之相生也，难易之相成也，长短之相刑（形）也，高下之相盈也，意（音）声之相和也，前后之相随，恒也。④

《周易·说卦传》的表述更加理论化：

> 神也者，妙万物而为言者也。动万物者莫疾乎雷，挠万物者莫疾乎风，燥万物者莫熯乎火，说万物者莫说乎泽，润万物者莫润乎水，终万物始万物者莫盛乎艮，故水火相逮，雷风不相悖，山泽通气，然后能变化，既成万物也。⑤

这样讲事物对立统一的道理，既生动又深刻，处处体现着中国人的智慧。班固将这种对立统一的思想运用到观察诸子百家，运用到分析各学术派别

---

① 《荀子·天论》，诸子集成本，中华书局 1954 年版。
② 《老子》三十八章，诸子集成本，中华书局 1954 年版。
③ 《荀子·强国》，诸子集成本，中华书局 1954 年版。
④ 引文据帛书《老子》。
⑤ 《周易·说卦传》，十三经注疏本，中华书局 1980 年版。

的思想（言论），应该是一种创造发明，而“相生相灭”、“相反相成”的概括，似乎应首先出自班固，当然这有待详考。

第四，求同存异与“齐万不同”。

战国后期，面对“譬犹水火”的“百家争鸣”局面，学术界也开始了检视个性、审视得失的各种看法，也试图提出各种解决“水火不容”局面的办法。

首先是尸子的有关论述。大体与商鞅同时的尸佼[①]，作有《尸子》二十篇，亡佚已多，其《广泽》篇有云：

> 墨子贵兼，孔子贵公，皇子贵衷，田子贵均，列子贵虚，料子贵别囿。其学之相非也，数世矣而已，皆弇于私也。天、帝、后、皇、辟、公、弘、廓、宏、溥、介、纯、夏、幠、冢、晊、皈，皆大也，十有余名，而实一也。若使兼、公、虚、均、衷、平易、别囿一实也，则无相非也。[②]

这里且不谈其所言各派主张的个性特征是否确切，只说它的“一实也，则无相非也”。这“一实”与以上所说的“同源”、同目的等意义理当相同，“相反相成”的道理也在其中。不过其所说“实一”之例，不十分明确罢了。而“无相非也”则可以说是一种求同的取向，因为“相非”的原因是“弇于私”，即为“私”意所蔽。但尸佼对此未作具体论述，这里不多加评论。

《庄子·天下》对诸子的看法，前面征引过原文。庄子承认“道术不一”、“各自为方”，看到了“天下多得一察焉以自好”的“百家之学”，但同时又承认他们“皆有所长，时有所用”。或者可以说，这是一种存异的取向。

求同存异的思想没有得到充分的发展，而偏激的主张则十分突出，荀子、韩非就是突出的代表。

《荀子·非十二子》的态度十分偏激，他主张：

> 上则法舜禹之制，下则法仲尼、子弓之义，以务息十二子之说，

---

① 参阅钱穆：《先秦诸子系年·尸佼考》，中华书局1985年版。

② 《尸子》，中华书局四部备要本1980年版。

如是则天下之害除，仁人之事毕，圣王之迹著矣。①

表面看来，荀子门户之见较深，被认为“伐异而不存同，舍仲尼、子弓外，无不斥为‘欺惑愚众’，虽子思、孟轲亦勿免于‘非’、‘罪’之诃焉”②。实际也不尽然，他主要反对的是“蔽于一曲，而闇于大理”，这在他的《解蔽》篇中有较多的论述。他反对的是“必或是或非”的“百家异说”，而诸子之蔽在于他们之只见“道之一隅”，所以他说：

墨子蔽于用而不知文，宋子蔽于欲而不知得，慎子蔽于法而不知贤，申子蔽于势而不知知，惠子蔽于辞而不知实，庄子蔽于天而不知人……曲知之人，观于道之一隅，而未之能识也，故以为足而饰之，内以自乱，外以惑人，上以蔽下，下以蔽上，此蔽塞之祸也。③

这里没有完全否定某一隅之意。从荀子思想的包容性来看，他是兼采了各家之说的。只是在“非”诸子之说时，言辞激烈一些，但他的批判精神也是可取的，当然他不会是自觉地批判。

另一个过激的代表韩非，似乎也是主张禁百家的，他对儒、墨这两派“显学”批评得尤为厉害，说他们是“愚诬之学，杂反之行”。他在《显学》中写道：

今乃欲审尧、舜之道于三千岁之前，意者其不可必乎！无参验而必之者，愚也；弗能必而据之者，诬也。故明据先王，必定尧、舜者，非愚则诬也。愚诬之学，杂反之行明主弗受也。

自愚诬之学、杂反之辞争，而人主俱听之，故而海内之士，言无定术，行无常议。夫冰炭不同器而久，寒暑不兼时而至，杂反之学不两立而治。今兼听杂学谬行同异之辞，安得无乱乎？听行如此，其于治人又必然矣。……④

① 《荀子·非十二子》，诸子集成本，中华书局 1954 年版。
② 钱锺书：《管锥篇》第一册，中华书局 1999 年版，第 390 页。
③ 《荀子·解蔽》，诸子集成本，中华书局 1954 年版。
④ 《韩非子·显学》，诸子集成本，中华书局 1954 年版。

韩非的看法未免失于片面、极端，但这段议论之中的应该“参验”而“必”的思想是可取的。韩非主张统一思想，如要求“境内之民，其言谈者必轨于法”[①]，等等，他的具体论述这里就不一一引述了。似乎可以说，他是不讲“求同存异”的。

到了秦统一前夕，人们的认识进一步发展，对待诸子学说有了新的认识和主张，这从《吕氏春秋》中可以看得出来。《吕氏春秋》一方面认为“听群众人议以治国，国危无日矣”，另一方面主张“齐万不同”，兼容并包，让各自发挥其长处，起不同的作用，它说：

> 有金鼓所以一耳也；同法令所以一心也；智者不得巧，愚者不得拙，所以一众也；勇者不得先，惧者不得后，所以一力也。故一则治，异则乱；一则安，异则危。夫能齐万不同，愚智工拙，皆尽力竭能，如出乎一穴者，其唯圣人矣乎！[②]

《吕氏春秋》能够兼容并包，择善而从，比较客观、公正，也符合百家争鸣发展之大趋势。

以上所述几个代表证明，战国时期有一个统一思想的趋势。但如何统一，主张不同。尸子、庄子没有明确主张，《荀子》《韩非子》“党性”太强，而且这种“党性”后来为董仲舒等人所继承：

> 诸不在六艺之科孔子之术者，皆绝其道，勿使并进。邪辟之说灭息，然后统纪可一而法度可明，民知所从矣。[③]

《吕氏春秋》的主张，则可以说是一种超越的取向，虽然它是很不自觉。《淮南子》总结、继承和发展了这种看法和主张：

> 故百家之言，指奏相反，其合道一体也。[④]

---

① 《韩非子·五蠹》，诸子集成本，中华书局1954年版。
② 《吕氏春秋·不二》，诸子集成本，中华书局1954年版。
③ 班固：《汉书》卷五十六，《董仲舒传》，中华书局1962年版，第2523页。
④ 《淮南子·齐俗训》，诸子集成本，中华书局1954年版。

百川异源而归于海，百家殊业而皆务于治。①

而它也是反对“循一迹之路，守一隅之指”② 的。因为时代的限制，这种超越思想不可能得到充分发展。

圣人能“齐万不同”，使“愚智工拙，皆尽所能”，这主要是从政治上着眼的。与此相应，在学术思想上则是一种趋同和整合的发展，这又与同源、同目的、相反相成有关系，所以从战国后期开始，就能比较明显地看到各学派思想中相同相似的地方。到了汉代，诸子的思想就与先秦诸子有很大的区别，没有了原来的儒、墨、道、法之分，出现了新的儒家、新的道家乃至新的法家。

二　论汉代新儒家

探讨秦汉新儒家，比探讨秦汉新道家更困难，因为秦汉时期以黄老面貌出现的道家，与老庄道家相比，有很大的不同，这是非常明显的。在历代鼓吹儒家道统的影响下，人们很容易忽略区分不同历史时期的不同儒家，如有汉儒、宋儒、清儒之类的说法，对不同时期儒家的不同特点注意不够。汉代以董仲舒为代表的儒家，与先秦儒家有所不同，对此学者已有所注意。有些学者注意到儒家的新面貌，少数学者也提到汉代新儒家的问题，但很少充分加以论证，这里想就此作一较全面的论述。

（一）先秦儒家的演变

儒家以孔子为开山祖这是确定无疑的。我们可以设想，孔子在世时，在学术思想上，一切都是他说了算，他教导学生，谈学论道，褒此贬彼，无不体现他的政治思想、伦理思想等。学生当然会有不同的思想，但不能表达，很少反映出来。但孔子死后，情况就大不一样了。《韩非子·显学》论述说：

---

① 《淮南子·汜论训》，诸子集成本，中华书局1954年版。
② 《淮南子·齐俗训》，诸子集成本，中华书局1954年版。

> 自孔子之死也，有子张之儒，有子思之儒，有颜氏之儒，有孟氏之儒，有漆雕氏之儒，有仲良氏之儒，有孙氏之儒，有乐正氏之儒。……故孔、墨之后，儒分为八，墨离为三，取舍相反不同，而皆自谓真孔、墨，孔墨不可复生，谁将定世之学乎?①

照韩非的说法，因为“取舍相反不同”（思想主张不同），“儒分为八”。他所说的儒家八派不一定很准确，而且时间跨度很长，其中有的是孔子弟子，有的是孔子再传弟子，有的是隔了几代，如果孟氏是孟轲，孙氏是孙卿的话（不一定），其所指八派是就战国几百年的时期而言的。很少有人对此八派的演变作系统的论述，但先前儒家演变问题，在韩非的论述中已经凸显出来。

子思倡中庸之道，孟子讲仁义之政，还有一些其他的思想、言论的发挥，谁得孔子之真传，确实难以裁“定”。但可以肯定的是，他们发展了孔子的理论，丰富了儒家的思想。发展到汉初，司马谈眼中的儒家是：

> 儒者博而寡要，劳而少功，是以其事难尽从，然其序君臣父子之礼，列夫妇长幼之别，不可易也。
>
> 儒者则不然，以为人主，天下之仪表也。主倡而臣和，主先而臣随。如此，则主劳而臣逸。
>
> ……
>
> 夫儒者以六艺为法，六艺经传以千万数，累世不能通其学，当年不能究其礼。故曰“博而寡要，劳而少功”。若夫列君臣、父子之礼，序夫妇长幼之别，虽百家弗能易也。②

什么时候儒家变成了这个样子？当然有一个发展过程，从司马谈关于儒家特点的概述中，我们不难看出：第一，儒家认为人主是天下代表，只能“主倡而臣和，主先而臣随”，政治上是尊君抑臣的；第二，强调父子和君臣一样是主从关系，相应地还要有“序夫妇长幼之别”，这是一套伦理关系；第三，

① 《韩非子·显学》，诸子集成本，中华书局1954年版。

② 司马迁：《史记》卷一百三十，《太史公自序》，中华书局1982年版，第3289页。

"以六艺为法"，强调学习"六经"，并从中究习一套繁文缛礼。简要地说，一是讲政治，二是讲伦理，三是重六经，四是搞繁文缛礼（儒者的老本行）。这些就是儒家的主要特点，是长时间逐渐发展和丰富起来的。

讲政治是诸子百家的共同之点，"百虑而一致，其务为治者也"① （司马谈语），而正君臣上下，与法家完全相同；论伦理，则是儒家特别突出之点，把父子关系与君臣关系相联，使得伦理政治更显特色；"以六艺为法"也是它与别家不同的一个重要方面，把本来不是儒家专有的古籍，变成了似乎是儒家的专利；繁文缛礼，是为了更好地发挥"教化"作用，虽然难学难通，"劳而少功"，始终无法取消。

和其他一些学派相比，有些重要思想是儒家所欠缺的。从孔子罕言天道鬼神开始，有关自然方面的思想，儒家就比较少。中国古代一个"道"字，内容本很丰富，老庄道家给予了充分的发挥，孔孟儒家则更多地把它局限在伦理道德方面。儒家重礼，礼和法有着密切关系，但法家有些思想儒家最初也是很缺乏的。繁文缛礼带来的奢华，则为墨家所强烈批评。

先秦儒家还有一个特点，那就是自以为是，派性十足，这从孟子非杨、墨，破口大骂人家无父无君看得出来。《荀子》"解蔽"、"非十二子"等不无道理，但唯我正确，也是给人以突出印象。不过，受"相反相成"规律的支配，为了生存和发展，儒家也非吸取别家之长不可，势必继续演变。

（二）汉初儒家的状况

儒家以从政、为政为主要目标，其学说、思想理论是在政治实践中不断演变的。司马迁在写《史记·儒林列传》时，对他以前儒家的政治命运做了如下的记述：

> 孔子闵王路废而邪道兴，于是论次《诗》、《书》，兴起礼乐。……世以混浊莫能用。是以仲尼干七十余君无所遇。曰："苟有用我者，期月而已矣。"西狩获麟，曰："吾道穷矣。"故因史记作《春秋》以当王法。……自孔子卒后，七十子之徒散游诸侯，大者为师、傅、卿、相，小者友教士大夫，或隐而不见。故子路居卫，子张居陈，澹

---

① 司马迁：《史记》卷一百三十，《太史公自序》，中华书局 1982 年版，第 3288 页。

> 台子羽居楚，子夏居西河，子贡终于齐。如田子方、段干木、吴起、禽滑厘之属，皆受业于子夏之伦，为王者师。是时独魏文侯好学。后陵迟以至于始皇。天下并争于战国，儒术既绌焉。然齐鲁之间，学者独不废也。于威、宣之际，孟子、荀卿之列，咸遵夫子之业而润色之，以学显于当世。①

一方面，在春秋战国那种“礼崩乐坏”的政治局面下，孔子及其传人在政治上未成大的气候，孔子“干七十余君无所遇”虽有所疑问，但他在政治上没有大的作为是可以肯定的。另一方面，他在混乱的政局当中，论《诗》《书》，兴礼乐，是做了很多工作的。在后来“儒术既绌”的情况下，他的后学，特别是在齐鲁地区的学者，继续了儒学的工作，包括孟子、荀卿这样“以学显于当世”的大学者，他们“遵夫子之业而润色之”。这个“润色”就是对儒学的丰富和发展，如果从儒学、儒家演变来做文章，是有很多要做的。

众所周知，秦始皇的“焚书坑儒”，对儒家、儒学是一次重创，司马迁也注意到了，并且说“六艺从此缺焉”②，这仅是从儒家经典而言的。而习“六艺”之人并未被斩尽杀绝，秦始皇坑杀的“术士”，并非全是儒家，这一点是毋庸置疑的。

秦末汉初，见于记载有名有姓的儒生，是以齐、鲁为中心的一批学者及其弟子。战国时期，齐鲁是文化中心，也是儒学最发达的地区，所以在秦末时，“鲁诸儒持孔氏之礼器，往归陈王，于是孔甲为陈涉博士”③。汉高祖“举兵围鲁”时，“鲁中诸儒，尚讲诵，习礼乐，弦歌之音不绝”④，不是一两个人，而是一群群的人。到了文、景之时，“招方正贤良文学之士”就有：

> 言《诗》于鲁则申培公，于齐则辕固生，于燕则韩太傅。言《尚书》，自济南伏生。言《礼》自鲁高堂生。言《易》自菑川田生。言

① 司马迁：《史记》卷一百二十一，《儒林列传》，中华书局 1982 年版，第 3115 页。
② 司马迁：《史记》卷一百二十一，《儒林列传》，中华书局 1982 年版，第 3118 页。
③ 司马迁：《史记》卷一百二十一，《儒林列传》，中华书局 1982 年版，第 3116 页。
④ 司马迁：《史记》卷一百二十一，《儒林列传》，中华书局 1982 年版，第 3117 页。

> 《春秋》于齐鲁自胡毋生，于赵自董仲舒。①

在这段记述中，六艺各经的传人，主要都在齐鲁。当然也不完全局限在齐鲁之间，齐鲁的学者如申公，汉初也游学长安。汉初的齐、鲁、韩三家诗，韩诗作者韩婴就是燕人，“燕赵间言诗者由韩生”，而且“其语颇与齐鲁间殊”，还“以《易》授人”②。应该说，当时其他一些重要文化区，如长安、洛阳，也有不少传经之人。

这里需要指出的是，上述传经的儒生之中，有不少人不太识“时务”，如申培公、辕固生都是几次征召，几次罢免。而另一批儒生则不同，他们能够审时度势，并且能够创造性地用其所学，其中最突出的代表应该是叔孙通。司马迁对他的评语是：

> 叔孙通希世度务制礼，进退与时变化，卒为汉家儒宗。③

我认为这是一个比较客观、比较恰当的评价。叔孙通“希世”、迎合世俗是否对，这是价值判断的问题，但他能够“与时变化”应该无可厚非，当然主要看他究竟做了些什么。“卒为汉家儒宗”这句话很有意思，原文是说他的所作所为终于使他成为汉代儒家之祖、汉家儒之宗师。“汉家儒”即指汉代之儒家，这里透露出汉代儒家不同于先秦之儒家。借用这句话，我认为汉代新儒家可以从叔孙通开始，他算是新儒家的开山祖。下面根据司马迁的记述来说说他的事迹：秦时先是以“文学”被征召为待诏博士，后转为博士，文学虽泛指文章博学，但其原本为孔门四科之一，应该属于儒家。他有弟子百余人，和那些儒学专经人士教授弟子一样，以何为教，正史无明文，但可推想是以《礼》为教。记载说，在秦末汉初“矢石”之中，叔孙通带着“儒生弟子百余人”无所事事，刘邦为皇帝之后：

> 叔孙通就其仪号。高帝悉去秦苛仪法，为简易。群臣饮酒争功，醉或妄呼，拔剑击柱，高帝患之。孙叔通知上益厌之也。说上曰：

---

① 司马迁：《史记》卷一百二十一，《儒林列传》，中华书局 1982 年版，第 3118 页。
② 司马迁：《史记》卷一百二十一，《儒林列传》，中华书局 1982 年版，第 3124 页。
③ 司马迁：《史记》卷九十九，《叔孙通列传》，中华书局 1982 年版，第 2726 页。

“夫儒者难与进取，可与守成。臣愿征鲁诸生，与臣弟子共起朝仪。”高帝曰：“得无难乎?”叔孙通曰：“五帝异乐，三王不同礼。礼者，因时世人情为之节文者也。故夏商殷周之礼，所因损益可知者，谓之不相复也。臣愿颇采古礼与秦仪杂就之。”上曰：“可试为之……。”于是叔孙通使征鲁诸生三十余人。鲁有两生不肯行，曰：“公所事者且十主，皆面谀以得亲贵。今天下初定……公所为不合古……。”叔孙通笑曰：“若真鄙儒也，不知时变。”遂与所征三十人西，及上左右为学者，与其弟子百余人，为绵蕞。……乃拜叔孙通为太常……①

由此可见，叔孙通是儒家，是通《礼》学的一位专家，熟悉古今礼仪，并且对“礼”有较深刻的认识。叔孙通是汉朝第一个掌礼之官——太常，他继承秦及以前的古礼，创造了汉朝的礼仪。是否为其后的整个古代朝仪所继承，有待详考，从六艺之一的礼学看，叔孙通“为汉家儒宗”是名副其实的。他与申培公、辕固生不同的是能够“制礼进退，与时变化”。被后世视为“繁文缛礼”的一套东西该如何评价，是一个值得深入讨论的问题，但在当时一套“礼仪”不可缺少，则是不可否认的。

除叔孙通之外，在汉代新儒家形成的过程中，公孙弘、董仲舒等也是起过很大作用的人。公孙弘是一个颇有争议的人物，司马迁为他立传，对当时的争议写得很具体，粗读很容易给人以圆滑世事故的印象，但仔细分析一下，他人品还是很好的。他“养后母孝谨”，在地方上声望很高，一再被地方上推举，“其行敦厚，辩论有余，司文法吏事，而又缘饰以儒术”②，为汉武帝所赏识。至于对“有却者”，是否“虽详与善，阴报其损”，杀主父偃、徙董仲舒，是否“皆弘之力”，恐怕都是值得讨论的问题。司马迁在公孙弘的传中，纠缠于争议，没有列举其“贡献”，但在《儒林列传》的序言中有所记录，那就是公孙弘在做丞相期间，为“独尊儒术”所做的影响极大的实际工作，记载的有关文字是：

公孙弘以《春秋》，白衣为天子三公，封以平津侯，天下之学士

① 司马迁：《史记》卷九十九，《叔孙通列传》，中华书局1982年版，第2722页。
② 司马迁：《史记》卷一百一十二，《平津侯列传》，中华书局1982年版，第2951页。

靡然乡风矣。公孙弘为学官，悼道之郁滞，乃请曰："……劝学修礼……为博士官置弟子五十人，复其身。太常择民年十八已上，仪状端正者，补博士弟子。郡国县道邑有好文学、敬长上、肃政教、顺乡里、出入不悖所闻者，令、相、长、丞上属所二千石，二千石谨察可者，当与计偕，诣太常，得受业如弟子。一岁皆辄试，能通一艺以上，补文学掌故缺，其高第可以为郎中者，太常籍奏，即有秀才异等，辄以名闻。其不事学，若下材，及不能通一艺，辄罢之。而请诸不称者罚。……以文学礼义为官，迁留滞。请选择其秩比二百石以上，及吏百石通一艺以上，补左右内史、大行卒史，比百石已下，补郡太守卒史，皆各二人，边郡一人。先用诵多者，若不足，乃择掌故补中二千石属，文学掌故补郡属，备员。请著功令，佗如律令。"制曰：可。自此以来，则公卿大夫士吏，斌斌多文学之士矣。①

这是一个相当详细的记述。公孙弘本人因为通《春秋》而为三公封侯，榜样使得"天下之学士，靡然乡风矣"。由他提出并且实行的重要政策是：第一，在已有五经博士的基础上，明确设置正式的弟子五十人，享受一定待遇，并且从各地陆续选定一些品学兼优者"受业如弟子，员额不定"，成为"太学"的一种制度。第二，"通一艺"与否成为选拔、升迁或罢免官吏的重要标准。其结果是："自此以来，则公卿大夫士吏，斌斌多文学之士矣。""文学"实际是"儒学"（回到孔门四科的原本意义），具体即指后称为"经学"的"六艺"。"儒学能尊"，公孙弘"功莫大焉"。

汉初的儒家人士很多，学界、政界都有，公孙弘是最成功的代表之一。

（三）董仲舒是汉代新儒家的理论代表

研究董仲舒的文章和专著相当多（包括思想史、哲学史中的专章专节），人们似乎在一些问题上也形成了共识，几乎一致肯定他在儒学发展史上有重要地位。但是，细究起来，有些问题是可以质疑的。

首先，董仲舒在当时的地位及影响，不像后人想象的那么高和大。关于董仲舒最早的两个传，是《史记》和《汉书》的"董仲舒传"。《史记》

① 司马迁：《史记》卷一百二十一，《儒林列传》，中华书局1982年版，第3119页。

的记载相当简略，当然也肯定他是当时大儒之一，“学士皆师尊之”，教授过不少弟子，政治上并未得到重用，为江都相也未能长久，而且“中废为中大夫”，曾获死罪被赦免。《汉书·董仲舒传》则不同，篇幅增加近十倍，详细记述了他的“天人三策”（有人说是班固之伪作，且不采纳），而且有不同于《史记》的一些主观论述：

> 及仲舒对策，推明孔氏，抑黜百家，主学校之官，世郡举茂材、孝廉，皆自仲舒发之。①

对策的这些内容，结合上述公孙弘的建言及其实行情况，再参照当世思想学术界的实际，就很难说“皆自仲舒发之”，这方面辩驳的文章是不少的。班固在《董仲舒传》末的“赞曰”中写道：

> 刘向称“董仲舒有王佐之材，虽伊吕亡以加，管、晏之属，伯者之佐，殆不及也”。至向子歆，以为……曰管晏弗及，伊吕不加，过矣。至向曾孙龚笃论君子，也以歆之言为然。②

这应该说还比较客观，但班固的态度比较肯定这个“大儒”，也可看得出来。董仲舒地位从刘向、班固开始就被“炒作”起来，这有儒学已据统治地位的背景，此处就不详论了。

其次，对“天人三策”如何评价？从记载情况看，董仲舒是在汉武帝的一再启发下③，不断揣摩汉武帝的心思和意愿而逐渐明确起来的。当然有他的一些基本思想，如“天人相与”的思想（包括“天不变，道亦不变”）、大一统的思想，兴学修礼的思想，以及“更化”、“阴阳灾异”等思想。这里要指出两点：第一，这些多半是当时的时代思潮，并非董仲舒的独创发明。例如讲天人关系，众所周知，司马迁就公开说要“究天人之际，通古今之变”④，公孙弘在奏言中也有“诏书律令下者，明天人分际，

---

① 班固：《汉书》卷五十六，《董仲舒传》，中华书局1962年版，第2525页。

② 班固：《汉书》卷五十六，《董仲舒传》，中华书局1962年版，第2526页。

③ 诸如：“子大夫其精心致思”，“子大夫其尽心靡有所隐”，“各悉对著于篇，毋讳有词，明其指略，切磋究之，以称朕意”，“其悉之、究之、孰之、复之……朕将亲览焉”。

④ 班固：《汉书》卷六十，《司马迁传》，中华书局1962年版，第2735页。

通古今之义……”而公孙弘代拟之诏制，也一再说“劝学修礼”。“大一统”更不消说，不仅是汉武帝的追求和实践，也是当时所有政治家、学者毫无异议的共识。至于“更化”，实即跟上形势的变化，叔孙通、公孙弘都是这样做的，董仲舒的贤良对策本身就是在不断“更化”。第二，董仲舒对上述思想，又是有自己的贡献的，结合他所著“数十篇十余万言”，更是“切当世，施朝廷者”。（下面再说）

从上述情况看，董仲舒当时地位并不是太高，影响远不及公孙弘治《春秋》封侯的榜样力量，在政治上更无大的作为。要说他的贡献，主要还是在儒学理论上，他留下的《春秋繁露》为我们全面论述他的思想和理论提供了原始的资料。在已有的众多论述基础上，这里着重指出如下几点：

（1）切合汉朝统一的时势，利用其明于《春秋》的专长①，大倡和深化“大一统”的政治理论。

董仲舒认为，孔子作《春秋》是为了讲“大一统”，司马迁写《太史公自序》时引用了他的话：

> 余闻董生曰：周道衰废，孔子为鲁司寇，诸侯害之，大夫壅之。孔子知言之不用，道之不行也。是非二百四十二年之中，以为天下仪表，贬天子，退诸侯，讨大夫，以达王事而已矣。②

董仲舒在对策时，始终是“谨案《春秋》”，最后说出：“《春秋》大一统者，天地之常经，古今之通谊也。”他根据这天经地义的“大一统”理论，进一步提出了“绝”“百家殊方”、“灭”“邪辟之说”的主张（当然可理解为“罢黜百家”）。

（2）论“天人相与”，倡导君权神授。

孔子敬天③、畏天④，但讲得不多，而且不认为天会发号施令⑤。孟子也说“天不言”⑥。孔孟儒家讲天的问题是不多的。董仲舒则和汉初许多讲

---

① 《史记·儒林列传》：“故汉兴至于五世之前，唯董仲舒名为明于《春秋》，其传公羊氏也。”

② 司马迁：《史记》卷一百三十，《太史公自序》，中华书局1982年版，第3297页。

③ 《论语·泰伯》：“唯天为大。”

④ 《论语·季氏》：“畏天命。”

⑤ 《论语·阳货》：“天何言哉？四时行焉，百物生焉。天何言哉？”

⑥ 《孟子·万章上》：“天不言，以行与事示之而已。”

“天人之际”的学者一样，大讲“天人相与”，创立天人感应学说，明确倡导君权神授。他的贤良对策被称为“天人三策”，就是因为他处处都把“天”抬出来，大讲“天命”、“天意”，或者“上天就之”，或者“天乃先出灾害以谴告之”，等等。在《春秋繁露》中“天人相与”、天人合一的论述更多、更详。他的关于天人感应的思想，研究者已经从各个不同方面进行了很多论述，这里不多说了，但其“君权神授”的思想要讲一讲。“君权神授”即使不算他首创，也是他大力宣扬的。在他的思想中，天是有喜怒、司赏罚的神：

> 天者，百神之君也，王者之所最尊也。①

> 天者，百神之君也，事天不备，虽百神犹无益也。②

天是至高无上的神，主宰天上诸神，人间帝王当然要尊崇它。

人间帝王自古被称为天子，但董仲舒作了更多的阐述：

> 受命之君，天意之所予也，故虽为天子者，当视天如父，事天以孝道也。③

> 传曰：唯天子受命于天，天下受命于天子。一国则受命于君，君命顺则民有顺命……故曰一人有庆，兆民赖之，此之谓也。④

天子就是天之子，“受命于天”，天下则“受命于天子”，天子是替天行事，或者如其《天人三策》中所说是“王者承天意以从事”。天是至高无上的，天子自然也就神圣而唯我独尊了。这就是董仲舒君权神授的基本思想，是有利于巩固统治的。当然，君王、天子是承天意行事，替天行道，这样有些问题就好解释了。《春秋繁露》中有《尧舜不擅移，汤武不专杀》一篇，

---

① 《春秋繁露·郊义》，中华书局四部备要本1980年版。
② 《春秋繁露·郊祭》，中华书局四部备要本1980年版。
③ 《春秋繁露·深察名号》，中华书局四部备要本1980年版。
④ 《春秋繁露·为人者天》，中华书局四部备要本1980年版。

似乎回答了景帝时辕固生与黄生的那场关于“汤武革命”的争论，“有道伐无道此天理也”，“王者天之所予也，其所伐者皆天之所夺也”。一切都归之于天意、天命。经常被人称引的一句名言，“天不变道亦不变”①，历代学者曾有过一些不同的理解，其实看它的前后文就更清楚一些。其前面一句是“道之大原出于天”，其后面说的是：“是以禹继舜，舜继尧，三圣相受而守一道，亡救弊之政也。”而且他说这话是针对汉武帝的发问而作的回答，汉武帝之疑问是：“夫三王之教所祖不同皆有失，或谓久而不易者道也，意岂异哉？”似不必往什么“形而上学”之类的话题上引。

（3）论三纲五常。

儒家所重视的伦理思想，可概括为三纲五常，应该是董仲舒明确提出并予以具体论证的。三纲的思想在他之前有各种表述，从孔子到荀子，都讲君臣、父子、兄弟、夫妇关系，韩非子甚至规范了“三纲”，他说：

> 臣事君，子事父，妻事夫。三者顺则天下治，三者逆则天下乱，此天下之常道也。②

“三纲”呼之欲出。而董仲舒则明确把这三种关系称为“王道之三纲”：

> 君臣、父子、夫妇之义，皆取法阴阳之道。君为阳臣为阴，父为阳子为阴，夫为阳妻为阴。阴道无所独行，其始也不得专起，其终也不得分功，有所兼之义。……王道之三纲可求于天，天出阳为暖以生之，地出阴为清以成之，不暖不生，不清不成。然计其多少之分，则暖暑居百，而清寒居一。德教之与刑罚犹此也……③

董仲舒的阐述首先不忘记的是“天”，“三纲可求于天”，三纲是符合天道的，这就天经地义了。而且，天与地、阳与阴是百与一的比率，那当然是天尊地卑、阳尊阴卑了，这在《阳尊阴卑》《顺命》等篇中多有论述。其

---

① 班固：《汉书》卷五十六，《董仲舒传》，中华书局 1962 年版，第 2519 页。下不注引文，同此。

② 《韩非子·忠孝》，诸子集成本，中华书局 1954 年版。

③ 《春秋繁露·基义》，中华书局四部备要本。

次，他又把阴阳学说纳入，以充实其论证。其顺便谈到的德教与刑罚之比，足见其思想之周密。

“五常”也是如此。孔子、孟子的言论中，对仁、义、礼、知、信、忠、孝、悌、恭等有不少论述，最终概括成“五常”的人，似亦为董仲舒：

> 夫仁、谊、礼、知、信五常之道，王者所当修饬也。五者修饬，故受天之佑，而享鬼神之灵，德施于方外，延及群生也。①

讲这五常之道，就会“受天之佑”，同样与神圣的天联系在一起。此外他也用阴阳、五行的学说来论述五常，这里就不多说了。

把“三纲”、“五常”明确提出的应该是董仲舒，但后世讲儒家伦理道德，三纲五常连用，是东汉后期的事。马融注《论语·为政》“殷因于夏礼”、“周因于殷礼”，认为“所因，谓三纲五常”。

（4）兼采各家思想，大量引用阴阳五行学说。

战国时期思想领域的“百家争鸣”，一方面是互为水火，争论得相当激烈；另一方面又相生相灭，相反相成。这就是班固所说的：

> 其言虽殊，辟犹水火，相灭亦相生也。②

还有一个发展趋向，就是相互吸取，为了完善和发展自己的理论，采纳他人甚至论辩对方的思想。越往后，这一趋向越明显。到了汉代，不仅是道家“因阴阳之大顺，采儒墨之善，撮名法之要，与时迁移，应物变化”③，成为秦汉黄老新道家，以董仲舒为理论代表的新儒家同样如此，他兼采道（黄老）、墨、名、法，充分吸取阴阳五行学说。这些问题，又被或多或少地论证。这些年董仲舒的黄老思想是被研讨得最多的，如我国台湾学者陈丽桂的《董仲舒的黄老思想》“结论”说：

---

① 班固：《汉书》卷五十六，《董仲舒传》，中华书局1962年版，第2505页。

② 班固：《汉书》卷三十，《艺文志》，中华书局1962年版，第1746页。

③ 司马迁：《史记》卷一百三十，《太史公自序》，中华书局1982年版，第3289页。

一代儒宗在推阐阳尊阴卑的“三纲说”与大一统思想时，吸取了相当分量的黄老帛书一系阴阳大义、《管子》、《心术》、《内业》乃至法家申韩一系静因无为的刑名技巧与权谋独断之术，或以为推论的理据，或加以诠释与疏解，终于完成了他天道与治道通贯、厚德简刑的思想纲领，与君尊臣卑、君暗臣明、君静臣动、契名考质的君道思想，以为其天人合一、灾异感应说的基础，并为此后刘汉朝廷阳儒阴法、王霸杂治的统治方向与形态提供了重要的理论基础。①

这是一个相当全面、准确的结论，从采纳各家思想看，一目了然，无须多说了。虽言黄老，实际上阴阳、名、法都讲到了。诸子的主要流派，没有提到的只有墨家，但 20 世纪 30 年代，顾颉刚先生曾写过《董仲舒思想中的墨教成分》②，分析了董仲舒思想中墨家的学说和思想。

还要补充说明的是，阴阳五行是邹衍的学说，但是没有得到流传，董仲舒则大量吸取了阴阳五行思想，甚至有创造性的发明和运用。前面已经提到他用阳尊阴卑来证明“三纲”，用五行来阐释“五常”，所以说他是以阴阳五行为框架建立了汉代新儒学的体系。《汉书・五行志》写道：

董仲舒治《公羊春秋》，始推阴阳，为儒者宗。③

就是讲他大量吸取并发挥阴阳五行学说。“推”就是推广、推求之意，《春秋繁露》中有《阳尊阴卑》《阴阳位》《阴阳终始》《阴阳义》《阴阳出入》《天地阴阳》等篇名，而虽无篇名却讲阴阳之处数以百计。阴阳与五行是紧密相连的，专讲五行的篇名有《五行对》《五行之义》《五行相生》《五行相胜》《五行逆顺》《治水五行》《治礼五行》《五行变极》《五行五事》，从各个方面阐释五行。“推阴阳”实际是包含五行，阴阳五行是一个整体，《汉书》也是在《五行志》中讲他“始推阴阳”的。一个“始”字，一个“推”字，还有一个“宗”字，都是值得仔细玩味的。邹衍的阴阳五行学

① 陈丽佳：《董仲舒的黄老思想》，陈鼓应主编：《道家文化研究》第六辑，上海古籍出版社 1995 年版，第 231 页。

② 据有关索引载该文 1937 年 3 月发表于《文澜学报》第三卷第一期。

③ 班固：《汉书》卷二十七上，《五行志上》，中华书局 1962 年版，第 1317 页。

说失传了，董仲舒开始进行推求，而又是他开始把阴阳五行思想推广到儒学之中，阐释“天人之际”，论证“三纲五常”。这里的“为儒者宗”和前述叔孙通“为汉家儒宗”不同，是董仲舒的吸收和运用阴阳五行为后来的儒者所尊崇效法。事实也是讲阴阳五行成为汉代新儒家的主要特点。

这里自然产生了另一个问题，董仲舒的这一套体系，与司马谈讲的道家（我认为是新道家）的“因阴阳之大顺”，采、撮各家之善要又有不同。一个重天，一个重道；一个大讲君权神授、三纲五常，一个强调君子无为、虚静为要。二者各有自己的理论重心和体系。

除上述四个主要方面，董仲舒还有一些重要思想，也是有开创意义的。例如他根据五德终始，提出“三统”、“三正”的历史观，也是有一定影响的，这里就不一一论列了。

（四）汉代新儒家的演变

各学派的思想理论是动态的，始终处于发展变化之中。大的阶段有自然的呈现，如先秦儒学、汉儒、宋儒、清儒等；同一大阶段中也有不少演变，例如汉代儒学就有经今古文之争、师法家法的变化等，只不过变化的程度、条件、性质等有所不同罢了。

如前所述，汉代新儒家从叔孙通算起，到公孙弘、董仲舒前后，适应统治的需要（“务为治者也”），制度上、理论上日益成熟。汉代新儒家的主要特点是，适应形势的潮流，大量吸取和运用阴阳五行学说，兼采各家思想，构造儒家思想的新体系，倡导大一统、君权神授、三纲五常等思想，把先秦儒家的思想系统化、理论化、神圣化，使之有很高的实用价值。当然基本定型之后，小的变化又不断发生。班固在说董仲舒推阴阳为儒者宗之后写道：

> 宣、元之后，刘向治《谷梁春秋》，数其祸福，传以《洪范》，与仲舒错（师古曰：错，互不同也）。至向子歆治《左氏传》，其《春秋》意亦已乖矣；言《五行传》，又颇不同。是以揽（师古曰：谓引取之）仲舒，别向、歆，传载眭孟、夏侯胜、京房、谷永、李寻之徒所陈行事，讫于王莽……①

① 班固：《汉书》卷二十七上，《五行志上》，中华书局1962年版，第1317页。

一个阴阳五行问题，前后就有很多不同的阐释，一个《五行志》分写成五大篇，足见这个问题在当时的意义和影响。

在新儒学的发展过程中，人们对经义的理解会产生不同，“五经异同”的问题常常出现，为了更好地符合社会政治的要求，统治者有时会出面组织研讨，诸如西汉的石渠阁“会议”，东汉白虎观“会议”，后者甚至形成了“法典化”的《白虎通义》。统一是不可能的，但政治干预，例如立五经博士或者争立某一经博士，设置博士弟子，当然会影响儒学的发展。最为明显的就如《汉书·儒林传》“赞曰”：

> 自武帝立五经博士，开弟子员，设科射策，劝以官禄，讫于元始，百有余年，传业浸盛，枝叶蕃滋，一经说至百余万言，大师众至千余人。盖利禄之路然也。①

学习五经的人多了，学问成了利禄工具，学问本身日趋繁琐，造成儒学本身的衰落。又如《汉书·艺文志》所说：

> 后世经传既已乖离，博学者又不思多闻阙疑之义。而务碎义逃难，便辞巧说，破坏形体。说五字之文，至于二三万言。后进弥以驰逐，故幼童而守一艺，白首而后能言。安其所习，毁所不见，终以自蔽。此学者之大患也。②

这简直是对人的摧残，难怪说魏晋士人是求解放。

汉代新儒学演变的另一个重要方面，就是谶纬之学的兴起。据记载，西汉末到东汉，出现了大量谶纬图书，一度影响极大，甚至成为政治斗争的直接工具。它是受今文经学的影响、受董仲舒特别是《春秋繁露》的影响发展起来的：

> 不论从《春秋繁露》中天人感应的主导思想，对《春秋》大义微

---

① 班固：《汉书》卷八十八，《儒林列传》，中华书局1962年版，第3620页。
② 班固：《汉书》卷三十，《艺文志》，中华书局1962年版，第1723页。

言的阐述，礼制、训诂以及篇目命名都可以看出董仲舒的著作是谶纬的先导，谶纬是董仲舒思想论著的继承和发展，甚至援用董子之文，不改一字。①

这里我们不再多作论述。我们对谶纬之学不必简单予以否定，作为汉代新儒家演变出来的一种学问，它也有一定历史地位和影响。本书其他篇章还将言及。

从以上演变的主要情况看，汉代新儒家思想理论发展到一定高度之后，加上政治、制度等方面的一些外在影响，它继续前进，后又有更新的因素注入，继续在理论和方法上更新。东汉时期从专经到“通儒”，兼及诸子，到魏晋、隋唐的士人转向佛、老的探求，直至宋代新儒家的出现。

三 论秦汉新道家

前面对战国的“百家争鸣”总结过几条认识，它们是：“同源异流”、“殊途同归”、“相生相灭”、“相反相成”、“求同存异”、“齐万不同”。这中间反映了学术发展的必然趋势。不同主张、互为水火的各种学派是客观存在的，但在发展过程中，每一派都会采取他人之“善”、“要”，取长补短，以发展完善自己，这是历史的事实。如果说先秦的诸子百家有“九流十家”的话，其中几个大的派别发展到汉代，仍然会自觉不自觉地举起原有学派的旗帜，不过具体的思想内容有很大的不同罢了。这就是提出新道家、新儒家的原因，如同现在提“后××主义”一样，是为了反映不同时代变化了的思想主张。

从汉初开始，汉代就是一个大讲道家、儒家的时代，司马迁说：“世之学老子者则绌儒学，儒学亦绌老子。”② 人们纷纷打着老子、孔子的旗号，发表“其务为治”的思想主张，这就是汉代的新道家、新儒家乃至新法家等学派。

汉代最先发展起来的是新道家。

① 钟肇鹏：《谶纬略论》，辽宁教育出版社1991年版，第127页。
② 司马迁：《史记》卷六十三，《老子韩非列传》，中华书局1982年版，第2143页。

本人较早提出秦汉新道家的概念，由 20 世纪 80 年代初十来万字的"略论稿"，到 2001 年出版 40 万字的论著《秦汉新道家》，对这一问题作了比较系统的论述，表达了我的观点。有人赞成，有人反对，反对者发表过一些论文乃至十多万字的专著加以析论[①]。该专著主要是针对我的观点展开的，归结起来有如下几条：一是本为黄老之学，为什么要标立新道家；二是不应该以黄老道家囊括汉初一切；三是混淆了与杂家的关系；四是新道家与先秦道家的区分不确切；等等。下面结合这些问题谈谈秦汉以道家为主的思想整合。

(一) 关于学派的划分与秦汉新道家

大家一致认为学派的划分是客观存在，是汉人对先秦诸子客观情况的总结和分析。学派的划分又客观上有利于学术发展史的研究。否则，就会面对如墨子所说的"一人则一义，二人则二义，十人则十义，其人兹众，其所谓义者兹众"[②]。要找到完全相同的两个学派是不可能的，那学术史的研究就更困难了。如前所述，《庄子》《荀子》《韩非子》都有学术的分类(他们是不自觉的)，汉人从司马谈到刘向、刘歆一直到班固，学术分类更明确，本身即为学术发展史上的大事，也是对学术发展史研究的重大贡献。当然，具体的划分与归类有不尽如人意之处，这就引起了后来的许多讨论，后人的立场、理解不同，自然又会生出许多不同的看法。一个显然的问题是，汉代以后直至今日，我们仍沿用儒家、道家之类的划分法，就因为客观上始终存在一个学术思想的分歧问题，过去或以"醇儒"、"通儒"、"道学"自居，排斥佛、老，反对释、道，似乎有一个"道统"存在，有的人尽管自己标榜"孔步亦步，孔趋亦趋"，事实上不可能就是一个一成不变的孔子、老子，也决没有一个一成不变的儒家、道家。这一点早在《韩非子》中即有明确的认识，他说：

> 故孔、墨之后，儒分为八，墨离为三，取舍相反不同，而皆自谓真孔、墨，孔、墨不可复生，将谁使定后世之学乎?[③]

---

① 如黄汉光：《黄老之学析论》，(台中) 鹅湖出版社 2000 年版。

② 《墨子・尚同》，诸子集成本，中华书局 1954 年版。

③ 《韩非子・显学》，诸子集成本，中华书局 1954 年版。

事实上不同时期又有一些大体相同的知识群体，有较多的共识之处，有相同的目标，有大体相同的认识，当然也有相同的依据，这也就形成新的学术派别。到了现代，学人为了更好地认识传统学术，于是理出“玄学”、“理学”、“实学”之类的头绪；为了更好地继承传统，于是标出“新儒学”、“新儒家”，近时更有“新道家”的提出。儒家、道家的影响至今存在，为了对历史上并非一成不变的儒家、道家作更具体的分析，为了说明不同时期的儒家、道家，再给予一定的界定应该也是可以的。这就是我提出秦汉新道家的主要原因，也是现在才更清楚一些的认识。这里又碰到另一个问题，过去冯友兰先生曾经提到魏晋时期的新道家，那又涉及玄学以儒为主还是以道为主的问题。我想，冯先生是看到了玄学与道家的关系，二者既有联系又有区别，故以新道家名之。我则是看到了汉代黄老之学与道家的联系和区别，提出新道家（或黄老新道家）之说的。如果有学者要采用冯先生之说，应该可以用“秦汉新道家”、“魏晋新道家”……“当代新道家”等说法，不同时期可以有不同的“新”。新儒家也是如此，过去有学者提出过汉代儒家是新儒家之说，又有人认为宋代理学家是新儒家，同样可以与现代新儒家的说法相配合。

秦汉新道家也可称为“黄老道家”，这一点我也提到过，没有突出提“黄老道家”是有意与“黄老之学”作点区别。从黄老之学到黄老道家有一个发展过程的问题，“黄老之学”、“黄老道德之术”等，在史书记载中都曾出现过，但从学派划分来看，无论司马谈、刘向还是班固都没有单独列出这么一个学派。在《汉书·艺文志》中，属于黄老之学的一些子书，如《管子》《文子》《鹖冠子》以及《伊尹》《太公》之类，皆列于道家一类，更不消说《黄帝四经》《黄帝铭》《黄帝君臣》（注云：与《老子》相似也）、《杂黄帝》以及《力牧》等。这些无疑应为黄老之学的著作。马王堆中的《经法》四篇，不论是否是《黄帝四经》，也被认为是黄老之学的典型著作。如果“黄老”独立一派的话，这些冠以黄帝之名的图书，还有不少，在《艺文志》的《兵书略》《数术略》《方技略》中列了许多，不下二十种。仅从图书分类来看，完全可以单独列为一类，但是班固没有，刘向、刘歆当然也没有这么做，为什么？应该说这与学派的思想体系有关系，他们源于《老子》或者与《老子》思想有密切关系，是属于“道家”这一大类。所以我们说“黄老道家”或者“秦汉新道家”，是可以成立的。

（二）关于秦汉新道家的特点

早在1981年写《从〈吕氏春秋〉到〈淮南子〉》① 时，我就提出了秦汉新道家新在哪里的几点看法，即：第一，由批判儒墨变成了“兼儒、墨，合名、法”；第二，由逃世变成了入世；第三，发展了老子天道自然无为的思想，把它创造性地运用到人生和政治上去了。后来在1984年出书时，又补写了一篇《秦汉新道家与先秦道家之主要比较》，补充了一些具体看法。再后来主要是对秦汉新道家一些代表人物和著作进行具体研讨，没有再去深入思考了。但是在深入研究的过程中，发现了一些问题，如兼合儒、墨的问题，朋友们也提出一些问题，如陈鼓应先生赞同秦汉新道家之说，认为特点讲得不对，特别是像入世、出世问题等。现在看起来，还是有深入讨论的必要。“兼儒、墨，合名、法”是班固的说法，司马谈说的是“采儒、墨之善，撮名、法之要”。我认为，这两个表述是有区别的，班固之说没有讲兼、合什么，如何兼、合，而司马谈之说明确是采善、撮要。班固之说，自然主要反映杂凑在一起的意思，而司马谈之说，表明的是一种“综合”趋向。当然，他们在这两句话的前后都有文字，从各自的前后文看，两者所言的内容也显然不同。班固说：

> 杂家者流，盖出于议官。兼儒、墨，合名、法，知国体之有此，见王治之无不贯，此其所长也。②

唐人颜师古作注时解释说：

> 治国之体，亦当有此杂家之说。
>
> 王者之治，于百家之道无不贯综。

颜师古的理解是不错的，班固的意思是杂家也有利于“王者之治”，这一

① 熊铁基：《从〈吕氏春秋〉到〈淮南子〉》，《文史哲》1981年第2期。

② 班固：《汉书》卷三十，《艺文志》，中华书局1962年版，第1742页。

点和司马谈的“其务为治者也”说法一样，而兼、合的描述，只是一种不完全、不准确的客观描述。司马谈关于道家特征的描述则是比较全面、准确的：

> 道家使人精神专一，动合无形，赡足万物。其为术也，因阴阳之大顺，采儒、墨之善，撮名、法之要，与时迁移，应物变化，立俗施事，无所不宜，指约而易操，事少而功多。①

他对道家这一派学术的精神、特点均一一指出，道家这一派在发展过程中吸收了阴阳、儒、墨、名、法各家的重要思想，吸取各家之长，这正是战国以来学术向综合性发展的反映。班固与司马谈的说法及其反映的思想不同，显而易见。

关于秦汉新道家的另一个特点，逃世与入世问题，似乎陈鼓应先生很不以为然，他认为老子是关心政治的。对于这一点，我讲得不是很清楚，反对我的黄汉光先生倒是作了一个较好的说明：

> 首先要明白到道家的哲学思想到底是不是真的逃世这一问题是仍然有争议的。不过，这可能牵涉到对道家的学术性格的不同了解，这是很难达成共识的，然而先秦老、庄没有具体地讨论现实政治问题，那是事实；而《吕氏春秋》说了很多具体的现实政治，也是事实。②

不过黄先生注意的是“这两者是否为一有机的发展”，“根本看不到其中发展的过程”，这是另一个问题了，而且不知道该如何理解“有机的发展”。也许把陈鼓应先生的看法加进来，那就会“有机”了。

关于我提出的第三点，黄先生在“驳斥”“其非”时更是无力，而且主要是赞同的：

> 从引文看，熊氏的第三点新道家的观点是能够成立的，因为文中

---

① 司马迁：《史记》卷一百三十，《太史公自序》，中华书局1982年版，第3289页。
② 黄汉光：《黄老之学析论》，(台中) 鹅湖出版社2000年版，第11页。

> 不单只有无为的思想，而且指出这思想是由虚静无知，素服而无智的修养功夫而来的。
>
> ……
>
> 熊氏认为《吕氏春秋》作为新道家，吸纳了儒家任贤的政治于其中，而发展了老子的自然无为思想。[①]

在叙述这后一意思之后，黄先生认为不应把“无为”看成道家专利，儒家也有，“因此，《吕氏春秋》的无为政治看来并不一定是只从老、庄发展而来的唯一可能”[②]，似乎也并没有否定“可能”。

据这些不十分确定的“驳斥”，也只能说我的三个理由“都不一定能够成立”。或者也有“可能”。

了解这些反对意见之后，我觉得原来提出的新道家的几个特点，仍可以成立。但是需要提高认识，加深论述，我感到特别是从哲学的角度加深认识很有必要。比如“相生相灭”、“相反相成”问题，趋同性问题，综合发展问题等。当然从历史的、事实的论述上也应该更细致更深入，也许才能更好地说明老、庄与秦汉新道家“有机”联系和“发展的过程”。

我认为，新道家就是黄老道家，新道家的特点就是黄老道家的特点。如果因为反对新道家的提法，黄老道家也不愿提，硬要强行分离其“道家”特性，那就很勉强了。例如黄汉光先生著作中有“原始道家与秦汉新道家”一节，也是反驳“新道家”的特点，但以黄老为说，出现一些很难确定的论述，如：

> 从思想史的发展看，黄老之学主要是由道家衍化出来的，因为强化了这一类的道家作品的重要性，把黄帝……黄老合称，以作为道家学说的代表。……不过，以新道家指称黄老之学的说法只能显示道家与黄老之学在思想上的确有所关联，至于道家哲学因何会发展出黄老之学，及黄老之学到底是否为道家的嫡传，以致我们是否可以新道家一名替代黄老之学，都是须要探究的。[③]

---

① 黄汉光：《黄老之学析论》，（台中）鹅湖出版社 2000 年版，第 11 页。
② 黄汉光：《黄老之学析论》，（台中）鹅湖出版社 2000 年版，第 11 页。
③ 黄汉光：《黄老之学析论》，（台中）鹅湖出版社 2000 年版，第 11 页。

这里除了名称之外，黄老与道家关系的说法是含糊的。其论述结果是，只认为有关联，但哲学方向不同，融合了各家入世有为的思想，最后又说到“尊‘道’而‘无为’，乃是战国同时代法家哲学思想流行的结果”，似又牵涉道与法的关系问题。从哲学上讲区别，是一个见仁见智的问题，这里不作讨论。至于“关联”是什么，倒是应该讲清楚的。关联就与几个特点有关，特别是那个自然无为而无不为的道，这是属于道家体系的根本问题，与“新”无关。

秦汉新道家是与先秦道家相对而言的，没有“旧”道家，“原始道家”的提法也不一定确切。我曾说过，道家的形成与儒、墨的形成是有所不同的，它有一个发展过程。这也许就是司马谈论“六家要指”时前后综合较难之处，到刘向、刘歆、班固进行图书分类时，又不好处理某些新道家作品的原因。

（三）兼采各家思想并非千人一面

相生相灭、相反相成、殊途同归的不同学术派别，在各自发展的过程中，必然要撷取其他派别思想中主要的有用的东西，取长补短。这样的发展，任何一步都会有或大或小的变化，就像《韩非子》所说的，孔、墨死后“儒分为八，墨离为三”，虽然后继者皆称自己是正宗嫡传，“真孔、墨”，实际上没有（也不可能有）一个是不变的“孔”或者“墨”。儒、墨如此，其他各家莫不如此。并且越到后来，交流、互补的现象越多，乃至于形成了一种“综合”趋向，从战国后期到秦、汉，这种趋势也日益明显。

表面上看，似乎秦朝是以法家思想统治天下，秦始皇对法家思想很欣赏，如他欣赏韩非之书就是事实，但实际上他仍然实行的是《吕氏春秋》中所说的“齐万不同”。人们已注意到，在当时的一些刻石中，除开法家之外，儒家、道家的思想都有，这些是官方的具有法律性质的文件。各派的学者在这种实践过程中，在传播发展过程中，自然向“综合”的方向发展，但又各自有各自的基本立场，这样就形成了秦汉时期的新道家和新儒家。

我们说新道家也就是黄老道家，与先秦老、庄道家相比，是一个相对的大派别，其中又包括有许多代表人物和代表著作，我在修订本《秦汉新道家》中列举了一些，有的是没有争议的，有的就遭到质疑，除了对《吕氏春秋》和《淮南子》是否为杂家的分歧之外，对陆贾的《新语》、王充的《论衡》以及刘秀、诸葛亮之为政思想等，都有不同的看法。这些人和书确实各有不同，而且有较大的不同，我是从他们的主要方面、根本方面来归属道家学派的，正好说明不是千人一面。一个大的比较成熟的学派，无论在什么时候，无论面对什么问题，都会从自己的立场出发，表述自己的看法，提出否定或者赞同的观点，提出主张和解决的办法。所以，陆贾、刘秀、诸葛亮就是不同时期的代表人物，司马迁父子、扬雄、王充就各自有不同领域的重点论述，新道家不是一个面孔。我在《秦汉新道家》一书中，分别对上述这些人的思想作了分析，说明他们是属于黄老新道家的。但是在不同的时候，面临不同的环境，针对不同问题，各有各自的具体思想和不同论说。

当然，也不是什么都在黄老之内（有人认为包括的人太多了），董仲舒也采、撮了道家的一些东西，但没有把他包括进来，我们认为他是汉代新儒家的代表。

四 汉代经学垄断地位的确立及影响

什么是经学？“古代解释经书之学。”这样问和答是否显得肤浅？我想作些说明。因为不同场合、说明不同问题，可以作不同的解答。过去我在写《汉唐文化史》[①]《秦汉文化志》[②] 时，都曾有经学的专门章节，讲经学的产生、发展，主要讲发展。在《秦汉文化志》中有这样几句话：

> 经学的产生和发展，主要是在汉唐时期。狭义地理解，汉以前可以说有经而无学，唐以后研究儒家经典与汉唐经学又颇不一样。[③]

“经学”这个词，似乎最早见于《汉书·兒宽传》的记载：

---

① 熊铁基：《汉唐文化史》，湖南人民出版社 2002 年第 2 版。

② 熊铁基：《秦汉文化志》，上海人民出版社 1998 年版。

③ 熊铁基：《秦汉文化志》，上海人民出版社 1998 年版，第 156 页。

> （张汤）以宽为掾，举侍御史。见上，语经学。上说之，从问《尚书》一篇。①

这里的"经学"，当是《书经》之学，兒宽所治为《尚书》，他曾从学于欧阳生和孔安国。如果这个"经学"是《汉书》作者班固用东汉流行的语言来叙述此事的话，《汉书·邹阳传》的记载或可证明汉初已经有"经学"之说：

> （邹）阳曰：邹鲁守经学，齐楚多辩知，韩魏时有奇节，吾将历问之。②

这是记载汉初人的原话，更为可靠些。西汉已有"经学"的说法，可以肯定。当然，也不能完全因此而断定"经学"产生于汉代。

这里，我们不妨先简单回顾一下"经学史"的研究历史。清末皮锡瑞的《经学历史》③按历史时期分"开辟"、"流传"、"昌明"、"极盛"、"中衰"、"分立"、"统一"、"变古"、"积衰"、"复盛"十个时代。其"经学开辟时代"以"孔子删定六经为始"。孔门后学的战国时期，他称为"经学流传的时代"，西汉称为"昌明时代"，"汉元、成至后汉，为极盛时代"。其他的经学史，如 20 世纪 30 年代出版的马宗霍的《中国经学史》④，则以"古之六经"为篇名开头，然后是"孔子之六经"、"孔门之经学"、"秦火以前之经学"、"秦火以后之经学"、"两汉之经学"、"魏晋之经学"，以及南北朝、隋唐、宋、元明、清之经学等篇。不同的是"孔子之六经"未以"经学"名之，实际上将孔子删《六经》纳入"经学"的范围也未尝不可，因为孔子毕竟对"经书"动了编次、删削之手。如果说《易传》是孔子所作，那当然是研究《易经》之学了。汉代以后的"经学"是有的，影响也不小，但有很大变化，这里就不详说了。问题是对汉代的经学如何看待。哲学史家，如 20 世纪 30 年代冯友兰的《中国哲学史》⑤，

---

① 班固：《汉书》卷六十，《兒宽传》，中华书局 1962 年版，第 2629 页。
② 班固：《汉书》卷五十一，《邹阳传》，中华书局 1962 年版，第 2353 页。
③ 皮锡瑞：《经学历史》，中华书局 1959 年版。
④ 马宗霍：《中国经学史》，商务印书馆 1936 年版，上海书店 1984 年影印本。
⑤ 冯友兰：《中国哲学史》，商务印书馆 1935 年版。

把战国时代称为“孔子学时代”，从汉代开始称为“经学时代”。这也有“经学”从汉代开始的意味。纵观各种说法，“经学”在汉代是有特殊意义的，所以本节即以“经学”垄断地位的确立为中心来说明汉代之经学及其在学术史上的意义和影响。

经学是汉代学术的重要内容，占据了垄断地位，主要表现在以下几个方面：

(一)“五经”地位的崇高与诸子学相对的削弱

本来是诸子百家都用的《诗》《书》等经典，逐渐变得似乎是儒家的专利，并且成为压制诸子百家的武器。这是汉代经学的特点之一。当然这里有一个长期复杂发展变化的过程。一方面是汉初曾以黄老道家思想作为政的指导思想，另一方面诸子从来没有完全被废弃过。但是一个“独尊儒术”的思潮日益占了上风，成为主导，终至形成“五经”的崇高地位。典型的记载如《汉书·武帝纪》：

> 建元元年，冬十月，诏丞相、御史、列侯、中二千石、二千石、诸侯相，举贤良方正、直言极谏之士。丞相绾奏：所举贤良，或治申、商、韩非、苏秦、张仪之言，乱国政，请皆罢。奏可。①

没有选拔诸子学（这里主要说了法家、纵横家）的人才。又：

> （建元五年春）置五经博士。②

董仲舒在贤良对策时建议说：

> 臣愚以为：诸不在六艺之科，孔子之术者，皆绝其道，勿使并进。邪辟之说灭息，然后统纪可一而法度可明，民知所从矣。③

---

① 班固：《汉书》卷六，《武帝纪》，中华书局1962年版，第155页。
② 班固：《汉书》卷六，《武帝纪》，中华书局1962年版，第159页。
③ 班固：《汉书》卷五十六，《董仲舒传》，中华书局1962年版，第2523页。

董仲舒及其言论虽具有代表性，在“罢黜百家”中的作用不可估计过高，但是整个汉武帝时期前前后后是采取了不少措施的，所以司马迁早就作了总结式的论述：

> 及窦太后崩，武安侯田蚡为丞相，绌黄老、刑名百家之言，延文学儒者数百人，而公孙弘以《春秋》，白衣为天子三公，封以平津侯。天下之学士，靡然乡风矣。①

在“禄利”的鼓励和引诱下，就出现了“一经说至百余万字，大师众至千余人”② 的局面。“五经”的崇高地位，由此可见一斑。诸子之学相对削弱也是显然的，除开老、庄因为汉初曾一度黄老当道有一定影响之外，其他都只是暗流、细流，墨学几近绝迹。申、商、张、苏等之学遭到大肆批判。东汉的情况又有些变化，诸子，特别是道家诸子老、庄，有一定的恢复，但只能是处于从属地位，五经的地位被今人称为“法典化”了。

（二）经学的专精与传注之学的发达

专攻治一经，或者重点攻治一经，是从汉代开始的，从积极方面说，当然有利于经学的专精发展。

汉以前，一方面“五经”为诸子自由学习、引用，另一方面即使是孔门儒家也没有专治一经的，无论孔门四科（德行、政事、言语、文学），或者孔子死后的儒家八派，都是如此。《史记·仲尼弟子列传》有唯一例外的记述是：

> 商瞿，鲁人，字子木。少孔子二十九岁。孔子传《易》于瞿，瞿传楚人馯臂子弘，弘传江东人矫子庸疵，疵传燕人周子家竖，竖传淳于人光子乘羽，羽传齐人田子庄何，何传东武人王子中同，同传菑川人杨何，何元朔中以治易，为汉中大夫。③

---

① 司马迁：《史记》卷一百二十一，《儒林传》，中华书局 1982 年版，第 3118 页。
② 班固：《汉书》卷八十八，《儒林传》，中华书局 1962 年版，第 3620 页。
③ 司马迁：《史记》卷六十七，《仲尼弟子列传》，中华书局 1982 年版，第 2211 页。

这个传授系统记述的特例与孔子晚年才“喜易”有关。司马迁记述说：

> 孔子晚而喜易，序彖、系、象、说卦、文言。读《易》，韦编三绝。曰：“假我数年，若是，我于易则彬彬矣。”孔子以《诗》、《书》、《礼》、《乐》教弟子，盖三千焉，身通“六艺”者，七十有二人……①

至少可以说，孔子自认为《易》还没有读得太好，再加上他的“五十以学《易》，可以无大过矣”② 的说法，《易经》传授当有一定的特殊性。而孔子教学生，主要是《诗》《书》《礼》《乐》这几种经，孔子烂熟，运用自如，学生也是全面学习，以求达到“身通六艺”的目的，少有专攻一经的。而我们从孔门后学的一些“大家”来看，正是如此。例如孔子及孔门弟子年龄最小的子夏，子夏小孔子 44 岁，在传经史上就有重要地位，宋人洪迈曾作过如下的概述：

> 孔子弟子，惟子夏于诸经独有书，虽传记杂言未可尽信，然要为与他人不同矣。于《易》则有《传》。于《诗》则有《序》。而《毛诗》之学，一云，子夏授高行子，四传至小毛公；一云，子夏传曾申，五传而至大毛公。于《礼》则有《仪礼·丧服》一篇，马融、王肃诸儒多为之训说。于《春秋》所云“不能赞一辞”，盖亦尝从事于斯矣。公羊高实受之于子夏。谷梁赤者，《风俗通》亦云子夏门人。于《论语》，则郑康成为仲弓，子夏等所撰定也。后汉徐防上疏曰：“《诗》、《书》、《礼》、《乐》定自孔子，发明章句，始于子夏。”斯其证云。③

子夏不愧为孔门“四科”中“文学”之最，其所谓“身通六艺”，即攻治过各种经书，而且有传授之功。

儒家另一位大家孟子，被后世称为“亚圣”，他在游说诸侯不成之后，

---

① 司马迁：《史记》卷四十七，《孔子世家》，中华书局 1982 年版，第 1938 页。

② 《论语·述而》，诸子集成本，中华书局 1954 年版。

③ 洪迈：《容斋随笔·续笔》卷十四，《子夏经学》，上海古籍出版社 1978 年版，第 390 页。

“退而与万章之徒序《诗》、《书》，述仲尼之意”①。东汉赵岐在《孟子题辞》中说，孟子“治儒术之道，通五经，尤长于《诗》、《书》”。长于《诗》《书》可以在《孟子》一书中找到不少实例。其实仔细分析，《孟子》一书中确有不少暗含经义之言，宋人作过不少论述，如程子说过“知《易》者莫如孟子”，“知《春秋》者莫如孟子”，王应麟认为孟子“七篇垂训，法严义精”符合“《易》奥”、“《书》之要”、“《诗》之纲”、“知《礼》”、“知《春秋》”，等等②，应该是有一定道理的。因为孟子之学主要在于通孔子之道，这一点司马迁只作了一个高度的概括，说他“受业于子思之门人，道既通，游事齐宣王”③。“道既通”就应当是受业五经，融会贯通，得到了孔子之“道”的真传。说孟子本人“身通六艺”或者“通五经”应该说是可以的，显然孟子不是只专门攻治一经的。

汉以前另一位赫赫有名的儒家学者就是荀子，他在继承和传授经学方面贡献是比较大的。马宗霍《中国经学史》对此论述得比较全面清晰，现摘引如下：

> 刘向叙称孙卿善为《诗》、《礼》、《易》、《春秋》，则其经学之传，当别有所属。考《别录》言荀卿受左氏之学于虞卿，以授张苍。杨士勋《谷梁疏》言荀卿受《谷梁》之学于谷梁赤，以授鲁人申公，而《荀子》本书《大略》篇言“《春秋》贤穆公善胥命”。《王制》篇言“桓公劫于鲁庄”。又言“周公述职事”，悉与《公羊传》合。是荀卿于《春秋》兼通三传也。《经典叙录》述荀卿受《诗》于根牟子，上接曾申之传，以授大毛公，是为《毛诗》之学。《汉书·楚元王交传》言鲁申公受《诗》于浮丘伯，伯者孙卿门人。《儒林传》言申公以《诗经》为训故以教，是为鲁诗之学。而《韩诗外传》引荀卿子以说《诗》者四十有四。是荀卿于诗则兼开三家也……《礼》则《大戴记》、《曾子立事》篇《荀子》、《修身》、《大略》二篇文，《小戴记》、《三年问》、《乡饮酒义》、《乐记》载《荀子》《礼论》、《乐论》二篇

① 司马迁：《史记》卷七十四，《孟子荀卿列传》，中华书局 1982 年版，第 2343 页。

② 参阅马宗霍：《中国经学史》第四篇“论孟荀二子”，1984 年上海书店根据 1937 年商务印书馆版复印。

③ 司马迁：《史记》卷七十四，《孟子荀卿列传》，中华书局 1982 年版，第 2343 页。

文。而《非相》、《大略》二篇又《易》义存焉。由是言之，荀卿兼善诸经，信而有徵。故汪中《荀子通论》曰："自七十子之徒既殁，汉诸儒未兴，中更战国暴秦之乱，六艺之传赖以不绝者荀卿也。周公作是，孔子述之，荀卿传之，其揆一也。盖深于经学，孟荀所同……传经之功，（孟子）莫能与荀卿比隆矣。"①

荀子"通五经"，而且战国末年传经之功甚大。

汉以前的学者，即便不是"通五经"，也是五经都学的，或者说至少要学几种，很少专攻一经的。而专治某经则是从汉代开始，正如司马迁在《史记·儒林列传》中所说：

自是之后（按：指武帝即位以后），言《诗》，于鲁则申培公，于齐则辕固生，于燕则韩太傅。言《尚书》自济南伏生。言《礼》自鲁高堂生。言《易》自菑川田生。言《春秋》于齐鲁自胡毋生，于赵自董仲舒。②

原本不是专攻一经的，如上述申公，既"受《诗》浮丘伯"，也曾从荀卿学过谷梁学。其他人大体如此。只是在汉代，从文帝立一经博士开始，如辕固生"以治诗，孝景时为博士"，到武帝后立"五经博士"，这专治一经的发展，就日益形成风气。

但话又说回来，专治一经不是绝对的，准确地说，应该是专长于某一经，并非其他的书都不看。要注解、章句，还非得看其他书不可，但是要做到专精并不容易。《汉书·艺文志》在《六艺略》的最后一段论述或可作为参考：

古之学者耕且养，三年而通一艺，存其大体，玩经文而已，是故用日少而畜德多。三十而五经立也。后世经传既已乖离，博学者又不思多闻阙疑之义，而务碎义逃难，便辞巧说，破坏形体。说五字之

① 马宗霍：《中国经学史》，上海书店 1984 年影印版，第 25～26 页。
② 司马迁：《史记》卷一百二十一，《儒林列传》，中华书局 1982 年版，第 3118 页。

文，至于二三万言（师古曰：言其烦妄也。桓谭《新论》云：秦近君能说《尧典》，篇目两字之说至于十余万言。但说“若曰稽古”三万言）。后进弥以驰逐，故幼童而守一艺，白首而后能言。安其所习，毁所不见，终以自蔽。此学者之大患也。①

专攻治一经到烦琐无用，应该是西汉中到东汉前期的事。东汉从总体上看当然是尊经，专经的研究也继续存在，但逐渐地又出现了一些“通人”、“通儒”，融会贯通各经，可以说是在更高层次上发展了经学。如《后汉书·儒林列传》记：

尹敏：少为诸生，初习《欧阳尚书》，后受古文，兼善《毛诗》、《谷梁》、《左氏春秋》。②

景鸾：少随师学经，涉七州之地。能理《齐诗》、《施氏易》，兼受《河洛图纬》。作《易说》及《诗解》，文句兼取《河》、《洛》，以类相从，名为“交集”。又撰《礼内外记》，号曰《礼略》。又抄风角杂书，列其占验，作《兴道》一篇。及作《月令章句》。凡所著述，五十余万言。③

何休：精研六经，世儒无及者……作《春秋公羊解诂》，……又注训《孝经》、《论语》、风角七分，皆经纬典谟，不与守文同说。又以《春秋》驳汉事六百余条，妙得《公羊》本意。休善历算……作《公羊墨守》、《左氏膏肓》、《谷梁废疾》。④

许慎：少博学经籍，马融常推敬之，时人为之语曰：“《五经》无双许叔重。”……慎以《五经》传说臧否不同，于是撰《五经异义》，

① 班固：《汉书》卷三十，《艺文志》，中华书局1962年版，第1723页。
② 范晔：《后汉书》卷七十九，《儒林列传》，中华书局1965年版，第2558页。
③ 范晔：《后汉书》卷七十九，《儒林列传》，中华书局1965年版，第2573页。
④ 范晔：《后汉书》卷七十九，《儒林列传》，中华书局1965年版，第2583页。

又作《说文解字》十四篇，皆传于世。①

东汉后期更有马融、郑玄那样在经学史上贡献巨大的“通儒”。

马融：“博通经籍”，其著作有《三传异同说》，“注《孝经》、《论语》、《诗》、《易》、《三礼》、《尚书》、《列女传》、《老子》、《淮南子》、《离骚》，所注赋、颂、碑、诔、书、记、表、奏、七言、琴歌、对策、遗令，凡二十一篇”。“才高博洽，为世通儒，教养诸子，常有千数。”②

郑玄就是他的学生之一。

郑玄：造太学受业……始通《京氏易》、《公羊春秋》、《三统历》、《九章算术》。又从东郡张恭祖受《周官》、《礼记》、《左氏春秋》、《韩诗》、《古文尚书》。以山东无足问者，乃西入关……事扶风马融。……因从质诸疑义，问毕辞归。融喟然谓门人曰：“郑生今去，吾道东矣。”……门人相与撰玄答诸弟子问五经，依《论语》作《郑志》八篇。凡玄所注《周易》、《尚书》、《毛诗》、《仪礼》、《礼记》、《论语》、《孝经》、《尚书大传》、《中候》、《乾象历》，又著《天文七政论》、《鲁礼禘祫义》、《六艺论》、《毛诗谱》、《驳许慎五经异义》、《答临孝存周礼难》，凡百余万言。玄质于辞训，通人颇讥其繁。至于经传洽熟，称为纯儒，齐鲁间宗之。③

郑玄遍注群经，是否如当时某些人所讥为“繁”，他的“繁”与前面说的经学“烦妄”是否一样，看来是可以思考的。范晔在写《郑玄传》的最后“论”得很好：

汉兴，诸儒颇修艺文；及东京，学者亦各名家，而守文之徒，滞

① 范晔：《后汉书》卷七十九，《儒林列传》，中华书局1965年版，第2588页。
② 范晔：《后汉书》卷六十上，《马融列传上》，中华书局1965年版，第1972页。
③ 范晔：《后汉书》卷三十五，《郑玄列传》，中华书局1965年版，第1207～1212页。

> 固所禀，异端纷纭，互相诡激，遂令经有数家，家有数说，章句多者或乃百余万言，学徒劳而少功，后生疑而莫正。郑玄括囊大典，网罗众家，删裁繁诬，刊改漏失，自是学者略知所归。王父豫章君每考先儒经训，而长于玄，常以为仲尼之门不能过也……①

经过与先儒比较范晔祖父以郑玄之遍注群经为“长”，很有意义。范晔的论述也十分恰当。郑玄在经学史上的贡献是巨大的，他的一些笺注为后世所承传就是有力的证明。

郑玄及东汉的许多经学家（包括以上列举的几个人，和没有列举的贾逵、赵晔等许多人）在经学上的专精程度比西汉学者有进一步发展，应该是创造性的发展。上述各人的有关著作就能够证明，不但数量多，而且有多疑、难、异义，创造性地注经、解经。当然，西汉的经学著作大多亡佚了（从《汉书·艺文志》的著录看就很明显），但其专治一经等工作所起的承传作用是不该一笔抹杀的，对经学的专精发展也是起了作用的。

伴随经学专精的发展，就是传记之学的发达。从“五经”本身来说，字数不是太多，几万、几十万、上百万的文字都是解经、说经的文字。这种解说文字在当时有各种名目，这里且征引马宗霍先生的较完备的综述：

> 汉儒说经之书，具见两《汉书》中的《儒林传》及《艺文志》，综其立名，各有不同。其在西汉，则有曰“传”者，如王同周王孙丁宽皆著《易传》；《诗》有《齐后氏传》、《孙氏传》；《礼》有《周官传》是也。有曰“故”者，如《诗》有《鲁故》、《韩故》、《齐后氏故》、《孙氏故》是也。一称“解故”，又或称“故训传”，如《书》有大、小夏侯《解故》，《诗》有《毛诗故训传》是也。有曰“徵”者，如《春秋》有《左氏徵》、《铎氏徵》、《张氏徵》、《虞氏徵传》是也（按：铎氏、虞氏皆战国人）。有曰“说”者，如丁宽作《易说》，《诗》有《鲁说》、《韩说》，《礼》有《中庸说》、《论语》有《齐说》、《鲁说》，《孝经》有《长孙氏说》、《江氏说》、《翼氏说》、《后氏说》是也。一或称“说义”，如《书》有《欧阳说义》是也。有曰“记

① 范晔：《后汉书》卷三十五，《郑玄列传》，中华书局 1965 年版，第 1213 页。

考”，如《书》有刘向、许商《五经传记》，乐有《王禹记》，《春秋》有《公羊杂记》、《颜氏记》是也。有曰“章句”者，如《书》有欧阳、夏侯大小《章句》，《春秋》有公羊、谷梁《章句》是也。

至于东汉，立名益繁，“传”、“故”、“说”、“记”、“章句”之外，有曰“注”者……有曰“通”者……有曰“笺”者……有曰“学”者……有曰“释”者……有曰“删”者，如郑众所作《春秋删》、孔奇作《春秋左氏删》是也。有曰“略”者……有曰“问者”……有曰“难者”……有曰“解”者……有曰“条例”者……有曰“训旨”者……有曰“异同”者……其他若赵晔《诗细》、何休《公羊墨守》、《左氏膏肓》、《谷梁废疾》，名颇殊诡。而景鸾作《易说》及《诗解》，文句兼取《河洛》，以类相从，名为“交集”，尤为仅见。要之，立名虽繁，而通行之体，则不外乎“传”、“注”、“章句”三者。别有谱学、图学（如郑玄《诗谱》、《三礼图》之类）纲举目张，力鲜思寡，盖亦与经说相发明者也。①

我认为这个综述足以说明传记之学的发达，只是无法说出字数的多少了。经过两汉末年的两次战乱，图书大多亡佚了，当然也有不少部分是自然淘汰的，其精要的内容则在后世的注疏中保留下来，如唐代的《五经正义》之类。

（三）官学的主导作用和私学的蓬勃发展

博士制度是官学的具体反映，某种学问设了博士就确定了其官学地位。

关于博士制度，历来考证甚多，我们这里只需指出基本事实。《汉书·百官公卿表》云：

博士，秦官，掌通古今，秩比六百石，员多至数十人。武帝建元五年初置五经博士。宣帝黄龙之年稍增员十二人。

① 马宗霍：《中国经学史》，上海书店 1984 年影印本，第 54～56 页。

战国时已有博士官（或者说由泛称变成官职名称），秦始皇又置博士七十人（二世减为三十人）。汉代沿袭了“秦官”制度并有所发展这是可以肯定的，但是具体情况仍较复杂。

首先，汉初，“汉王（刘邦）拜叔孙通为博士，号稷嗣君”①，又孔襄“尝为孝惠皇帝博士”②。到了文帝时有了如下一些记载：

孝文皇帝始置一经博士。③

至孝文皇帝……天下众书往往颇出，皆诸子传说，犹广立于学官，为置博士。④

孝文皇帝欲广游学之路，《论语》、《孝经》、《孟子》、《尔雅》皆置博士。后罢传记博士，独立五经而已。⑤

这些西汉末年、东汉人的说法，后人没有太多理由否认，只是具体如何理解罢了。如“一经博士”，应该是指专治一经博士，这与当时的事实相符，申公、韩婴是治《诗》的博士，晁错、张生是治《书》的博士，但如前所述，并非他们不懂、不学、不传他经，只是以一经为博士官。至于诸子、传记“广立学官”也是事实。如公孙臣被文帝“召为博士，申明土德事”⑥，公孙臣未讲“五德终始”⑦，是否应该属于阴阳家？又如贾谊因为“颇能通诸子百家之书，文帝召以为博士”⑧，文帝时设了多少博士？有两条东汉人的遗文不妨征引一下，卫宏的《汉旧仪》曰：

---

① 司马迁：《史记》卷九十九，《叔孙通列传》，中华书局 1982 年版，第 2722 页。显然是继承秦官，叔孙通二世时已为“博士”，汉王予以承认。

② 司马迁：《史记》卷四十七，《孔子世家》，中华书局 1982 年版，第 1947 页。

③ 范晔：《后汉书》卷四十八，《翟酺列传》，中华书局 1965 年版，第 1601 页。

④ 班固：《汉书》卷三十六，《楚元王传》，中华书局 1962 年版，第 1968 页。刘歆“移让太常博士书”。

⑤ 赵岐：《孟子题辞》，《全后汉文》卷六十二，商务印书馆 1995 年版。

⑥ 司马迁：《史记》卷十，《孝文帝本纪》，中华书局 1982 年版，第 430 页。

⑦ 班固：《汉书》志第二十五上，《郊祀志上》，中华书局 1962 年版，第 1203 页。

⑧ 司马迁：《史记》卷八十四，《屈原贾生列传》，中华书局 1982 年版，第 2491 页。

孝文皇帝时，博士七十余人，朝服玄端，章甫冠。①

此条清孙星衍辑自《艺文类聚·职官部》和《太平御览·职官部》。又应劭《汉官仪》曰：

文帝博士七十余人，为待诏博士。朝服玄端，章甫冠。②

孙星衍辑自《唐六典》二十一。两条遗文都说有“七十余人”，七十余人是个约数，也许是与秦的七十人一致，与上述《公卿百官表》的“多至数十人”也是一致的。有“七十余人”，不同的是“博士”之前是否有“待诏”二字，有待详考。

接下来就是汉武帝建元五年的“置五经博士”。这是一个比较明确的问题，但疑问还是不少，例如《汉书·儒林传》的赞中有一句：

初，《书》唯有欧阳，《礼》后，《易》杨，《公羊春秋》而已。③

为什么“五经”仅举出四个，而未提到《诗》？从宋王应麟开始就讨论这个问题，认为《诗》原有三家不变，等等，一直讨论到近代。诸如此类，任何一个不全面的叙述，都会引出许多考证，有一些当然是有参考价值的，有一些也是误解或者没有必要的。在此我们着重指出以下几点：

第一，设立“五经博士”是确立“五经”的官学地位，只有“五经”是官方认可的学问，并给予官方的地位，享受俸禄（比如六百石）。五经博士在国家太学中教授弟子，培养官吏的接班人。与此同时，如前引赵岐所说：“罢传记博士，独立五经而已。”所谓经今古文之争，从政治上说，就是争立这个“博士”的官位。

第二，置五经博士之后，到底有多少个博士，也是值得讨论的。《百官公卿表》有宣帝时“稍增员十二人”的说法，《后汉书·百官志》有“博士十四人”的说法，综合各种记载看，这“十二”、“十四”应该是指

① 安作璋、熊铁基：《秦汉官制史稿》附录，齐鲁书社 1984 年版，第 343～491 页。
② 《汉官仪》，中华书局四部备要本 1990 年版。
③ 班固：《汉书》卷八十八，《儒林传》，中华书局 1962 年版，第 3620 页。

“家”数而言，《百官志》的“本注”讲得很清楚：

> 《易》四，施、孟、梁丘、京氏。《尚书》三，欧阳、大小夏侯氏。《诗》三，鲁、齐、韩。《礼》二，大小戴氏。《春秋》二，《公羊》严、颜氏。掌教弟子。①

那么，武帝时是多少呢？据考证是“五经七家”，宣帝时的十二人，东汉的十四人，都是指“家”的数目，也就是一家一人。至于具体的各朝博士是多少，有待详考。

第三，五经博士的条件和选拔有严格的要求。《后汉书·朱浮列传》注引《汉官仪》曰：

> 博士，秦官也。武帝时初置五经博士，后增至十四人。太常差选有聪明威重一人为祭酒，总领纲纪。其举状曰：“生事爱敬，丧没如礼。通《易》、《尚书》、《孝经》、《论语》，兼综载籍，穷微阐奥。隐居乐道，不求闻达。身无金痍痼疾。世六属不与妖恶交通、王侯赏赐。行应四科，经任博士。”下言某官某甲保举。②

此文唐宋类书《艺文类聚》《太平御览》等均有征引。《汉官仪》中还有一条，“博士，限年五十以上”。这是讲资历，而对德、才乃至身体健康也有全面的要求。“德”的要求包括品行、历史、亲属、社会关系，而“才”的方面，“兼综载籍，穷微阐奥”，不仅是“通”而且要有创造性，至于特别提出《易》《书》《孝经》《论语》当也是政治和伦理方面的需要，这是为了树立榜样。我想，如果再深入做“博士”的文章，这方面在实施中的情况如何，也是值得讨论的一个问题。

第四，博士弟子的制度化。博士有弟子就是老师有学生，原来应该是私人性质的。叔孙通的例子最为典型，从秦末到汉王时期，他身边“从儒生弟子百余人”，直至他为太常之后，“进曰：‘诸弟子儒生随臣久矣，与臣

---

① 范晔：《后汉书》志第二十五，《百官志二》，中华书局 1965 年版，第 3572 页。

② 范晔：《后汉书》卷三十三，《朱浮列传》，中华书局 1965 年版，第 1145 页。

共为仪，愿陛下官之。’高帝悉以为郎”①。汉初其他博士的弟子，同样是私人弟子。在武帝立五经博士之后不久，就为博士官置弟子，此事的记载，较完整的还是《史记·儒林列传》所记公孙弘的奏请之辞。该记载说“公孙弘为学官，悼道之郁滞”，乃上“劝学修礼之请”，弘为“学官”，当即第一次“为博士”之时，博士被称为“学官”应当说名副其实。其奏请辞中说：

> 为博士官置弟子五十人，复其身。太常择民年十八已上，仪状端正者，补博士弟子。郡国、县、道、邑，有好文学、敬长上、肃政教、顺乡里、出入不悖所闻者，令相、长、丞上属所二千石。二千石谨察可者，当与计偕，诣太常，得受业如弟子。一岁皆辄试，能通一艺以上，补文学掌故缺，其高弟可以为郎中者，太常籍奏。即有秀才异等，辄以名闻。其不事学若下材，及不能通一艺，辄罢之，而请诸不称者罚。……请著功令，佗如律令。②

司马迁接着写道：“制曰：可。”是著于“功令”了的，也是实行了的。从以上方案看，太学中除了每个博士的五十个弟子之外，还有数额不定的“受业如弟子”的年轻学者，其“劝学”影响更大更广泛。太学里的博士弟子和受业如弟子的人越来越多，《汉书·儒林传》抄录《史记》之后写道：

> 昭帝时举贤良文学，增博士弟子员满百人。宣帝末增倍之。元帝好儒，能通一经者皆复。数年，以用度不足，更为设员千人。……成帝末，或言孔子布衣养徒三千人，今天子太学弟子少，于是增弟子员三千人，岁余，复如故。平帝时王莽秉政，增元士之子得受业如弟子，勿以为员（按：此为教育方面的特权）。岁课甲科四十人为郎中，乙科二十人为太子舍人，丙科四十人补文学掌故云。③

① 司马迁：《史记》卷九十九，《叔孙通列传》，中华书局1982年版，第2724页。
② 司马迁：《史记》卷一百二十一，《儒林列传》，中华书局1982年版，第3119页。
③ 班固：《汉书》卷八十八，《儒林传》，中华书局1962年版，第3596页。

这些说明了博士弟子的选拔、待遇、出路等问题，出路就是为官，选得好就是为“文学掌故”、“郎中”之类，然后迁升，所以司马迁说：“自此以来，则公卿、大夫、士吏，斌斌多文学之士矣。”这是对当时现实的初步总结，更带有预见性。大家都争为博士弟子或争取“受业如弟子”，所受之业即为经学，经学的垄断地位也由此而产生，并形为利禄之途。

博士弟子员数不断增加，据记载，平帝时王莽起国学：

> 五经博士领弟子员三百六十个，六经三十博士，弟子万八百人。①

到了东汉虽有盛衰不同，但总的来说，人数更多，请看下一段文字：

> 顺帝感翟酺之言，乃更修黉宇，凡所造构二百四十房，千八百五十室。试明经下第补弟子，增甲乙之科员各十人。除郡国耆儒皆补郎、舍人。本初元年，梁太后诏曰：“大将军下至六百石，悉遣子就学，每岁辄于乡射月一飨会之，以此为常。”自是游学增盛，至三万余生。②

在当时，三万人不是少数，近来也有人提出疑问，但在五千万左右的总人口数中的比例也不算太大。并且这个约数就什么而言也不清楚，作为一种形容发展的盛况或者也是可以的。

随着经济文化的发展，要求走读书入仕这条路的人越来越多。但上“太学”这个“独木桥”难以通过，随之而来的就是私学的蓬勃发展。私人教授弟子是很普遍的，从西汉到东汉越来越发展，那些未立于学官的“经学”，多半是私学。也有立于学官之“经”由私人传授的，这些似乎可以不必多说。翻开《后汉书·儒林列传》，随意可列举一些例子，如：

刘昆：“王莽世，教授弟子恒五百余人。”而且因“多聚徒众，私行大礼”，被王莽系狱。有一个“恒”字，说明时间持续很久。东汉初为官之前，又“教授于江陵”。

---

① 李昉等：《太平御览》卷五百三十四，《礼仪十三》引《黄图》，中华书局1960年版。

② 范晔：《后汉书》卷七十九，《儒林列传》，中华书局1965年版，第3547页。

任安："少游太学"，"还家教授，诸生自远而至"。

杨政："善说经书"，"教授数百人"。

曹曾：从欧阳歙受《尚书》之后，"门徒三千人"，虽为官方之学，却是私授，他的儿子祉也"传父业教授"。

牟长：虽然曾为博士，但"诸生讲学者常有千余人，著录前后万人"，不全是"太学"之生。"子纡，又以隐居教授，门生千人。"

杨伦："讲授于大泽中，弟子至千余人。"

甄宇及子孙："教授常数百人。"

楼望："教授不倦，世称儒宗，诸生著录九千余人……门生会葬者数千人，儒家以为荣。"

程曾："会稽顾奉等数百人常居门下。"

张玄："诸儒皆伏其多通，著录千余人。"

李育："常避地教授，门徒数百。"

颖容："初平中，避乱荆州，聚徒千余人。"

谢该："门徒数百千人。"

蔡玄："学通五经，门徒常千人，其著录者万六千人。"①

其他未入《儒林列传》的还有许多，如马融、郑玄等人，教授弟子数百人的不少。《儒林列传》的"论曰"总结说：

> 若乃经生所处，不远万里之路，精庐暂建，赢粮动有千百，其耆名高义开门受徒者，编牒不下万人，皆专相传祖，莫或讹杂。②

李贤注云"经生谓博士也"，此说不当。从以上所列学者看，很多不是博士，即便是博士或者为官之人，有的也是在地方学校教授，其所教授的弟子，和博士弟子显然是不同的，应该是私学蓬勃发展的表现。虽然私学弟子不能直接入仕，但为地方小吏应该可以，主要的仍受利禄之影响，如前引《汉书·儒林传》的赞所说，"盖利禄之路然也"。

（四）经学垄断的影响

经学垄断地位的形成是一个发展的过程，这个过程中有一些标志性的

① 范晔：《后汉书》卷七十九，《儒林列传》，中华书局1965年版，第2550～2590页。

② 范晔：《后汉书》卷七十九，《儒林列传》，中华书局1965年版，第2588页。

事件，如武帝时的“罢黜百家”，表彰六经，虽然要具体分析，不应夸大董仲舒的作用，但是毕竟有一些实际的措施，如罢治申、商、苏、张等言之贤良，置五经博士及弟子员，兴太学并使之成为制度等，都是标志性的事件。其次又有讲论经义，有石渠阁“会议”、白虎观“会议”，等等，都在经学垄断地位的形成中起重大作用。当然这个过程中还有许多分节（我们不用“细节”，有些事本身不小，如今古文之争之类），还有许多变化（如“专经”与“通儒”，五经与诸子之类）。每一个问题都有许多文章可作，此处无法详论，也不好枝枝节节去一一说明。

经学垄断地位形成的影响，大体可以分政治和学术两方面说。

首先简略地说一下和政治的相互影响。汉朝初年，针对暴秦之弊，曾一度以“黄老”为治，但黄老道家清净无为的原则高于具体政策，这在施政上有实际困难，而儒家打着“六艺”的旗号，在理论上和具体办法上可以说是政治统治的需要。经学成为汉代大一统政治的理论依据。“大一统”之名就出于《春秋经》，所以班固在《汉书·儒林传》开头就说：

> 古之儒者，博学乎六艺之文，六学（艺）者，王教之典籍，先圣所以明天道、正人伦、致至治之成法也。①

在《艺文志·六艺略》中又分别讲了“六艺”的理论意义：

> 六艺之文，《乐》以和神，仁之表也。《诗》以正言，义之用也。《礼》以明体，明者著见，故无训也。《书》以广听，知之术也。《春秋》以断事，信之符也。五者，盖五常之道，相须而备，而《易》为之原。②

班固是从汉代经学发展实践中总结性地说明了经学的理论意义（如春秋断事就是曾有过的具体实践）。司马迁写《史记·儒林列传》，其开头则不同：

① 班固：《汉书》卷八十八，《儒林传》，中华书局1962年版，第3589页。
② 班固：《汉书》卷三十，《艺文志》，中华书局1962年版，第1723页。

太史公曰：余读《功令》，至于广厉学官之路，未尝不废书而叹也。①

他叹的什么？下文是从周衰礼乐废一直讲到武帝时的“劝学”、“兴礼”，其所读《功令》当即前述公孙弘等人所建议的兴学、立博士弟子等措施的有关诏令。这就表明，汉武帝开始采用并实行经学的理论，这是政治统治需要经学，而时人在讨论政事上引经据典、春秋决狱等等，则是经学对政治的影响，乃至对社会发展的影响。如前面指出的教育方面、官员选拔方面等，这里就不一一详说了。

其次，对学术的影响。经学的垄断地位，就是说其在文化中的垄断地位，虽然不是全部，但是也是当时学术的绝大部分和起主导作用的内容。当时所有的学术如诸子、文艺乃至科技莫不受其影响，在不同程度上包含了这些方面的内容。近代人文社会科学的各种分科，如政治学、哲学、伦理学、历史学、考古学、语言文字学、文学等都有经学存在。就汉代情况而言，我们想说明以下几点：

第一，由于很多人学经，而且不少人学有所成，所以各种解经之作众多，所谓“考据”和“义理”两方面都有丰硕的成果，后人研究古代历史、文化，仍要依靠和利用这些成果。当然，“汗牛充栋”的解经之作没有也不可能全部保留下来，甚至大部分没有保留下来，经过淘汰、选择，保留下来的自然有它存在的价值，后来典籍中所保留的当时的通人、大家，如贾（逵）、马（融）、许（慎）、郑（玄）等人的成果，就极为明显。后世是在他们的基础上继续发展的，其中被后人特别称道的“许郑之学”尤为突出。许慎的《说文解字》、郑玄的经书笺注，对于研究古代历史、文化有极其重要、无法替代的作用和意义。

第二，和经学垄断地位有密切关系的谶纬之学值得一说。相对经书而言，两汉时期，特别是在东汉出现了大量纬书，它与早就出现的图谶合起来，成为谶纬之学，又称内学。它的形成，《后汉书·方术列传》写道：

汉自武帝颇好方术，天下怀协道艺之士，莫不负策抵掌，顺风而

① 司马迁：《史记》卷一百二十一，《儒林列传》，中华书局1982年版，第3115页。

> 届焉。后王莽矫用符命，及光武尤信谶言，士之赴趣时宜者，皆骋驰穿凿，争谈之也……自是习为内学，尚奇文，贵异数，不乏于时矣。①

注云："内学谓图谶之书也，其事秘密，故称内。"今人对谶纬之学的一般看法，这里引钟肇鹏的一段概述：

> 谶纬是以阴阳五行说为骨架，附会经义与儒学相结合构成一个复杂而庞大的神学体系。……谶纬则不仅有哲学社会科学的内容，也有大量自然科学和神学的内容，可以说是贯通天人，无所不包，统自然与社会为一体，构成一套天人合一的神学世界观。②

这个庞大的体系，在当时有大量的"图谶"和"纬书"。从可考的纬或书名来看，它们的确是与经书相对的，有"七经"就有"七纬"，例如：

《易纬》：《乾凿度》《稽览图》《辨终备》《通卦验》《是类谋》《坤灵图》。

《书纬》：《璇玑钤》《考灵曜》《刑德放》《帝命验》《运期授》《帝验期》《五行传》《尚书中候》。

《诗纬》：《含神务》《泛历枢》《推度灾》。

《礼纬》：《含文嘉》《稽命徵》《斗威仪》。

《乐纬》：《动声仪》《稽曜嘉》《叶图徵》。

《春秋纬》：《文耀钩》《运斗枢》《感精符》《演孔图》《元命包》。

《孝经纬》：《援神契》《钩命决》《中契》《左契》《右契》。

另外还有不少《河图》《洛书》，这里就不一一列举了。这些书的书名都有点怪，其中也确有不少无稽之谈，迷信思想很重。但是我们想说的是，不应该简单否定谶纬之学，它还是有一定的学术价值的。它除了对经典进行解释（有些解释也有参考价值）之外，还有关于古史和神话的记载（神话也有研究的意义），有关于古代典礼制度的记载，有天文、地理、历法、气象等自然科学方面的记载，其关于灾异的记录，也属自然科学的范围，

---

① 范晔：《后汉书》卷七十二上，《方术列传上》，中华书局 1965 年版，第 2705 页。

② 钟肇鹏：《谶纬略论》，辽宁教育出版社 1991 年版，第 83 页。

符瑞方面的内容与社会、历史也有关系。虽然当时的谶纬之书大多亡佚了，但作为与经书同时并存甚至互补的一种学术，不仅在当时影响大，许多方面对后世的影响也是深远的。有关谶纬学的具体问题，可参阅钟肇鹏先生的《谶纬略论》，这里就不详谈了。

第三，经学垄断对当时自然科学的影响也值得说一下。除了上述谶纬学中的自然科学之外，我们认为它还影响和制约着当时自然科学的发展。汉代最发达的自然科学就是农学以及与之相关的天文学（包括历法、气象等）、数学，还有就是与经济发展有密切关系的科技，如水利工程、冶炼技术（与生产工具和兵器制造有关）等，再就是关系人民生活的纺织技术等。对农业的重视与农学的发展，是因为民以食为天，《尚书》中的洪范“八政”：一曰食，二曰货，这是经书的根据。“农，天下之本也”，几乎是君臣们挂在口边的话。而在农田水利方面有贡献，在农学、天文历算学等方面有成就的，多半是当官的，都是饱读经书之士。对西汉农学理论和实践有影响的人赵过、氾胜之都是官员，赵过被封为搜粟都尉，氾胜之也是成帝时的议郎，刘向《别录》还说他“徙为御史”。《艺文志》中所载农家书还有“汉代内史”《董安国》十六篇和宣帝时弘农太守的《蔡葵》一篇。天文、历法为史官之职掌。汉代杰出的科学家张衡“兼通五经，贯六艺”，“尤致思于天文、阴阳、历算”，为太史令，“遂乃研覈阴阳，妙尽旋机之正，作浑天仪，著《灵宪》、《算罔论》，言甚详明”[①]。既通《五经》，又为太史令，就说明与经学有关系，最后他还对当时东观所校之书“毕力补缀”，回到了经学的轨道上。大经学家贾逵也是懂天文历法的。翻一翻《后汉书·方术列传》，其中很多人都是“笃学”、“通经”之士，而《易经》似乎与各种方术的关系更密切一些，这是值得深入探讨的问题。

汉代自然科学中，另一值得称述的就是医药学。医药学可能对于经学有相对的独立性，但是著名的华佗原本也是“兼通数经”的。张仲景曾为长沙太守，理应是知书达理之人。当然我们不必牵强，医药学的发展，是人类生存的需要，是与疾病斗争的结果，它受经学的影响会少一些，用不着太引经据典。

但是总的来看，自然科学的发展受经学的影响和制约，主要在农学及

① 范晔：《后汉书》卷五十九，《张衡列传》，中华书局1965年版，第1897页。

其相关的学科上，并且汉代以后长期如此。

五 对先秦典籍的全面改造

今日学人的幸事，是能看到真正的先秦典籍，那就是近几十年在全国各地出土的简帛文书。原来传世的先秦典籍，在长期流传过程中有很大变化，经过了后人不同程度的改造。由于汉代的改造是很大的，故称之为全面改造。显而易见的原因是，经过了“秦火”之后的大散失，再集中、再传授，以及尊儒等重大事件，对先秦典籍有各种原因、不同程度的改造。后世流传的先秦典籍，主要是汉人改造过的典籍，所以这是一个特别值得注意的问题。

（一）先秦典籍在西汉时的流传

讲西汉时的先秦典籍，首先还是得从《汉书·艺文志》谈起，看它是如何论述的：

> 昔仲尼没而微言绝，七十子丧而大义乖。故《春秋》分为五。《诗》分为四。《易》有数家之传。战国纵横，真伪纷争，诸子之言纷然殽乱。至秦患之，乃燔灭文章，以愚黔首。汉兴，改秦之败，大收篇籍，广开献书之路。迄孝武世，书缺简脱，礼坏乐崩。圣上喟然而称曰：“朕甚闵焉。”于是建藏书之策，置写书之官，下及诸子传说，皆充秘府。至成帝时，以书颇散亡，使谒者陈农求遗书于天下。诏光禄大夫刘向校经传诸子诗赋，步兵校尉任宏校兵书，太史令尹咸校数术，侍臣李柱国校方技……①

据此大体符合历史实际的论述，我们想做如下申论：

第一，汉代的五经六艺，在秦以前已经有多种传校版本。所谓“《春秋》分为五”，师古引韦昭曰：“谓《左氏》、《公羊》、《谷梁》、《邹氏》、《夹氏》。”所谓“《诗》分为四”，师古引韦昭曰：“谓《毛氏》、《齐》、

① 班固：《汉书》卷三十，《艺文志》，中华书局1962年版，第1701页。

《鲁》、《韩》。”不管这四、五之分是否班固沿袭刘歆的说法，都不好轻易否定其可靠性，认为那些是刘歆造的伪。东汉的班固等人、三国的韦昭，都是有头脑的，不会轻信刘歆信口胡说[①]。

第二，针对战国思想言论和典籍“纷然殽乱”的情况，秦乃“燔灭文章”。考证认为，颜称秦孝公时的燔《诗》《书》[②]，这个看法也可成立，可说明秦的传统。

第三，“汉兴，改秦之败”，没有具体说明秦末典籍败坏的情况，但典籍被毁以致散乱，是客观存在的（此处似不必详说），所以才有“大收篇籍”之举。也有考证指出，此举当指汉武帝之前的一些措施：

> 此二句既叙在孝武之前，则指高祖时萧何的收秦图籍，楚元王学《诗》，惠帝时除挟书令，文帝使晁错受《尚书》，使博士作王制。又置《论语》、《孝经》、《尔雅》、《孟子》博士即其事也。[③]

第四，武帝以后再过半个世纪，成帝“以书颇散亡”，再一次“求遗书于天下”，难得其详，此事与刘向之校书是紧密相关的。

第五，关于典籍收集的另一些大事，《艺文志》没有提及，此后还有一些王侯在汉初也曾收集典籍，《汉书·景十三王传》写道：

> 河间献王德以孝景前二年立，修学好古，实事求是。从民得善书，必为好写与之，留其真，加金帛赐以招之。由是四方道术之人，不远千里，或有先祖旧书，多奉以奏献王者，故得书多，与汉朝等。
>
> 是时，淮南王安亦好书，所招致率多浮辩。献王所得书皆古文先秦旧书，《周官》、《尚书》、《礼》、《礼记》、《孟子》、《老子》之属，皆经、传、说、记，七十子之徒所论。其学举六艺，立《毛诗》、《左氏春秋》博士。修礼乐，被服儒术，造次必于儒者。山东诸儒多从而游。[④]

---

① 疑古的人认为有些是刘歆伪造的。

② 顾实《汉志讲疏》引《韩非子》为证。

③ 齐召南：《汉书艺文志考证》，陈国庆：《汉书艺文志注释汇编》，中华书局1983年版，第3页。

④ 班固：《汉书》卷五十三，《景十三王传》，中华书局1962年版，第2410页。

这一记述对汉初先秦典籍的收集和流传情况有很重要的补充。

此外，还有两种流传的重要情况：其一，是关于“乐”经的流传有一定的特殊性，因为礼、乐“二者相与并行”，乐以“音律为节”，师古作注说：

> 言其道精微，节在音律，不可具于书。

很难有书写的材料留下来。所以《汉书·艺文志》写道：

> （礼、乐）二者相与并行。周衰俱坏，乐尤微眇，以音律为节，又为郑卫所乱，故无遗法。汉兴，制氏以雅乐声律，世在乐官，颇能纪其铿锵鼓舞，而不能言其义。……孝文时得其（魏文侯）乐人窦公，献其书，乃《周官·大宗伯》之《大司乐》章也。武帝时，河间献王好儒，与毛生等共采《周官》及诸子弟言乐事者，以作《乐记》，献八佾之舞，与制氏不相远。……（王禹）成帝时为谒者，数言其义，献二十四卷记。刘向校书，得《乐记》二十三篇，与禹不同，其道寖以益微。①

由此可见西汉时期乐经的流传情况，主要就是制氏所“传”，窦公所“献”，河间献王与毛生所“作”，以及刘向所“得”。刘向所“得”自然还会有别的渠道而来，如汉初叔孙通行礼乐时的东西，汉武帝派人四处采风所得，等等。总之，都是西汉人的记忆和留存。

其二，《汉书·艺文志》在“六艺略”书类的小序中又写道：

> 《古文尚书》者，出孔子壁中。武帝末，鲁恭王坏孔子宅，欲以广其宫，而得《古文尚书》及《礼记》、《论语》、《孝经》凡数十篇，皆古字也。②

---

① 班固：《汉书》卷三十，《艺文志》，中华书局1962年版，第1711～1712页。

② 班固：《汉书》卷三十，《艺文志》，中华书局1962年版，第1706页。

这是先秦典籍再现的又一个途径。

据上所述，可以总括一下，汉朝初年一直到成帝以前，先秦典籍（包括五经、六艺、诸子各种书籍）有一个由分散到集中的复杂过程，除了以上所说几种情况之外，自然仍还会有民间保存的不小部分，在汉初经师传授过程中，弟子手中又有未被集中的，所以才会有成帝时再一次求天下遗书。由于典籍的相对集中，刘向、刘歆才有可能进行整理，班固也才能依据刘歆的《七略》写成《汉书·艺文志》。《艺文志》著录的各种图书，虽然到班固时大多亡佚了（恐怕也主要指班固在藏书之所未能见到而言），但先秦典籍的规模大体上是看得出来的，不仅有群经（《艺文志》本身就未限制于“六艺”，而有九类）、诸子，还有“诗赋”、“兵书”、“数术”、“方技”等大类，每一类都有先秦的典籍。

既然班固说大多亡佚了，当时其他学者又如何学习、研究、讨论呢？民间的流传就是最重要的方面了。随着经济、科技和文化的发展，人们写书除了竹简以外，还可以有帛书，后来发明纸张，抄写书就越来越普遍。所以我们前面只着重谈了西汉（特别是西汉前期）的情况，这是我们讨论问题的前提条件。

（二）传授中的变化和不同

如上所述，七十子之后，经籍的“大义”已经乖别、乖离了。《春秋》《诗》《易》都四分五裂，同一本古籍，由于师说的不同，对精微要妙的大义有着不同的理解和说明，也会有版本、字句之类的不同（有意修改或无意错传的情况都会有）。到了汉代这种“乖离”进一步发展，所以《史记》和《汉书》的《儒林传》就有上述“四分五裂”的论述：

> 汉兴，言《易》自菑川田生；言《书》自济南伏生；言《诗》，于鲁则申培公，于齐则辕固生，燕则韩太傅；言《礼》，则鲁高堂生；言《春秋》，于齐则胡毋生，于赵则董仲舒。①

《史记·儒林列传》的论述顺序不同，是《诗》《书》《礼》《易》《春

---

① 班固：《汉书》卷八十八，《儒林传》，中华书局1962年版，第359页。

秋》，文字小异如胡毋生“言于齐鲁”，反映两汉对于五经地位的态度以及实际流传情况的不同。总之，沿袭原有的不同师说，汉代又有变化，而且是不断地变化。西汉一代的变化，《汉书·儒林传》有较集中的论述。《汉书·艺文志》也著录了不少各种著作，可惜的是，那些书在东汉时大多亡佚了，无法比较十三家《易》、九家《书》、六家《诗》等的异同。就经书而言，孔子时的定本，字句上的差异相对不大，篇章结构特别是义理解释方面的不同要大得多。

仅以《书经》为例来说明，汉初始传《书经》之人是伏生，伏生的《尚书大传》是解经之作。流传中有各种变化，东汉郑玄为此书作注，其叙曰：

> 《尚书大传》盖自伏生也。伏生为秦博士，至孝文帝时年且百岁，张生、欧阳生从其学而授之。音声犹有讹误，先后犹有差舛，重以篆隶之殊，不能无失。生终后，数子各论所闻，以己意弥缝其间，别作章句，又特撰大义，因经属指，名之曰传。刘子政校书，得而上之，凡四十一篇，至玄、始诠次为八十三篇。①

郑玄的注本也早已亡佚了，但这个叙反映了传授中文字、篇目等的变化，至于后学对“大义”的“各论所闻”，是会有许多不同的。20世纪30年代钱基博先生撰《经学通志》中有一番考述，可以对此作很好的证明：

> （伏）生以教于齐鲁之间，博引异言，援经申证，撰《尚书大传》……其书兼明大义，不尽释经，而释经可据者，如大麓之野，必是山林；旋机之星，实为北极。祢祖归假，知事死如事生；鸟兽咸变，见物性通人性。十二州之兆祀，是祭星辰；三千条之肉刑，难解画象。七始七律，文犹见于唐山；五服五章，制岂同广周世？三公绌陟，在巡狩之先；重华禅让，居宾客之位。西伯受命，逮六载而称王……成王抗法，为世子以迎侯……此皆伏生所传古解，而或者以为伏生弟子记也。学者由是颇能言《尚书》。……欧阳、大小夏侯氏皆

① 《尚书大传》，十三经注疏本，中华书局1980年版。

> 出于宽；传伏生书而说多违异。如大夏侯说万方之事，大录于君，见《汉书·于定国传》；背伏生大麓之说一矣。小夏侯说周公封弟康叔，号曰孟侯，见《地理志》；背伏生迎候之说二矣。夏侯说虞宾在位，为不臣丹朱，见《白虎通》，背伏生舜为宾客之说三矣。欧阳、夏侯说天子服十二章，公卿服九章，见《续汉书·舆服志》；背伏生五服五章之说四矣……①

“大麓之野”一个“麓”字，改为“录”字，说尧纳舜于“大麓之野”是“纳舜使大录万机之政”，从而进一步引申出魏晋以后“录尚书事”谓之“录公”，等等。如此“解经”，经文何能不被改造。

两汉时期，从汉初的各祖师之经下传，经书的内容和理解变化很大是可以肯定的。同一经书的不同派别，有不同的版本流传，这不同的版本就是传授过程中不断被改造的结果。究竟有怎样的不同，除了尚书《书经》中的那些辗转遗存的例子之外，现在很难想象了。已出土和可能还会出土的简帛经籍或者会帮助我们作一些新的探讨。但是经籍在汉代有不同版本是可以肯定的。除了《汉书·艺文志》反映的“四分五裂”情况之外，我们从东汉时一些著作的名称上也可以看出来，例如：

> （许慎）以五经传说臧否不同，于是撰为《五经异义》。②

> （贾逵）数为帝言《古文尚书》与经传《尔雅》诂训相应，诏令撰《欧阳、大小夏侯尚书》、《古文》同异，逵集为三卷，帝善之。复令撰齐、鲁、韩《诗》与毛氏异同。并作《周官解故》……逵所著经传义诂及论难百余万言。③

> （马融）“著《三传异同》说”，注《孝经》、《论语》。④

---

① 钱基博.《钱基博学术论著选》，华中师范大学出版社 1997 年版，第 190～191 页。

② 范晔：《后汉书》卷七十九下，《儒林列传下》，中华书局 1965 年版，第 2588 页。

③ 范晔：《后汉书》卷三十六，《贾逵列传》，中华书局 1965 年版，第 1239 页。

④ 范晔：《后汉书》卷六十上，《马融列传上》，中华书局 1965 年版，第 1977 页。

这些“异义”、“同异”之书也都亡佚了，个别的如许慎之《五经异义》有清人辑注本①。

从流传的情况看，后世流传的经书，多为汉人注疏本，《诗经》有毛苌传，郑玄笺；《周礼》《仪礼》《礼记》皆郑玄注本；《公羊》则何休注；《孟子》赵岐注。以上皆为汉人。对这些作注的权威，如何对待他们当时的各种版本，他们自己又进行了怎样的改造，难知其详。有所编造、更改是可以肯定的，不然唐宋元明清各个朝代，就不会有许多辩难之作，那是后话，这里就不一一详述了。

以上所说只是“经书”，涉及儒家的子书，其他诸子的情况更难探求，所幸的是近二三十年的出土文献，给我们提供了新的更有说服力的证据。最明显的是《老子》一书，1972 年长沙马王堆出土的帛书《老子》（且有大同小异的甲、乙本两种本子），与后世流传的《老子》颇不相同，使人们大开眼界，为《老子》研究开辟了新天地。没有想到，1993 年湖北荆门出土的郭店楚简中，又出现了更为不同的《老子》版本。前者是汉初的，后者是先秦的，说明从战国到汉初流传着不同的《老子》文本。帛书本是汉初流传的，而且同时就有两种抄本存在，不论它们是否照先秦的某一种本子传抄，也许可以反映的是汉代对《老子》的第一次改造。众所周知，我们先祖还可以看到的有西汉末年严遵的《老子注》和东汉时期的《河上公章句》《老子想尔注》（具体时间虽有争论，但属于汉代作品无疑），那就是对《老子》第二次、第三次的改造了。当然这只是大概地说，还有我们现在无法看到的邻氏、傅氏、徐氏和刘向的传说（据《汉书·艺文志》的著录），必与三家诗、四家诗一样，是不同的传本和解说，在一定程度上都是创造性的改造和诠释。有了可以对照的本子，说明其改造就极为有力。根据对新出土文献的研究，例子俯拾即是：后世流传的《老子》第一章，在帛书本中是在“德经”之后，这个大的改变应有其深义，反映改造者的思想认识，甚至能反映出时代思潮的变化及其对改造者思想的影响，如果考订清楚何时改变的，问题就能深入讨论。帛书本与后世流行本的文字有不少的不同，仅以流传本第一章为例，去掉了帛书本 6 个“也”字，就曾引起后世断句、注释上不少纷争。今本“无名天地之始”，帛书本作

① 陈寿祺：《五经异义疏证》，《皇清经解》一二四八～一二五〇卷，齐鲁书社 2016 年版。

“无名万物之始也”。《史记·日者列传》所引《老子》，与帛书同是“万物之始”①。是谁，又是何时开始改“万物”为“天地”的？有待详考。有学者比较之后说，“今本《老子》篡改失真的字据超百句”：

> 含义有差别甚至大异的文句共一百一十六句，帛书《老子》比今本《老子》多六句，少十九句，共一百四十余句。……五千言《老子》不过千余句，帛书《老子》与今本《老子》竟有百余句误差。有的只差一字，意义迥异。有的还存在整句或数句之差……②

例如今本二十五章“有物混成，先天地生”之后的不同文句：

> 寂兮寞兮，独立而不改，周行而不殆。
> 绣呵谬呵，独立而不垓。

绣、缪与寂、寞，改与垓，字义应该有所不同，孰是孰非很难说，今本改造了是肯定的，何时何人所改？为什么会改？有待详考。类似有重大意义不同的字句不少，如：

> 上善若水，水善利万物而不争。
> 上善治水，水善利万物而有静。

按乙本作“有争”，如果说“争”与“静”同声假借的话，也是“有静”。“有”与“不”的不同是很大的。诸如此类的例子已有不少研究，在此不一一罗列。

更重要的是诠释，字句之不同，也与诠释有一定关系。以今本第一章：“无名，天地之始；有名，万物之母”句为例，严遵《老子指归》之释为：

---

① 王弼作注时亦有此种理解：“故未形无名之时则为万物之始。”

② 尹振环：《帛书老子释析》，贵州人民出版社1995年版，第19页。

> 无名无胜，与神合体，天下恃之，莫知所以，变于虚无，为天地始。
>
> 有名者之为化也，遵道德，贵神明，师太和，则天地，故为万物母。①

而《河上公章句》之释为：

> 无名者谓道，道无形，故不可也。始者道本也，士气布化，出于虚无，为天地本始也。
>
> 有名谓天地。天地有形位、（有）阴阳、有柔刚，是其有名也。万物母者，天地含气生万物，长大成熟，如母之养子也。②

这是两种大同小异的诠释。首先，两者均为“天地之始”，与帛书本“万物之始”不同，或者西汉开始有此不同。其次，两者使用的词有共同的如“虚无”，也有各自所注重的如“神明”、“太和”、“阴阳”、“柔刚”等。这些文字和思想，虽然在汉代其他著作中也可以看到，但这是作为《老子》的注文，不能不说是对《老子》的创造性诠释。

其他子书被改造的脉络难得有《老子》一书这样明显。但近几十年出土的简帛资料，给我们提供了明确的信息，足够我们说明诸子“改造”的问题了。《文子》《庄子》《鹖冠子》《尉缭子》，吴、齐两部《孙子》，乃至《墨子》《鬼谷子》等，都有或多或少的出土文字，可供研究参考。可以武断地说一句，出土文字都有与传世本不同之处，都能够说明汉人对它们的改造。

以上以《老子》为例，讲了出土文献，回过头来关于经书还可以补充几句。虽然经书的流传文献资料较多，出土文献中也有一些经书以及与经书有关的内容，例如1983年安徽阜阳双古堆出土的西汉早期的竹简中就有一百多支《诗经》简。据初步研究，它既与世传的《毛诗》不同，也与三

① 陈景元：《道德真经藏室纂微篇》引，严遵著，王德有点校：《老子指归》之辑佚部分，中华书局1994年版。

② 王卡点校：《老子道德经河上公章句》，中华书局1993年版。

家《诗》有异，有许多异文，编次也是不同的[①]。除《诗经》外，已出土的还有《易经》，马王堆帛书中有《周易》，双古堆又有《周易》竹简，说明先秦的《周易》有过与后来不同的本子。其他如《礼》《乐》之类更不消说，后世只看到了汉人编次、传记的一些东西，先秦原籍只有等待出土了。而一些与经典有关系的出土文献，如所谓“孔子诗论”，如郭店楚简中关于儒家的内容，也都有助于我们研究汉人改造典籍的问题。

总之，所有典籍在传授过程中，都有或多或少被改造的情况，“五经”因诠释不同，失去孔子所编原貌之真，诸子也因为后学发明其“旨意”而失祖本之真，说明在汉代的传授中对其进行过不同程度的改造。

（三）官方的校书和讨论

既然传授中出现了各种不同经传诸子，孰是孰非就必然引起讨论，特别是经学成为官学而且日益发展之后，对五经传记大为关注。为此有组织的大规模的校书和讨论，在两汉时期表现得颇为突出，而这些也成为对典籍的大改造，甚至再造的时代背景。

关于校书，我们前面已经专门讨论过刘向校书的问题，这里从“改造典籍”的角度再作一些论述。刘向等人校书对先秦典籍的改造，包括内容选择、重新编次以及文字校定等多方面，可以再分析一下其《晏子叙录》：

> 凡中外书，为八百三十八章，除复重二十二篇六百三十八章，定著八篇二百一十五章。外书无有三十六章，中书无有七十一章，中外皆有以相定。中书以夭为芳，又为备，先为牛，章为长，如此类者多，谨颇略椾，皆以定，以杀青，书可缮写……
>
> 《晏子》盖短，其书六篇，皆忠谏其君，文章可观，义理可法，皆合六经之义。又有重复，文辞颇异，不敢遗失，复列以为一篇。又有颇不合经术，似非晏子之言，疑后世辩士所为者，故亦不敢失，复以为一篇，凡八篇。其六篇可常置旁御观。谨第录。[②]

---

① 参见胡平生：《阜阳汉简诗经解论》，《文物》1984年第8期。

② 严可均校辑：《全汉文》卷三十七，商务印书馆1999年版，第382页。

这里引文稍长，但很说明问题。刘向等人在整理时，显然是根据当时看到的二三十篇《晏子》书进行了重新的编目，校定文字时“谨颇略椾(笺)”，是断以己意的，至于内容的选择更有明确的儒家观念。所以，一方面似乎很“客观”，发现“似非晏子之言”的篇章“也不敢遗失”，予以收录编入（这又使后人还能看到刘向他们当时所看到的流传篇章，而不是一删了之）；另一方面“主观”意识又相当强，即注重“忠谏”君、“法”义理、“合六经之义”等，凸显出“独尊儒术”之后的观念。这种选择、整理的政治思想标准，在其他“书录”中都有同样明显的表示，如对非儒家的典籍《管子》《列子》，也说它们有“晓合经义”、“合于六经”之处。如果我们谈“改造”、谈“创造性（一般意义上的）改造”，当然不能将它与改造者的“主观意识”分开。

刘向等人有组织、有计划的校书，是对先秦典籍一次集中的、大规模的、全面的改造，并且是完成了的。最后刘歆“总群书而奏其《七略》”，就是完成后的总结。《七略》后来遗失了，《汉书・艺文志》“删其要，以备篇籍”，使我们能知道当时的大概情况。《艺文志》中著录五十二家儒家诸子，有三十一家是先秦的；著录三十七家道家诸子，有二十九家是先秦的。这些先秦的典籍，应该都是经过刘向等人整理、校定、改造过的，只是到班固时又大多亡佚了。当然，亡佚是就班固当时国家藏书而言，就他个人所见而言，并不一定是从社会上完全消失，当时和后世有人引用，有人辑佚，又可以恢复某些典籍的部分内容。而现在出土的如长沙马王堆中可以被称为《黄帝内经》的内容，郭店楚简、上博竹简中有一些儒家和道家的思想的内容，均可以从另一角度证明班固的记录属实。刘向等人整理过的那些书，从数量上看，也可以说是全面的。

说到“校书”这种改造，我们还要进一步指出，刘向、刘歆以后继续不断进行，东汉时成为一种制度，并设立专门的机构“校书部”和官职“校书郎”。这些均已在前第三章中作了论述。

校书机构方面，有《后汉书・班固列传》的记载：

> 显宗甚奇之，召（固）诣校书部（注云：前《书》固《叙传》曰：永平中为郎，典校秘书），除兰台令史（注云：《汉官仪》曰：兰台令史六人，秩百石，掌书劾奏。）与……陈宗……尹敏……共成

《世祖本纪》。迁为郎，典校秘书。①

设“校书部”和“校书郎”本是为了解决书籍流传中的一些问题，其结果又引起了新的改造经籍的问题。汉代的校书自始至终都是如此。西汉成帝让刘向等人校书，就是因为“书缺简脱”，“离于全经固已远矣”。这是刘歆在“移书太常博士”时说的，下面接着又说：

及鲁恭王坏孔子宅……皆古文旧书，多者二十余通，臧于秘府，伏而未发。孝成皇帝闵学残文缺，稍离其真，乃陈发秘臧，校理旧文……以考学官所传，经或脱简，传或间编。传问民间，则有鲁国柏（桓?）公，赵国贯公，胶东庸生之遗学……此乃有识者之所惜闵，士君子之所嗟痛也。往者缀学之士不思废绝之阙，苟因陋就寡，分文析字，烦言碎辞，学者罢老且不能究其一艺，信口说而背传记，是末师而非往古，至于国家将有大事，若立辟雍、封禅巡狩之仪，则幽冥而莫知其原。犹欲保残守缺，挟恐见破之私意，而无从善服义之公心……②

以上可以说明校书的原因了。虽然刘歆是因为立古文经而说话，但其中反映出了书籍流传的问题：第一，“书缺简脱”，很难有“全经”；第二，“学残文缺，稍离其真”，这是传授中的问题；第三，学官与民间传授的不同；第四，更严重的是“信口说背经记，是末师而非往古”，乃至于“分文析字，烦言碎辞”。所有这些，自然造成对书籍的各种各样的改造。

所以，东汉时期不断的校书，基本上也是同样的原因。例如前述和帝时邓太后组织人“诣东观雠校传记”，就是因为她诵读经书及传记，“患其谬误，惧乖典章”③，目的则是“整齐脱误，是正文字”④。虽然没有刘歆的那么具体，但情况当是一样的，同样的原因，当然是同样的结果，而且“末师”越来越多，师法、家法越来越多，“各校雠家法”，改造的情况自

① 范晔：《后汉书》卷四十上，《班固列传上》，中华书局 1965 年版，第 1334 页。
② 班固：《汉书》卷三十六，《楚元王传》，中华书局 1962 年版，第 1969 页。
③ 范晔：《后汉书》卷十上，《皇后纪上》，中华书局 1965 年版，第 424 页。
④ 范晔：《后汉书》卷八十，《文苑列传》，中华书局 1965 年版，第 2616 页。

然会越来越严重。《后汉书·宦者列传》记载：

> （元初）四年，帝以经传之文多不正定，乃选通儒谒者刘珍及博士良史诣东观，各雠校（汉）家法，令（蔡）伦监典其事。①

“校雠家法”更免不了“穿凿附会”，到东汉末年，蔡邕“奏术正定《六经》文字”，就是因为：

> 邕以经籍去圣久远，文字多谬，俗儒穿凿，疑误后学。②

文字之谬与“穿凿附会”都会影响内容，前面已经提到，仔细比较校勘，例子是很多的，此处不再一一论列了。

长时间有连续性的校书，正定文字当然很重要，几个字甚至一个字会影响说明的意义，而“穿凿”之词影响更大，牵涉对经义、内容的理解，这些理解又反过来影响对经籍的改造。

两汉中叶以后，由皇帝出面组织的讲论经义的事就不少。与改造典籍有密切关系的还有各个时期的“讲论经义”，它们必然涉及经义的文字、内容，从而引起对经籍的改造。如本书第四章所述，西汉宣帝时的石渠阁“会议”和东汉章帝时的白虎观“会议”，是两次集中的大型会议。实际上从西汉后期到东汉末，因为不同原因，对经义的讨论是比较经常的，例如东汉光武帝时，范升为了反对“为《费氏易》、《左氏春秋》立博士”之事：

> 奏《左氏》之失凡十四事。时难者以太史公多引《左氏》，升又上太史公违戾《五经》，谬孔子言，及《左氏春秋》不可录三十一事。③

陈元反驳说：

---

① 范晔：《后汉书》卷七十八，《宦者列传》，中华书局1965年版，第2513页。
② 范晔：《后汉书》卷六十下，《蔡邕列传下》，中华书局1965年版，第1990页。
③ 范晔：《后汉书》卷三十六，《范升列传》，中华书局1965年版，第1229页。

臣元窃见博士范升等所议奏《左氏春秋》不可立，及太史公违戾凡四十五事。案升等所言，前后相违，皆断截小文，媟黩微辞，以年数小差，掇为巨谬，遗脱纤微，指为大尤，抉瑕擿衅，掩其弘美，所谓“小辩破言，小言破道”者也。①

这件事反复辩难了十多次，虽然是为了争立博士，但涉及经书的内容。至于范升所言是否“小文”，是否断章取义，可惜无法得知了。有时一个字也会影响经义的。

人们在讲论当中，和刘向校书上奏一样，都有明确的指导思想，有为当时的政治服务的明显目的，这可以举贾逵讲经为例。章帝时贾逵“入讲北宫白虎观、南宫方台”，“逵于是具条奏之曰”：

臣谨擿出《左氏》三十事尤著明者，斯皆君臣之正义，父子之纲纪。其余同《公羊》者什有七八，或文简小异，无害大体。至如祭仲、纪季、伍子胥、叔术之属，《左氏》义深于君父，《公羊》多任于权变，其相殊绝，固以甚远，而冤抑积久，莫肯分明。②

如此殊绝之思想，焉得不影响经籍的传播，贾逵相信图谶，也曾“上言《左氏》与图谶合者”，他又“条奏”说：

今《左氏》崇君父，卑臣子，强干弱枝，劝善戒恶，至明至切，至直至顺。且三代异物，损益随时，故先帝博观异家，各有所采。《易》有施、孟，复立梁丘，《尚书》欧阳，复有大小《夏侯》，今三传之异亦犹是也。又《五经》家皆无以证图谶明刘氏为尧后者，而《左氏》独有明文。《五经》家皆言颛顼代黄帝，而尧不得为火德。《左氏》以为少昊代黄帝，即图谶所谓帝宣也。③ 如令尧不得为火，则汉不得为赤。其所发明，补益实多。④

① 范晔：《后汉书》卷三十六，《陈元列传》，中华书局1965年版，第1231页。
② 范晔：《后汉书》卷三十六，《贾逵列传》，中华书局1965年版，第1236页。
③ 李贤等作注时，都一一作了对应的引记。
④ 范晔：《后汉书》卷三十六，《贾逵列传》，中华书局1965年版，第1237页。

图谶可以说是对经书的“穿凿”，此所谓“发明”在某种意义上与“穿凿”相等，这样的讲论，讲来讲去，必引起对经籍的改造。“三代异物，损益随时”，人们如何“损”？又如何“益”？这就是古文献变化的一大问题。

总之，讲论经义（不论官学或私学）和校书一样，都会在不同程度上，以不同方式对先秦典籍进行改造，时间长了，改的人多了，所以我们对照一些出土文献，可以看到很多不同版本的先秦典籍。

（四）几点认识

第一，先秦典籍的形成本身就是动态的，孔子删《诗》《书》，作《易传》，著《春秋》，就被认为是“对经典创造性的改造和诠释”。后世一般所说的先秦典籍，即所谓“五经”、“六艺”，就是指孔子改造过的。孔子以后，又“《春秋》分为五，《诗》分为四，《易》有数家之传……诸子之言，纷然殽乱”[①]。这是秦以前就出现的情况，再经过一次“秦火”，汉代人很难看到一部完整的先秦典籍，只有口耳相传，或者“大收篇籍，广开献给书之路”，如汉朝廷所为，如河间献王、淮南王等诸侯王所为。可以讽诵的《诗经》都四分五裂了，礼乐方面的散佚更为严重，更难找到原本、完本。记载说有人向河间献王献《周官》，加上补一个《考工记》，因而有《周官经》六篇。即便如此，也只是河间献王编的，不是先秦原貌。礼乐亦非旧貌，除非有出土先秦文献可证。诸子同样是如此，如刘向“书录”所反映出来的，这里有几篇，那里有几篇，都是单篇分散流传的，实难清理出一个完整的原貌来。郭店楚简的《老子》以及其他文献存在的情况，如被认为是“节本”、“原本”之类，或可提出一种看待问题的思路。

第二，汉人对先秦典籍的改造，必然打上汉人的时代烙印，也就是打上汉人的思想烙印。他们校对、整理、编辑都有自己的指导思想，而且是受时代影响的指导思想。西汉中后期以后，儒家思想在思想领域占支配地位，因此如前所述，刘向等人校书注重书籍中的忠谏、义理思想，贾逵中的《左氏》是讲君臣关系、强干弱枝的道理。哲学界在讨论哲学与哲学史时，提到经学家与经学史家的不同，说经学家有自我，经学史家没有自我

① 班固：《汉书》卷三十，《艺文志》，中华书局1962年版，第1701页。

（其实并非如此）。有自我就是“六经”为我所用，体现自我。因而汉代对经籍的改造和诠释是有汉人的“我”在其中的，这是不可避免的，也是必然的。而且如果不是如此，就没有学术文化的发展，经籍改造和诠释的“创造性”应该就不在这当中了。

第三，汉代流传的先秦典籍没有也不可能脱离先秦原来的基础。说某一种书完全是汉人伪造的恐怕很难，特别是早已流传的群经、诸子，若有人伪造当即会被揭穿。西汉成帝时，张霸曾“伪造”的一个一百零二篇的《古文尚书》就被及时揭穿了：

> 世所传“百两篇”者，出东莱张霸，分析合（今）二十九篇以为数十，又采《左氏传》、《书叙》为作首尾，凡百二篇。篇或数简，文意浅陋。成帝时求其古文者，霸以能为“百两”征，以中书校之，非是。霸辞受父，父有弟子尉氏樊并。时太中大夫平当，侍御史周敞劝上存之。后樊并谋反，乃黜其书。①

这还不全是“伪造”，几乎致罪，一方面是朝中有人帮忙说话，二则“成帝奇霸之才”，赦其罪亦不灭其经，故百二《尚书》传在民间②。造伪虽然被揭露了，但民间又多了一个流传的版本。至于一批以黄帝为名的书籍，显然是依托黄帝之名而作，绝大部分是汉代以前的作品，很少是汉人伪造的。可以说汉代改造的居多，伪造的很少。

另外，汉代流传的先秦典籍又确实有很大变化，而且不断变化，出土文献的一些内容，为文本的变化提供了实证。《老子》变化的脉络最为清楚，《诗经》等典籍的变化也有了新的证明材料。

汉代生成的各种经籍文本及汉人对它们的诠释，仍然是我们了解先秦文化、社会主要的基本材料，也是我们研究中国传统文化源头的主要依据。源头很长远，但是加入了汉人的“创造”，这是值得我们关注的。

---

① 班固：《汉书》卷八十八，《儒林传》，中华书局1962年版，第3607页。

② 《论衡·佚文篇》，诸子集成本，中华书局1954年版。

第六章　传统学术特点的形成

我国文化源远流长，我国的学术也有悠久的传统，但从实际发展的情况看，汉代是我国传统学术发展过程中一个最重要的时期，我国传统学术的主要特点，是在汉代形成的，我们可以从几个主要特点分别论述如下。

一　道不离器的综合性

这是最有中国特色的学术特点，而且相对西方学术的专业分科而言，最为明显。西方从古希腊开始就有明显的专业分科，例如亚里士多德这位百科全书式的学者，他的著作就有明显的分科，有属于哲学和逻辑学方面的，如《形而上学》《范畴篇》《论辩篇》《解释篇》《前分析篇》《后分析篇》等；有伦理学与政治学方面的，如《尼可马亥伦理学》《政治学》等；也有自然科学方面的，如《物理学》《论天》《论生灭》《气象学》《动物志》《动物结构》《动物的行进》《动物的生殖》等；还有心理学方面的《论灵魂》；以及艺术和修辞学方面的《诗学》《修辞学》；等等。这在西方形成了学术专业分科的传统，而我国自近代以来（19 世纪末 20 世纪初）才全面接受这种传统。

在我国古代学术又称为道术，突出了一个“道”字，在《庄子·天下》篇中明确认为诸子百家都只是道术的一部分，“皆原于（道)”。任何一种、一方面的学术，都是“道术”的一部分，都源于道，而且归于道。所以《汉书·艺文志》这部最早的图书目录书，在对图书进行分类时，就反映并揭示了这一思想，其言“六艺”曰：

> 六艺之文，《乐》以和神，仁之表也；《诗》以正言，义之用也。《礼》以明体，明者著见，故无训也。《书》以广听，知之术也。《春秋》以断事，信之符也。五者，盖五常之道，相须而备，而《易》为

之原。故曰："易不可见，则乾坤或几乎息矣。"言与天地为终始也。①

其言"诸子"曰：

> 今异家者各推所长，穷知究虑，以明其指，虽有蔽短，合其要归，亦《六经》之支与流裔。②

诸子之中均包含着部分"道术"可以求索。可以说无论"六艺"、"诸子"，还是"方技"、"数术"都是源于道，而且归于道的。在我国古代，六经、诸子以及所有图书，都是载道之书。虽然，"道不离器，犹影不离形"③，但"形而上"的"道"，始终在我国传统学术中属于中心地位，起主导作用，这应该是学术综合性特点形成的根本原因。章学诚说：

> 三代以前，《诗》《书》"六艺"，未尝不以教人，不如后世尊奉六经，别为儒学一门，而专称为载道之书者。④

这个"后世"显然是从汉代开始的，突出各类书籍的"载道"特点，也就不断加强学术的综合性，使各种不同的"形而下之器"服从、归属于"形而上之道"。

那么，学术的综合性具体表现又是什么呢？

首先，我国古代学术有一系列不同于西方学术分科的范畴和术语，明显地反映学术的综合性，如六艺、群经、经学、诸子、九流、百家之学等，都是学术，不同于现在（沿自西方）的任何一种分科之学。经学、子学这样的学术名称，原本属于图书的分类，不是现在的学术分类。图书分类是从汉代开始的，深受儒家思想的影响，刘向、刘歆父子在整理图书时，创造了"七略"，班固的《汉书·艺文志》基本上采纳了，后经王俭《七志》、阮孝绪《七录》，再经荀勖《中经新簿》之分甲、乙、丙、丁四

---

① 班固：《汉书》卷三十，《艺文志》，中华书局1962年版，第1723页。
② 班固：《汉书》卷三十，《艺文志》，中华书局1962年版，第1745页。
③ 仓修良：《文史通义新编》，上海古籍出版社1993年版，第50页。
④ 仓修良：《文史通义新编》，上海古籍出版社1993年版，第50页。

部，最后形成《隋书·经籍志》的经、史、子、集四部。这些都是图书的分类，不是学科的分类，其中仅史部与今之史学大体一致。而且它是学术整体的有机部分，在独立成为史部之前它是属于“六艺略”之“春秋”类的。后世“六经皆史”① 的说法，多少反映了经与史之间的有机联系，反映了学术的综合性。不仅史部如此，经、子也只是图书分类（而且是按汉儒思想的分类），所以说，早就有人注意到经与子的区分不是绝对的，如江瑔《读子卮言》就说：

> 子中有经，经中亦有子，班氏《艺文志》之论诸子也，亦云合其要归，亦六经之支与流裔。盖六经既出于诸子，诸子亦可出于六经。

这些虽然讲经、史、子、集的地位，实际上讲的是学术性质问题，它们是一个统一的整体。所以我们说，我国古代的学术是综合性的学术。

其次，无论六艺、诸子、经、史、子、集，其内容都是百科全书式的，这一点也比较明显。从“艺”来看，司马迁对“六艺”有个概说：

> 《易》著天地、阴阳、四时、五行，故长于变；《礼》纲纪人伦，故长于行；《书》记先王之事，故长于政；《诗》记山川、溪谷、禽兽、草木，牝牡雄雌，故长于风；《乐》乐所以立，故长于和；《春秋》辨是非，故长于治人。②

虽然他指明各经之所“长”，而且是着眼于教化，即为人、为政之教化（其下文“《礼》以节人”、“《春秋》以道义”等更为清楚），但也指出了这些经书包含着自然和社会的丰富知识，天文、地理、草木、鸟兽、人伦、政事方方面面都有。每一种经书都是一部综合性的学术著作，虽各有侧重，但它们是现代各学科的综合。这方面，一部《周礼》较为典型，不论此书是否周公所作，春秋时期已成书是没有大问题的。在这部以“经纪人伦”为主的礼经中，有“冬官考工记”这么一个不小的部分，《考工记》

---

① 可参见仓修良：《史家·史籍·史学》中之《论明清时期“六经皆史”说的社会意义》，山东教育出版社2000年出版。

② 班固：《汉书》卷六十二，《司马迁传》，中华书局1962年版，第2717页。

被今人视为当时“手工业技术规范的总汇”，不仅是包含了自然科学，也可以说是包含了今日所谓的“科技”。

经学是综合性的学术，子学也不例外。虽然大多数子书以讲“治术”为主，司马谈所谓“其务为治者也”，但每一种子书都包含有多方面的知识和学问，如东汉高诱研究《吕氏春秋》和《淮南子》时指出的，吕览“备天地万物古今之事”，淮南“其义也著，其文也富，物事之类，无所不载”。实际上任何一种子书都是可以这样说的，因此每一种子书都可以以今日之学科去研究它。例如哲学、伦理学、政治学、心理学、社会学、教育学、军事学等，同样它们也包含不少自然科学或者科学技术的内容。除了普遍都有的天文、地理、草木、鸟兽之类的知识外，有些书还有某些比较突出的内容，如《墨子》中既有物理学（光学、力学），也有几何学，还有逻辑学，其书又称《墨辩》。以后各个朝代的很多学者的著作，甚至文集、笔记，例如汉代应劭的《风俗通义》、唐代封演的《封氏闻见记》、宋代沈括的《梦溪笔谈》之类，都是内容广泛，无所不包的。学者知识丰富，具有多方面的学问与知识，其著作自然有综合性的特点。我国古代的图书分类，最早从“六艺”中分出来的史部，是与现代分科之学的历史学大体一致的，但其综合性也很明显，所以今人称《史记》一书为当时的百科全书。因为它除了以王朝世系、人物传记为主之外，还有一个包含广泛内容的“八书”，《礼》《乐》《律》《历》《天官》《封禅》《河渠》《平准》等，人物传记中还有“儒林”、“滑稽”、“日者”、“龟策”、“货殖”等类传，当时所有的知识和学问可说是都涉及了。此种基本史学著作体例，一直沿袭了两千多年，虽然长时间中有不少变化，但都有百科全书的性质。

再次，从我国古代学术研究的指导思想、原则和方法看，也能体现其综合性。前面所述道的核心意义以及“源于道，归于道”等，已经讲到了我国学术的指导思想，不再重述了。这里再从司马迁的一句名言来谈，他在《报任安书》中说：

> 网罗天下放失旧闻，考之行事，稽其成败兴坏之理，百三十篇，亦欲以究天人之际，通古今之变，成一家之言。

“究天人之际，通古今之变，成一家之言”，是就“百三十篇”的《史记》而言，因而被认为是历史学上的首创，实际上是不应限于历史学的。如上所说，《史记》是当时的一部百科全书，它几乎包含了当时全部的学术内容，这也是司马迁在《太史公自序》中所说：

> 序略，以拾遗补艺（《汉书》作阙），成一家之言，厥协《六经》异传，整齐百家杂语，藏之名山，副在京师，俟后世圣人君子。

《六经》、“百家”皆网罗在内，绝不只是史学，而是整体的学术，从他自己关于百三十篇内容的叙述看也是无所不包的：

> 网罗天下放失旧闻，王迹所兴，原始察终，见盛观衰，论考之行事，略三代，录秦汉，上记轩辕，下至于兹，著十二《本纪》，既科条之矣。并时异世，年差不明，作《十表》；礼乐损益，律历改易，兵权、山川、鬼神，天人之际[①]，承弊通变，作《八书》；二十八宿环北辰，三十辐共一毂，运行无穷，辅弼股肱之臣配焉，忠信行道，以奉主上，作三十《世家》；扶义俶傥，不令已失时，立功名于天下，作七十《列传》。[②]

人文社会科学、自然科学无所不有，百科全书之说是可以成立的。

司马迁提出的这种原则和方法，长期为后世学者所效法，多半以此为理想和目标。例如东汉末年的大学者郑玄，也是以“念述先圣之元意，思整百家之不齐”[③] 为终生之志。他一生遍读群经，各种论著“凡百余万言”，实际上也在一定程度上是“成一家之言”的。他治学尚博通，喜综合，显然他的成就主要在经学方面，但如上所述，经学本身即为综合性的学术。有如隋代王通说：

> 余小子获睹成训九载矣，服先人之义，稽仲尼之心，天人之事，

---

① 班固：《汉书》卷六十二，《司马迁传》，中华书局1962年版，第2735页。
② 司马迁：《史记》卷一百三十，《太史公自序》，中华书局1982年版，第3319页。
③ 范晔：《后汉书》卷三十五，《郑玄列传》，中华书局1965年版，第1209页。

帝王之道，昭昭乎！①

他花九年时间研讨《六经》，并作《续六经》，也是明“天人之事，帝王之道”的。

总而言之，我国古代大学者治学，原则和方法是博、通，其著作大多是综合性的，至于博通、综合性的程度，则因人而异。司马迁所倡导的原则和方法，一直影响到清代学者，因而在西学东渐并为我国学者接受之前，我国的学术之综合性最为突出。

二　经世致用的政治性

20 世纪初，学人讨论“学术”问题，一方面拿我国传统学术与西方学术对比，另一方面探讨我国传统学术之源流和演变，大体上都认识到：

古人为学不出伦常日用，本易知易行。而上之施教，亦至简至易，盖因物则民彝之所固有而裁成之。②

说得明白通俗一点，学术的内容首先是人类生活的知识和技术。人们要生活，要传衍，长期不断积累所谓“日用伦常”的经验、知识和各种技能，并且世代相传，这就产生了学的需要。“学”字最早的意义是与“教”相同的③，学什么或者教什么？就是学或者教有关如何生活的知识和技能，如《周礼·地官·保氏》说：

养国子以道，乃教之以艺：一曰五礼，二曰六乐，三曰五射，四曰五驭，五曰六书，六曰九数。

礼、乐、射、驭、书、数就是当时的主要知识和技能，涉及社会生活的各方面。而学术就是在这种背景下产生的，学术的内容就是当时各种知识和

① 王通撰，王雪玲校点：《中说·王道第一》，辽宁教育出版社 2001 年版，第 1 页。
② 罗振玉：《本朝学术源流概略》，上海书店 1989 年版，第 1 页。
③ 参阅《说文》《广雅》等。

技能的记录、总结和提高。

与“日用伦常”有密切关系的学术，本来就不是脱离社会生活的，是为人类服务的。而与人类社会共生的政治，自然也与学术密切相关。这里有必要首先就“政治”一词作点说明。

毋庸讳言，由于某些历史原因，有时候人们对“政治”二字有些偏见，如把政治与极左，与虚假、不实等相联系，或者以为可以脱离政治。然而，事实是政治与人类社会同时存在，所以，亚里士多德的《政治学》就说“人类在本性上也是一个政治动物”①。我国古代虽没有这样明确的说法，但认为人之所以不同于动物，之所以能“胜物”，就是因为能“群”，能“和”，“亦且有义”，《荀子·王制篇》是这样表述的：

> 水火有气而无生，草木有生而无知，禽兽有知而无义，人有气、有生、有知亦且有义，故最为天下贵也。力不若牛，走不若马，而牛马为用，何也？曰：人能群，彼不能群也。人何以能群？曰：分。分何以能行？曰：义。故义以分则和……不可少顷舍义……能以（礼义）使下谓之君，君者善群也。群道当，则万物皆得其宜……政令时则百姓一，贤良服，圣王之制也。②

从人的社会性（群）一直讲到礼义、政令，就是讲人的伦常、政治，说明人是社会动物，也是政治动物。

“政治”一词在我国古书中也出现得比较早，《尚书·毕命》中就有：

> 道洽政治，泽润生民。

孔传解释说：

> 道至普洽，政化治理，其德泽惠施，乃浸润生民。

---

① 亚里士多德：《政治学》，商务印书馆 1983 年版，第 7 页。

② 《荀子·王制篇》，诸子集成本，中华书局 1954 年版。

孙中山曾有一个简要的说法比较明白：

> 政治两字的意思，浅而言之，政就是众人之事，治就是管理，管理众人的事便是政治。①

我们取最后一句是比较恰当的。因为我国古代的政治主要讲治，虽然单用"政"的时候很多，但更多的时候都是用"治"，"政"或者"治"，都是讲治理。例如《论语》中的"夫子至是邦也，必闻其政"（《学而》）、"不在其位，不谋其政"（《泰伯》）都是指的"治理"。在《左传》中古人开口闭口就说"政以治民"（隐公八年）或者"政以正名"（桓公二年），说得好听一点就叫作"政在养民"②。这就回到了上面所说的政治与人的关系，我们就不再申论了。

在大体上阐释了我国古代"政治"的含义之后，再来讲学术的政治性就比较清楚了。学术本来是人类社会生活知识和技能的总结和提高，本来就是实用性的，也就是说本来就是"经世致用"（这是后世的说法），只不过不知何时人们开始自觉地认识并自觉主动地运用罢了。而"政治性"也本来是客观存在的，只不过不知何时人们有意地甚至过分地强调它罢了。学术之为政治服务，进而发展为学术的内容并以政治性的内容为主，认识上的明确与自觉，记载表明，汉代是一个重要的时期，从汉代学者开始把它推到了极致。这可说明如下：

先秦时期，我国的学术存于群经、诸子之中，讲的记的都是治国治民方略。而对诸子之"务为治"的认识，《诗》《书》《易》《礼》《春秋》之被奉为经典，都可以说是汉代的事。

经书之称虽不开始于汉代，但"五经"之被奉为经典，形成经学，确定无疑是从汉代开始。这个"经"字本身，在一定意义上可取"治理"之意。如《左传》隐公十一年所说："礼，经国家，定社稷，序人民，利后嗣者也。""经国家"即统治、治理国家，后来"经理"、"经世"、"经略"、"经纪"、"经营"等均讲的是治理。当然"经世"、"经国家"等又主要是

---

① 孙中山：《孙中山选集·民权主义第一讲》，人民出版社 1981 年版，第 692 页。

② 《尚书·大禹谟》，十三经注疏本，中华书局 1980 年版。

指政治上的治理，如：

皇帝明德，经理宇内。①

披《洪范》而知箕子有经世之器，览《九术》而见范生怀治国之略。②

在汉人的心目中，群经、诸子所有的学术著作，都是经世之典籍，都是讲治理的，如常被引用的司马谈的话就很明显：

《易大传》："天下一致而百虑，同归而殊途。"夫阴阳，儒、墨、名、法、道德，此务为治者也，直所从言之异路，有省不省耳。③

这个"治"就是治理，就是政治，"务"者致力也。诸子之学，皆致力于"治"也。

到了东汉，经学时代已经形成，人们对学术的经世致用更加重视，学术的政治性更加强化，所以班固作《汉书·艺文志》时就作了非常明确的表述：

六艺之文，《乐》以和神，仁之表也；《诗》以正言，义之用也；《礼》以明体，明者著见，故无训也；《书》以广听，知之术也；《春秋》以断事，信之符也。五者，盖五常之道，相须而备，而《易》为之原。故曰："《易》不可见，则乾坤或几乎息矣。"言与天地为终始也。至于五学，世有变改，犹五行之更用事焉。④

不仅讲其经世致用的根本性，甚至是与当时流行的五行学说联系起来。其"诸子略"的最后又写道：

---

① 司马迁：《史记》卷六，《秦始皇本纪》，中华书局1982年版，第250页。
② 《抱朴子·审举》，诸子集成本，中华书局1954年版。
③ 司马迁：《史记》卷一百三十，《太史公自序》，中华书局1982年版，第3288页。
④ 班固：《汉书》卷三十，《艺文志》，中华书局1962年版，第1723页。

诸子十家，其可观者九家而已。皆起于王道既微，诸侯力政，时君世主，好恶殊方，是以九家之术蜂出并作，各引一端，崇其所善……《易》曰："天下同归而殊途，一致而百虑。"今异家者各推所长，穷知究虑，以明其指，虽有蔽短，合其要归，亦《六经》之支与流裔。使其人遭明王圣主，得其所折中，皆股肱之材已。仲尼有言："礼失而求诸野。"方今去圣久远，道术缺废，无所更索，彼九家者，不犹瘉于野乎！若能修六艺之术，而观此九家之言，舍短取长，则可以通万方之略矣。①

先秦之"六艺"被汉儒奉为经典，诸子同样也是经典。《汉书·艺文志》中就有《老子邻氏经传》《老子傅氏经说》《老子徐氏经说》，《老子》是经，更不消说后来正式成为《道德经》②。《荀子·解蔽篇》引有《道经》，也许是《老子》之外的另一种书。《墨子》本身即有"经"和"经说"之分，而且《庄子·天下篇》中就有《墨经》之名："南方之墨者……邓陵子之属，俱诵《墨经》。"《艺文志》中还有《黄帝四经》之类的书。此外，医书之称为"医经"，也是比较突出的。

所有被视为经典的古籍和其他早期乃至当时的图书，都有"经世致用"的意义，都是与政治有密切关系的，现在所谓的文学作品、诗赋之类也是如此，班固说：

古者诸侯卿大夫交接邻国，以微言相感，当揖让之时，必称《诗》以谕其志，盖以别贤不肖而观盛衰焉。……春秋之后，周道浸坏，聘问歌咏不行于列国，学《诗》之士逸在布衣，而贤人失志之赋作矣。大儒孙卿及楚臣屈原离谗忧国，皆作赋以风，咸有恻古诗之义。……自孝武立乐府而采歌谣，于是有代赵之讴、秦楚之风，皆感于哀乐，缘事而发，亦可以观风俗，知厚薄云。③

文学作为社会的一面镜子（可以观风俗），其直接政治性都很强。

① 班固：《汉书》卷三十，《艺文志》，中华书局 1962 年版，第 1746 页。
② 参阅熊铁基：《从〈老子〉到〈道德经〉》，《光明日报》2007 年 6 月 1 日。
③ 班固：《汉书》卷三十，《艺文志》，中华书局 1962 年版，第 1755 页。

在班固等汉儒的眼中，天文、数学、方技这类纯自然科学、一些所谓“生生之具”的学术，也与政治有关：

天文者，序二十八宿，步五星日月，以纪吉凶之象，圣王所以参政也。

历谱者，序四时之位，正分至之节，会日月五星之辰，以考寒暑杀生之实。故圣王必正历数，以定三统服色之制……①

汉代，特别从西汉后期开始，阴阳五行学说对政治影响巨大②，因而学术的政治性也就进一步加强，不仅数学、方技这些属于自然科学的内容，皆“王官之一守”，为政府官员之职责，而且处处皆可与政治相连，所谓“盖论病以及国，原诊以知政”。

在汉代，人们不仅有学术与政治关系密切的认识，更有为政治服务的运用，典型的“经世致用”，有所谓“以《春秋》决狱”、“以《禹贡》治河”的突出例子。

关于“《春秋》决狱”，董仲舒是代表人物，《汉书·艺文志》中著录有《公羊董仲舒治狱》十六篇，后来的《文献通考·经籍考》说，此书又名《春秋决狱》，《后汉书·应劭列传》记载说：

故胶西相董仲舒老病致仕，朝廷每有政议，数遣廷尉张汤亲至陋巷，问其得失。于是作《春秋决狱》二百三十二事，动以经对，言之详矣。③

以《春秋》听狱、治狱，董仲舒和其他汉人都曾有明确表述：

《春秋》之听狱也，必本其事而原其志。志邪者不待成，首恶者罪特重，本直者其论轻。④

---

① 班固：《汉书》卷三十，《艺文志》，中华书局1962年版，第1765～1767页。
② 参阅顾颉刚：《秦汉的方士与儒生》，上海古籍出版社1978年版。
③ 范晔：《后汉书》卷四十八，《应劭列传》，中华书局1965年版，第1612页。
④ 董仲舒：《春秋繁露·精华》，上海古籍出版社1989年版，第23页。

《春秋》之治狱，论心定罪。志善而违于法者免，志恶而合于法者诛。①

“春秋决狱”在汉代法制史上是件大事，有许多具体事实和问题，非此处所讨论之内容，这里主要说的是学术的政治性。

关于“《禹贡》治河”，因为《尚书·禹贡》记载着大禹治水之事，汉儒治理黄河水患就常以此为依据，甚至认为通晓《禹贡》的人，就是能治水患之人，一讨论修治黄河之事，就有“议者常欲求索九河故迹而穿之”②。西汉成帝时，平当“以经明《禹贡》，使行河，为骑都尉，领河隄”③，颜师古注曰：

《尚书·禹贡》载禹治水次第，山川高下。当明此经。故使行河也。

《禹贡》中有当时较系统的且真实的河道记述，熟悉它，精通它，或者可以作为治水的参考，但不可能真正依靠它治河，不过这也反映了经学与河政的关系。《汉书·沟洫志》就是从夏禹治水讲起的，处处注意记述九河之道。

事实上，不仅上述这些，当时整个国家的政治、经济的重要政策和措施，都是以“经义”为理论依据的，讨论问题、重大决策，无不引经据典，而经典的解读、诠释也往往是为当时的政治需要服务的。

总而言之，汉代的学术以“经学”为主体，先秦的诸子和其他学问也不同程度地成为经典，他们的解读和运用，都有很强的政治性。从汉代开始，大量的经典注疏，各种阐释经、子的学术著作，莫不有“经世致用”的特点，有时会因时因事而异，有不同的侧重和解释罢了。

这里我们没有和外国学术作具体比较，但我国之学可称为经世之学，我国学术政治性的特点，也许是最为突出的。

---

① 《盐铁论·刑德》，诸子集成本，中华书局1954年版。

② 班固：《汉书》卷二十九，《沟洫志》，中华书局1962年版，第1675页。

③ 班固：《汉书》卷七十一，《平当传》，中华书局1962年版，第3050页。

三 解读诠释的连续性

我国传统学术中，至少两千年来一直传承的一些经典著作，至今仍存在并且发生影响，这种连续性是世界少有的。这种连续性的过程中，汉代是一个关键时期，汉代创造了对经典解读诠释的方法，保证了经典传承的连续性。

作为学术载体的经典，我国古代是非常丰富的，可以用“汗牛充栋”来形容。概括地说，即所谓“群经”、“诸子”（后来分成经、史、子、集四部）。《易》、《书》、《诗》、《礼》、《乐》、《春秋》等几部最早的古籍，在汉代被称为“经”，有所谓“五经”、“六经”之说。其实，战国时“经”原本不是专指“五经”、“六经”，如上所说，诸子也可以称为“经”，而且以“经”为书名最早的还是《墨子》，称为《墨经》。《庄子·天下》篇记载，墨子的徒子徒孙“俱诵《墨经》”。又，《荀子·解蔽》篇中曾引用《道经》（尚不知为何书）。而从《汉书·艺文志》记载看，诸子百家以“经”为称的，有《老子》《老子邻氏经传》《老子傅氏经说》《老子徐氏经说》等书的著录说明，人们是把《老子》一书当作“经”的。列于道家内的还有《黄帝四经》。此外，其《数术略》中又记有《四时五行经》《山海经》，“方技略”中有“医经”一目记《黄帝内经》《外经》、《扁鹊内经》《外经》、《白氏内经》《外经》等。这些记载都可以反映汉以前的情况，诸子百家的原始典籍都被称为经典之作，都可以称“经”。再者，《汉书·艺文志》中的“六艺略”似乎是与“六经”相关的，但不局限在《易》《书》《诗》《礼》《乐》《春秋》这六种经典（并且乐类书籍还无经字出现），还有“论语”、“孝经”和“小学”三目（后来《论语》之列为经类是理所当然的，汉代已经有很突出的地位了），并且“春秋”目下，除了《春秋古经》《公羊》《谷梁》等传之外，还包括《国语》《世本》《战国策》以及《太史公书》等后世称之为史书的典籍在内。总之，各种学问都有各自的经典，都有一些经典的文本。因此，后来（从汉开始）进一步就有各种“道经”（《老子》称为《道德经》，《庄子》称为《南华真经》，《文子》称为《通玄真经》，等等）、佛经，扩而大之，更有《水经》《茶经》等。

汉代力求继承和保存上述各方面的经典文本，同时如前所述也对它们进行了全面的改造。我国传统学术之所以能够有连续性正在于这两方面，一方面是对经典文本的认同，使之有坚实的根基；另一方面又根据不同时期、不同条件、不同情况对经典文本进行创造性的解读和阐释，使之具有“与时俱进”的活力。

在我国，学术的连续性是通过对古老经典文本的解读和诠释实现的。这一点在汉代开始形成规模，并长时间地影响后世。

我国古代，特别是春秋战国时代，学术的方方面面都逐渐产生了自己的经典之作。但在书于竹帛的当时，流传并不容易，再经过“秦火”、“焚书”的劫难，损失很大。汉朝建立和初步巩固之后，确实做了很多保存先秦典籍的事，如《汉书·艺文志》开头所描述的：

> 汉兴，改秦之败，大收篇籍，广开献书之路。迄孝武世，书缺简脱，礼坏乐崩。圣上喟然而称曰：“朕甚闵焉。”于是建藏书之策，置写书之官，下及诸子传说，皆充秘府。至成帝时，以书颇散亡，使谒者陈农求遗书于天下。①

此段概述前虽已引，但未加深入阐述，实际上内容是相当丰富的。首先，可以说整个西汉时期（从汉兴直到成帝），一直都在搜求先秦遗书。汉初武帝以前，有高祖时萧何收律令书，惠帝时除挟书令，以及文帝时的诸多举措，有关记载是：

> 沛公至咸阳……何独先入收秦丞相、御史律令图书藏之。②

> （惠帝）四年三月，皇帝冠，赦天下，除挟书律。③

文帝时，诏太常遣晁错“受《尚书》伏生所”④，以及置一经⑤、诸子⑥博

① 班固：《汉书》卷三十，《艺文志》，中华书局1962年版，第1701页。
② 司马迁：《史记》卷五十三，《萧相国世家》，中华书局1982年版，第2014页。
③ 班固：《汉书》卷二，《惠帝纪》，中华书局1962年版，第90页。
④ 司马迁：《史记》卷一百一，《晁错列传》，中华书局1982年版，第2745页。
⑤ 范晔：《后汉书》卷四十八，《翟酺列传》，中华书局1965年版，第1606页。
⑥ 赵岐：《孟子题辞》：“汉文帝欲广游学之路。《论语》、《孝经》、《尔雅》、《孟子》皆置博士。”

士等措施，皆为收集“篇籍”之举措，起到了保存先秦典籍的作用。武帝时更是使之规模化、制度化，所以刘歆在《七略》中才说：

> 孝武皇帝，敕丞相公孙弘广开献书之路，百年之间，书积如山。①

看来成绩可观，而成帝时又进一步“求遗书于天下”。所以说整个西汉一直都在收求先秦典籍，以及汉代的各种书籍。这里要进一步指出的是，西汉（特别是早中期）的收献图书，还不只限于中央朝廷，一些地方诸侯王同时也收献图书，例如：

> 楚元王交，好书，多材艺。少时尝与鲁穆生、白生、申公，俱受《诗》于浮丘白。②

好书必收书，也会有人献书，受《诗》也是保存典籍的一种形式。又如：

> 河间献王德……修学好古，实事求是，从民得善书，必为好写与之，留其真加，金帛赐以招之。由是，四方道术之人，不远千里，或有先祖旧书，多奉献王者，故得书多，与汉朝等。是时，淮南王安亦好书，所招致率多浮辩。献王所得书，皆古文先秦旧书，《周官》、《尚书》、《礼》、《礼记》、《孟子》、《老子》之属，皆经、传、说、记七十子之徒所论。③

这段比较具体的记述，颇能说明诸侯王收献图书的情况。需要指出的是，其对淮南王安之好书以及献书人的“浮辩”之说，未免有点偏颇，但淮南王那里也收集了不少图书（或者子书为多）是可以肯定的。文献的记载始终是不全的，我们看看近几十年各地发掘一些王侯墓中的出土古籍，就更能说明问题了。一个不大的轪侯墓（长沙马王堆）中的帛书，使当今学术研究耳目一新。在纸张、印刷都没有的条件下，竹简、帛书流传不会很顺

① 《汉书补注》引何焯曰：《文选》注三十八引刘歆《七略》。
② 班固：《汉书》卷三十六，《楚元王传》，中华书局1962年版，第1921页。
③ 班固：《汉书》卷五十三，《河间献王传》，中华书局1962年版，第2410页。

畅，所以，从中央到地方，乃至个人，收、求篇籍的事，在整个西汉常见于记载。

西汉末年又一次大的“天下散乱”，也有“典文残落”的问题，但与西汉初的情况大不相同了，不是那种“焚诗书”的情况，光武迁还洛阳，还可以“经牒秘书载之二千余两”，“四方学士”先是“多怀协图书，遁逃林薮”，在光武中兴之后，“莫不抱负坟策，云会京师”①。总之，整个的与西汉不同，这时的经师以及各方面的学者多了，书写也方便多了，书籍的保存不是大问题。学术传承的问题，主要是学派、思想等不同的问题，也就是连续性中的解读、诠释问题。

我国传统学术的连续性，通过对经典文本的认同表现出来。当然，这首先是因为那些经典全面、高水平地反映了当时我国（乃至全世界）的学术成果。全面，就是说不仅有以人文社会科学为主的群经、诸子，还有古代的一些重要自然科学，如农学、医学以及天文历法等。《汉书·艺文志》中原本也就有这方面的经典之作。农学方面的《神农》二十篇和《野老》十七篇，都是六国时成书的，只是到著《艺文志》时已经亡佚了（至少是班固等人未见到）。百姓务农，主要靠经验的世代相传，没有也无法从事理论的总结和实践的记录，个别学人关注农业也多半与所任官职有关（如尹都尉、赵过、氾胜之等人一样），还有就是与政论有关的文字才被著录，如《吕氏春秋》中之《上农》《任地》《辨土》《审时》四篇。天文、历法以及地理等方面也是如此，六国时也有不少托名黄帝的书籍，因为其为史官所掌，在后世史书的“天文”、“律历”等志中，传承着一些过去的著作记录的内容，所以没有什么早期的经典流传。医学方面，《艺文志》中的《黄帝内经》《外经》、《扁鹊内经》《外经》之类，原本也应该有的，因为医术上经典意识不强（扁鹊、华佗之受称颂那是较晚之事），此类书流传不广。整个自然科学从某种意义上说，是处于人文社会科学的附属地位。

在汉代，人们在认同先秦形成的经典的同时，不断对它们进行解读和诠释，这是经典得以连续流传的原因，也是我国学术连续发展的原因。

---

① 以上参阅《后汉书·儒林列传》，中华书局 1965 年版。

汉人对经典文本进行注释，内容异常丰富，因而有一系列既有联系又有区别的文词，如传、注、义、疏等常用之词，还有记、笺、学、解、故以及章句等，均有相同意义，都是以解释经文为中心的。当然细分也有不同之处，或侧重字、词的诂训，或侧重章句的解读，或侧重义理的阐释，或兼各种体裁，并且因人而异。有时候它们有层次之分，如《诗经》之有《毛传》，后又有郑玄注，再以后的人在其基础上作义疏；《春秋》有《左传》《公羊传》《谷梁传》三传，后来又有人为传作注、作疏，等等。在众多的传、注、义、疏中，有些是很有名、很有影响的，补充和保存了大量经典中所没有的资料。从这方面看，《春秋》三传及其注的价值大大高于经文本身，本身也即成为经典。

传、注、疏、义的层次之分并不是固定的，或者仅指几个特别著名的传、注、疏、义而言。大多数时候解释经典的文字，以什么字、词表示，因人而异，例如：

> 扶风杜林传《古文尚书》，林同郡贾逵为之作训，马融作传，郑玄注解，由是《古文尚书》遂显于世。①

同是注释文字，或称“训”，或称“传”，或叫“注解”，都是直接解释《古文尚书》的，没有层次区别。《古文尚书》之得以广为流传，就靠这些注释文字起作用。

两汉时期经、传的注释文字很多，这从《汉书·艺文志》《汉书·儒林传》《后汉书·儒林列传》等的记述中可以看得出来，几乎没有或者极少有单独“古经”流传的，多以“×氏几篇”流传，这样版本内容就很可能不太相同了，当然注释本也就有流传古本的不同。

为什么会有经典文本注释之学的发达？一方面，经典之成为经典，是因为它比较成熟，比较全面深刻；另一方面，它的深刻性又有待于进一步的解读乃至发展。注释经典，一是为了读懂，二是为了发挥。许多古书文词简奥，甚至有些文字“佶屈聱牙”十分难读，必须靠注释、训诂才能读懂。再进一步，人们读懂它，又是为了继承和运用。关于后者，历来都是

① 范晔：《后汉书》卷七十九上，《儒林列传上》，中华书局1965年版，第2566页。

很明确的，这里我们可以征引晋人挚虞的几句话加以说明。《晋书·礼志》记载当时讨论朝廷礼制时，挚虞特别讲到《丧服》的种种歧义，他说：

> 《丧服》一卷，卷不盈握。……《丧服》本文省略，必待注解，事义乃彰。

“本文省略”有待注解，“事义乃彰”，注解除了训诂难懂之字句外，可以补充事实。这方面例如《左传》，它作为《春秋》经之传，其所记事实远远超过经文，因而它本身即成为经典，甚至取代了《春秋》经。《礼记》也是如此，本为《礼》经之注，也已独立成经。至于“义”理的“彰”明，那就主要是作注之时或者作注者本人之意了。汉以后学人的思想以及传统学术思想，大多是通过经典文本的注释和解读表现出来的。

这里需要再次强调补充的是，古代的或者说先秦的经典，除了“五经”或者“六经”之外，还应该包括诸子，包括兵书、医书、农书，尽管后面这些不全面、不完整，但也有一些或者曾经有过一些经典文本。在诸子当中，最为明显的那就是《老子》，从《汉书·艺文志》中的《老子邻氏经传》《老子徐氏经说》的记载看，《老子》是被当作“经”看待的，“传”和“说”就是其注释，并且整个汉代关于老子的注还不少，流传后世有名的还有《河上公章句》和《老子指归》。当然《指归》又是另一种形式的注释，或者说是“解读”更为确切。这种形式从西汉后期开始到整个东汉越来越多，人们借此对经典文本不断地重新解读。最早的可说到韩诗内、外传，是“韩生推《诗》之意而为内外传数万言”，而不是简单的章句、训诂之作。东汉时，重新解读经书之作越来越多，既有许慎的《五经通义》《五经异义》之类的著作，综合推衍经书之意，也有专经的发明，如郑玄既注《尚书》，又有《尚书中侯》之类的著作；既有《毛诗古文训传笺》，又作《毛诗谱》。当时，重新解读经典的著作层出不穷：《易经》有人（洼丹）作《易通论》；《书经》有人（周防）“撰《尚书杂记》三十二篇，四十万言”；《诗经》有人（杜抚）作《诗题约义通》，赵晔作《诗细历神渊》，蔡邕“读《诗细》而叹息，以为长于《论衡》”；对《春秋》三传，何休在作《春秋公羊解诂》之后，又作《公羊墨守》《左氏膏肓》《谷梁废疾》。后来服虔又与何休讨论《左传》的问题。从西汉到东汉对于经义的讨论相当活跃，前述许多次讨论（石渠阁、白虎观等）更为明显。还有众多纬学的产生，虽然是另当别论，但“纬”本身就是根据“经”而来的，当然也受经典文本的影响，是经典文本注释之学的发展。

对经典文本的认同，经典文本注释之学的发达，是社会认可的，也是政治的需要，突出的表现就是“引经据典”或者“引经据古”。中国人在言行、学术、政事当中，非常重视证据，讲究征验，说什么、做什么、讨论什么，都喜欢在古书、旧典的记载中找依据。似乎有据可查的就是正确的，就是该做的。文献不足，证据不足，人们不惜造出许多尧、舜、禹、汤乃至黄帝、神农的言论和事迹，为自己的言论、主张作根据。大圣人孔夫子就是如此，《论语》中有几处讲得很明白，《述而》中有：

子曰：我非生而知之者，好古，敏以求之者也。

《八佾》中有：

夏礼，吾能言之，杞不足徵也；殷礼，吾能言之，宋不足徵也。文献不足故也。足，则吾能徵之也。

战国末期的韩非对孔子、墨子各自所言尧、舜是否真尧、舜就表示怀疑：

孔子、墨子俱道尧、舜而取舍不同，皆自谓真尧、舜，尧、舜不复生，谁使定儒、墨之诚乎?①

并且明确提出：

故明据先王，必定尧、舜者，非愚则诬也。②

① 《韩非子·显学》，诸子集成本，中华书局1954年版。
② 《韩非子·显学》，诸子集成本，中华书局1954年版。

不是愚蠢，就是欺骗。可惜，这种征、据之风到汉代有增无减，愈演愈烈。在汉王朝的朝廷之上，无论皇帝下诏书或者臣子上对策，无不引经据典。从现存皇帝的诏书看，西汉初期，主要讲事实，还不怎么引经据典，有时候也讲“古”时如何，尧、舜怎样。武帝以后引据的文字渐渐多起来，诏书中出现“书不云乎”、“诗不云乎”之类的字句，越来越多。至于臣子对策，最突出、最明显的就是董仲舒以“春秋大一统”的理论对策。这是指文字上明确讲出来了的，事实上则更多、更早。清人赵翼的《二十二史札记》卷二有一条“汉时以经义断事”，从“汉初法制未备，每有大事，朝臣得援经义以折中是非”讲起，列举了张汤、兒宽、张敞等人“引古今处便宜”的一些事。实际上远不只他列举的一些事例。在许多具体事例中，出现了很有典型意义的所谓“以春秋决狱”、“以禹贡治河”。

总而言之，经典被广泛运用，特别是政治上被广泛运用，乃至直接影响诸多政策、措施的制定。一些经济政策，如重农、抑商以及限田等，均以经义为理论根据。政治措施，除上述“春秋决狱”等之外，经学与选官制度也有密切关系。反过来，这样的情况又进一步促进经学的连续传承，几乎“所有”的读书人都去读它们，注释它们，运用它们，经典因而得以保持长期的连续性。

同样，诸子及其他方面的学术也得以这样传承，一方面诸子等学术为经学之士所旁及，另一方面自然也照经学的传承形式进行。重要的典籍如《老子》之类照样作注释，《汉书·艺文志》中有三四种注释本，后来还有严遵的《老子注》《河上公章句》《想尔注》等。

四　综论诸特点

首先，以上所阐述的几点，就是汉代学术的主要特点。其实，每一个特点还牵涉一些相关的特性，例如综合与统一、统一与多元、包容与整合以及对立与斗争等，可以从不同角度予以论述。统一于道，或者统一于六经，都可以从源头、主要精神等各方面去看待。

但是，从组成、结构来看，在统一的学术整体中，又包含了多元的因素。一些看起来水火不相容的东西，经过长期的互相排斥同时又互相吸取，“相灭亦相生也”，“相反而皆相成也”①，逐渐融聚在统一的整体之中。汉初一度流行的黄老新道家、汉武帝以后以董仲舒为代表的新儒家，都是如此，都是以“我”为中心的新整合，虽然是吸取各家各派的思想，但没有失去“道”或者儒的自我，通过汲取、整合形成新的道家或者新儒家。如何“相生”、“相成”是有迹可寻的。

具体深入地研讨这些特点，可以发现它们各自都有十分丰富的内容。例如政治性。政治性是一个现代化的说法，“其务为治”是古代对学术的一种概括。政治是属于社会人文范畴的，学术的人文特点很突出。人文是相对自然而言的，“其务为治”，当然就导致轻视自然科学。尽管人类生活需要自然科学，如农学以及相关的天文历法，还有医学等，但也只有技术经验的积累，少有学理的研究和提高，重技而不重学，乃至纯粹的农书、医书，也要把黄帝、神农、尧、舜抬出来才放心。因为政治性太强，或者说学术受政治的影响太大，因此又有另一特性表现出来，那就是正统性。争正统如前述韩非所说，争谁说的是真尧、舜，谁是真的孔、墨继承人，发展到汉代是今古文之争、争立博士等。既是学术之争，也是政治之争。既有正统，就有异端，异端在学术特别是学术思想的发展上是有一定作用的。汉代学术的每一个特点都可以从不同的方面去理解和阐释，而以上几个特点彼此之间也是关联着的。

其次，我国传统学术的特点，在一定程度上是与其他国家，特别是与西方的文化学术相比较而言的。从前述诸特点看，不能说西方国家全然没有。例如，欧洲中世纪的神学也曾“统领”一切，就有一定的统一性和综合性。又例如，我国有圣人之言，有一批经典著作，长期影响我国文化学术的发展，而西方也有一些先哲，也有一批经典，大体与我国群经、诸子同时产生。《荷马史诗》之后，有苏格拉底、柏拉图、亚里士多德等人的著作，都是西方的经典，稍后一些又有《圣经》。汉代开始对经典文本有注释，西方也有对古典的解释，只不过形式不同。如怀德海（Whitehead）就曾说：“西方哲学的特质可以说就是它是对柏拉图思想所作的一系列注脚。”而《圣经》和莎士比亚的著作被认为一直持续地塑造西方的文章和架构及思考模式，如同我国的《易经》《诗经》等经典不断地影响着我国

① 班固：《汉书》卷三十，《艺文志》，中华书局1962年版，第1746页。

人的语言及思考模式①。其他诸性也是如此，都不能说西方没有，但与我国是不同的，有程度、方式等方面的不同，也有内涵的不同。例如西方有经典和对经典的解释，但不像我国汉代那样形成经典垄断地位，没有出现“说五字之文，至于二三万言”②。那种解说经典的现象，人们也不会去“皓首穷经”。又例如，从连续性来看，西方古代之后既有中世纪的神学统治，也有近代的文艺复兴现象，而我国汉代形成的经学一统这一基本模式，一直延续了近两千年。总之，和西方比较，汉代形成的我国传统学术，有比较鲜明的特点是可以肯定的。

再次，汉代形成的传统学术的特点既有优点也有缺点，综合性、统一性、连续性以及“经世致用”等，使得我国传统学术文化源远流长，根深叶茂，有厚重的积累，有很强的生命力，这就是其主要的优点。但是另一方面，也有一些突出的缺点，有时候难免表现出崇古、守旧，政治上的“萧规曹随”，学术上的师法、家法以及“儒宗”的尊崇，这些都会在一定程度上阻碍学术的发展和创新。人文性特别是政治性太强自然会滋生出一些偏激和失误，影响学术的正常发展，特别是影响自然科学的发展。汉代的人文科学流传下来的内容异常丰富，相对而言，关于汉代自然科学的资料则很少，乃至很难进行深入的研究。但是，从有关记载中，从一些记载的字里行间，我们也不难发现，有一代又一代的学人——甚至大多数没有留下姓名、事迹的学人，还有更多的劳动者（人民群众中的骨干力量）为自然科学发展作出过实际的贡献。如《后汉书》之《独行列传》和《方术列传》所说：

> 中世偏行一介之夫，能成名立方者，盖亦众也。③
>
> 中世张衡为阴阳之宗，郎颉咎徵最密，余亦班班名家焉。其徒亦有雅才伟德，未必体极艺能。④

---

① 参阅吴光明：《历史与思考》，台湾联经出版事业公司1991年版，第26页。怀德海之名言亦转引自此书第185页。

② 《汉书·艺文志》师古又引桓谭《新论》云：“秦近君能说《尧典》，篇目两字之说至十余万言，但说‘曰若稽古’三万言。”

③ 范晔：《后汉书》卷八十一，《独行列传》，中华书局1965年版，第2665页。

④ 范晔：《后汉书》卷八十二，《方术列传》，中华书局1965年版，第2706页。

学人、群众之中，在当时能成名的不在少数，只是没有记载下来罢了，被记载下来的，多半还是有一官半职的。例如医学方面的华佗，在后世最为有名，因为他为曹操治过病，又为曹操所杀，才被简略地记述了一些。其实在他之前、之后都有不少医术高明的医学专家，“汉世异术之士甚众”①，只可惜绝大多数未被记载下来，即使被记载下来的，记述的内容也大多与学术本身无关。

另外，学术发展中，人们对某些缺点进行的斗争也是值得一提的，特别是那些与正统相对的异端之士，他们的言、行，他们对学术思想的发展是有自己的贡献的，对某些学术传统的缺陷是作过斗争的。例如桓谭、张衡等人对谶纬之批判，王充对许多愚昧落后传统之批判，等等，都有很好的历史影响。

总而言之，汉代学术的诸特点，成为我国传统学术的一些特点，意义深远。

五　规律和特点

两汉有四百多年的历史，前后稍加延伸有五个世纪，这四五百年中的学术本身也是动态的、发展的。从学术特点的形成和发展看，带有规律性的特点，值得一说，可以归结为以下几点：

第一，汉代的学术，既是综合性的学术，又在不断地进行学术综合。上一章我们比较集中地作了一些阐述，汉初的黄老新道家是以老子为主而兼采百家的综合，汉武帝开始以董仲舒为代表的新儒家当然是以孔子学说为主而兼采百家的综合。经学垄断地位形成，经过经今古文之争的一段时间之后，新的统合仍在进行，如郑玄在其戒子书中所说：“念述先圣之元意，思整百家之不齐。”② 事实上是不断地有人在做“整齐”、“百家”的工作，不过方法、程度以及成就不同罢了。

第二，既党同伐异，又互相融摄，这是整合过程中可以看到的又一特点。先秦诸子互为水火，但是又“相反相成”，“相生相灭”，这一规律、

① 范晔：《后汉书》卷八十二，《方术列传》，中华书局 1965 年版，第 2725 页。
② 范晔：《后汉书》卷三十五，《郑玄列传》，中华书局 1965 年版，第 1209 页。

特点，在整个汉代学术发展过程中同样存在着。汉初的儒道之争，武帝后的“罢黜百家”及斗争，经今古文之争，等等，“党同伐异”的事实是很多的。汉初黄老道家“采儒墨之善，撮名法之要”，已被司马谈概括得很明显。董仲舒大讲阴阳、暗用黄老也是明显的事实。经今古文之间有不少激烈的争论，但互相了解甚至引用的情况也很普遍。今古文派中都出现过很多“通学”、“通儒”，就是互相采引之结果，这些就不一一详述了。

第三，既有个性特点又都讲经世致用。学术的内容林林总总，学术的派别数以百计，所谓“百花齐放”、“百家争鸣”，均言其多。因为人类社会生活是丰富多彩的，而且日益发展，所以反映社会生活并为之服务的学术，也就有“百家众技”。有的与人们的生产、生活息息相关，这多半是属于今日之自然科学、科技之类，如农学、医学等，再进一步而有天文、历法、算数诸学，这些“皆有所长，时有所用”①；有的则属于今日之人文社会科学，满足人们的精神需要和群体、政治需要，司马谈所谓“百虑而一致”、“殊途而同归”、“其务为治者也”②。“百家众技”，各家各派，各有所长，各自都有鲜明的个性特点，但都有有“用”的共同特点。后人所概说的“经世致用”，在汉代已经日益明确起来，一方面在人文社会科学中表现得十分突出，另一方面自然科学的“用”也属当时“政治”、“经学”的影响。

第四，既对传统的学术认同，又在解释中重构。这是一个极为重要的特点，否则学术就没有发展了。以上所述当时的学术，继承性很强，非常注意认同传统，非常重视经典文本的记录与整理。例如对《诗》《书》《易》《礼》《春秋》等几部先秦的典籍，所谓“群经”，对一些重要“子书”，都是先记录、整理、保存文本，再进行解释、阐发和议论。在传承的过程中，或注重训诂，或强调义理，表面上好像是翻来覆去，实际上是不断地在进行重构。在传承过程中，篇章、结构乃至书名进行了重构，更重要的是不停地注入了时人、注释者的思想，这方面前人有不少总结性的文字。清人皮锡瑞的《经学通论》中就有一些很好的题目可以说明汉代经学中文字、义理重构之事实，如：《论传经之人惟〈易〉最详经义之亡惟

① 《庄子·天下》，诸子集成本，中华书局1954年版。
② 司马迁：《史记》卷一百三十，《太史公自序》，中华书局1982年版，第3288页。

〈易〉最早》《论汉初说〈易〉皆主义理切人事不言阴阳术数》《论汉时今古文之分由文字不同亦由译语各异》《论伏生所传今文不伪治〈尚书〉者不可背伏生〈大传〉最初之意》《论〈诗〉比他经尤难明其难明者有八》《论时有正义有旁义即古义亦未尽可信》《论〈礼〉所以复性节情经十七篇于人心世道大有关系》《论古礼多不近人情后儒以俗情疑古礼所见皆谬》《论董子之学最醇微言大义存于董子之书不必惊为非常异义》等等。任一题目都可探讨出学术思想重构的结论，都可发现其思想与“人心世道大有关系”，都是在汉代当时“切人事”、“近人情”的，也都可以说有新义。这些新义有的是在文句的阐释中反映出来的，有的则打着某经的名义直接阐发自己的思想，如《尚书大传》《韩诗外传》《春秋繁露》之类。后来与经书相对而言的纬书也是如此，尽管全是新出之“己意”，但始终打着经典的招牌。

这里还要指出，不但经书如此，子书乃至医书之类也是如此。《老子指归》《河上公章句》《想尔注》以及《黄帝四经》之类即是，它们都发挥了《老子》的思想。

汉代形成的这一继承与创新，或者说老翻新的学术发展特点，也是后来两千年我国传统学术发展的特点。

第七章　辉煌的学术成果

早年顾颉刚先生写《汉代学术史略》时就曾说过，汉代的学术方面有很多的辉煌的成果值得大书特书，并对自己没有叙及而深表歉疚。近几年的几本有关“汉代学术史”的书对汉代的主要学术成果都分别作了比较详细的记述。我们这里再从“发展”的角度，进行一番论述，以便加强对汉代学术发展的理解。

一　注疏之学的发展——中国解释学的形成

由于经学垄断地位的形成，整个汉代对经典著作进行解释的注疏之学或者说训诂之学特别发达。经学是中国独特的学术，解释经典的解释学也有自己的许多特色，有些是西方根本没有的。注释学，或曰训诂学，实际上包含有多种中国特有的学问，如文字学、音韵学，甚至与考古学、目录学等也有关系，无论名称还是内容都有相同相通之处，或有不同相异之处。所谓“散言”则同，“对言”则异，粗略地大概地讲它们没有什么区别，仔细地比较，又各有不同的含义和内容。甚至过去常用的“训诂”二字也是如此，二字连用，就是讲各种有关的注解工作，但是二字分开又各有各的含义，例如唐人孔颖达曾解释说：

> 诂者，古也，古今异言，通之使人知也①。训者，道也，道物之貌以告人也。②

《尔雅》一书中就分别有《释诂》与《释训》两篇，各有所侧重，大多数

---

① 宋人邢昺为《尔雅序》作疏说：“通古今之言使人知也。”

② 《诗经·周南·关雎诂训传》疏。

情况下，两者是混用的、互用的、通用的，指的都是注释工作。

汉代注疏之学的发达，主要表现在有大量的各种各样的解说经典之书。我们在前面第五章第四节曾引用了马宗霍《中国经学史》中一段很好的概述，他指出："汉儒说经之书"，"立名，各有不同"。其在西汉，则有曰"传"、"故"、"解故"、"故训传"、"微"、"说"或"说义"，有曰"记"，有曰"章句"，等等。至于东汉，立名益繁，"传"、"故"、"说"、"记"、"章句"而外，有曰"注"者，有曰"通"者，有曰"学"者，有曰"释"者，有曰"删"者，有曰"略"者，有曰"问"者，有曰"难"者，有曰"解"者，有曰"条例"者，有曰"训旨"者，有曰"异同"者。其他，若赵晔《诗细》、何休《公羊墨守》《左氏膏肓》《谷梁废疾》，名颇殊诡。而景鸾作《易说》及《诗解》，文句兼取《河》《洛》，以类相从，名为《交集》，尤为仅见。要之，立名虽繁，而通行之体，则不外乎"传"、"注"、"章句"三者。别有"谱学"、"图学"，纲举目张，力鲜思寡，盖亦与经说相发明者也①。马先生的概述，从名目繁多一个侧面说明了当时注疏之学的发达。

名目既如此繁多，注释的文字当然也多，数以万计乃至十万、百万计，这些在前面章节中均已提及。王莽之时和东汉初年都有过减省章句的议论和举措，有时候甚至越减越多。随着历史的自然淘汰，那些文字大多没有保留下来（这方面也大有文章可作）。但是，在当时大量的注释文字中，形成了一些训诂的体式和方法，为训诂学或者中国解释学的形成奠定了基础。很明显，训诂不等于训诂学。但是，没有大量注解工作的实践，其学自然无法成立。汉代大量的注疏，不仅奠定了训诂学或者中国解释学的基础，实际上可以说已经初步形成，训诂、解释的体式和内容多种多样，训诂的方法相当完备，训诂的理论日益发展。

我们可以从以下两个方面说明当时解释学的形成：

首先，注释中逐渐形成了一些原则和方法。汉代经学有"师法"、"家法"之说，所谓前汉重师法，后汉重家法，主要是章句、义训的问题。既然各不相同，有各种各样的"师法"、"家法"，那就各有各的章法、方法，

① 马宗霍：《中国经学史》第六篇《两汉之经学》，商务印书馆1937年版，上海书店1984年影印本。

其中必有各自的原理、原则，就有训诂学的因素，只不过具体内容流传下来不多罢了。但是随着训诂实践的发展，人们对训诂学各方面的知识和理论给以总结和揭示，一方面做训诂工作，另一方面有可称为训诂学的理论和方法。这里我们可以举例说明。

例如，东汉末年的赵岐曾作《孟子章句》，留下了《孟子题辞》《孟子篇叙》之类的文字，对自己作《孟子章句》的目的和方法作了论述：

儒家惟有《孟子》，闳远微妙，缊奥难见，宜在条理之科。于是乃述已所闻，证以经传，为之章句……章别其指，分为上下，凡十四卷。

并具体说明“《孟子》七篇所以相次叙之意”。在《题辞》中论述孟子“说诗”之言，就有规律性的揭示：

孟子长于譬喻，辞不迫切，而意已独至，其言曰：“说《诗》者不以文害辞，不以辞害志，以意逆志，为得之矣。”斯言殆欲使后人深求其意，以解其文，不但施于说《诗》也。今诸解者往往施取而说之。其说文又多乖异不同。

这里说到了解《诗》的原则及其变化的规律。

又例如同样是东汉末年的郑玄，他曾“遍注群经”，在大量的注释工作中体现了其训诂的原则和方法，清代学者对他给予很高的评价，著名史学家张舜徽先生作《郑学丛著》① 有《郑氏校雠学发微》《郑氏经注释例》等多篇，具体总结了郑玄校雠（亦即训诂）的一些原则和方法。郑玄使用各种方法时是有明确认识的，只是留下来的材料不多，但细搜寻还是有的。唐人陆德明在《经典释文序录》中就曾用郑玄的话说：

其始书之也，仓卒无其字，或以音类比方假借为之，趣于近之而

① 齐鲁书社 1984 年首次刊行，华中师范大学出版社《张舜徽集》2005 年再次出版。

已。受之者非一邦之人，人用其乡，同言异字，同字异言，于兹遂生矣。①

这是对假借字为什么会出现的一种论述。假借的问题自然是训诂工作的重要内容之一。把训诂工作中的实际问题，总结成规律性的认识，这应该就是训诂学。

从训诂工作的发展来看，从西汉后期刘向、刘歆校理图书开始，就已有对训诂工作原则、方法的认识和总结，《书录》之作即为其他证。当然，东汉比西汉大大前进了一步，对训诂的认识更为明确，除上述赵岐、郑玄二例之外，注疏（训诂）工作中之“条例”化日益明显，何休《春秋公羊注疏》序中说：

往者略依胡毋生条例，多得其正。

说明从西汉开始即有“条例”，《后汉书·郑兴列传》记载：

天凤中，将门人从刘歆讲正大义（注云：左氏义也），歆美兴才，使撰条例、章句、传诂……②

此“条例”当即注疏之义例、体例之类，又称为“理体”，《后汉书·儒林列传》记载：

李育……少习《公羊春秋》……尝读《左氏传》……以为前世陈元、范升之徒更相非折，而多引图谶，不据理体，于是作《难左氏义》四十一事。（建初四年）诏与诸儒论《五经》于白虎观，育以《公羊》义难贾逵，往返皆有理证，最为通儒③。

理体、理证之“理”，当即“条例”，当时有不少书以“条例”为名，例如

① 陆德明：《经典释文·序录》，中华书局2008年版。
② 范晔：《后汉书》卷三十六，《郑兴列传》，中华书局1965年版，第1217页。
③ 范晔：《后汉书》卷七十九下，《儒林列传下》，中华书局1965年版，第2582页。

贾逵也曾作《左氏条例》二十一篇[1]。此外，如杜抚一方面曾“定《韩诗章句》”，另一方面“其所作《诗题约义通》，学者传之，曰《杜君法》”，称之曰“法”（也就是“师法”“家法”之“法”），当与“条例”一样，是讲训诂的原则和方法的，属于训诂之学。

其次，更能说明中国解释学（训诂学）形成之事，汉代已经出现了一批可说是中国所特有的学问和著作，这就是文字、音韵、释名、尔雅之类的学问和著作，是在大量的注疏工作实践中形成了一些专门的学问和著作。

由于中国文字的特点，有字形、字音、字义等的诸多不同和变化，读书要从认字开始，注释中也大量涉及文字的问题，因此，关于认字、解字方面，我国特有一个“小学”，这门学问在汉代以前早就有了，《汉书·艺文志》中写道：

> 古者八岁入小学，故《周官》保氏掌养国子，教之六书，谓象形、象事、象意、象声，转注、假借，造字之本也。[2]

并且秦以前就出现了《史籀》《八体六技》《尔雅》《古今字》等书，秦时又有李斯作《苍颉》、赵高作《爰历》，这些也许是适应秦统一文字而产生的有关文字处理的著作，故《艺文志》又写道：

> 《史籀篇》者，周时史官教学童书也，与孔氏壁中古文异体。《苍颉》七章者，秦丞相李斯所作也；《爰历》六章者车府令赵高所作也，《博学》七章者，太史令胡母敬所作也；文字多取《史籀篇》，而篆体复颇异，所谓秦篆者也。是时始造隶书矣，起于官狱多事，苟趋省易。施之于徒隶也。

秦以前这些属于“小学”类的书大多经过了汉人的整理，宋代学者甚至认为《尔雅》是汉人之作：

---

① 范晔：《后汉书》卷三十六，《贾逵列传》，中华书局 1965 年版，第 1234 页。
② 班固：《汉书》卷三十，《艺文志》，中华书局 1962 年版，第 1720 页。

> 《尔雅》非圣人之书，不能无失。考其文理，乃秦汉间之学诗者，纂集说诗博士解诂。①

汉人“小学”著作的情况，西汉时期的《艺文志》中有记载：

> 汉兴，闾里书师合《苍颉》、《爰历》、《博学》三篇，断六十字以为一章，凡五十五章。并为《苍颉篇》。武帝时，司马相如作《凡将篇》，无复字。元帝时黄门令史游作《急就篇》，成帝时将作大匠李长作《元尚篇》，皆《苍颉》中正字也。《凡将》则颇有出矣。至元始中，徵天下通小学者以百数，各令记字于庭中。扬雄取其有用者以作《训纂篇》，顺续《苍颉》，又易《苍颉》中重复之字，凡八十九章。臣复续扬雄，作十三章，凡一百二章，无复字，六艺群书所载备矣。《苍颉》多古字，俗师失其读，宣帝时征齐人能正读者，张敞从受之，传至外孙之子杜林，为作训故，并列焉。②

这是西汉时期小学字书的一个发展大概。《艺文志》著录的书目，除以上提到的那些之外，还有《别字》十三篇目（按：或以为即《方言》，不能确定）、《扬雄苍颉训纂》、《杜林苍颉训纂》、《杜林苍颉故》（按：杜林乃东汉人，班固列此，比较特殊）等，至今大多亡佚了，只有《急就》一篇仅存，《苍颉》有辑佚一篇。在我国古代，文字学是为经学服务的，附属于经学，文字书是经学的附带产品，随着经学、经典解释的发展，东汉此类文字之书更多更成熟。除上面提到的杜林之外，还有班固之《太甲篇》与《在昔篇》③、贾鲂之《滂喜篇》④、崔瑗之《飞龙篇》⑤、卫宏之《古文官书》⑥、郭显卿之《杂字旨》与《古今奇字》⑦，等等。

作为文字、训诂、音韵等学之专著，应该着重介绍的是如下几种。

---

① 欧阳修：《诗本义》卷十。
② 班固：《汉书》卷三十，《艺文志》，中华书局1962年版，第1720页。
③ 见《隋书·经籍志》，还有上述他续扬雄之作。
④ 见《隋书·经籍志》，又《北史·江式传》亦有提及。
⑤ 见阮氏《七录》。
⑥ 见《隋书·经籍志》，《说文解字》曾引用卫宏说。
⑦ 见《隋书·经籍志》。

1.《方言》

《方言》是部什么样的文字书，这里不妨先引其中一段文字加以说明：

“舟”，自关而西谓之“船”，自关而东或谓之“舟”，或谓之“航”。南楚江湘凡船大者谓之“舸”，小舸谓之“艖”，“艖”谓之“船（艆）”，小“䒀（艆）”谓之“艇”，艇长而薄者谓之“艒”，短而深者谓之“艄”，小而深者谓之“樑”。东南丹阳、会稽之间谓“艖”为“欚”，泭谓之“𥳧”，𥳧谓之“筏”，筏，秦晋之通语也。江淮家居𥳧中谓之“薦”，方舟谓之“潢”，艁舟谓之“浮梁”，楫谓之“桡”，或谓之“櫂”，所以隐櫂谓之“籰”，所以悬櫂谓之“缉”，所以刺船谓之“槁”，维谓之“鼎”，首谓之“閤闾”，或谓之“艗艏”，后曰“舳”，舳，制水也，伪谓之仡，仡，不安也。

舟船及其附件在不同地方有不同的叫法，这就是方言。以上是详细记述之一，书中也有很简略的，如：“箇，枚也”、“带，行也（注：随人行也）”、“恬，静也”、“禔，福也”、“息，归也”、“抑，安也”、“潜，亡也”、“晓，过也”……（这里列举的一些是现今较好理解的），但没有说明何时、何地之语。整个《方言》时间不清楚，哪些是先秦的，哪些是汉代的，没有注明。关于地方分别写了不少，也稍嫌笼统一些（后人对此也作过进一步的研究）。

《方言》或可说是当时的一部“方言”辞典，对于古书的训诂有参考价值，可以解决字义以及通假字的问题，只是时段分述不清，是其不足之处，这或者与其成书有一个发展过程有关。《方言》一书，一般认为是西汉末扬雄所作，但《汉书》的《艺文志》和《扬雄传》都没有提到这部书，或者原本没有这个书名。此书的成书过程，东汉末的应劭在《风俗通义》序中写道：

周秦常以岁八月遣輶轩之使，求异代方言，还奏籍之，藏于秘室。及嬴氏之亡，遗脱漏弃，无见之者。蜀人严君平有千余言，林闾翁孺才有梗概之法。扬雄好之，天下孝廉，卫卒交会，周章质问，以次注续，二十七年，尔乃治正，凡九千字。其所发明，犹未若《尔雅》之闳丽也，张竦以为悬诸日月不刊之书。[1]

这可以说明此书是有一个形成过程的，最后完成者是扬雄，所以东晋郭璞作注时才明确有书名和扬雄作的说法，其序云：

盖闻《方言》之作，出乎輶轩之使……暨乎扬生沉淡其志，历载构缀，乃就斯文。是以三五之篇著，而独鉴之功显。

不过此书最后完成以后，还有人继续补充，因为应劭说是九千字，而今本有一万二千九百多，郭璞说是“三五之篇”，隋、唐之书皆著录为十三卷，这些不同和变化或亦可证明《方言》非一时成书，但说完成于汉代是可以的。最早比较系统的方言词典在训诂上有重要的资料意义，其资料来源于社会实际，从调查中得来，这对现代语言学研究也有启发的意义。

2.《释名》

《释名》仅书名就已明确表示它是解释事物名称的作品，据《隋书·经籍志》记载有刘熙《释名》八卷，此后的书目、书录题名均肯定为东汉刘熙撰作。但是也有一些不同记载，如“熙”或作“熹”，以及刘珍撰《释名》三十篇等，但后世流传至今的《释名》一书，应该就是东汉刘熙所作。

这种解释事物之名的著作，前此还有《尔雅》一书，二者性质基本相同，主要是训诂的一种工具书。二者内容和体例也大体一致，这从大的篇名，就可以看出来。它们都是分类解释事物之名称，但分类各有不同，有《尔雅》的某些类别《释名》没有的，如《释诂》《释训》《释言》以及草、木、虫、鱼、鸟、兽等类别；而《释名》又增加有一些新的类别，如《释形体》《释姿容》《释言语》《释饮食》《释书契》《释典艺》《释疾病》《释丧制》；还有扩充或具体化《尔雅》某些类别的，如将《释器》具体为《释采帛》《释首饰》《释床帐》《释用器》《释兵》《释车》《释船》等多类；《释地》则在《释地》之外另列出《释道》《释州国》之类。更重要的是，即便是类名相同的，所列具体事象，器物并不相同，这里不妨举《释天》

① 扬雄《答刘歆书》亦有此内容自述，文见严可均辑《全汉文》卷五十二。

来说明。

《尔雅·释天》之细目可列为：

> 苍天、昊天、旻天、上天（四时）青阳、朱明、白藏、玄英、玉烛、发生、长嬴、收成、安宁、景风、醴泉（祥）、饥、馑、荒、荐（灾）、阏逢……昭阳（岁阳）摄提格、单阏……（岁阴）、岁、祀、年、载（岁名）……（月阳）……（月名）凯风、谷风、凉风……飘、暴、霾……雾、虹……雪……霖、霁（风雨）……（星名）……蒐……狩……治兵、振旅（讲武）龙旗……旌……旃（旌旗）。

而《释名》之《释天》之细目则为：

> 天、日、月、光、景、晷、曜、星、宿、气、风、阴、阳、寒、暑、热、雨、春、夏、秋、冬、时、岁、年、载、祀、金、木、水、火、土、子、丑……亥……甲……癸、霜、露、雪、霰、云、雷、电、震、雹、虹、霓、晕、曀霾、珥、食……晦朔、望、昏、晨、祲、氛、雾、蒙、彗星……流星、枉矢、厉、疫、札、灾害、异、眚、慝、妖、孽。

对比之下，《释名》在《尔雅》的基础上有所发展，也许可以说，其所言天事、天象，所谓“天所运转列陈”，更为切题一些，而《尔雅》中之“祭名”、“讲武”、“旌旗”等附于后并不合适，因为前人已指出，这些并非天类，似应附于礼或乐之后。

从以上比较来看，《释名》和《尔雅》之解释名称各有侧重选择，完全可以并存，而且互相补充更有利于读懂古书。同时，它本身也就有不少可供历史研究的参考资料。

从训诂学发展的角度，总结其训诂之条例及其在训诂学上之价值，前人已有过很多的研究，清人毕沅、顾广圻、王先谦等人都有相关著作，而近人胡朴安在其《中国训诂学史》中有《释名》的专章论述，其关于条例的总结及说明，有较高的参考价值。《释名》书中以声训为主，以音求义，探求事物命名由来的方法，既是其前声训法的集大成，又可说开我国语源学之先河。

3.《说文解字》

东汉许慎所作之《说文解字》，是我国也可以说是全世界最早、最完整的一部字典，其价值和意义又不限于字典，值得大书一笔。

在我国传统学术史上有名的训诂之学，被称为“许郑之学”，然而在东汉当时许慎似乎没有郑玄有名，《后汉书》中郑玄有单独的列传，许慎合记于《儒林列传》之中，而且极为简略：

> 许慎字叔重，汝南召陵人也。性淳笃，少博学经籍，马融常推敬之，时人为之语曰：《五经》无双许叔重。为郡功曹，举孝廉，再迁除洨长。卒于家。初，慎以《五经》传说臧否不同，于是撰为《五经异义》，又作《说文解字》十四篇，皆传于世。①

除去标点符号只有几十个字，由这个简略的记述，我们可以看到：第一，许慎作过洨县之长，也算是有点身份，由于“博学经籍”也小有名气，当时就得到过“《五经》无双许叔重”的称誉，比他小一些而赫赫有名的马融对他“推敬之”，后学郑玄也引用他的著作；第二，他作《说文解字》一书与他深厚的经学功底是分不开的，同时说明，这部文字训诂之书是与经学的发展密切相关的。

说《说文解字》这部书是最早最完整的字典，是因为它比《尔雅》《释名》那些字书更系统、更完整、更有条理。他收集当时流行的九千多字，在前人训诂的基础上创立体例（特别是以部首归字编排），系统地分析字形、字义、字音，考索字源，使之成为一部完整的字典。他整理之后叙曰：

> 此十四篇，五百四十部；九千三百五十三文，重一千一百六十三；解说凡十三万三千四百四十一字。其建首也，立一以为耑。方以类聚，物以群分，同条牵属，共理相贯。杂而不越，据形系联。引而申之，以究万原。毕终于亥，知化穷冥。

① 范晔：《后汉书》卷七十九下，《儒林列传下》，中华书局1965年版，第2158页。

这里讲了他书中所解文字的字数（后来传本略有不同，大徐本所载字数，正文即为九千四百三十一），以及分类编排的原则和目的。也许他的分篇分类并非完美，但毕竟是有其开创性，这部书就是为当时读古书服务的，正如许慎的儿子许冲“上书表”中所说：

> 今“五经”之道，昭昭炳光明。而文字者，其本所由生。自《周礼》、汉律，皆当学六书，贯通其意。恐巧说邪辞，使学者疑。慎博问通人，考之于逵（按，前有“慎本从（贾）逵受古学”之语）作《说文解字》。

这里所说《周礼》和汉律，应该是泛指读古书而言，清人段玉裁注云：

> 有文字而后有五经，故曰：“本立而道生。”于经独言《周礼》者，举一以赅六艺也。必兼言汉律者，知古而不知今，不可以为政。故四科辟召，三曰“明达法令，足以决疑”。是汉律当习。

这个解释是正确的，由此可以想见此书在当时的价值和意义，稍后的郑玄注《三礼》也屡引为据就是证明。后世和我们今天读古书当然离不开此书，不仅如此，这部书中保留了许多宝贵的资料．亦如许冲上表时所说：

> 六艺群书之诂，皆通其意。而天地鬼神，山川草木，鸟兽昆虫，杂物奇怪，王制礼仪，世间人事，莫不毕载。

资料确实丰富，今日研究古代（汉代及其以前）历史、哲学、文学、艺术、典章制度等，都必须使用《说文解字》一书。

以上介绍的是三部训诂工具书，特别是《说文解字》，是汉代学术辉煌成果的代表。它们本身就是学术，又与整个学术的发展关系十分密切。它们是当时经典注疏之学发达的结果，也是解释学初步形成的一些具体标志（广义的训诂学）。

我们说汉代时中国解释学形成，主要就是说明汉代注释学发达所取得的成果及其意义。西方学科中的解释学，大体上相当于我国传统的广义的训诂学。所谓训诂，还有传、注、解、说之类，都是对经典古籍文本的解释和说明，或解释其字词，或说明其义理，这些工作本身还并不就是训诂学。作为一门学问，训诂学有自己的理论、原则和方法，人们可以从大量实践中总结出来。汉人的注疏实践以及一些相关的工具书，这些丰富的材料中，已自觉不自觉地有了许多理论性的体例，使训诂学具有了基础，并已初具规模，所以可以说我国的解释学已经初步形成。最后还应说明，我国的解释学是有自己特色的，以文字、解释为主，文字的形、声、义问题，是西方所没有的，与之相关的还有名物、制度等，也是与西方不同。可以借用西方解释学之名，来总结中国自己特色之实。

二　从数术到谶纬——中国神秘学的形成

西方有一门学问叫神秘学，《简明不列颠百科全书》[①] 写道：

> 凡以奥秘知识特别是关于灵界未知宇宙力量的知识为依据的理论、习俗和礼仪，都称为神秘学。神秘学内分撒旦学、星占学、喀巴拉、诺斯替教义、神灵学、占卜学、巫术以及一部分法术。

星占、神灵、占卜、巫术、法术中国人都知道大概是讲什么的，而且中国很早就有。撒旦学应该是研究“撒旦崇拜”（又称“魔鬼崇拜”）的；喀巴拉是指犹太教神秘主义体系；诺斯替教是融合多种信仰的通神学和哲学的宗教，提倡教义神学注重“诺斯”（神传知识）；等等[②]。这样的学问——神秘学中国也有，而且源远流长，在汉代还特别发达，那就是汉代的数术与谶纬之学。现叙说如下。

（一）数术和方术

《汉书·艺文志》的六大类书（所谓“六略”）中有一类叫“数术略”，其中“天文”、“历法”两小类主要应该属于科学，并不神秘，但也有夹杂

---

① 姜椿芳：《简明不列颠百科全书》，中国大百科全书出版社 1986 年版，第 152 页。
② 参阅姜椿芳：《简明不列颠百科全书》，中国大百科全书出版社 1986 年版。

一些神秘内容的，如其中好几部以《行事占验》为名之书，而“五行”、“蓍龟”、“杂占”以及“形法”中的大部分，都是神秘学的内容。班固在“五行”一类书后写道：

> 五行者，五常之形气也。书云：“初一曰五行，次二曰羞用五事。”言进用五事以顺五行也。貌、言、视、听、思心失，而五行之序乱，五星之变作，皆出于律历之数而分为一者也。其法亦起五德终始，推其极则无不至。而小数家因此以为吉凶，而行于世，浸以相乱。①

在“蓍龟”类的最后写道：

> 蓍龟者，圣人之所用也。《书》曰：“女则有大疑，谋及卜筮。”《易》曰：“定天下之吉凶，成天下之亹亹者，莫善于蓍龟。”“是故君子将有为也，将有行也，问焉而以言，其受命也如响，无有远近幽深，遂知来物。非天下之至精，其孰能与于此。”及至衰世，解于斋戒，而娄烦卜筮，神明不应。故筮渎不告，《易》以为忌；龟厌不告，《诗》以为刺。②

“杂占”之后云：

> 杂占者，纪百事之象，候善恶之徵。《易》曰：“占事知来。”众占非一，而梦为大，故周有其官。而《诗》载熊罴虺蛇众鱼旐旟之梦，著明大人之占，以考吉凶，盖参卜筮。《春秋》之说妖也，曰：“人之所忌，其气炎以取之。妖由人兴也。人失常则妖兴，人无衅焉，妖不自作。”故曰：“德胜不祥，义厌不惠。”桑谷共生，大戊以兴；鸲雉登鼎，武丁为宗。然惑者不稽诸躬，而忌妖之见，是以《诗》刺“召彼故老，讯之占梦，”伤其舍本而忧末，不能胜凶咎也。③

---

① 班固：《汉书》卷三十，《艺文志》，中华书局1962年版，第1769页。
② 班固：《汉书》卷三十，《艺文志》，中华书局1962年版，第1771页。
③ 班固：《汉书》卷三十，《艺文志》，中华书局1962年版，第1773页。

由此可见，此类书籍所载确实是一些奥妙知识，而且很可能也有“关于灵界未知宇宙力量的知识”，是属于西方神秘学的范围。再者，从《汉书·艺文志》所说的情况看，《易》《书》《诗》等古籍中都有有关记载，占卜、蓍龟之类，从商、周甚至夏开始就有了，司马迁的《史记》有《日者》《龟策》两传，《日者列传》叙云：

> 自古受命而王，王者之兴，何尝不以卜筮决于天命哉，其于周尤甚，及秦可见。代王之入，任于卜者，太卜之起，由汉兴而有。①

《龟策列传》叙云：

> 太史公曰：自古圣王将建国受命，兴动事业，何尝不宝卜筮以助善。唐虞以上，不可记已，自三代之兴，各据祯祥，涂山之兆从，而夏启世；飞燕之卜顺，故殷兴；百谷之筮吉，故周王。王者决定诸疑，参以卜筮，断以蓍龟，不易之道也。蛮、夷、氐、羌，虽无君臣之序，亦有决疑之卜，或以金石，或以草木，国不同俗，然皆可以战伐攻击，推兵求胜。各信其神，以知来事。略闻夏、殷欲卜者，乃取蓍龟，已则弃去之，以为龟藏则不灵，蓍久则不神。至周室之卜官，常宝藏蓍龟。又其大小先后，各有所尚，要其归等耳。或以为圣王遭事无不定，决疑无不见，其设稽神求问之道者，以为后世衰微，愚不师智，人各自安，化分为百室，道散而无垠，故推归之至微，要洁于精神也。或以为昆虫之所长，圣人不能与争，其处吉凶、别然否，多中于人。……（下面记述汉初有关太卜的一些情况，以及他亲至江南的调查）②

从引文的最后一些记述看，司马迁对于占卜之学并不熟悉，疑问不少。两个列传也仅仅具体记述了一个与贾谊、宋忠同时的高人司马季主。占卜之学在当时确实是一门神秘的学问，知者不多，精者更少，司马迁的“多中

---

① 司马迁：《史记》卷一百二十七，《日者列传》，中华书局1982年版，第3115页。

② 司马迁：《史记》卷一百二十八，《龟策列传》，中华书局1982年版，第3223页。

于人”，也就是班固所引《易》曰：“苟非其人，道不虚行。”学问奥秘难知，没有人是无法很好地传播下去的。《艺文志》虽记述了数十百家的“数术”之书（应该根据的是《七略》），但几乎全部亡佚了，所以班固叹道：“史官之废久矣，其书既不能具，虽有其书而无其人。”（“史官之废”可理解为本来是史官应掌握的知识，史官也不熟悉了，废了）

我想一些“未知宇宙力量的知识”，如果一直科学地发展研究下去，或许可以探求出一些路子和有益的结果。但是，由于当时的人们只顾眼前利益和科技发展水平所限，往往是发展其神灵的一面，而忽视探求其“未知的宇宙力量”。最明显的是司马迁所提到的夏、商、周兴起的例子，还有我们下面将提到的王莽、刘秀在某种程度上之靠图谶取天下，必定会导致由神灵而迷信。为了私己之利益而胡乱占卜，褚少孙在补《史记·日者列传》时记述了他自己的一些见闻，有“卜筮立名声千里者，各往往而在”，还听“问署”的“太仆待诏郎”说：

> 孝武帝时，聚会占家问之：“某日可取妇乎?”五行家曰：可；堪舆家曰：不可，建除家曰：不吉；丛辰家曰：大凶；历家曰：小凶；天人家曰：小吉；太一家曰：大吉。辩讼不决，以状闻。制曰：“避诸死忌，以五行为主”，人取于五行者也。①

西汉时期“数术”方面的专家及其事迹没有多少记述，《艺文志》中所记的旧书后世都失传了。但这方面的“学问”还是在流传、在发展的。东汉，《后汉书》有《方术列传》记其大概，并且关于这种神秘学有更明白、更系统，甚至是相当精确的论述。该列传序曰：

> 仲尼称《易》有君子之道四焉，曰：“卜筮者尚其占。”占也者，先王所以定祸福，决嫌疑，幽赞于神明，遂知来物者也。若夫阴阳推步之学，往往见于坟记矣。然神经怪牒，玉策金绳，关扃于明灵之府，封縢于瑶坛之上者，靡得而窥也。至乃河洛之文，龟龙之图，箕子之术，师旷之书，纬候之部，钤决之符，皆所以探抽冥赜，参验人

---

① 司马迁：《史记》卷一百二十七，《日者列传》，中华书局1982年版，第3222页。

> 区，时有可闻者焉。其流又有风角、遁甲、七政、元气、六日七分、逢占、日者、挺专、须臾、孤虚之术，及望云省气，推处祥妖，时亦有以效于事也。而斯道隐远，玄奥难原，故圣人不语怪神，罕言性命。或开末而抑其端，或曲辞以章其义，所谓“民可使由之，不可使知之”。①

这里首先揭示了“卜筮”的悠久历史，为“先王”（泛指夏、商、周）所用，并且早有各种各样的图书和学问（阴阳推步之学等）。其次，指出了神秘学的性质，“皆所以探冥赜，参验人区，时有可闻者”，一些“灵界未知宇宙力量”。最后，神秘学已经有很丰富的内容，流派纷呈，法术众多。如：

> 风角，谓候四方四隅之风，以占吉凶也。
>
> 遁甲，推六甲之阴而隐遁也。
>
> 七政，日、月、五星之政也。
>
> 元气者，谓开辟阴阳之书也。
>
> ……
>
> 孤虚者，孤谓六甲之孤辰，若甲子旬中，戌亥无干，是为孤也，对孤为虚。②

等等③。李贤虽作了一些解释，今天仍然难懂，或者可以从各种注解中去慢慢推求。但当时占卜之书很多这一点是可以肯定的，旧的淘汰了，新的又不断出现，其中多少也会有些联系。最后《后汉书》作者表示了对这些神秘学持怀疑态度，“斯道隐远，玄奥难原，故圣人不语怪神，罕言性命”。这也要从两方面看，一方面是难能可贵，使人们不至沉湎于迷信；另一方面对这种玄奥的知识似亦不应忽视，科学地分析、对待更好。当然不能这样要求古人。

《方术列传》的序继续写道：

---

① 范晔：《后汉书》卷八十上，《文苑列传上》，中华书局1965年版，第2703页。

② 范晔：《后汉书》卷八十二上，《方术列传上》，中华书局1965年版，第2704页。

③ 《后汉书·方术列传》李贤注。

> 汉自武帝颇好方术，天下怀协道艺之士，莫不负策抵掌，顺风而届焉。后王莽矫用符命，及光武帝尤信谶言，士之赴趣时宜者，皆骋驰穿凿，争谈之也。故王梁、孙咸名应图箓，越登槐鼎之任，郑兴、贾逵以附同称显，桓谭、尹敏以乖忤沦败，自是习为内学，尚奇文，贵异数，不乏于时矣。是以通儒硕生，忿其奸妄不经，奏议慷慨，以为宜见藏摈。子长亦云："观阴阳之书，使人拘而多忌。"盖为此也。①

这一段记述了两汉神秘学的大致发展情况，特别反映了"上有所好，下必甚焉"的事实，而光武帝之好图谶，直接与下面将谈的谶纬之学发达有密切关系。下面该序还继续表示了怀疑态度：

> 夫物之所偏，未能无蔽，虽云大道，其硋或同。若乃《诗》之失愚，《书》之失诬，然则数术之失，至于诡俗乎？如令温柔敦厚而不愚，斯深于《诗》者也；疏通知远而不诬，斯深于《书》者也；极数知变而不诡俗，斯深于数术者也。故曰："苟非其人，道不虚行。"意者多迷其统，取遣颇偏，甚有虽流宕过诞亦失也。②

这种怀疑不是完全否定，颇有点辩证思想。如果真正能做到"极数知变而不诡俗"颇不容易，所谓"极数知变"，注云：

> 《易》曰："极数知来之谓占。"又曰："知变化之道者，其知神之所为乎？"③

"神之所为"就是"未知宇宙力量"。信与不信（"取遣谓信与不信也"）在于个人，"流宕过诞"是不对的。从"方术"的角度看，东汉时期也有一些著名的人物，所谓"中世张衡为阴阳之宗，郎顗咎徵最密，余亦班班名家焉"④。还有襄楷、蔡邕、杨厚等道人，实际上许多经学家，也都多少懂

① 范晔：《后汉书》卷八十二上，《方术列传上》，中华书局1965年版，第2705页。
② 范晔：《后汉书》卷八十二上，《方术列传上》，中华书局1965年版，第2706页。
③ 范晔：《后汉书》卷八十二上，《方术列传上》，中华书局1965年版，第2706页。
④ 范晔：《后汉书》卷八十二上，《方术列传上》，中华书局1965年版，第2706页。

得一些数术之学，例如郑玄就曾参加马融之“集诸生考论图纬”。郑玄不仅遍注群经，也有《中候》《天文七政论》之类的著作①。《后汉书·儒林列传》中的一些记载表明，儒者习图谶，是很普遍的事，如：

任安……兼通数经。又从同郡杨厚学图谶，究极其术。

景鸾……能理《齐诗》《施氏易》，兼受《河》《洛》图纬，作《易说》及《诗解》，文句兼取《河》《洛》，以类相从，名为《交集》。……又抄风角杂书，列其占验，作《兴道》一篇。……数上书陈救灾变之术。

薛汉……世习《韩诗》……汉少传父业，尤善说灵异谶纬……建武初，为博士，受诏校定图谶。

在其他列传中，有不少兼习图谶、方术的记载，不必一一详列。

上面提到“不乏于时”的内学，李贤注云：“内学谓图谶之书也。其事秘密，故称内。”言简意赅。这个内学或可称为谶纬之学。

由上所述，我们可以看到一个由数术、方术到图谶、谶纬的发展过程。数术之学与谶纬之学既有联系又有区别。我们看到它们的联系，主要是从神秘学的角度而言的，它们都是一些奥秘难懂的知识，都包含着一些“灵界未知宇宙力量的知识”，有很多很大的迷信因素、鬼神观念，也很可能有某些未知力量的知识。区别也许在于科学与迷信因素的程度之不同，人为“取遣偏颇”、“过称虚诞”以及“诡俗”之失。

数术，可说是“数往知来”之术，《易》说卦有“数往者顺，知来者逆”，“是故《易》逆数也”。王弼注云：“《易》八卦相错，变化理备。于往，则顺而知之，于来，则逆而数之。”逆而数之，犹言预度、推测，或可云预测之学。数术之学在古代为史官之职，所以西汉成帝校书时，命“太史令尹咸校数术”②。“数术穷天地，制作侔造化”③，数术学原本是探求天地万物奥秘的学问，天文、历法之类原本是以科学实践为基础的，虚假是不行的，至于董仲舒之流所谓的“天人感应”之类，那就是另一回事

① 见范晔：《后汉书》卷三十五，《郑玄列传》，中华书局1965年版。
② 班固：《汉书》卷三十，《艺文志》，中华书局1962年版，第1701页。
③ 范晔：《后汉书》卷五十五，《张衡列传》，中华书局1965年版，第1940页。

了。汉代的数术学又不仅只天文、历法这些科学，还加入了蓍龟、占卜这些神秘学的内容，甚至渗透到科学内容中去。

到了东汉，数术一变而为方术，卜筮、蓍龟之占诸内容就日益突出了，神秘学的成分和内容大大增加。《后汉书·方术列传》所记十多个人（有的是提及），除郭玉、华佗几个人之外，全都是“明晓风角秘要”，“学风角占候”，“善风角、星算、河洛七纬、推步灾异”，或者“好灾异星占”、“善图纬之学”的人，全都属于神秘学。

（二）谶纬之学

对“谶纬之学”或者“图纬之学”，人们并不陌生，有关的论述也已不少。这里我们只作一简单记述，并着重说明其学术地位。

“谶”“纬”二字连用并不太晚，据查，左思的《魏都赋》中就有“藏气谶纬，闷象竹帛”的句子。谶和纬原本有所区别，内容不同，产生的时间也有先后，明清以来不少人指出其不同，如《四库全书总目提要》在附录《易纬》之后写了一段案语说：

> 儒者多称谶纬，其实谶自谶，纬自纬，非一类也。谶者诡为隐语，预决吉凶。《史记·秦本纪》称卢生奏《录图书》之语，是其始也。纬者经之支流，衍及旁义。……盖秦汉以来，去圣日远，儒者推阐论说，各自成书，与经原不相比附。如伏生《尚书大传》，董仲舒《春秋·阴阳》核其文体，即是《纬书》。特以显有主名，故不能托诸孔子。其他私相撰述，渐杂以术数之言，既不知作者为谁，因附会以神其说。迨弥传弥失，又益以妖妄之辞，遂与谶合而为一。然班固称：“圣人作经，贤者纬之。”杨侃称纬书之类谓之“秘经”，图谶之类谓之“内学”，河、洛之书，谓之“灵篇”。胡应麟亦谓谶、纬二书虽相表里，而实不同。则纬与谶别，前人固已分析之。后人连类而讥，非其实也。右《乾凿度》等七书，皆《易纬》之文，与图谶之荧惑民志、悖理伤教者不同。

作者立场鲜明，重纬书而轻图谶，所以特别强调谶、纬不相同。

但是，也有不少人认为二者没有大的区别，有相同相通之处。清人王鸣盛的《蛾术篇》、俞正燮的《癸巳类稿》中均有论说。顾颉刚的《汉代学术史略》（后改名《秦汉的方士与儒生》）关于“谶纬”写了三章。他认为谶纬没有大的分别：

> 谶，是预言。纬，是对经而立的……这两种在名称上好像不同，其实内容并没有什么大的分别。实在说来，不过谶是先起之名，纬是后起的罢了。除了这两名之外，还有“图”和“书”。①

顾先生是有自己的立场的，可以说是着眼于批判。他把谶和纬合起来一起批判，首先用的一个章标题叫“谶纬的造作”，开宗明义就说：

> 古代人最喜欢作预言，也最肯信预言。那时的史官就是制造预言的专家。还有一种预言，说是上帝给人们的，叫做谶。②

充分流露出批判的态度。话也并不错，只是略嫌简单且有些极端。在“谶纬的内容”一章中，开头写道：

> 谶纬书的出现，大约负有三种使命。其一，是把西汉二百年中的术数思想作一次总整理，使得它系统化。其二，是发挥王莽、刘歆们所倡导的新古史和新祀典的学说，使得它益发有证有据。其三，是把所有的学问，所有的神话归纳到《六经》的旗帜之下，使得孔子真成个教主，《六经》真成个天书，借此维持皇帝的位子。③

这些话在原则上也是对的，符合事实的，特别是符合当时政治历史的事实。“谶纬在东汉时的势力”（这是顾先生著作另一章的标题）之大，就是与王莽、刘秀等人的爱好和提倡有密切关系。不过，顾先生没有具体阐说对西汉术数思想进行总整理的意义，相关的问题也没有作出一些说明，基本上为完全否定的态度，也是值得商榷的。

---

① 顾颉刚：《秦汉的方士与儒生》，上海古籍出版社 1978 年版，第 129 页。
② 顾颉刚：《秦汉的方士与儒生》，上海古籍出版社 1978 年版，第 129 页。
③ 顾颉刚：《秦汉的方士与儒生》，上海古籍出版社 1978 年版，第 129 页。

现在我们重新就谶纬问题作如下述说：

谶字始于何时，是一个值得考证的问题①。《说文解字》说："谶，验也。有徵验之书，河洛所出书曰谶（这后面十二字依李善《鹏鸟》《魏都》二赋注补）。"从徵验——预言的角度看，古代的占卜之术，就是一种预言，发生得很早，众所周知的殷墟卜辞，就是占卜，商代就很相信预言。谶（段玉裁注《说文》时说是假借字），就已经发现的材料，春秋时期已经有了。《史记·赵世家》中有一句话：

> 公孙支书而藏之（《索隐》：藏一作籍，籍录也。谓当时即记录书之于籍也。）秦谶于是出矣。②

这是扁鹊讲的一个秦缪公时的预言，有秦大夫公孙支记录的书籍，那就是"秦谶"的开始（"出矣"），这个预言后来又被当时大家所知道（"此子所闻"）的事实所证明（即验证过的）③。是否秦国是谶书流行最早的国家（"秦谶"），有待详考。秦有这个传统是可以肯定了，后来秦始皇时的"亡秦者胡也"，是卢生所"奏录图书"之文④，那个"图书"或即"谶书"⑤，亦或"秦谶"。值得注意的是，随着汉代经学垄断地位日益形成和发展，谶书也会披上"经"的外衣，称为"经谶"，此二字出现于《后汉书·郅恽列传》中，郅恽上书王莽非议其所作为，惹莽大怒，然未招不测的原因就是，"恽据《经谶》，难即害之"。西汉时期（或者末年）已有"经谶"的出现，东汉一开始就明确把"谶"当作"经谶"了，建武三十二年，"二月，上至奉高"，令人"上山刻石"，文中有"河洛命后，经谶所传"的句子，想说明刘秀做皇帝是上天的旨意，乃是"河洛谶文"之言⑥。西汉末开始，不仅有"经谶"之说，更出现了一批附会经书的谶书，如《诗谶》《春秋谶》之类，这我们可以从顺帝时张衡的一则上疏中看出来：

---

① 钟肇鹏：《谶纬略论》曾列举 12 种说法。
② 司马迁：《史记》卷四十三，《赵世家》，中华书局 1982 年版，第 1814 页。
③ 原文较长，可参阅司马迁：《史记》卷四十三，《赵世家》，中华书局 1982 年版。
④ 参阅《史记·秦始皇本纪》三十二年。
⑤ 《淮南子·说山训》："六畜生多耳目者不祥，谶书著之。"
⑥ 参阅范晔：《后汉书·祭祀志上》，中华书局 1965 年版。

臣闻圣人明审律历以定吉凶，重之以卜筮，杂之以九宫，经天验道，本尽于此。或观星辰逆顺、寒燠所由，或察龟策之占、巫觋之言，其所因者，非一术也。立言于前，有徵于后，故智者贵焉，谓之谶书。[1]

这一段文字表明，张衡并没有完全否定当时流行的卜筮、龟策、占卜之类圣人所重、智者所贵的数术之学。这里我们应该联想一下，神秘学中的"灵界未知宇宙力量的知识"有没有？将来会不会发现这种知识？当然这是与张衡无关的。张衡下文接着说：

谶书始出，盖知之者寡。自汉取秦，用兵力战，功成业遂，可谓大事，当此之时，莫或称谶。若夏侯胜、眭孟之徒，以道术立名，其所述著，无谶一言。刘向父子领校秘书，阅定九流，亦无谶录。成、哀之后，乃使闻之。[2]

谶书究竟是什么？张衡一连举出三个有力证据，都与谶录无关，显然持怀疑、反对态度。他断言西汉末年"成、哀之后，乃使闻之"。下文还有一句"则知图谶成于哀、平之际也"。以下的文字具举例揭露和批判谶书、谶言之"虚伪"，主张"宜收藏图谶，一禁绝之"。而上面提到的《诗谶》《春秋谶》就是这篇奏疏中列举的。

以上是说谶与经如何联系起来的。那么纬书与经的关系，就比较简单一些了。从字义上说，纬是相对经而言，人们很容易根据经书之定名而附会出纬书来。这些就不用作字词的引证了。然而纬书之名究竟从何时开始，却需要作一点说明。最早的是《汉书·李寻传》中的一句"五经六纬，尊术显士"。本来从孟康、张晏到唐人颜师古都认为是指《五经》之纬和《乐》纬或《孝经》纬，从宋代刘攽开始提出疑问，认为是讲"星宿"问题[3]。但仔细玩味原文，经书、纬书之说也未尝不能成立，因为李寻虽然是讲天文星宿问题，但他是天文、人事结合起来讲的。我们再详加

① 范晔：《后汉书》卷五十九，《张衡列传》，中华书局1965年版，第1912页。
② 范晔：《后汉书》卷五十九，《张衡列传》，中华书局1965年版，第1912页。
③ 参阅王先谦：《汉书补注》。

讨论，似也没有必要了，但一定要将其说得很晚，甚至东汉都没有纬书，就不恰当了。如果仔细搜寻，东汉时期直接提到纬书的材料是有的。例如，安帝时樊英之善“河洛七纬”（详下）即是一例，其他当时的直接记载还有如郑玄《释废疾》说：

孔子虽有圣德，不敢显然改先王之法以教授于世。若其所欲改，则阴书于纬，藏之以传后王。[①]

这似乎是说纬书原出于孔子，此不详论。“阴书于纬”，则“纬”为书之一种无疑。又如《隶释》中所载《小黄门谯敏碑》云：

其先故国师谯赣深明典奥，谶录图纬，能精微天意，传道与京君明君，承厥后。

碑虽是灵帝中平年间立的，这里的“谶录图纬”，当然是有纬书，其中提到其祖先，不知何朝何代；但从“国师”的称号看，当属西汉末年以后的事，王莽曾置辅佐皇帝的四辅：太师、太傅、国将、国师。刘歆就曾为国师[②]。东汉沿用了国师这个名称，作为太师的别称，是无实职的加衔赠官，如桓帝时赵典就曾被“公卿复表典笃学博闻，宜备国师”[③]。据此谯赣曾得到过这个加衔是可能的，至少应该是东汉中期的事。这个人“深明典奥”就是对谶纬书很熟悉。这里还有另一条线索，姓谯的人不多，除开《后汉书·独行列传》中记有一个“善说《易》”的谯玄父子之外，比较有名的还有一个谯周，《后汉书·五行志》曾说他与应劭、董巴“并撰建武以来灾异”，李贤注引《蜀志》云：

周字允南，巴西西充国人也。治《尚书》，兼通诸经及图纬……

这东汉末的谯周和西汉末“善说《易》”的谯玄，恰恰是一个地方的人，

① 《礼记·王制》正义引。
② 班固：《汉书》卷三十六，《刘歆传》，中华书局1962年版，第1972页。
③ 范晔：《后汉书》卷二十七，《赵典列传》，中华书局1965年版，第949页。

谯玄“巴郡阆中人也”，阆中为巴西郡治（具体名称各代小异）。也许真如朱彝尊《经义考·说纬》所说：

> 纬谶远本于谯氏京氏也。

看来，谯姓是一个通纬谶的家族，谯赣或者是属于这一族的。

以上我们力求从谶书（经谶）和纬书的源头上进行一番清理，从中可以看出汉代——特别是东汉，是谶纬之学的形成、定型和最盛时期。如前引顾颉刚先生的说法：“谶纬书的出现”，“是把西汉二百年中的术数思想作一次总整理，使得它系统化”。整个东汉时期从开始到最后都有一些整理工作，如校图谶、“撰建武以来灾异”等，就不一一详述了。其“系统化”的表现莫过于樊英所善之“河洛七纬”了，李贤作注说：

> 七纬者，《易》纬《稽览图》、《乾凿度》、《坤灵图》、《通卦验》、《是类谋》、《辨终备》也；《书》纬《旋玑钤》、《考灵耀》、《刑德放》、《帝命验》、《运期授》也；《诗》纬《推度灾》、《记历枢》、《含神务》也；《礼》纬《含文嘉》、《稽命徵》、《斗威仪》也；《乐》纬《动声仪》、《稽耀嘉》、《汁图徵》也；《孝经》纬《援神契》、《钩命决》也；《春秋》纬《演孔图》、《元命包》、《文耀钩》、《运斗枢》、《感精符》、《合诚图》、《考异邮》、《保乾图》、《汉含孳》、《佑助期》、《握诚图》、《潜潭巴》、《说题辞》也。

这些书共35种，比《隋书·经籍志》说的“七经纬”36篇少一种（所缺一种清人考证各异，兹不详列）。除此之外的谶纬杂书还有不少①，在此也不详说。七类纬书之中，《易纬》《春秋纬》流传下来的多一点，其他大多亡佚了。亡佚的原因是，汉代以后历代都有禁谶纬的诏令，这里且节引《隋书·经籍志》的一段记述来说明：

> 起王莽好符命，光武以图谶兴，遂盛行于世。……至宋大明中，

① 钟肇鹏：《谶纬略论》第二章列有书目百余种，辽宁教育出版社1991年版。

始禁图谶，梁天监已后又重其制。及高祖受禅，禁之踰切。炀帝即位，乃发使四出，搜天下书籍与谶纬相涉者，皆焚之，为吏所纠者，至死。自是无复其学，秘府之内亦多散亡。[①]

只从南朝刘宋说起，实际上曹魏、西晋均有禁令，北朝也有，并且相当严厉，北魏孝文帝太和九年诏曰：

图谶之兴，起于三季。既非经国之典，徒为妖邪所凭。自今图谶、秘纬及名为《孔子闭房记》者，一皆焚之，留者以大辟论。[②]

“非国之典”不是经典，而是“徒为妖邪所凭”，主要是政治原因，图谶纬候在历史上多次成为改朝换代被利用的工具，实在可怕得很。且看隋朝，本来隋文帝之代北周还说：“朕应箓受图[③]，君临海内。”但他坐稳皇位之后，开皇十三年下令：“私家不得隐藏纬候图谶。”[④] 也许当时又出现了一些人造的新的图谶，威胁隋朝统治，不禁不行。一再禁止，“无复其学”，原来的谶纬之书因而大多亡佚。

汉代，特别是东汉时期，谶纬图书众多，影响很大，如《隋书·经籍志》所说：

俗儒趋时，益为其学，篇卷第目，转加增广。言《五经》者，皆凭谶为说……

纬书的内容在引经据典的基础上推演、发挥，反过来解说经典又“凭谶为说”，大量引用纬书。最突出的就是著名的《白虎通义》中大量引用纬书之文[⑤]。不少经学家还注解纬书。

正因为谶纬曾风行一时，内容十分庞杂，涉及当时社会的方方面面，

① 魏征等撰：《隋书》卷三十二，《经籍志》，中华书局 1973 年版，第 906 页。

② 魏收：《魏书》卷七上，《高祖纪上》，中华书局 1974 年版，第 155 页。

③ 《隋书·王劭传》中《皇参持》《帝通纪》2 篇是隋兴的符命。

④ 魏征等撰：《隋书》卷一，《高祖纪下》，中华书局 1973 年版，第 38 页。

⑤ 侯外庐《中国通史》（第二卷）把《白虎通义》称为“国宪”，是“谶纬国教化的法典”，并且说在对照文句之后“百分之九十的内容出于谶纬”。

所以它与学术各方面都有关系，因而它的学术地位也是十分重要的。

例如，从哲学的角度看，谶纬特别是《易纬》，是富于哲学思想的，其哲学思想无疑是唯心主义，但它是一个相当完整的唯心主义的体系。如所谓“卦气”，《易纬·通卦验》卷下说：

> 凡《易》八卦之气，验应各如其法度，则阴阳和，六律调，风雨时，五谷成熟，人民取（聚）昌，此圣帝明王所以致太平法。故设卦观象，以知有无。夫八卦缪乱，则纲纪坏败，日月星辰失其行，阴阳不和，四时易政。八卦气不效，则灾异臻。

总的意思是说卦爻的变化代表阴阳二气的长消。由于阴阳二气是万化之源，体现了神意，支配着所有的天象和人事，决定了各种各样的吉凶祸福，所以为了进行预测，必须仔细观察卦爻的变化。该书具体内容很多，极其烦琐，但是愈烦琐愈容易附会天人感应，可以随意加以解释。但作为一种历史的存在，作为一种哲学思想，它还是值得研究的。例如，它的体系相当庞大，形式也相当完整，有人认为这是古代的系统论，或系统论思想的萌芽，这未尝没有道理。又例如，讲阴阳，讲变化，其中或多或少有些辩证法的思想，等等。

谶纬与宗教特别是道教，有很自然的联系。谶纬综合了古代祖先崇拜、天子诸侯的祭祀和民间世俗信仰的诸神，构成一个错综复杂的神系：有最高之神——天帝，有社稷之神，天上的风伯雨师及诸星辰，地上的五岳四渎河海山川，都有神，还有各种各样的杂神，如司过、司中、司禄等，随时都在暗地里监视人的一举一行，为善则可以福禄寿考，为恶则会受到减寿夭折的惩罚，这多少有些“劝善惩恶”的作用。中国古代的神仙方术也为谶纬所吸收，而谶纬中的一些内容，又为后来的道教所吸取。道教有戒律，也是劝善惩恶的；扶乩降神仪式也有所继承；从许多道经的来龙去脉及一些内容中都可看出谶纬与道教的关系。谶纬的存在及其影响，外来的佛教也不得不注意，记载表明，三国时西域来的康僧会是通天文图纬的①。

① 参阅《出藏记》卷十三，《康僧会传》。

最后还有一点应该指出，在古代，科学与神学往往是杂糅在一起的，谶纬中保存着不少自然科学知识，这些也是可宝贵的资料。谶纬中的自然科学知识，大量的是天文、历法、物候气象方面的知识，也有物理、生理、药物学等各方面的科学知识。

科学与神学混合，这神学部分除开完全属于“迷信”或者怪异、鬼神之类者外，也有一些内容可能是属于“未知的宇宙力量知识”，其中某些未知的因素，也许会有被人们认识的一天。

从汉代记述数术、谶纬的丰富内容看，汉代是中国的神秘学的形成时期。

三　子学与汉代诸子

人们称先秦的学术为“群经诸子”，“群经”主要指“五经”或者“六经”（又称“六艺”）。“诸子”实际上无所不包，但后来逐渐集中为“阴阳、儒、墨、名、法、道德”六家（特别是儒、墨、道、法四家）。先秦的几个不同学派，被称为“子学”，“子学”的形成及其发展，我们这里可以从《汉书·艺文志》的记述说起。《艺文志》是根据刘向、刘歆《七略》而来的，代表着西汉后期以来学术界的看法。

《汉书·艺文志》的“六艺略”之后即为“诸子略”（二者即汉人理解的“群经诸子”）。“诸子略”共列了儒、道、阴阳、法、名、墨、纵横、杂、农、小说十家，其实这个排列顺序也是值得注意的，或者能反映班固心目中对它们的重视程度。他还说“诸子十家，其可观者九家而已”，“小说家”可以略而不计。十家或者九家当中，首先是儒、道、阴阳、法，在汉代当时影响大，存书也较多。儒、道两家是整个汉代影响最大的两家，今日所谓“儒道互补”的说法，正是其当时影响的一种反映。阴阳家在汉代实际上已融入儒、道两家之中。法家也一样，无论说“道生法”，或者明儒暗法、外儒内法，都说明法家不再独立成家。名、墨、纵横已少有可称道者（尤其墨家几乎成为绝学），但对一些重要人物的著作，如邓析、尹文、公孙龙、墨子以及苏子之类，又较好地保存着，说明人们广泛地采用了他们的言论和思想。农家这种技艺之学，虽事关民生大计，但历来不受重视，著录以汉人著作为多，说明旧的保存极少。杂家（清人就其中一些书多有论说，有的明显属于兵书之类）中《吕览》《淮南》相当突出。

《艺文志》著录各家之书中，大体上分为三类，一类是先秦原书（整编是另一回事），如《晏子》《孟子》《孙卿子》《老子》《庄子》《文子》《列子》等；一类是对先秦著作的注释，如关于《老子》的经传、经说之类；再一类即汉人的著作。第二类，我们可以参照经学的说法，称为子学，这方面《艺文志》著录不多，因为它只记叙西汉，而且不全，东汉的比西汉就要多得多。

（一）汉代的子学

汉代的子学，即汉人对先秦诸子的注释之学。同对《诗》《书》等经典的传承（包括引用）、整理和注释一样，汉代对先秦的一些子书（特别是一些重要人物的著作），也有传承、整理的各种形式的注解。现略述如下：

儒家以孔孟为代表，这是不争的事实。孔子的主要著作《论语》，当然是儒家的代表作，只是由于汉代尊孔尊经的影响，班固把《论语》放在《六艺略》中专列了《论语》一目。我们把对《论语》的传承和研究，当作汉代“子学”的内容应该是可以的。《艺文志》中关于《论语》列举了七八种注释之文：“《齐》二十二篇”，“《鲁》二十篇、《传》十九篇”，“《齐说》二十九篇”，“《鲁侯说》二十九篇”，“《鲁安昌侯说》二十一篇”，“《鲁王骏说》”，“《燕传说》三卷”。这些都是不同的传本和解释（师古注“传”曰：解释《论语》者）。另外还著录“《议奏》十八篇”，本注云：石渠论。则为石渠阁“会议”时有关《论语》的议奏或者引用。又有《孔子家语》二十七卷“（师古曰：非今所有《家语》）”、“《孔子三朝》七篇”、“《孔子徒人图法》二卷”三种。总之，西汉时期，传承和研究《论语》的人很多，而且皆为“名家”：

> 汉兴，有齐、鲁之说。传《齐论》者，昌邑中尉王吉、少府宋畸、御史大夫贡禹、尚书令五鹿充宗、胶东庸生，唯王阳（师古曰：王吉字子阳）名家。传《鲁论语》者，常山都尉龚奋、长信少府夏侯胜、丞相韦贤、鲁扶卿、前将军萧望之、安昌侯张禹，皆名家。张氏

最后而行于世。①

到了东汉，《论语》实际上已提到“经”的地位，“七经”之说就是包括《论语》的。《艺文志》的编排还在《孝经》之前，马融等人注《论语》，众多事实均可说明“论语学”的兴盛。

作为“亚圣”的孟子，其书《孟子》比《论语》的地位显然是要差一些②，但传承和注释仍然是有的，最有代表性的当然是东汉末年赵岐的《孟子章句》。《孟子章句》对《孟子》进行了一次大的整理，赵岐的这部书及其所作《孟子题辞》和《孟子篇叙》一直流传至今，其《孟子题辞》文中透露出当时《孟子》学的一些信息，如：

汉兴，除秦虐禁，开延道德。孝文皇帝欲广游学之路，《论语》、《孝经》、《孟子》、《尔雅》皆置博士。后罢传记博士，独立五经而已。迄今，诸经通义，得引《孟子》以明事，谓之博文。《孟子》长于譬喻，辞不迫切，而意已独至。……儒家惟有《孟子》，闳远微妙，缊奥难见，宜在条理之科。于是乃述己所闻，证以经传，为之章句……施于新学，可以寤疑辨惑……

首先，汉文帝所置博士之中有《孟子》博士，此事直接记载不多，但《刘歆移太常博士书》中亦云：“（文帝时）天下众书往往颇出，皆诸子传说，犹广立于学官，为置博士。”似不必怀疑。

其次，整个两汉时期（赵岐说“迄今”）人们都引《孟子》以通经义，说明《孟子》的流传和解释是比较发达的。赵岐的《孟子章句》是汉代《孟子》之学的一个标志。

先秦儒家的其他著作，如《晏子》《子思》《曾子》《孙卿子》等主要代表作，都一直流传。刘向的“书录”表明，刘向等人曾作过整理。

道家是当时仅次于儒家的另一大学派，《艺文志》载三十七家、九百九十三篇（儒五十三家、八百三十六篇，其中有二十多家是西汉当时的，

① 班固：《汉书》卷三十，《艺文志》，中华书局1962年版，第1717页。

② 《论语》在《六艺略》中，《孟子》放在《诸子略》的儒家类。

而道家只有三四家是汉代人）。老、庄、列、文以及《鹖冠子》等均有流传，还有名为《黄帝四经》之类的著作，班固时虽未见到（注：亡），现今西汉墓葬中发掘出来的可以证明当时曾流传。其中《老子》的注释和研究最多，仅《艺文志》中所记就有邻氏、傅氏、徐氏、刘向四种，而我们知道至今流传的还有严遵的《老子指归》和《河上公章句》（前者还是西汉时的）。另外还有东汉郑玄等人的《老子注》，又有道教系统的《老子想尔注》。两汉时期《老子》之学是相当发达的。同样，据我们研究，《庄子》之学在汉代也可称述①。

阴阳、名、法诸家，如上所述，由于分别为儒、道两家所吸收，单独成学的情况不很清楚，有待深入细考。

以上为汉代先秦诸子之学的大概。子学与经学相比，当然颇为逊色，但亦绝不可忽视。东汉时期，特别是道家的老、庄，影响相当大。

相对经学而言，汉代的子学并不发达，但它们继续流传并且不同时期发挥着不同影响，却是可以肯定的。

（二）汉代诸子

在我国古代，“子”，有一个由儿女通称、男子通称到男子尊称、男子美号乃至门人对自己老师称呼的发展过程。到汉代，主要用作男子尊称，如《谷梁传》宣公十年所云：“其曰子，尊之也。”范宁注：“子者，人之贵称。”孔子、老子、墨子、庄子、惠子等都是尊称，这是先秦时期的人物。汉代人也是如此，对自己钦佩的人称子，例如桓谭就对人称“今扬子之书文义至深……则必度越诸子矣”②。董仲舒有董子之称，贾谊之书《隋志》称为《贾子》，依称先秦子书之例，书名以子为名，如《淮南子》之称，在《后汉书・马融列传》中已经见到。

汉代除了一批经学大师之外，学有所成并有著作传世的人也不少，其中有一些以某些专科学术为特长者将另作别论。这里也先看看《汉书・艺文志》“诸子略”中所提到的人物：儒家中有陆贾、刘敬、贾山、孔臧、贾谊、河间献王、董仲舒、兒宽、公孙弘、终军、吾丘寿王、虞丘、庄

① 参阅熊铁基、刘固盛、刘韶军：《中国庄学史》第二章，福建人民出版社2009年版。

② 班固：《汉书》卷八十七下，《扬雄传下》，中华书局1962年版，第3585页。

助、臣彭、李步昌、桓宽、刘向、扬雄等二十来人；道家仅有曹羽、婴齐等不太知名者；阴阳家中提到了张苍、于长、公孙浑邪等人；法家有晁错；名家、墨家中无汉代人；纵横家有蒯通、邹阳、主父偃、徐乐、庄安、聊苍等人，都曾留下过著作；杂家中除淮南之外，还有一个东方朔；农家中的董安国、尹都尉、赵氏（赵过）、氾胜之、蔡癸都是重要人物；小说家中的《封禅方说》涉及封禅问题，当时曾有李少君、谬忌、少翁、乐大等方士事迹见于《史记·封禅书》。西汉可称道的诸子（司马迁等《六艺略》中提到的人除外）大体上都在其中了。东汉情况有所不同，经学大师众多，贾、马、许、郑赫赫有名，在经学垄断、一统的情况下，离经叛道者就突出起来，从桓谭、王充到王符、崔寔、荀悦、仲长统等都在学术思想上有所创新，都是值得大书特书的诸子。

记述汉代诸子，首先需要说明他们的一个突出的共同特点，就是学术思想上的综合性。和先秦诸子百家一样，他们都是“其务为治”也，都是“为政”甚至是为当权者服务的，即便有批判性的主张和言论，其最终目的还是“长治久安”。他们可以充分学习、借鉴和利用前人的成果，包括群经诸子各方面的成果，实际上是批判继承式的汲取和运用。汉初虽然一度出现过所谓“儒道之争”，也有所谓“罢黜百家”之说，那不过是政治斗争，并非什么真正的学术争论，也很少有学术争论的内容。实际上主要是汲取各家学说，综合各种思想而献言献策。有时候也打出某一家的旗号，如董仲舒公开打儒家的旗号，《淮南子》以道家思想为主导（分析其内容所得之结论，所谓“以道德为标的”）。这是表面的，也是少数的，大多数汉代诸子并不如此。学术思想的综合趋向和特点是他们的共同之处。下面就此分别重点介绍一些人物。

1. 陆贾与贾谊

这是汉初的两个政治理论家，他们的思想都是为了解决当时的政治问题。当时是又一次大的“时移世异”，汉王朝建立了，应该如何建立自己的统治？陆、贾两人都回答了这个问题。陆贾有《新语》十二篇，当时他“每奏一篇，高帝未尝不称善，左右呼万岁”①。足见其适乎时代之潮流，合乎人群之需要。贾谊是一位站在时代前沿的政治思想家。他的主张没有

---

① 司马迁：《史记》卷九十七，《郦生陆贾列传》，中华书局1982年版，第2699页。

陆贾的那种轰动效应，但他所作的《新书》也是有时代意义的。他忧国忧民，发现和揭露了当时社会现实的一些问题（有些问题甚至还是萌芽状态），为汉王朝献“长治久安”之策，虽受到汉文帝的赏识和重视，但其主张未能付诸实施，这也许是时间未到，条件还不成熟。

陆、贾两人的政治主张和思想有很大的共同点，即都主张行仁义，只不过条件有所不同罢了：陆贾建言“行仁义，法先圣”①，是直接从反对不法先王的暴秦而提出的；贾谊写《过秦论》是作了更深入的理论探讨，历数秦朝之失策。归结到一点，就是“仁义不施”。同时，贾谊还面临着汉初的种种失策。二者相同的是，他们都主张行仁义，而且都不否定法令刑法或权势法制的作用。

由于时间、条件以及面临的具体问题不同，两人的具体主张以及出发点和论述都有所不同，因而在哲学思想上表现出更明显的不同。从哲学派别看，陆贾该列入黄老新道家，在陆贾心目中，行仁义的表现就是实行“无为”政治，他的思想是以老子的“道”为基础的。“夫道莫大于无为”，故他的《新语》中，以《道基》《无为》等为篇名，十分突出。贾谊讲的主要是“有为”，他强调“礼”，而且是如荀子一样与“法”的意义相等的“礼”。他又应用了法家的“势”这个概念，并有所发展。所以，司马迁说“贾生、晁错明申、商”②。有人把贾谊当成汉初新法家的代表，是有一定道理的。

陆贾、贾谊的政治思想、哲学思想还有许多具体的内容，特别是贾谊的思想更丰富。之前多种著作和多篇论文都论述过他们的学术思想，都有一些新的发现。关于学派的归属，也是一个见仁见智的问题，《汉书·艺文志》列此二人之著作人儒家，实在没有多少道理。这或者有两个原因，一是他们反秦，二是他们的言“仁义”比较突出。在“独尊儒术”思想的影响下，把他们归于儒家一类，既未仔细分析其书的内容及思想，也未注意到司马迁对他们的评价。司马迁在《史记·陆贾列传》之后写道：

> 余读陆生《新语》十二篇，固当世之辩士。③

---

① 《新语·道基》，中华书局四部备要本 1980 年版。

② 司马迁：《史记》卷一百三十，《太史公自序》，中华书局 1982 年版，第 3319 页。

③ 司马迁：《史记》卷九十七，《郦生陆贾列传》，中华书局 1982 年版，第 2705 页。

司马迁始终是以“辩士”看待他（开头即说：“名为有口辩士”），特别强调的是他的口才。对于贾谊，司马迁在《太史公自序》中说：

> 自曹参荐盖公言黄老，而贾生、晁错明申、商。①

现在有学者将其称为新法家的代表人物②是有道理的，一般也不得不承认法家思想是贾谊思想的主干之一。

我们所说贾谊是汉初新法家的代表，陆贾是汉初新道家的代表，这个“新”字是在新的时代下沿用旧儒、道、法、阴阳之分家分派的定位，因为它们分别以原有学派的基本精神为主干，采、撮其他学派的重要内容（所谓“采儒、墨之善，撮名、法之要”），阐述自己的思想和主张，因而综合的趋向和性质十分鲜明。

2. 刘安及《淮南子》

刘安是诸侯王之一，有反叛朝廷的嫌疑，关于他的评价，有一些不同看法，这里我们不加评述，只谈谈他作为文化人在学术上的贡献。《汉书·淮南王传》记载：

> 淮南王安，为人好书，鼓琴……招致宾客方术之士数千人。作为《内书》二十一篇，《外书》甚众，又有《中篇》八卷，言神仙黄白之术，亦二十余万言。③

刘安著作甚多，《汉书·艺文志》著录：“六艺”《易》类有《淮南道训》二篇（本注：淮南王安，聘明《易》者九人，号九师说）；《乐》类总结时本注云：“出淮南、刘向等《琴颂》七篇”；诸子杂家类有“《淮南内》二十篇”（本注：王安）、“《淮南外》三十三篇”；“诗赋略”中有“淮南王赋八十二篇”、“淮南王群臣赋四十四篇”、“淮南歌诗四篇”；兵书权谋总结时本注云：“省伊尹、太公……陆贾、淮南王二百五十九种”（按：淮南亦

---

① 司马迁：《史记》卷一百三十，《太史公自序》，中华书局 1982 年版，第 3319 页。

② 参阅萧萐父先生为拙作《秦汉新道家略论稿》所作之序。熊铁基：《秦汉新道家略论稿》，上海人民出版社 1984 年版，第 1～2 页。

③ 班固：《汉书》卷四十四，《淮南王传》，中华书局 1962 年版，第 2145 页。

有兵书之作)；数术天文类有“《淮南杂子星》十九卷”。这些并非其著作之全部。

据上所引，刘安“招致宾客”，组织成一个有各种学识的知识分子集团，创作了一批有价值的学术成果，《淮南子》就是最重要的成果之一。

《淮南子》是一部集体创作的理论巨著，不是指某一个人，但作为汉代子书不能不介绍它。它内容丰富，体系完整，堪称博大精深，对先秦各家学说有很强的综合性。这方面书中有明确的表述：

> 若刘氏之书，观天地之象，通古今之事，权事而立制，度形而施宜。……非循一迹之路，守一隅之指，拘系牵连之物，而不与世推移也。①

它对于各家学说和思想能比较客观、平等地对待，能够兼采、吸收和整合。但是，它又有自己一以贯之的主旨，这在其《要略》的开头、结尾和中间有反复明确的表述：

> 夫作为书论者，所以纪纲道德，经纬人事，上考之天，下揆之地，中通诸理……总要举凡……多为之辞，博为之说。又恐人之离本就末也，故言道而不言事，则无以与世浮沉，言事而不言道，则无以与化游息。故著二十篇……
>
> ……故著书二十篇，则天地之理究矣。……今专言道，则无不在焉，然而能得本知末者，其唯圣人也。
>
> ……原道之心，合三王之风……

其所言道，主要是老庄所言本体之道。东汉高诱注《淮南子》作《叙目》说：

> 其义也著，其文也富，物事之类，无所不载，然其大较归之于道。

① 《淮南子·要略》，诸子集成本，中华书局1954年版。

无论思想理论，或是思想资料，该书的综合性特点都是很明显的，然“其旨近老子”、“其大较归之于道”，也是十分明显的。《淮南子》是一部总结性的学术著作，因而在当时，“学者不论《淮南》，则不知大道之深也，是以先贤通儒述作之士，莫不援采以验经传”①。

《淮南子》一书内容丰富，其中的“道”论，应该说是当时最全面的了，虽然它不可能讲得很透彻，但已在方方面面，反反复复地进行了说明，表述的思想还是比较清楚的。和《吕氏春秋》一样，具体内容涉及的方面很多，既有宇宙观、认识论，也有社会政治、历史观；既有抽象的形神观、人性论，也有具体的养生法；书中不仅有政治、历史、哲学等社会科学，也有天文地理、生理等自然科学，还有美学、音律学等，带有“百科全书”的性质。从该书中，人们可以了解秦汉以前的各方面知识，也可以从中见到当时的新见解和新知识。

3. 董仲舒

董仲舒在汉武帝时是一个风云人物，在和汉武帝对策时名列榜首，但在当时他并没有得到多高的政治地位，他的地位和影响是在学术上。刘向说他“有王佐之材，虽伊、吕亡以加，管、晏之属，霸者之佐，殆不及也”②，对他的评价很高。而刘歆则认为他连子游、子夏都不如。这样相反的评价，除了刘歆属古文经学派有门户之见外，也因为董仲舒在当时并没有产生很大的影响。但董仲舒的思想和学术适合了封建统治的需要，因而受到历代帝王的重视。

董仲舒在学术思想上的主要贡献，是建立了天人感应的神学体系，包括天为万物之本，天为最高之神，天人相类，王者为天所命，祥瑞为受命之符，王者以天为法而奉戴天意，以天人感应，道本于天，天不变道亦不变等，许多具体内容，形成一个相当严密的理论体系，给封建统治罩上了神圣的光环。董仲舒的这种思想尽管现在看来是荒谬的，但在封建社会很长一段时期里，它却是神圣的、严肃认真的。当然上述这些毕竟是虚的，实实在在的则在于他用阴阳五行之类的神学论证了儒家的仁义、道德、纲常名教，因而实际发挥影响的是他的政治历史观、伦理道德观。

---

① 《淮南子·叙目》，诸子集成本，中华书局1954年版。
② 班固：《汉书》卷五十六，《董仲舒传》，中华书局1962年版，第2526页。

正因为如此，加上他也确实提出过把儒家定为一尊的主张，因此被后世奉为正统的儒家。但是，这位大儒并不真正的“醇”，他把三纲五常放到绝对的地位，这当然是孔子以来邹鲁文化的传统，但他的思想学说还明显吸收了其他的文化传统。例如阴阳五行、神仙方术，这是燕齐文化的传统，天人感应甚至是以此为基础的；另外他也有明显的三晋文化刑名家的思想，乃至黄老思想等。这些说明了汉代学术的综合趋向。汉代的儒家也是新儒家，董仲舒是汉代新儒家的代表人物。

董仲舒的著作颇多，《汉书·艺文志》著录“《董仲舒》百二十三篇”，比同时代的任何人都多。《汉书·董仲舒传》有较具体的记述：

> 仲舒所著，皆明经术之意，及上疏条教，凡百二十三篇。而说《春秋》事得失，《闻举》、《玉杯》、《蕃露》、《清明》、《竹林》之属，复数十篇，十余万言，皆传于后世。①

现在所存之著作，主要有《春秋繁露》一书以及保留在《汉书》本传中的“天人三策”。另外在《汉书》的《食货志》《五行志》和《匈奴传》等篇中记有他的一些论述。后人论述董仲舒的思想，主要根据以上这些材料。

4. 刘向与刘歆

刘向、刘歆父子在我国学术史上的贡献，主要是校理旧籍。其校书情况，本书前第四章已有较详细的论述，此项工作涉及目录学、版本学、校勘学等多种学问，均有开创性。图书经整理之后，便利了更广泛的流传，如章炳麟所说：

> 书布天下，功由仲尼；其后独有刘歆而已……向、歆校雠之事，书既杀青，复可移写，而书贾亦赁鬻焉。故后汉之初，王充游洛阳，书肆已见卖书者。……②

他们校书，看的书多，本身的著述也较多，学术思想上亦有自己的见

① 班固：《汉书》卷五十六，《董仲舒传》，中华书局1962年版，第2525页。
② 章太炎：《检论·订孔》，上海人民出版社1984年版，第425页。

解和主张，而且与当时的时代思潮有密切关系。

刘向的著作，《汉书·艺文志》“六艺略”《书》类中有“刘向《五行传记》十一卷”，考证认为即其本传中之《洪范五行传论》；“诸子略”儒家类有“刘向所序六十七篇”，本注云：《新序》《说苑》《世说》《列女传颂图》。此外，他在校书中所作还有《书录》以及《五经要义》等书。另外从《汉书》本传中不少的奏疏以及某些书的成书情况看，他著作的目的性和时代感是很强的。例如：

> 向见《尚书·洪范》，箕子为武王陈五行阴阳休咎之应。向乃集合上古以来历春秋六国至秦汉符瑞灾异之记，推迹行事，连传祸福，著其占验，比类相从，各有条目，凡十一篇，号曰《洪范五行传论》，奏之。①

又如：

> 向睹俗弥奢淫，而赵、卫之属起微贱，踰礼制。向以为王教由内及外，自近者始。故采取《诗》、《书》所载贤妃贞妇，兴国显家可法则，及孽嬖乱亡者，序次为《列女传》凡八篇，以戒天子。及采传记行事，著《新序》、《说苑》凡五十篇奏之。数上疏言得失、陈法戒。书数十上，以助观览，补遗阙。②

读这些记载，我们不难看到刘向之时代使命感，对他当另眼相看。同时，我们今日读他的书，也应该注意当时的时代背景和他的良苦用心。

刘歆和父亲一样，从小就博学多才，“少以通《诗》、《书》能属文召，见成帝”，又继承父业，完成校书工作，并著成《七略》，也曾“考定律历，著《三统历谱》”③。

值得注意的是他在经今古文之争中的地位和作用，其著名的《移书让太常博士》一文是很值得玩味和研究的。

---

① 班固：《汉书》卷三十六，《刘向传》，中华书局1962年版，第1950页。
② 班固：《汉书》卷三十六，《刘向传》，中华书局1962年版，第1957页。
③ 班固：《汉书》卷三十六，《刘歆传》，中华书局1962年版，第1967页。

5. 扬雄

从哲学史研究的角度看，西汉后期的扬雄是一个相当重要的人物，是汉代诸子人物中不能不说的，无论对当时还是后世都有较大的影响。

扬雄生于汉宣帝甘露元年（公元前53年），卒于王莽天凤五年（公元18年）。《汉书》为他专门立传于《儒林传》之前，其传文相当长，但着重介绍他的一些辞赋。据记载，扬雄是"蜀郡成都人"，实际是他的先祖避乱到四川的。关于其为人，《汉书·扬雄传》有如下一段记述：

> 雄少而好学，不为章句，训诂通而已①，博览无所不见。为人简易佚荡，口吃不能剧谈，默而好深湛之思，清静亡为，少耆欲，不汲汲于富贵，不戚戚于贫贱，不修廉隅以徼名当世。家产不过十金，乏无儋石之储，晏如也。自有大度，非圣哲之书不好也；非其意，虽富贵不事也。顾尝好辞赋。②

对他的学习情况，包括爱好、态度，乃至他的性格、为人都作了概要的描述。

但这里只说他"博览无所不见"，究竟"好学"什么，如何学的，没有具体说明。而《汉书·王贡两龚鲍传》记载说："博览亡不通"的严君平在成都授《老子》时，扬雄曾从他学习，而且相当崇拜。"扬雄少时从游学，以而仕京师显名，数为朝廷在位贤者称君平德。"扬雄称其德，必受其影响，而且受影响的时间是"少时"，这对一个人的世界观形成，是有决定意义的。一处说"少而好学"，一处说"少时从游学"，到底是什么时候？时间有多长？班固写《扬雄传》时"赞"曰：

> 初，雄年四十余，自蜀来（至）游京师，大司马车骑将军王音奇其文雅，召以为门下史……③

---

① 此其《答刘歆书》说："雄少不师章句，亦于五经之训所不解。"（《全汉文》卷五十二）
② 班固：《汉书》卷八十七上，《扬雄传上》，中华书局1962年版，第3514页。
③ 班固：《汉书》卷八十七下，《扬雄传下》，中华书局1962年版，第3583页。

据考证，四十余当作三十余①，至少三十岁以前他是在成都学习。一是时间相当长，二是“少时”——实际包括青壮年时期，可以说是其世界观及性格形成的关键时期。

前面关于他“为人”的记述，“简易佚荡”，“默而好为深沉之思，清静无为”等，可以说是受了严君平的影响，是道家思想熏陶、习染所致。说他四处向人“称君平德”，而且为“君子德名为几”，严君平之德若何？扬雄称曰：“蜀严湛冥，不作苟见，不治苟得，久幽而不改其操，虽随、和何以加诸？”② 对比班固述扬雄为人之言，难道不是一个精神吗？当然，与严君平不同，扬雄没有隐居教学，而是终老于朝廷，可以说属于“朝隐”③ 之列。虽在朝任职而淡泊恬退与隐居无异，扬雄“恬于势利”的表现是十分明显的。“朝隐”者属于黄老道家思想，他不是“出世”而是“入世”的，是想用他的思想主张施之于政的，如他认为用严君平这样的人乃国之宝，“举兹以旃，不亦宝乎！”只不过“不逢其时”（论“隐道多端”之语）而归隐了。扬雄本人始至京师，“待诏”之时，每每以赋讽谏，到后来著《法言》阐述其思想政治主张，乃至其最后的“剧秦美新”也无不表达其政治思想。“剧秦美新”是他不光彩之作，有人批评他“尸位素餐”（《文选》李善注），有人原谅他“求免于祸，非本情也”（李周翰注）。他以秦新并提，或有寓意，又称赞拒绝王莽的龚胜：“楚两龚之洁，清矣乎！”总之他是“不逢其时”，“成、哀、平间”，“三世不徙官”，王莽时只是“以耆老久次转为大夫”。他“恬于势利”是有明确认识的，早年好赋时认为屈原文过相如，但不该投江而死，“以为君子得时则大行，不得时则龙蛇”，这也是他朝隐的原因。“立功”不成，只好“立言”了，终于变成了“其意欲求文章成名于后世”。

扬雄的“文章”，即他的著作，是他留给后世的精神财富。关于其主要著作，班固写道：

……以为经莫大于《易》，故作《太玄》；传莫大于《论语》，作《法言》；史篇莫善于《仓颉》，作《训纂》；箴莫善于《虞箴》，作

① 参阅周寿昌：《汉书注校补》，商务印书馆1937年版。

② 班固：《汉书》卷七十二，《王贡两龚鲍传》，中华书局1962年版，第3056页。

③ 《法言·渊骞》讨论过“隐道多端”的问题。

《州箴》；赋莫深于《离骚》，反而广之；辞莫丽于相如，作四赋，皆斟酌其本，相与放依而驰骋云。[1]

清人严可均辑《全汉文》，三百三十四人六十三卷，扬雄仅次于著录五卷的刘向而占有四卷（不包括《太玄》《法言》等著作，而刘向文包括《别录》《新序》等著作），可见其著作之丰，而且“篇籍俱存”，有流传，就有影响。

其著作的影响和评价也是值得讨论的问题，因为班固评其著作说：“用心于内，不求于外，于时人皆曶之；唯刘歆及范逡敬焉，而桓谭以为绝伦。”又引用了刘歆对扬雄说的话：“空白苦！今学者有禄利，然尚不能明《易》，又如《玄》何？吾恐后人用覆酱瓿也。”这些话容易引起误会，“时人曶之”，“空自苦”，还有“人希至其门”等，说他的著作当时没有影响，由于《太玄》难懂，后世影响也不大。实际并不如此，刘歆之言实为戏言，实际上刘歆是十分敬重扬雄的。有一篇扬雄的《答刘歆书》[2]，也可以看出两人关系密切，该书中提到张敞的孙子张伯松（张竦）与他有较多的来往，伯松称其书“是悬诸日月不刊之书也”。

另外，班固记他晚年情况，一方面说他“家素贫，嗜酒，人稀至其门”，另一方面又说：“时有好事者载酒肴从游学，而钜鹿侯芭常从雄居，受其《太玄》、《法言》焉。”这“好事者”三字如果不误，用得有点奇特，是褒是贬，意义难明。但有一点可以肯定，扬雄的著作，在当时并非无人所知的（这和王充的《论衡》不同），至于《太玄》难明，那是另一回事。因此班固说：“自雄之没至今四十余年，其《法言》大行，而《玄》终不显，然篇籍俱存。”则扬雄死后四十多年，其《法言》就已经“大行”，至于《太玄》“不显”，也许是事实，班固引述说：

时大司空王邑、纳言严尤闻雄死，谓桓谭曰：“子尝称扬雄书，岂能传于后世乎？”谭曰：“必传。顾君与谭不及见也。”……今扬子之书文义至深，而论不诡于圣人，若使遭遇时君，更阅贤知，为所称

① 班固：《汉书》卷八十七下，《扬雄传下》，中华书局1962年版，第3583页。
② 《全汉文》卷五十二，中华书局1985年版。

善，则必度越诸子矣。[①]

桓谭在《新论》中还预言："玄经，数百年其书必传。"事实上比桓谭预言的时间要短，东汉中后期《太玄》就日益被人重视了。王充之"称善"其书是最明显的，王充说："汉作书者多，司马子长，扬子云，河汉也，其余泾渭也。……子云无世俗之论。"[②] 其《超奇篇》更说："扬子云作《太玄经》，造于眇思，极窅溟之深，非庶几之才，不能成也。……所谓卓尔蹈孔子之迹……"与孔子相提并论。从东汉末年开始，为《太玄》作注的就不少了，晋常璩《华阳国志·蜀郡士女赞》云：

(扬雄) 以经莫大于易，故则而作《太玄》……其玄渊源懿，后世大儒张衡、崔子玉、宋仲子、王子雍皆为注解，吴郡陆公纪尤善于《玄》，称雄圣人。

汉末魏晋时作注者很多，除了这里列举的张衡、崔瑗（子玉）、宋衷（仲子）、王肃（子雍）、陆绩（公纪）等人为此注解之外，还有侯芭、虞翻、李谍、范宁等人的注本。唐宋以后注解者也不少，初步统计不下 50 种[③]。流传的情况约可见其对后世的影响，《玄》的影响或者大于《法言》。

传统讲诸子，都是从思想、哲学史角度而言的，扬雄则不同，他同时还是一个辞赋大家，在文学史上能占一席之地。另外，他还有一部语言学的著作——《辅轩使者绝代语译别国方言》（简称《方言》），是其花了 27 年工夫的心血之作，我们也是不应该忘记的。

6. 王充

王充，字仲任，会稽上虞（今浙江上虞）人，生活在东汉前期明帝、章帝时，生卒年约为公元 27—97 年，是一位有突出贡献的思想家。《后汉书》把他与后来的王符、仲长统合传，但记述简略。不过仍值得称引：

充少孤，乡里称孝。后到京师，受业太学，师事扶风班彪。好博

① 班固：《汉书》卷八十七下，《扬雄传下》，中华书局 1962 年版，第 3585 页。
② 《论衡·案书》，诸子集成本，中华书局 1954 年版。
③ 参阅刘韶军：《太玄研究》第一章"太玄版本考疏"，武汉出版社 1991 年版。

览而不守章句。家贫无书，常游洛阳市肆，阅所卖书，一见辄能诵忆，遂博通众流百家之言。后归乡里，屏居教授。仕郡为功曹，以数谏争不合去。

充好论说，始若诡异，终有理实。以为俗儒守文，多失其真，乃闭门潜思，绝庆吊之礼，户牖墙壁各置刀笔。著《论衡》八十五篇，二十余万言，释物类型同异，正时俗嫌疑。①

我们可以得到的印象：首先是聪明、好学，勤于著述，这是他成为杰出人物的基本条件。还有一些补充材料，如《袁山松书》记载：

充幼聪朗。诣太学，观天子临辟雍，作《六儒论》。

“闭门潜思，绝庆吊之礼”，室内各处皆放置刀笔（当时的书写工具），其勤奋可见一斑。其次，“博览而不守章句”，“博通众流百家之言”，这可说是东汉士人的一个普遍倾向，即便经学家也是如此，但做到“通”而有成就的并不多。王充能够摆脱“俗儒守文”之弊病，其论说“始若诡异，终有理实”，因而在学术思想上有突出的贡献。

研究王充的生平和思想，《论衡》中的《自纪篇》当然是重要的材料，关于自己的著作他也写道：

充既疾俗情，作《讥俗》之书；又闵人君之政，徒欲治人，不得其宜，不晓其务，愁精苦思，不睹所趋，故作《政务》之书；又伤伪书俗文多不实诚，故为《论衡》之书。

《自纪》写到晚年：

历数冉冉，庚辛域际，虽惧终徂，愚犹沛沛，乃作《养性》之书十六篇。

---

① 范晔：《后汉书》卷四十九，《王充列传》，中华书局1965年版，第1629页。

是先后作《讥俗》《政务》《论衡》《养性》书四种，关于《讥俗》，他在前面还有更具体的记述：

> 俗性贪进忽退，收成弃败，充升擢在位之时，众人蚁附；废退穷居，旧故叛去。志俗人之寡恩，故闲居作《讥俗》、《节义》十二篇。冀俗人观书而自觉……

则是每写一书都有很具体的动机和目的。根据他“充书文重”、“吾书亦才出百”的说法，其著述总数在百篇以上，然而今本才八十五篇（其中还有一篇有目无文）。在流传中书有遗佚是可以肯定的，问题是今本《论衡》是否包括四种书在内，学者有不同看法。今本三十卷最早的本子是宋代的，古书目除《隋书·经籍志》著录为二十九卷之外，唐宋以后各种书目均为三十卷。

《论衡》之所以得到流传，有赖于它本身的生命力。《袁山松书》曰：

> 充所作《论衡》，中土未有传者，蔡邕入吴始得之，恒秘玩以为谈助。其后王朗为会稽太守，又得其书，及还许下，时人称其才进。或曰，不见异人，当得异书。问之，果以《论衡》之益，由是遂见传焉。

又《抱朴子》曰：

> 时人嫌蔡邕得异书，或搜求其帐中隐处，果得《论衡》，抱数卷持去，邕丁宁之曰：唯我与尔共之，勿广也。

这些佚闻，颇有典型意义，蔡邕这样的当时的大家名人都得益于该书，说明当时人对离经叛道、标新立异的学术思想有浓厚的兴趣。由此可见，《论衡》代表着一股清新之风，在人们为神学、经学的荒诞、烦琐所苦恼之时，王充的那些“始若诡异，终有理实”的论述，起了振聋发聩的作用，因此被东汉末年的蔡邕、王朗等人视为“异书”、“奇书”。他自己说：“充书形露易观”、“充书不能纯美”，甚至别人说他“口无择言，笔无择文"①，然而这恰恰是该书的清新之处。

《论衡》一书的主要内容是对神学和迷信的批判，因而今之研究者或称王充是"廓清两汉迷信之说的战士"，或者誉他为"战斗的唯物主义者"。"战斗"是指他对神学经学和世俗迷信的批判，"唯物"是因为他的理论武器为"元气自然论"（继承了西汉以来的黄老思想）。其学术思想有深远意义，说《论衡》为魏晋玄学的兴起开辟了道路也是可以的。它为玄学直接提供了某些思想资料，例如他用道家思想解说《周易》《论语》，就是玄学家以老庄解儒经的先声；他的《问孔》《刺孟》，自然导致嵇康"轻贱唐虞而笑大禹"，"非汤武而薄周孔"；他的元气自然论对魏晋哲学有积极影响；他的评论人才自然影响汉末魏初的人物品评和才性之辨；等等。

7. 郑玄与马融

本节开头已说明，在学术思想上有贡献的各种人物均可尊称为子，虽然就图书来说子与经是相对而言的，但就人物来讲，对经学有贡献的人也是应该介绍的。被称为"经学极盛时期"② 的东汉，贾（逵）、马（融）、许（慎）、郑（玄）虽然是经学家，但他们在学术思想上是有贡献的，这里略述一二。

贾逵和郑玄都是东汉前期的经学家，当时影响虽然不小，但著作没有完整地流传下来，学术思想上的地位较难论定。许慎有突出的《说文解字》前已介绍。这里只对郑玄和马融略加介绍，作为这方面杰出人物的代表。马融是郑玄的师辈，三人都曾遍注群经诸子，现在一般认为郑玄之学高于马融。

马融（79—166）字季长，扶风马陵（今陕西兴平）人，东汉名将马援哥哥的孙子，父亲马严为匠作大将。马融才兴俱高，《后汉书·马融列传》后面有一段记述颇能说明问题：

> 融才高搏洽，为世通儒，教养诸生，常有千数。涿郡卢植，北海郑玄，皆其徒也，善鼓琴，好吹笛，达生任性，不拘儒者之节。居宇器服，多存侈饰。常坐高堂，施绛纱帐，前授生徒，后列女乐，弟子

---

① 《论衡·自纪篇》，诸子集成本，中华书局1954年版。

② 皮锡瑞：《经学历史》，中华书局1959年版，第101页。

以次相传，鲜有入其室者。

尝欲训《左氏春秋》，及见贾逵、郑众注，乃曰："贾君精而不博，郑君博而不精。既精既博，吾何加焉!"但著《三传异同说》。注《孝经》、《论语》、《诗》、《易》、《三礼》、《尚书》、《列女传》、《老子》、《淮南子》、《离骚》，所著赋、颂、碑、诔、书、记、表、奏、七言、琴歌、对策、遗令、凡二十一篇。

初，融惩于邓氏，不敢复忤势家，遂为梁冀草奏李固，又作大将军《西第颂》，以此颇为正直所羞。①

据此可以看出，第一，他的学问在当时是数一数二的，影响很大，五经、六经乃至《论语》《孝经》都做过注，诸子书也注了不少。只不过大多未保存下来，郑玄及后来其他人的注疏引用过一些。第二，为人"颇为正直所羞"，好像是没有士人的"气节"，而且生活上也不"检点"，后来，因人废学，也未可知。

郑玄也是遍注群经而且创获很多的人，也许他一生苦难的经历成就了他。

郑玄（127—200），字康成，北海高密（今山东高密）人。《后汉书·郑玄列传》所记他晚年的《戒子书》反映了他的经历、学问和抱负，其文曰：

吾家旧贫，［不］为父母群弟所容，去厮役之吏，游学周、秦之都，往来幽、并、兖、豫之域，获觐乎在位通人，处逸大儒，得意者咸从捧手，有所受焉。遂博稽《六艺》，粗览传记，时睹秘书纬术之奥。年过四十，乃归供养，假田播殖，以娱朝夕。遇阉尹擅势，坐党禁锢，十有四年，而蒙赦令，举贤良方正有道，辟大将军三司府。公车再召，比牒并名，早为宰相。惟彼数公，懿德大雅，克堪王臣，故宜式序。吾自忖度，无任于此，但念述先圣之元意，思整百家之不齐，亦庶几以竭吾才，故闻命罔从。而黄巾为害，萍浮南北，复归邦乡。入此岁来，已七十矣。宿素衰落，仍有失误，案之礼典，便合传

① 范晔：《后汉书》卷六十上，《马融列传上》，中华书局1965年版，第1972页。

家。今我告尔以老，归尔以事，将闲居以安性，覃思以终业。自非拜国君之命，问族亲之忧，展敬坟墓，观省野物，胡尝扶杖出门乎！家事大小，汝一承之。咨尔茕茕一夫，曾无同生相依。其勖求君子之道，研钻勿替，敬慎威仪，以近有德。显誉成于僚友，德行立于己志。若致声称，亦有荣于所生，可不深念邪！可不深念邪！吾虽无绂冕之绪，颇有让爵之高。自乐以论赞之功，庶不遗后人之羞。末所愤愤者，徒以亡亲坟垄未成，所好群书率皆腐敝，不得于礼堂写定，传与其人。日西方暮，其可图乎！家今差多于昔，勤力务时，无恤饥寒。菲饮食，薄衣服，节夫二者，尚令吾寡恨。若忽忘不识，亦已焉哉！①

很少有人全面注意这篇《戒子书》，如果逐一诠释，意义相当大，特别是“知人论世”这句话，具体而生动，他一生经历苦难是非常明显的，而且其苦难与时事世事有密切关系。“坐党禁锢”十四年和颠沛流离“萍浮南北”多年，相当突出。除了曾经“少为乡啬夫”之外，频频被召辟而不就，所谓“有让爵之高”，也是其为人的一个突出特点。一生主要追求的是学问，早年遍访名师、通人，中年“但念述先圣之元意，思整百家之不齐”，“以竭吾才”，晚年主要担心的是“所好群书率皆腐敝，不得于礼堂写定，传于其人”。但是皇天不负有心人，他的学问得到了较为理想的结果。《后汉书·郑玄列传》记述：

门人相与撰玄答诸弟子问《五经》，依《论语》作《郑志》八篇。凡玄所注《周易》、《尚书》、《毛诗》、《仪礼》、《礼记》、《论语》、《孝经》、《尚书大传》、《中候》、《乾象历》，又著《天文七政论》、《鲁礼禘祫义》、《六艺论》、《毛诗谱》、《驳许慎五经异义》、《答临孝存周礼难》。凡百余万言。②

实际上还会有一些，如他曾经针对《公羊》学大家何休的著作“发

① 范晔：《后汉书》卷三十五，《郑玄列传》，中华书局1965年版，第1209页。
② 范晔：《后汉书》卷三十五，《郑玄列传》，中华书局1965年版，第1208页。

《墨守》、鍼《膏肓》、起《废疾》”，乃至“休见而叹曰：康成入吾室，操吾矛，以伐我乎！”[①] 早年问学马融辞归时，马融也曾喟然而曰：“郑生今去，吾道东矣。”[②] 有些著作虽未保留下来，但郑玄注经的著作，大多保留下来了，这是学术上的大事，也是我们今天能研究这位学者的幸事。郑玄是经学家，按我们关于“汉代诸子”的设目，仍可列为一子。

8. 王符及其《潜夫论》

王符字节信，安定临泾（今甘肃镇原县）人，生活于东汉中后期。《后汉书·王符列传》对其经历有一个简要记述：

> 少好学，有志操，与马融、窦章、张衡、崔瑗等友善。安定俗鄙庶孽，而符无外家，为乡人所贱。自和、安之后，世务游宦，当涂者更相荐引，而符独耿介不同于俗，以此遂不得升进。志意蕴愤，乃隐居著书三十余篇，以讥当时失得，不欲章显其名，故号曰《潜夫论》……

记述虽简略，但含意极深，我们能明显地看出他所处的时代的世风，他的志向、操守，他的为学、交友，这一切成就了他的《潜夫论》。王符在当时也是一个颇有影响的人物，传的最后一段描写他晚年一事能说明其在当时的影响：

> 后度辽将军皇甫规解官归安定，乡人有以货得雁门太守者，亦去职还家，书刺谒规，规卧不迎，既入而问：“卿前在郡食雁美乎？”有顷，又白王符在门。规素闻符名，乃惊遽而起，衣不及带，屣履出迎，援符手而还，与同坐，极欢。时人为之语曰：“徒见二千石，不如一缝掖。”言书生道义之为贵也。符竟不仕，终于家。[③]

这一对比的描述，足见王符在当时人们心目中的地位。

王符主要的成就是《潜夫论》，本传特别著录了其书的《贵忠篇》《浮

① 范晔：《后汉书》卷三十五，《郑玄列传》，中华书局1965年版，第1207页。
② 范晔：《后汉书》卷三十五，《郑玄列传》，中华书局1965年版，第1212页。
③ 范晔：《后汉书》卷四十九，《王符列传》，中华书局1965年版，第1643页。

侈篇》《实贡篇》《爱日篇》《述赦篇》五篇之文，今通行的有清人汪继培根据元刻整理的一个笺注本，连同《叙录》共三十六篇。他在《叙录》中表达了自己的人生志向，说明了每一篇写作的旨意其志向是：

> 夫生于当世，贵能成大功：太上有立德，其下有立言。阘茸而不才，先（无?）器能当官，未尝服斯役，无所效其勋，中心时有感，援笔纪数文。字以缀愚情，财令不忽忘。刍荛虽微陋，先圣亦咨询。草创叙先贤（?）三十六篇……①

关心时政，野人献芹之意。透过《潜夫论》，可以研究王符的政治思想、哲学思想等。如《后汉书》本传所说：

> 其指讦时短，讨谪物情，足以观见当时风政。②

他对于政治（法律的，边防的）、社会各个方面的批判，在当时是很有现实意义的，对现在人们研究当时的历史是很有参考价值的，一般的研究已经注意到了王符及其《潜夫论》，但全面的、深入的研究还可以再进一步。

9. 崔寔及其《政论》与《四民月令》

崔寔字子真，一名台，字元始。涿郡安平（今河北保定）人。虽出生于官宦之家，但有士人正直的传统。其祖崔骃虽曾为外戚窦宪掾属，但为人正直，“宪擅权骄恣，骃数谏之”③。其父崔瑗也曾为外戚所辟，做过地方官，有“百姓歌之”、“当世清之”的美誉。《后汉书》“论曰”：

> 骃、瑗虽先尽心于贵戚，而能终之以居正，则其归旨异夫进趣者乎！④

气节好，学问也高，被称为“宿德大儒”。其祖“尽通古今训诂百家之

① 《潜夫论·叙录》，诸子集成本，中华书局 1954 年版。
② 范晔：《后汉书》卷四十九，《王符列传》，中华书局 1965 年版，第 1630 页。
③ 范晔：《后汉书》卷五十二，《崔骃列传》，中华书局 1965 年版，第 1721 页。
④ 范晔：《后汉书》卷五十二，《崔骃列传》，中华书局 1965 年版，第 1731 页。

言”，“与班固、傅毅同时齐名”，其父“尽能传其父业”，受贾逵“善待”，“诸儒宗之”，“与扶风马融、南阳张衡特相友好”。崔寔继承了父、祖的家风、家法：

少沈静，好典籍。父卒，隐居墓侧。服竟，三公并辟，皆不就。[1]

对于各种徵、辟虽一再推辞，但也免不了应召为郎，乃至为五原、辽东等边地郡守。

崔寔在学术上的贡献是留下了《政论》和《四民月令》二书。

《政论》较早，初稿当写于桓帝初年除为郎官之时，“除为郎”之后[2]。

明于政体，吏才有余，论当世便事数十条，名曰《政论》。指切时要，言辩而确，当世称之。仲长统曰：“凡为人主，宜写一通，置之坐侧。”[3]

仲长统认为《政论》应该成为“人主”的座右铭。“当世称之”这话是有根据的。

今传之《政论》，有严可均辑校本，他所写的“案”语可供参考。

《隋志》：法家，《正论》五卷，汉大尚书崔寔撰。《旧唐志》：《政论》五卷，《意林》亦五卷，《新唐志》作六卷。各书引见，或作《政论》，或作《正论》，又作《本论》，止是一书。……其本北宋时已佚失，故《崇文总目》不著录，《郡斋读书志》、《直斋书录解题》亦无之，《通志略》载有六卷，虚列书名，不足据。今从《群书治要》写出七篇，从本传及《通典》各写出一篇，凡九篇，略依《意林》次第之。剌取各书引见，校补伪脱，定著一卷。其畸零短段三十事不能成篇者，载于卷末。

---

① 范晔：《后汉书》卷五十二，《崔骃列传》，中华书局1965年版，第1725页。

② 清人严可均校辑此书时说：“其书成于守辽东后……本传繫于桓帝初年除为郎时，未得其实。”很可能其书有一个完善的过程。

③ 范晔：《后汉书》卷五十二，《崔骃列传》，中华书局1965年版，第1724页。

《治要》专取精实，而腴语美词芟除净尽。然于当时积弊，已胪列无遗，治乱兴亡，古今一轨。本传引仲长统曰……诚哉是言也。

我们研究《政论》时，参考以上考述，是很有意义的。《政论》的主要思想及其意义，古今一致，主要是“指切时要”，指责“当时积弊”，现在的说法就是社会政治批判，具体内容，这里就不一一详述了。

《四民月令》是崔寔留下的另一重要遗产。严可均辑校时写道：

《隋志》：农家，《四人月令》一卷，后汉大尚书崔寔撰。《旧唐志》同，《新唐志》作崔湜，误。宋不著录。近人任兆麟、王谟，皆有辑本，编次不伦，且多挂漏。王本又误以《齐人月令》谓即《四民月令》，而所采《齐民要术》，有今本所无者六事，其文不类，未知何据。余既辑崔寔《政论》一卷，因兼及此书，蒐录遗佚，得二百许事，省并重复，逐月分章，为十二章，定著一卷，有注，疑即崔寔撰，徵用者或以注为正文，今加注字间隔之。而王本所采《齐民要术》六事，附存俟考。又《齐人月令》一卷，唐孙思邈撰，《宋志》在时令类，本今亡，并附于后，免与崔寔书混。①

严可均辑本比较客观，比较可靠。

农业在古代社会经济中本来是第一位的，但有关的农书不多，保留下来的更少。《四民月令》按一年十二个月安排农民的日常生活和生产活动，是想起到指导和教化作用，这与崔寔曾为地方官有关。《后汉书·崔骃列传》附传记载说：

（崔寔）出为五原太守，五原土宜麻枲，而俗不知织绩，民冬月无衣，积细草而卧其中，见吏则衣草而出。寔至官，斥卖储峙，为作纺绩、织纴、练缊之具以教之，民得以免寒苦。②

① 严可均：《全后汉文》，中华书局1958年版，第729页。
② 范晔：《后汉书》卷五十二，《崔骃列传》，中华书局1965年版，第1730页。

《四民月令》的十月中就有“可析麻缉，绩布缕，作帛履”等内容。该书或者是他某一时期确曾用于教化民众的，其中涉及许多具体农业生产的知识，可以说他是懂得农业生产的。作为一个地方官，他是一个关心民众、注重农业、懂得生产的好官，为学、为人都不辱父、祖。

10. 仲长统

《后汉书》有一个《王充王符仲长统列传》，相当醒目，把整个东汉早、中、晚三个时期的三个人合在一起作传，从该传的论、赞之词看，作者用意似乎是讲他们的政论：

> 百家之言政者尚矣。大略归乎宁固根柢，革易时敝也。……不限局以疑远，不拘玄以妨素，则化枢各管其极，理略可得而言与？[①]

原文较长，不作详引，一言以蔽之，为政似应采纳各种议论之言，赞曰：

> 管视好偏，群言难一。救朴虽文，矫迟必疾。举端自理，滞隅则失。详观时蠹，成昭政术。[②]

范晔作史，是想吸取历史的经验教训。传中三人虽面临的具体现实不同，但都是用批判现实的态度发表政见，所以今人正确地概括为当时的社会批判思潮，这三个人是突出代表。这个思潮群体还包括许多人，包括上述的崔寔（《政论》），还有未述及的荀悦（《申鉴》）、徐干（《中论》）等人。仲长统是最后一个也是某种意义上的集大成者。

仲长统（179—220），字公理，山阳高平（今山东邹县）人。他生活在东汉衰败、名存实亡的乱世，有着东汉时期许多知识分子的共同特点：既关心时政的发展，又想超凡脱俗。本传的记载对这些略有反映，如：

> 少好学，博涉书记，赡于文辞，年二十余，游学青、徐、并、冀之间，与交友者多异之。[③]

① 范晔：《后汉书》卷四十九，《仲长统列传》，中华书局1965年版，第1659页。
② 范晔：《后汉书》卷四十九，《仲长统列传》，中华书局1965年版，第1662页。
③ 范晔：《后汉书》卷四十九，《仲长统列传》，中华书局1965年版，第1649页。

异在何处？异在有一定的政见。袁绍之甥高干为并州刺史曾善待过他，但听不进他的告诫，终于失败，因而“并、冀之士皆以是异统”，“异其有知人之鉴也”。又如：

> 统性俶傥，敢直言，不矜小节，默语无常，时人或谓之狂生。每州郡命召，辄称疾不就。①

仲长统曾发表过一些议论和诗辞表明心态，从中人们可以看到他摆脱儒家束缚，而心仪老、庄的思想：

> 叛散《五经》，灭弃《风》、《雅》。百家杂碎，请用从火，抗志山栖，游心海左。（见志诗）
>
> 安神闺房，思老氏之玄虚；呼吸精和，术至人之仿佛。（论志）②

想成为“至人”、“达士”，这是东汉知识分子的某种共性，对后世特别是魏晋士人有很大影响。

但是，他又是关心时政的，并没有去“逍遥一世之上”，而是在参政中留下著名的论著《昌言》：

> 尚书令荀彧闻统名，奇之，举为尚书郎，后参丞相曹操军事。每论说古今及时俗行事，恒发愤叹息。因著论名曰《昌言》，凡三十四篇，十余万言。③

可惜他只活了四十一岁，和前朝贾谊一样，是一个短命的才子。“友人东海缪袭常称统才章足继西京董、贾、刘、杨”，只可惜十多万字的大著，留存至今不过十分之一二。

《后汉书》本传所载之《理乱篇》《损益篇》《法诫篇》的文字当然是可靠的，清人严可均从《群书治要》《意林》等书中辑录的一些文字亦可

① 范晔：《后汉书》卷四十九，《仲长统列传》，中华书局1965年版，第1644页。
② 范晔：《后汉书》卷四十九，《仲长统列传》，中华书局1965年版，第1646页。
③ 范晔：《后汉书》卷四十九，《仲长统列传》，中华书局1965年版，第1646页。

作研究其思想之参考。对于他的思想，今之多种思想史、哲学史著作均有论述，我们就不多说了。

四　中国古代史学基本形态的确立

汉代史学还未从经学中独立出来，最明显的是东汉班固作《汉书·艺文志》将《太史公》百三十篇列于《六艺略》的“春秋”类。这一类记述的都是史学著作，除《春秋》经及其公羊、谷梁等传之外，《国语》《战国策》《楚汉春秋》《汉记著》等后世史部之书均列于此类。但是汉代史学发展的实际状况，表明史学已经独立形成，中国古代史学的基本形态，包括体裁、体例等，在汉代已经确立。汉代史学著述很多，《史记》《汉书》最有标志性的意义。

（一）司马迁与《史记》

《史记》这部书在我国学术史上的地位，怎么说也不为过，司马迁的历史地位当然也相当崇高，在这里我想提出一个或多或少为人们所忽视的问题，那就是应该说《史记》是司马谈、司马迁父子二人所作。唐司马贞作《史记索隐》时，序的开头就说：“《史记》者，汉太史司马迁父子之所述也。”应该是一个可取的客观的说法，司马迁作《史记》（原名《太史公》），既是其父之遗愿，也有其父之先期成果，这从他的《太史公自序》中可以看出来：

> 太史公执迁手而泣曰：……余死，汝必为太史，为太史，无忘吾所欲论著矣。……迁俯首流涕曰：小子不敏，请悉论先人所次旧闻，弗敢阙。①

而迁为太史令，“䌷史记石室金匮之书”。䌷者，缀集、次述之意，这里的“史记”虽是泛指，但必有其父之“论著”在内，包括“先人所次旧闻”。

说明以上这一点，或有助于全面、细致地了解学术的继承与发展。

---

① 司马迁：《史记》卷一百三十，《太史公自序》，中华书局1982年版，第3395页。

《史记》作为史学独立的标志之一，主要在于它创造性的体例。体例对于修史有很大的意义，唐人刘知几的《史通》中有《序例》一节。他写道：

> 夫史之有例，犹国之有法，国无法则上下靡定，史无例则是非莫准。昔夫子修经，始发凡例；左氏立传，显其区域。科条一辨，彪炳可观。

《史记》的体例创造在于把一百三十篇分别归为本纪、表、书、世家、列传五类，这五种体例有所继承也有创造，纪、传、表、书皆有所依仿，对此前人多有论述，不必在此详述。清人赵翼在《廿二史札记·各史例目异同》中的一段概述可作说明：

> 古者左史记言，右史记事。言为《尚书》，事为《春秋》，其后沿为编年、记事二种。记事者以一篇记一事，而不能统贯一代之全；编年者又不能即一人而各见其本末。司马迁参酌古今，发凡起例，创为全史：《本纪》以序帝王；《世家》以记侯国；十《表》以系时事；八《书》以详制度；《列传》以志人物。然后，一代君臣政事，贤否得失，总汇于一编之中。自此例一定，历代作史者，遂不能出其范围，信史家之极则也。

这个体例一定，就成为中国古代史学的“极则”。赵翼还明确指出，“篇目之类，固不必泥于一定”，“自不妨随时增损改换”，所以列举了二十二史篇目的异同。

《史记》主要是纪、传两部分，“本纪”采用编年的方式，记载帝王的事迹，（包括言行）可以反映历史发展的趋势，可算作全书的纲要。用“表”的形式补充诸人物、事件之间的演变关系。“书”则分类记载典章制度和经济文化的发展。“世家”介于“本纪”与“列传”之间，记载诸侯、贵族、圣贤以及各种杰出人物的和家族的历史，《汉书》以后再无此类。“列传”最多，内容最丰富。七十篇“列传”，加上十二篇“本纪”，三十篇“世家”，共一百一十二篇，占80%以上。所以，《史记》开创的是纪传体（或类）史书。

与古代正史中的断代史不同，《史记》又是一部纪传体的通史，因为它的写作内容从“五帝”开始，到司马迁生活的当时为止，所谓“述陶唐以来，至于麟止”①。十二篇“本纪”中，汉高祖以前有《五帝本纪第一》《夏本纪第二》《殷本纪第三》《周本纪第四》《秦本纪第五》《始皇本纪第六》《项羽本纪第七》，然后才是汉代的《高祖本纪》《吕后本纪》《孝文本纪》《孝景本纪》和《今上本纪》，可以明显地看出是一部从古到司马迁之今的通史。同样也可以明显看出它又是详今略古的，汉以前虽然有七篇，几乎占了2/3，但那是两三千年的历史，而汉朝还只不过百余年，即有1/3的篇幅。遥远的“五帝”时期只有一篇，短暂的秦始皇、项羽却单独成篇，显然采用的也是厚今薄古、详今略古的原则。

《史记》不仅在体例方面有创始之功，同时在史料收集的广泛、论断的精审卓越、文笔的生动通俗等诸多方面均有其独特之处，堪称史家之典范。《史记》是在广泛收集史料的基础上写成的，当时社会上流传的经史典籍和诸子百家之书，都收录进去了，即所谓“厥协六经异传，整齐百家杂语”。六经、诸子是他写秦汉以前历史的重要史料来源，有许多书写文字都是从其中引用、改写而成的。有学者对比统计，今存《史记》中征引六经及其训解书二十三种、诸子百家及方技书五十三种②。这不一定十分准确，但足以说明其引用资料之丰富了。

再就是当时的文书档案，即所谓“䌷史记石室金匮之书”。司马谈、司马迁父子先后为太史令，本身即掌管国家图书，既包括各种经、子书籍，也包括档案文献，包括当朝的和萧何入咸阳时所收藏的“秦丞相御史律令图书”③。这后者当为司马迁撰写制度方面的“八书”之重要依据。还有当时社会上流传的口说材料，司马迁也收集和运用了不少，这也是颇为突出而值得称述的。

司马迁曾多次游历各地，有实地考察的经验和资料，《史记·太史公自序》写道：

---

① 司马迁：《史记》卷一百三十，《太史公自序》，中华书局1982年版，第3300页。

② 安平秋：《史记教程》，华文出版社2002年版，第140～145页。

③ 司马迁：《史记》卷五十三，《萧相国世家》，中华书局1982年版，第2015页。

> 二十而南游江、淮，上会稽，探禹穴，窥九疑，浮于沅、湘；北涉汶、泗，讲业齐鲁之都，观孔子遗风，乡射邹、峄；厄困鄱、薛、彭城，过梁、楚以归。于是迁仕为郎中，奉使西征巴、蜀以南，南略邛、笮、昆明，还报命。①

除此之外，他成为太史令后，还随武帝巡游各地。这些经历对他撰写《史记》是很有帮助的，我们在《史记》中常常可以看到他考察各地的影子，有时候他也直接说出来，如：

> 余尝西至空桐，北过涿鹿，东渐于海，南浮江淮矣。至长老皆各往往称黄帝、尧、舜之处，风教固殊焉。总之不离古文者近是。予观《春秋》、《国语》，其发明《五帝德》、《帝繫姓》章矣。顾弟弗深考，其所表见皆不虚，书缺有间矣，其轶乃时时见于他说。非好学深思，心知其意，固难为浅见寡闻道也。余并论次，择其言尤雅者，故著为本纪书首。②

把自己的实地考察与文献记载联系起来深思、体会，有所选择地进行著述，这样的写史精神是值得敬佩和学习的。

最后，《史记》也是我国历史上的一部文学名著，鲁迅称赞它是“史家之绝唱，无韵之《离骚》”③。它的许多篇章，脍炙人口，是古代传记文学的典范。《史记》文笔生动，语言精练，刻画人物的性格、特点，栩栩如生。这方面，许多文学史都有论述，这里就不多说了。

《史记》这部开创性的史学著作，无论是编撰的体例、方法方面，还有其寄意、思想方面，都有极高的学术价值，在学术史上有崇高的地位和深远的影响。从古到今都有各种评论，这里我们略作一些引证来说明。首先是汉代的班固，《汉书》中有《司马迁传》，传后的“赞曰”中，班固对《史记》作了如下评价：

① 司马迁：《史记》卷一百三十，《太史公自序》，中华书局1982年版，第3293页。

② 司马迁：《史记》卷一，《五帝本纪》，中华书局1982年版，第46页。

③ 鲁迅：《汉文学史纲要》，译林出版社2018年版，第99页。

司马迁据《左氏》、《国语》，采《世本》、《战国策》，述《楚汉春秋》，接其后事，讫于天汉。其言秦汉，详矣。至于采经摭传，分散数家之事，甚多疏略，或有抵牾。亦其涉猎者广博，贯穿经传，驰骋古今，上下数千载间，斯以勤矣。又其是非颇谬于圣人，论大道则先黄老而后六经，序游侠则退处士而进奸雄，述货殖则崇势利而羞贱贫，此其所蔽也。然自刘向、扬雄博极群书，皆称迁有良史之材，服其善序事理，辨而不华，质而不俚，其文直，其事核，不虚美，不隐恶，故谓之实录。①

“实录”对于史书是一个很高的评价，而且是刘向、扬雄等当时人的评价，至于“是非”的评判，那是另一回事。“先黄老而后六经”应该如何看，就是见仁见智的问题了。

其次，我们再看近代学者的评价，梁启超曾有如下一段评论：

《史记》千古之绝作也，不徒为我国开历史之先声而已，其寄意深远，其托义皆有所独见，而不徇于流俗。《本纪》之托始尧、舜（五帝）也，《世家》之托始泰伯也，《列传》之托始伯夷也，皆贵其让国让天下，以诛夫民贼之视国土为一姓产业者也。陈涉而列诸《世家》也，项羽而列诸《本纪》也，尊革命之首功，不以成败论人也。孔子而列诸《世家》也，仲弟子而为传也，尊教统也。《孟、荀列传》而包含余子也，著两大师以明群学末流之离合也。老子、韩非同传，明道法二家之关系也。游侠有传，刺客有传，厉尚武之精神也。龟策有传，日者有传，破宗教之迷信也。货殖有传，明生计学之切于人道也。②

同样，既有事实的说明，也有价值的评判。事实就是如此，《史记》这部“千古绝作”，内容非常丰富，在一定程度上可说是包罗万象，又可说是当时百科全书式的学术著作。所以梁启超又说：“虽谓史公为上古学术之

① 班固：《汉书》卷六十二，《司马迁传》，中华书局1982年版，第2737页。

② 梁启超：《论中国学术思想变迁之大势》，《饮冰室文集之七》，中华书局1988年重印版，第52页。

集大成可也。”而其寄意之深远，大有文章，远非梁启超以上所举这些。梁启超讲本纪托始尧、舜是贵其“让天下”，为了“诛独夫民贼”。实际上这是不确切的。《史记》的《五帝本纪》是从黄帝开始的，司马迁也一再说“自黄帝始”，“余述历黄帝以来”。本来，在司马迁的时代，已经是“百家言黄帝，其文不雅驯，荐绅先生难言之”①。他经过实地调查，文献的研究，决定从黄帝开始作《五帝本纪》。从中华民族历史发展（直至今日）来看，司马迁立意之重大深远，是一个值得深入探讨的大课题。此类深意问题之讨论，不可胜计，从古至今从未间断，也将永远不会终止，不同时期、不同的人，会有不同的视角。本节之写《史记》，主要是想说明并论定它在中国学术史上，特别是在我国古代史学发展史上的历史地位。

（二）班固与《汉书》

在我国古代史学史上，历来是马、班并称，《史》《汉》连提，说明班固的《汉书》与司马迁的《史记》有密切关系。在本书的立场看来，是因为这二者共同确立了我国古代史学的基本形态。司马迁有开创之功，班固有完善、定型之力。

《汉书》和《史记》一样，非一人之作，班固也是继承父志，其父班彪已有“踵继”《史记》之作，班固在其基础上作成《汉书》：

> （班）彪既才高而好述作，遂专心史籍之间。武帝时，司马迁著《史记》，自太初以后，阙而不录。后好事者颇或缀集时事，然多鄙俗，不足以踵继其书（注：好事者谓扬雄、刘歆、阳城衡、褚少孙、史孝山之徒也）。彪乃继采前史遗事，傍贯异闻，作后传数十篇，因斟酌前史而讥正得失。②

对于“前史”（按：当指《史记》）的“得失”，班彪指出，有“条例不经”、“多不齐一”之处，并且明确地规定了自己的体例：

---

① 司马迁：《史记》卷一，《五帝本纪》，中华书局1982年版，第46页。
② 范晔：《后汉书》卷四十上，《班彪列传上》，中华书局1965年版，第1324页。

> 今此后篇，慎核其事，整齐其文，不为《世家》，唯纪、传而已。①

班彪去世后，班固“归乡里”，欲继承父业：

> 固以彪所续前史未详，乃潜精研思，欲就其业。既而有人上书显宗，告固私改作国史者，有诏下郡，收固系京兆狱，尽取其家书。……固弟超恐固为郡所覈考，不能自明，乃驰诣阙上书，得召见，具言固所著述意，而郡亦上其书。显宗甚奇之，召诣校书部，除兰台令史，与……（陈宗、尹敏、孟异）共成《世祖本纪》。……固又撰功臣、平林、新市、公孙述事作列传、载记二十八篇，奏之。帝乃复使终成前所著书。
>
> 固以为汉绍尧运，以建帝业，至于六世，史臣乃追述功德，私作《本纪》，编于百王之末，厕于秦、项之列，太初以后，阙而不录，故探撰前记，缀集所闻，以为《汉书》。起元高祖，终于孝平王莽之诛，十有二世，二百三十年，综其行事，傍贯《五经》，上下洽通，为《春秋》考纪、传、表、志、传凡百篇（注：《前书音义》曰：“《春秋》考纪谓帝纪也。言考覈时事，具四时以立言，如《春秋》之经。”②）固自永平中始受诏，潜精积思二十余年，至建初中乃成。当世甚重其书，学者莫不讽诵焉。③

以上记述，除表、志未完成的问题之外，《汉书》成书及其指导思想是清清楚楚的。所谓“指导”思想，即《后汉书·班固列传》之“论曰”所云：

> 彪、固讥迁，以为是非颇谬于圣人。④

---

① 范晔：《后汉书》卷四十上，《班彪列传上》，中华书局1965年版，第1326页。
② 此处可领会为本纪是按编年记事。
③ 范晔：《后汉书》卷四十上，《班彪列传上》，中华书局1965年版，第1334页。
④ 范晔：《后汉书》卷四十下，《班固列传下》，中华书局1965年版，第1386页。

在班彪看来，司马迁作《史记》是有功的，是“良史之才”，但失误不少，是非成问题，所以他论曰：

> 至于采经摭传，分散百家之事，甚多疏略，不如其本，务欲以多闻广载为功，论议浅而不笃。其论学术，则崇黄老而薄《五经》；序货殖，则轻仁义而羞贫穷；道游侠，则贱守节而贵俗功：此其大敝伤道，所以遇极刑之咎也。……诚令迁依《五经》之法言，同圣人之是非，意亦庶几矣。……又进项羽、陈涉而黜淮南、衡山。细意委曲，条例不经。……一人之精，文重思烦，故其书刊落不尽，尚有盈辞，多不齐一。若序司马相如，举郡县，著其字，至萧、曹、陈平之属，及董仲舒并时之人，不记其字，或县而不郡者，盖不暇也……①

大的原则性的问题，是不合《五经》之“法言”，不同圣人之是非，诸如“崇黄老而薄《五经》”、“轻仁义”、“贱守节”，以及著项羽本纪、陈涉世家之类，都是不符合儒家思想的。小的具体问题也很多，作人物传记，是否列举郡县，是否“著其字”等，很不统一。

以上是班彪明确提出的，班固应该说是完全同意，并且付诸实行，落实到《汉书》中了。

首先是“不为世家，唯纪、传而已”。最终确立了我国古代大多数纪传体正史的体裁。世家本来是介于本纪和列传之间的，《史》《汉》之立与不立，均有各自的理由，这一点刘知几的《史通·世家》中有较客观的评述。他认为司马迁之立“世家”的原因是：

> 自有王者，便置诸侯，列以五等，疏为万国……司马迁之记诸国也，其编次之体，与本纪不殊（各国自用其年）。盖欲抑彼诸侯，异乎天子，故假以他称，名为世家。按世家之为义也，岂不以开国承家，世代相续。②

---

① 范晔：《后汉书》卷四十上，《班彪列传上》，中华书局 1965 年版，第 1325 页。
② 刘知几：《史通·世家》，商务印书馆国学基本丛书 1937 年版。

但为孔子、陈涉作“世家”，历代有不同解说，刘知几说是司马迁“自我作故，而名实无准”。见仁见智，此不详述。而《汉书》不为世家的原因则是：

> 当汉氏之有天下也，其诸侯与古不同。夫古者诸侯，皆即位建元，专制一国，绵绵瓜瓞，十世长久。至于汉代则不然，其宗子称王者，皆受制京邑，自同州郡；异姓封侯者，必从宦天朝，不临方域，或传国唯止一身，或袭爵才经数世。虽名班胙土，而礼异人君，必编世家，实同列传。而马迁强加别录，以类相从，虽得画一之宜，讵识随时之义。盖班汉知其若是，釐革前非。……无复世家，事势当然，非矫枉也。

接下来的评述更有全局意义：

> 自兹以降，年将四百。及魏有中夏，而扬、益不宾，终亦受屈中朝，见称伪主，为史者必题之以纪，则上通帝王；榜之以传，则下同臣妾。梁王敕撰通史，定为吴蜀世家，持彼僭君，比诸列国，去太去甚，其得折中之规乎！次有子显《齐书》，北编魏虏；牛弘《周史》，南记萧詧，考其传体，宜曰《世家》。但近古著书，通无此称。用使马迁之目，湮没不行，班固之名相传靡易者矣。

总之，一句话，班固《汉书》的纪传体“得折中之规”，成为定型。

其次，断代为史，首创纪传体的断代史。在某种意义上说，这也是针对《史记》的问题而创立出来的。班固在《汉书·叙传》中写道：

> 固以为唐虞三代，《诗》、《书》所及，世有典籍，故虽尧舜之盛，必有典谟之篇，然后扬名于后世，冠德于百王，故曰“巍巍乎其有成功，焕乎其文章也”！汉绍尧运，以建帝业，至于六世，史臣乃追述功德，私作本纪，编于百王之末，厕于秦、项之列。太初以后，阙而不录，故探撰前记，缀辑所闻，以述《汉书》，起元高祖，终于孝平、

王莽之诛，为春秋考纪、表、志、传，凡百篇。①

主要是针对《史记》对于汉代“六世”没有写完（司马迁当然不可能），而且“编于百王之末，厕于秦、项之列”，班固是为了让大汉王朝的功德像尧、舜一样“扬名于后世”。所以他接下去一一述说了其写作纪传各篇之意，最后又写道：

凡《汉书》，叙帝皇（张晏曰：十二纪也），列官司，建侯王（张晏曰：百官表及诸侯王表也），准天地，统阴阳（张晏曰：……天文志……五行志也），阐元极，步三光（张晏曰：……律历志是也），分州域，物土疆（张晏曰：地理及沟洫志也），穷人理，该万方（张晏曰：人理，古今人表，万方，谓郊祀志……），纬六经，缀道网（张晏曰：艺文志也），总百氏，赞篇章，函雅故，通古今，正文字，惟学林。②

总之，是为了记述、歌颂大汉王朝的功德，其表、志兼及了前史（见下述），主要是断代史，这也是势所必然。否则，如果仅仅是“踵继”《史记》而作“后传”，那么，“后”到何时为止？“后”到班彪之时或者其他什么时候？没完没了。以西汉王朝为一断代，是一个不错的、必然的选择，以后各朝代均有断代史，《后汉书》《三国志》《晋书》……一直到《明史》《清史稿》，等等，历朝历代的史事，得以较多地保存。南宋时作《通志》的郑樵，对班固大骂一通，他在《通志总序》中专以班固为对象进行批评：“不幸班固非其人，遂失会通之旨”，“由其断汉为书，是致周秦不相因，古今成间隔”，“自班固以断代为史，无复相因之义……会通之道，自此失矣”等，甚至骂“班固者，浮华之士也，全无学术，专事剽窃”。郑樵实在骂得太过分了，清人章学诚对此作了客观评述：

（郑）樵书首讥班固，凡所推论，有涉于班氏之业者皆过为贬驳

① 班固：《汉书》卷一百下，《叙传下》，中华书局1962年版，第4235页。
② 班固：《汉书》卷一百下，《叙传下》，中华书局1962年版，第4271页。

之辞。盖樵为通史，而固则断代为书，两家宗旨自昔殊异，所谓道不同不相为谋，无足怪也。①

郑樵甚至是“强坐班氏之过，此狱史锻炼之法”②。这一点郑樵当然是不对的，章学诚还对他“不近人情之论”作了一些具体的辩论。通史当然是需要的，不同时代都可以修通史，但颇为不易，郑樵曾感叹说：

迁法既失，固弊日深，自东都至江左，无一人能觉其非。惟梁武帝为此慨然，乃命吴均作通史，上自太初，下终齐室，书未成而均卒。隋柏素又奏令陆从典续史记，迄于隋，书未成而免官。岂天之靳斯文而不传与？抑非其人而不祐之与？③

郑樵立志要修通史，也完成了二百卷的《通志》，可以说吃力不讨好，大部分的内容（纪传）也是抄录诸史旧文，无甚创见，只有与正史中“志”相似的“二十略”比较有价值，这里就不多说了。从实际情况看，通史之作必详今略古，《史记》是如此，《通志》也是如此。《通志》十八纪：前面“三皇”、“五帝”、“三王”、“秦”，与《史记》相比，时间上延了，“纪”数减少了；接着“前汉”、“后汉”，综合了两汉的二十一个帝纪；然后“魏”、“蜀”、“吴”至“隋”，占了十二个，显然更是详今略古。这样各朝各代的史事采用就极其有限，而断代史就相对地能解决这个问题。

再次，《汉书》改书为志以及对表的改进，也是对《史记》所开创体例之进一步完善。司马迁《史记》有“八书”、“十表”，班固《汉书》继承了，是否恰当后人是有所讨论的，章学诚曾经说：

班固《古今人表》，为世诟詈久矣！由今观之，断代之书，或可无需人表；通古之史，不可无人表也。固以断代为书，承迁有作；凡迁史所阙门类，固则补之，非如纪传所列君臣事迹，但画西京为界也。是以《地理》及于《禹贡》、《周官》，《五行》罗列春秋战国。人

① 章学诚：《校雠通义·序》，中华书局四部备要本 1980 年版。
② 章学诚：《校雠通义·郑樵误校汉志》，中华书局四部备要本 1980 年版。
③ 郑樵撰，王树民点校：《通志总序》，中华书局 1995 年版，第 4 页。

表之例，可类推矣。①

虽然他也有疑问之词，但最终还是维护，应该有表有志，并且说："千古良法，沉溺于众毁之余，而无有精史裁者，为之救其敝而善所用也。"② 这"良法"、体例定下来之后，就为后之断代史所沿袭，当然也会有或多或少的变化，唐代刘知几在《史通》中论"书志"说：

原夫司马迁曰"书"，班固曰"志"，蔡邕曰"意"，华峤曰"典"，张勃曰"录"，何法盛曰"说"（按：欧阳五代史记又曰"考"），名目虽异，体统不殊，亦犹楚谓之"梼杌"，晋谓之"乘"，鲁谓之"春秋"，其义一也。于其编目，则有前曰《"平准"》，后云"食货"；古号"河渠"，今称"沟洫"。析"郊祀"为"宗庙"（后汉有此篇名，然非总类名）；分"礼乐"为"威仪"（隋志之礼名"礼仪"）。"悬象"（魏书作"天象"）出于"天文"，"郡国"生于"地理"。如斯变革，不可胜计，或名非而物是，或小异而大同，但作者爱奇，耻于仍旧，必寻源讨本，其归一揆也。若乃"五行"、"艺文"，班补子长之阙，"百官"、"舆服"，谢拾孟坚之遗。王隐后来，加以瑞异；魏收晚进，弘以"释老"，斯则自我作故，出乎胸臆，求诸历代，不过一二者焉。大抵"志"之为篇，其流十五六家而已……③

这个概述，把班固改名以及他对于《史记》的继承与补充，说得很清楚，而且"志"名一旦定下来之后，一直为后世史家沿用遵从。

不仅改"书"为"志"之名，在内容上，班固改《封禅书》为《郊祀志》，改《平准书》为《食货志》，改《河渠书》为《沟洫志》也是改得比较合理的，合并"律"、"历"和"礼"、"乐"，增加《刑法志》《五行志》《地理志》《艺文志》十分必要，所有修改、补充，其意义都极为重大。

例如《地理志》，可说是我国第一部历史地理书，《后汉书》作者范晔

① 《文史通义·亳州志人物表例议上》，仓修良：《文史通义新编》，上海古籍出版社 1993 年版，第 843 页。

② 《文史通义·亳州志人物表例议上》并有上、中、下三篇反复讨论。

③ 刘知几：《史通·书志》，商务印书馆国学基本丛书 1937 年版。

在其《郡国志序》开头就说：

> 《汉书·地理志》记天下郡县本末，及山川奇异，风俗所由，至矣。①

“至矣”的重要原因，就是因为它资料极为丰富，如《地理志》序中所说：

> 采获旧闻，考迹诗、书、推表山川，以缀禹贡、周官、春秋，下及战国、秦汉焉。

《地理志》较为详尽地记述了三代以来星土封域、九州郡县的建置沿革、封建世系，以及形势风俗等，是一篇沿革地理。这虽不合断代史的体例，却有极高的史料价值。所以《后汉书》的《郡国志》就只接着讲了东汉一朝的历史地理了。后世断代史的郡国、地理志，都是沿袭《后汉书》的，由此可见，《后汉书》在断代史定型问题上，也有自己的地位。

再例如《艺文志》，其价值也很大，历代以来讨论、考证的人也不少，褒贬不一。清代有学者既详细考证，又恰当地予以肯定，例如章学诚的《校雠通义》，在详述《汉志》诸问题时说：

> 《汉志》分艺文为六略，每略又各别为数种，每种始叙列为诸家……大纲细目，互相维系，法至善也；每略各有总叙，论辨流别，义至详也。②

又如王鸣盛在《十七史商榷》中引其友人金榜之言曰：

> 不通汉《艺文志》，不可以读天下书。《艺文志》者，学问之眉目，著述之门户也。③

---

① 范晔：《后汉书》志第十九，《郡国志》，中华书局 1965 年版，第 3385 页。
② 章学诚：《校雠通义·汉志诗赋第十五》，中华书局四部备要本 1980 年版。
③ 王鸣盛：《十七史商榷》卷二十二，《汉艺文志考证》，商务印书馆 1935 年版。

这种说法是有一定道理的，因为《汉书·艺文志》收集了西汉及其以前的所有图书的目录，分类著录，并且有所述论，成为后世了解先秦及西汉典籍的基本依据，确实是研究先秦、秦汉学术之“门户”。当然，历代讨论的分类是否合理，体例是否合适，以及与刘向、刘歆《七略》的关系等问题，是可以研究、讨论的，但不影响其学术价值。

关于《汉书》中“表”的问题较多，有较大的争论。表自有其作，但刘知几是反对在“史传”中立表的①。章学诚则百般维护（已如上述）。《汉书》和《史记》一样有“表”，遭到的非议更大，特别是其《古今人表》，或者说它有古无今，不及汉人；或者认为不该把人分为九等。事实上以后的断代史中，一般也不再有“表”这一类。但是《汉书》中的表，除了改写和补充《史记》的西汉六表之外，新增的《百官公卿表》和《古今人表》是很有史料和史学价值的。《百官公卿表》记载秦汉官制的演变和西汉公卿的任免迁卒，已经不是单一的表，而是表和志的结合，是表谱的一种新创造，对于研究秦汉官制有极权威的史料价值。《古今人表》，“但次古人而不表今人”（师古注），或者因为它尚未完成（猜测），但分人九等也是某种创造，其价值标准当然是值得讨论的，或者可说是开后世人物品评之先河，也是有一定史学价值的。

关于《汉书》的研究，还有许多问题可以讨论，这里就不一一详述了。最后只想说明一点，《汉书》在《史记》之后，进一步完善了纪传体史书的体例，同时又开了纪传体断代史的先河。

（三）东汉其他史家与史籍

1. 荀悦作《汉纪》

东汉末年，出身于名儒世家，著有《申鉴》《正论》等名著的荀悦，还奉命作有一部标志性的史学著作《汉纪》（因后有袁宏的《后汉纪》之作，又称《前汉纪》）。《后汉书·荀悦列传》记载：

> （献）帝好典籍，常以班固《汉书》文繁难省，乃令悦依《左氏

① 刘知几：《史通·表历》，商务印书馆国学基本丛书1937年版。

传》体以为《汉纪》三十篇，诏尚书给笔札。辞约事详，论辩多美。①

荀悦自己说是“约集旧书，撮序表、志，总为帝纪，通比其事，例系年月”②。然而，在实际上并非简单地抄《汉书》，而是把纪传体中一些好的记述方法也加以采用，在记述人物活动或重要事件时，突破时间界限，根据需要补述前因后果，或兼及同类的人和事。例如写汉元年韩信为治粟都尉时，在一个“初”字之下，并叙了他以前寄食下乡、乞食漂母、胯下受辱、亡楚归汉的经历；写文帝前十四年拜冯唐为车骑都尉、主中尉及郡车骑士时，加了一句“至景帝时为楚相，卒为名臣”；写武帝太初二年“丞相石庆薨”时，兼述石庆之父石奋及其子孙因谨慎媚上而得高官。此外，还择要在某些部分概述典章制度及经济、文化各方面的情况，如《惠帝纪》述官制，《武帝纪》记有关经济政策和匈奴等少数民族与汉的关系，《宣帝纪》概述石渠阁“会议”，等等。这种于编年记事之中兼用纵横交织、依类连举的写法，给编年史体注入了新的活力，从根本上改变了那种简略、机械而零散的陈旧模式，应该是体例上的一种创新。

《汉纪》与《春秋》《左传》有所不同：《春秋》纪事十分简略，被称为只是“一卷事目”；《左传》有所改变，但对无年月可考或不便分散一定年月之下的史事，仍未能作出适当安排，且其体裁也不统一。而上述《汉纪》“通比其事，例系年月”的做法，完善了写编年史的体裁。还有，在《左传》“君子曰”、《史记》“太史公曰”、《汉书》“论赞”的基础上，精心撰写史论“荀悦曰”，也是对后世有重大影响的，也起过发凡起例的作用。

总之，汉代的“纪传”与“编年”两种史体，其最早的代表作就是《汉书》和《汉纪》，故被称为“班荀二体”。唐刘知几作《史通·二体》，一方面论二体之起源、各自的长短等，另一方面肯定班固《汉书》与荀悦《汉纪》的定型作用。他写道：

然则，班荀二体，角力争先，欲废其一，固亦难矣。后来作者，不出二途。故晋史有王虞（纪传），而副以干纪（编年）；宋书有徐、

① 范晔：《后汉书》卷六十二，《荀悦列传》，中华书局 1965 年版，第 2062 页。
② 严可均：《全上古三代秦汉三国六朝文》卷六十七，中华书局 1958 年版，第 16 页。

沈（纪传）而分为裴略（编年）。各有其美，并行于世。

后世流传至今，纪传体从《后汉书》以后有二十四五种，编年体的编撰，在两晋南北朝时期，也是空前的高潮。如晋人袁宏的《后汉纪》、孙盛的《晋阳秋》、南朝沈约的《齐纪》、裴子野的《宋略》等。有些没有保留下来，但到北宋又有了司马光《资治通鉴》这样的巨著。《资治通鉴》虽不限一代编年，却是以唐代为主的，以后《续资治通鉴》《明通鉴》等，仍是《汉纪》的传承。

“班、荀二体”，可以说是中国古代史基本形式在汉代确立的标志。

2.《东观汉记》

《东观汉记》这部史书历来褒贬不一，其价值在于：它是官修国史的第一部代表作，开了一个有争论的修史先例。

我国古代很早就有史官，这一点甲骨、金文中都有记载，如“作册”、“史”、“尹”、“作册尹”等，周代文献中有太史、小史、内史、外史等记载。他们在当时有较高的地位，是君王的重要辅佐，他们同时记史事，撰史书，掌典籍、天文、历法、方志。从史官和史学的角度说，《汉书·艺文志》中概括地写道：

古之王者世有史官，君举必书……左史记言，右史记事，事为《春秋》，言为《尚书》，帝王靡不同之。①

史官记下来的文字、材料就是史学著作，但是，一般认为古代史学著作，即便是史官所撰，也是私修性质，主旨自定，是非自主，朝廷没有设史馆，更没有后世的监领、监修之类。而修史者以“秉笔直书”为荣、为风尚，不畏权贵，甚至前仆后继、视死如归地履行“直笔”的职责，例如传为佳话的董狐记“赵盾弑其君”：

太史书曰：崔杼弑其君，崔氏杀之，其弟嗣书，而死者二人。其

① 班固：《汉书》卷三十，《艺文志》，中华书局1962年版，第1715页。

> 弟又书，乃舍之。南史氏闻太史尽死，执简以往。闻既书矣，乃还。①

史官如此忠于职责，是史家的一个优良传统。至于史家的“是非”“主旨”是否恰当，那是另一回事，但当权者往往是害怕史家“秉笔直书”的，对于私撰的史书，往往存有戒心。上面所说《史记》《汉书》都曾面临这种情况。

《史记》虽是作为史官的司马谈、司马迁父子完成的，但为私人撰述十分明显。《太史公自序》最后说：“藏之名山，副在京师，俟后世圣人君子。”《汉书·司马迁传》云：“迁既死后，其书稍出，宣帝时，迁外孙平通侯杨恽，祖述其书，遂宣布焉。”《史记》开始流传时，没有朝廷的干预，但到了东汉，由于儒家正统观念的日益强盛，对《史记》就有了不同的看法，作《史记》后传的班彪、班固父子，就公开指责司马迁“是非颇谬于圣人”，包括“先黄老而后六经”、“退处士而进奸雄”、“崇势利而羞贫贱”② 等。更为典型的是东汉末年司徒王允的言论，他说：

> 昔武帝不杀司马迁，使作谤书，流于后世。

王允竟然称《史记》为“谤书”，这一说法，虽未为当时“缙绅诸儒”所认可，但对《史记》之“善恶必书”还是有不同看法的，李贤注云：

> 凡史官记事，善恶必书。谓迁所著《史记》，但是汉家不善之事，皆为谤也。非独指武帝之身，即高祖善家令之言，武帝算缗、榷酤之类是也。《班固集》云：“司马迁著书，成一家之言。至以身陷刑，故微文刺讥，贬损当世，非谊士也。”③

其实司马迁只不过秉笔直书，并没有多少微言讽刺，只不过班固等人的思想观念与其不同罢了。即使班固修《汉书》处处为汉王朝着想，但因为他仍为私撰，几乎遭到杀身之祸，有关情况，前已征引《后汉书》本传的记

① 《左传》襄公二十五年，十三经注疏本，中华书局 1980 年版。

② 班固：《汉书》卷六十二，《司马迁传》，中华书局 1962 年版，第 2758 页。

③ 范晔：《后汉书》卷六十下，《蔡邕列传下》，中华书局 1965 年版，第 2006 页。

载。记载表明，班固在私作《汉书》的同时，参加了官修“国史”的编著工作。《东观汉记》就是这样一部纪传体国史。

《东观汉记》一名《汉记》，因修史主要在洛阳宫殿藏书之所东观进行，故名《东观汉记》。《汉记》记事起于光武帝，终于灵帝。编著时间从明帝开始，至献帝时止，持续一百多年。集中进行约有四五次，第一次即上述明帝时命班固等人撰作。其次是安帝时：

> 永初中，谒者仆射刘珍、校书郎刘騊駼等著作东观，撰集《汉记》。①

这一时期以刘珍为主，还有刘毅等人一起，共撰《中兴以下名臣列士传》。再次就是桓帝时据《史通·古今正史》载：

> 至元嘉元年，复令太中大夫边韶……崔寔……朱穆、曹寿，杂作《孝穆崇二皇》及《顺烈皇后传》。又增《外戚传》，入思安等后，《儒林传》，入崔篆诸人。寔、寿又与议郎延笃杂作《百官表》，顺帝功臣孙臣、郭愿及郑众、蔡伦等传。凡百十有四篇，号曰《汉记》。

此事《后汉书》各有关人员传中均略有记述，看来大部分完成了，此次也不是一年完成的。灵帝时又有有组织的撰写：

> 熹平中，光禄大夫马日磾，议郎蔡邕、杨彪、卢植著作东观，接续纪、传之可成者，而邕别作《朝会》、《车服》二志。②

此事《后汉书》中也有记载，《蔡邕列传》说是邕“与卢植、韩说等撰补《后汉记》”，并且他还著有“十意”，李贤注云：“犹《前书》十志也。”并且引《邕别传》曰：

---

① 范晔：《后汉书》卷五十九，《张衡列传》，中华书局1965年版，第1940页。
② 刘知几：《史通·古今正史》，商务印书馆国学基本丛书1937年版。

邕昔作《汉记》十意，未及奏上，遭事流离，因上书自陈……有《律历意》第一，《礼意》第二，《乐意》第三，《郊祀意》第四，《天文意》第五，《车服意》第六。

显然最后也是没有完成。到汉献帝时，“董卓作乱，大驾西迁，史臣废弃，旧文散佚。在许都，杨彪颇存注记。至于名贤君子，自永初已下缺续”①。《汉记》一书，始终是残缺的，《隋书·经籍志》著录的一百四十三卷，当是杨彪时的卷数，或者三国时候还有人补作而成的。

总之，从撰修的过程看《东观汉记》，是奉命而作，而且领衔人物的级别都比较高，如太中大夫、光禄大夫之类，开创了官修国史的先例。

官修国史，当然必须为东汉王朝服务，因此难以秉笔直书，诸如神化刘汉政权、歌颂皇帝功德之类那是当然的，表彰对东汉王朝“忠贞”、“节义”人物，对与刘汉争天下的群雄另眼相看，创立一个“载记”名目的体例，把王常、刘盆子、樊崇、隗嚣、公孙述等与刘秀争天下的群雄，都列入其中。这也是其“创造”之一，后世史家也有采用的，但用得不多。

虽然如此，此书在魏晋时期仍广为流行，并且颇受重视，合称《史记》《汉书》《东观汉记》为三史。据《江表传》② 记载，孙权自称“统事以来，省三史、诸家兵书，自以为大有所益”，他劝吕蒙和蒋钦“宜急读《孙子》、《六韬》、《左传》、《国语》及三史”。事实上魏晋南朝修东汉史成风，有所谓七家、八家《后汉书》，如三国吴谢承和晋薛莹、华峤、谢沈、袁山松，以及南朝宋范晔、梁萧子显的七家《后汉书》，还有晋司马彪的《续汉书》、张莹的《后汉南记》等，都是受这部书的影响和启示，也多取材于《东观汉记》。梁刘勰说：“后汉纪传，发源《东观》”，清姚之骃说，《东观汉记》乃“后汉史之权舆”，“后汉诸书之鼻祖”。只是范晔以《东观汉记》为基础，兼采诸家之长，《后汉书》撰成之后，逐渐取代了《东观汉记》的地位，《东观汉记》也因而逐渐散佚。今有清人辑佚本流传。

3. 几种有特色的杂史

广义地说，古代所有的文字记载都是历史书。自汉代传统史学的体例

---

① 刘知几：《史通·古今正史》，商务印书馆国学基本丛书 1937 年版。

② 陈寿：《三国志·吴志》卷五十四，《吕蒙传》，中华书局 1959 年版，第 2280 页。

基本完备之后，史学著作日益增多，《隋书·经籍志》改变“班固以《史记》附《春秋》”的状况，“别为史部”，并且“开其事类凡三十种”，在“正史”、“古史”之后紧列出“杂史”一类，书目除刘向等录注的《战国策》之外，汉代有《楚汉春秋》《古今注》《越绝书》《吴越春秋》等，并且对此类书概述道：

> 自后汉已来，学者多钞撮旧史，自为一书，或起自人皇，或断之近代，亦各其志，而体制不经。又有委巷之说，迂怪妄诞，真虚莫测。然其大抵皆帝王之事，通人君子必博采广览，以酌其要，故备而存之，谓之杂史。

下述几种，可见汉代所开“杂史”之先例。

《楚汉春秋》 《汉书·艺文志》著录有“九篇”，“陆贾所记”，注：亡。《隋书·经籍志》仍有“九卷”的记载。据考证，《楚汉春秋》大约南宋时候再次亡佚了。清人茆泮林等有辑本。《楚汉春秋》记述项羽、刘邦起事以至汉初的史事，以所谓“记录时功”、“诛锄秦、项之事”为主要内容，可算是当时第一手材料。然以“春秋”为名，而无编年纪事之实，历来对此有所非议，故列为“杂史”、“稗史”或“子部杂记”之类。

《越绝书》 《越绝书》的作者是会稽郡的袁康和吴平，在书的末尾，作者用隐语的方式说明了自己的姓名和籍贯：“以去为姓，得衣乃成，厥名有米，复之以庚”，这是袁康二字。“禹来东征，死葬其疆”，这就是会稽郡。“以口为姓，承之以天，楚相屈原，与之同名”，是吴平二字。作者生平不详，连什么时候的人也无法知道。有人认为是战国后期的人，但书中除主要记吴越事外，秦汉直至建武二十八年的事也杂记其中，或者是后人加上去的。

书名《越绝》，在首篇《外传本事》中解释说：“越者，国之氏也。绝者，绝也，谓勾践时也。”越是指地区而言，绝的解释意义不明，下面又继续解释说，在天子微弱、诸侯皆叛时，勾践能抑强扶弱，“内能自约，外能绝人”；又“贤者所述不可断绝，故不为记明矣”，则绝乃不绝之义。

清人俞樾解释说，即《春秋》绝笔于获麟之绝，其意在记吴、越之事以续补《春秋》，而重点更在于越，故曰“越绝”。

本书原为二十五篇，所谓“旧有内记八，外传十七”，北宋初亡佚了五篇，现在只剩下十九篇，其中首尾两篇属于序跋性质，实际是十七篇。其篇目是：《外传本事》（序）、《荆平王内传》、《外传纪吴地》、《吴内传》、《计倪内经》、《请籴内传》、《外传纪策考》、《外传纪范伯》、《内传陈成恒》、《外传纪地传》、《外传计倪》、《外传纪吴王占梦》、《外传纪宝剑》、《内经九术》、《外传纪军气》、《外传枕中》、《外传春申君》、《德序外传纪》、《篇序外传纪》。其中有三个两篇合为一卷，故为十五卷。从篇名看，有内经、内传，又有外传，显得比较杂乱。但《外传本事》中解释说：“经者论其事，传者道其意，外者非一人所作，颇相覆载，或非其事，引类以托意说之者。”这一方面说明其材料来源是多方面的，另一方面说明了作者著书的意图。实际上据《德序外传纪》篇末的说明，每篇都有其特定的目的，如：“观乎太伯，能知圣贤之分”，“观乎九术，能知取人之真，转祸之福”等。

《越绝书》中保存有吴、越地区东汉以前的许多史料，有的为《史记》所采用，如计倪即计然、范蠡之师。同时，如《外传纪宝剑》篇中所谓“以石为兵”、“以玉为兵”、“以铜为兵”、“以铁为兵”的记载，大体上反映了今天考古学上的旧石器、新石器、铜器和铁器时代。

《四部丛刊》《四部备要》《汉魏丛书》中均有十五卷的《越绝书》，1956年商务印书馆出版的《越绝书校注》是校勘较好的本子。

《吴越春秋》　《吴越春秋》六卷十篇（或作十卷），作者赵晔。

赵晔，字君长，东汉会稽查山阴（今浙江绍兴）人。曾远到四川从当时经师杜抚学韩诗，著有《韩诗谱》《诗细历神渊》《诗道微》及《吴越春秋》等书。今只存《吴越春秋》一种。

《吴越春秋》和《越绝书》一样，也是主要记述春秋末期吴、越二国（包括一部分楚国）之事。前五篇为吴事，称内传，后五篇为越事，称外传。其目是：《吴太白传》《吴王寿梦传》《王僚使公子光传》《阖闾内传》《夫差内传》《越王无余外传》《勾践入臣外传》《勾践归国外传》《勾践阴谋外传》《勾践伐吴外传》。从形式上看比较整齐，但其史料价值却不如

《越绝书》。许多大事均已见于《左传》《国语》和《史记》等书中，而一些传闻异说，又不如《越绝书》那样保留资料原貌，甚至以后人想象之词加于春秋末年吴、越之事。例如记伍子胥的言论，有“胡马望北风而立，越燕向日而熙”，这种语言是春秋时期不可能有的。此外，还有一些传说，更不能视为史实，如越军伐吴，伍子胥显相以阻越兵，后又托梦给范蠡和文种，示以进军之路。这当然是无稽之谈。书中此类传说还比较多。从史料价值方面看，本书有些地方比《史记》的记载略为详细一些，如吴兵破楚入郢之役、孙武为吴军之将等，对历史编纂也是有参考价值的。

本书过去被列为杂史。其性质可以说介于历史与小说之间，类似于后世的演义类小说，人物的刻画、故事情节的描写都有一定的文学价值，因而对后世文学有一定影响。唐代俗讲中的《伍子胥变文》，宋元话本中的《吴越春秋连像评话》，明清以后的许多剧目，都是以本书为依据改编的。

该书有元代徐天祐作注，考辨了原书中一些记事错误之处，可作参考。《四部丛刊》《四部备要》《汉魏丛书》均收有该书。

《风俗通义》 《风俗通义》十卷，东汉应劭撰。

应劭，字仲远，汝南南顿（今河南项城市境内）人，出身官僚世家。灵帝初年，由郡举孝廉，官至泰山太守，后为袁绍军谋校尉。他的著述有《风俗通义》《中汉辑叙》《汉官仪》《礼仪故事》等，共十一种，一百三十六篇，又曾集解《汉书》。应劭关于汉典章制度的著作很有价值。有人说，汉代“朝廷制度，百官仪式，所以不亡者，由劭记之”。应劭著书多为当时时政服务，例如他“论当时行事，著《中汉辑序》。撰《风俗通》，以辨物类名号，释时俗嫌疑”。

面对着东汉末年“王室大坏，九州幅裂”的局面，应劭一方面积极组织镇压农民起义，另一方面他认为“为政之要，辩风正俗最其上也”。他想用封建正统思想来整齐风俗，使上下之心“咸归于正”。所以他撰写《风俗通义》的要旨，就是“言通与流俗之过谬，而事该之于义理也”。

该书各卷皆有总题，其十卷题为：《皇霸》《正失》《愆礼》《过誉》《十反》《音声》《穷通》《祀典》《怪神》《山泽》。每题之下又各有散目。每一题皆先有一个总说明。每一散目，则先详其事，再以“谨案”云云，论证其得失，处处都能贯彻其著书目的。例如《正失》的总说明就说，要对“传言失指，图景失形”之类的谬误加以辨析，“故纠其谬曰正失也”。其散目标有：“乐正后夔一足”，“谨案”分析说，并非是一只脚，而是有夔一人足矣！又散目“丁氏家穿井得一人”，不是得一人于井中，而是穿井之后得一人之使，多出了一个劳动力。又如“东方朔”一条，传说东方朔是太白金星，黄帝时为风后，周时为老聃，在越为范蠡，“言其神圣能兴霸王之业，变化无常”。应劭对此痛加驳斥，他说，刘向、扬雄等人都曾指出其为“凡庸俗说”，“其事浮浅，行于众僮儿牧竖，莫不眩耀。而后之好事者，因取奇言怪语附著之耳，安在能神圣历世为辅佐哉!”其余“谨案”，多与此同。

《风俗通义》一书有一定的史料价值。它记述了许多有关东汉社会风俗的情况，能够反映当时的社会矛盾，有些篇目记载了统治阶级的“过誉”、“愆礼”行为，能够反映封建统治阶级的虚伪和腐败。还有，关于乐器的专篇，记述了各种乐器的制作者和形制，是研究乐器史的重要材料。关于山泽的专篇，有助于研究历史地理。另外，一些关于神异鬼怪的片断，为后来著名的志怪小说《搜神记》所取材，有的被全文移植。总之，该书涉及的范围很广，从许多侧面展现了当时的社会生活状况和文化思想面貌，包含着丰富的史料。

《风俗通义》原有三十卷，北宋时才散佚。据苏颂的记载，当时已经亡佚的二十篇篇名为：《心政》、《古制》、《阴教》、《辨惑》、《析当》、《恕度》、《嘉号》、《徽称》（或作《秽称》）、《情遇》（或作《恃遇》）、《姓氏》、《诗篇》、《释忌》（或作《释忘》）、《辑事》、《服妖》、《丧祭》、《宫室》、《市井》、《数纪》、《新秦》、《狱法》。从这些篇名看，如果全书存在，那么史料价值更高。

现在传世的十卷本，大体上是北宋时形成的，但元、明、清时期，都有人校刻。1980 年天津人民出版社出版的吴树平的《风俗通义校释》是最新的本子。

在《隋书·经籍志》史部的三十种不同分类体裁的史书中，大部分都是从汉代开始的，除上述正史、杂史之外，包括起居注中有《汉献帝起居注》五卷，职官篇中有《汉官解诂》《汉官仪》等多种，杂传中有《三辅决录》，刘向《列女传》《列仙传赞》，谱系中刘向亦有《世本》四卷，而《七略别录》更可说是开山之作了。

由以上具体记述可以说明，我国古代史学的基本形态、各种类别是在汉代确立的。《隋书·经籍志》在原有“七略”、“七录”以及甲、乙、丙、丁四部等图书分类的基础上，确立了经、史、子、集这样的四部分类法，而“别为史部”并且位居第二，当是与汉代史学的发展有密切关系的。

五 世界一流的天文、地理之学

人生活在大自然中，大自然变化多端，但也有一定规律，如寒来暑往、风雨雷电、阴晴圆缺、日出月落，等等。人类为了生存，为了适应大自然，必定对大自然的各种现象进行观察，进而记录、研究，这就是《尚书·尧典》中所说：

> 乃命羲、和钦若昊天，历象日月星辰，敬授人时。

远古帝尧之时，就命令羲氏、和氏认真地顺从自然，观测日月星辰的运行图像，以制定历法，并把它慎重地颁授给人民。自然界的白天黑夜、阴晴寒暑只能够记录，天上的日月星辰则可以观测。人类在长期的生活中，对天象、气候等自然现象的观测、记录、研究、总结，就形成了天文学，以及与其有密切关系的历法、物候学、地学，乃至数学等学问。如古埃及已有行星、恒星的记录和年、月、日的历法知识，巴比伦有更多的星象和日月蚀记录。中国在这方面的记录更完整，内容更丰富，关于星象的观测，关于年、月、日的记述等都是比较先进的，至少夏、商时期已有专门的职官主管。除开诗、书等各种典籍，甲骨、金文中也有各种相当成熟的记述之外，还有《夏小正》这样的专门著作流传下来。

我国古代的这些成就，到了汉代均有进一步的发展，继续保持世界一流水平。现分述如下。

（一）论天三说

人头顶上这块无边无际的空旷的天，是个什么东西？与人踏实生活的大地是什么关系？应该如何认识它？原始人先是恐惧，继而敬仰，再进一步又有人神化它。在长期的历史发展过程中，人们不乏理性的思考，这就有了汉代的“论天三说”。所谓论天三说，唐初所修《晋书·天文志》有一段总结性的语言：

古言天者有三家：一曰盖天，二曰宣夜，三曰浑天。汉灵帝时，蔡邕于朔方上书，言宣夜之学，绝无师法；《周髀》术数具存，考验天状，多所违失；惟浑天近得其情，今史官候台所用铜仪则其法也。①

在具体论述之后结论说：

此则浑天之理，信而有征矣。

这番记述大体说明了三说的发展情况。实际情况是，除宣夜说晚出早绝之外，盖天、浑天二说均有一定的影响，而浑天说在中国古代长期起着作用。我们这里要指出的是三说在汉代的发展情况。

首先是盖天说。“盖天”是一种直接经验的说法，天就像一个盖子，盖在人们的头上，盖在大地之上。但“盖天”之名，或出于“浑天”之后。扬雄《法言》中有“或问‘浑天’”、“请问‘盖天’”之文，“盖天”说早在先秦时期就有了。研究认为②，先秦时期的“天圆地方”说就是早期的“盖天说”，而汉代的“盖天说”，则以《周髀算经》为其代表著作。《周髀算经》主要是西汉时期形成的著作，东汉赵爽为之作注，主要内容有两部分，一是讲勾股测量，属数学方面；二是“七衡六间图”，就是天文学的内容。该书在设想的天体图上，描述日行的轨道，具体内容，我们一般人很难理解，但它是在长期实际观察基础上研究总结出来的，多少有一定的科学性，七衡六间的划分与现代人在地球上划分的五带能一一对应，还有“昼夜易处”、“日兆（照）月，月光乃出，故成明月”等见解，就是其科学性的证明。当然，其论述又极不完善，而且处于不断发展之中。东汉王充也被认为是主张盖天说的，他的论述与《周髀算经》有相同也有不同之处。盖天说虽以《周髀算经》为主要代表，或称“周髀说”，

① 《后汉书·天文志》注引蔡邕表《志》之文大体相同。

② 参阅能田忠亮：《汉代论天考》，《东洋天文史论丛》，日本恒星社昭和十八年日文版，第223～232页，转引自《中国学术通史·秦汉卷》。

但这也只是一家之说。天如何盖法？《周髀算经》说是“天象盖笠，地法覆盘。天离地八万里”。此不过一说而已，南朝梁祖暅之（祖冲之之子）在《天文录》中就说：“盖天之说又有三体：一云天如车盖，游乎八极之中；一云天形如笠，中央高而四边下；一云天如欹车盖，南高北下。”[①] 实际这也只是一个大概，这里就不详说了。

总之，盖天说在汉代有很大发展，也有很大影响，并且在实际运用、制定历法等过程中是起了作用的，定一年为三百六十五日又四分之一日，即为其功绩。

其次是浑天说。关于浑天，上面提到的扬雄在《法言·重黎篇》有言：

> 或问浑天，曰：落下闳营之，鲜于妄人度之。耿中丞象之。几乎，几乎，莫之能违也。

至少汉武帝时已有了浑天说，或者也已经有了浑天仪之类的东西，但浑天仪制作得最精的是东汉时期的张衡。张衡是极为佩服扬雄的，扬雄对天文学的研究，张衡当然也会学习。扬雄先是相信盖天说，在桓谭的批评帮助下，转而相信浑天说，并写了《难盖天八事》[②]。张衡就是在前人讨论和研究的基础上，制作了“浑天仪”。很可能还有说明性的文字，那就是后世流传的《浑天仪注》，这个问题学术界虽有争论，但不应否定其基本性质。关于“浑天说”的表述，《晋书·天文志》引葛洪的话说：

> 《浑天仪注》曰：天如鸡子，地如鸡中黄，孤居于天内。天大而地小。天表里有水，天地各乘气而立，载水而行。周天三百六十五度四分度之一，又中分之，则半覆地上，半绕地下，故二十八宿半见半隐，天转如车毂之运也。

又唐《开元占经》中也有“张衡《浑仪注》”的引文，文字小异，如“天

① 《太平御览》卷二引。
② 《隋书·天文志》收录了其内容。

如鸡子”后“天体圆如弹丸”一句，还有“天之包地，犹壳之裹黄”这样明显的解释性文字。其他引《浑天仪》的文字也是如此，大同小异，但基本说法是一样的。张衡的《灵宪》一文，也有浑天球体之描述，如：

> 天成于外，地定于内。天体如阳，故圆以动；地体于阴，故平以静。动以行施，静以合化……

在解释了什么是“浑”之后，张衡进一步写道：

> 过此而往者，未之或知也。未知或知者，宇宙之谓也。宇之表无极，宙之端无穷。

这里作者明显地表述了宇宙在时间、空间上无限的思想，是很先进的理论。

由于张衡制作了一个很大的、有影响的“浑天仪”，因此，浑天说在东汉影响是很大的。但盖天、浑天之争一直存在，上面说到扬雄由盖天转向浑天，并作《难盖天八事》，东汉中期王充又“据盖天之说，以驳浑仪”。他在《论衡·说日篇》中就有许多具体内容。两说之争的内容还有很多，不仅在东汉，在以后的各个朝代都有争论，这里就不一一呈述了。

再次是宣夜说。东汉时期一度出现过宣夜说，但如上所述，东汉末年蔡邕已经说“宣夜之学，绝无师法”，影响不大。当时大多数天文学者没有讨论过，史料很少，具体情况也不太清楚，《晋书·天文志》有一段记述可征引作些说明：

> 宣夜之书亡，惟汉秘书郎郗萌记先师相传云：“天了无质，仰而瞻之，高远无极，眼瞀精绝，故苍苍然也。譬之旁望远道之黄山而皆青，俯察千仞之深谷而窈黑。夫青非真色，而黑非有体也。日月众星，自然浮生虚空之中，其行其止，皆须气焉。是以七曜或逝或住，或顺或逆，伏见无常，进退不同，由乎无所根系，故各异也。故辰极常居其所，而北斗不与众星西没也。摄提、填星皆东行，日行一度，月行十三度，迟疾任情，其无所系著，可知矣。若缀附天体，不得尔也。”

天真正是一个无质无体的无限空间，但充满着“气”，“日月众星，自然浮生虚空之中”，靠的就是“气”。这是从生活中各种观测经验所得出的一种说法，相对天是个一整个固体的说法，如车盖、似鸡子，或许更接近现代天文学的认识，所以被科学家所肯定。但是宣夜说无法制定出精确的历法，自然被淘汰。

（二）天象记录和历法改进

汉代天文学，除了关于天体的理论之外，直接的主要成就就表现在天象记录和历法改进方面。

首先关于天象的记录，我国古代有悠久的历史，甲骨文中有日食记载，比巴比伦的最早记录早六百年。《春秋左传》中关于流星雨的记载是世界最早的记录，关于哈雷彗星的记录也比西方早六百年。到了汉代，人们对天象的观测更加深入细致，日月星辰的运行分布都有详尽的记录。《汉书·艺文志》关于天文的“日月星气”、“杂子云雨”、“日食月晕”之类的著作有二十一家四百四十五卷，虽然全都亡佚了，但可反映当时记录之多。而1972年出土的长沙汉墓中，就有帛书《五星占》和《五星行度表》，记录了公元前246年到公元前177年的秦汉之际七十年间三个行星（木星、土星和金星）在天空中运行的位置，并且推算出它们的会合周期和公转周期①。这或可看出《汉书·艺文志》那些著作的一些意义和价值。

人们长期观测天象特别是对夜间恒星进行观察，并加以记录和分析，形成了不少星象著作。他们按照一定的设想联系把相近的恒星分组，使之成为一个个星官，所谓“五官”、“北斗”和“二十八宿”，就是这些星官中最重要的部分。《史记》八书之一的《天官书》就是讲自古以来星官的书，《索隐》云：

> 案：天文有五官，官者，星官也。星座有尊卑，若人之官曹列位，故曰天官。

《正义》又引张衡云：

---

① 参阅长沙马王堆帛书及相关研究。

文曜丽乎天，其动者有七，日、月、五星是也。日者阳精之宗，月者阴精之宗，五星，五行之精。众星列布，体生于地，精成于天，列居错峙，各有所属。在野象物，在朝象官，在人象事，其以神著有五列焉。是有三十五名，一居中央，谓之北斗，四布于方各七，为二十八舍。日月运行历示吉凶……①

这大约是根据张衡之《灵宪》等著作所作说明。总之，《史记·天官书》《汉书·艺文志》等著作，就记载了过去和当时星官的情况，而所记恒星数量也是不断扩充的，时间越长，观测越精，这是必然的。这些星象记录在天文学史上是有意义和价值的。

但是这些天文学著作中的另一些天象记载，明显可以反映汉代天文学的世界一流地位，那就是当时的记录日趋齐备、详尽、精细，积累了大量有关日食、黑子、彗星、流星雨、新星、超新星和极光等相当准确、丰富的记录，是极为宝贵的历史资料。例如《史记·天官书》中有“春秋二百四十二年之间，日食三十六，彗星三见，宋襄公时，星陨如雨”这样的记述，都是一一可考的。在汉代，有关的记载更精细，例如日食，不但有发生日期，而且开始注意到食分、方位、亏起方向及初亏和复圆时刻等；关于彗星，对其运行路线、运行速度以及相应的时间都有所描述。关于汉代各种天象记录，可略举一二。如《汉书·五行志》：

河平元年（公元前28年）三月乙未日出黄，有黑气，大如钱，居日中央。②

对太阳黑子出现的时间、形象、大小和位置均作了明确的记述。这是世界公认的最早的黑子记录，比欧洲公元807年才有的记录早900多年。又如《汉书·天文志》有：

元光元年（公元前134年）六月，客星见于房。③

---

① 司马迁：《史记》卷二十七，《天官书》，中华书局1982年版，第1289页。
② 班固：《汉书》卷二十七下，《五行志下》，中华书局1962年版，第1507页。
③ 班固：《汉书》卷二十六，《天文志》，中华书局1962年版，第1305页。

这被认为是中外历史上都有记载的第一颗新星，但西方未注明月份和方位。又如《后汉书·天文志》有：

> 中平二年（公元185年）十月癸亥，客星出南门中，大如半筵，五色喜怒，稍小，至后年六月消。

这被认为是世界上最早的超新星记录①。

天象记录的详尽，与当时测量仪器的进步当也有关系。据记载，从西汉武帝开始，就有落下闳、耿寿昌，到东汉有傅安（贾逵上奏）等人对浑象、浑仪的不断改进，一直到张衡达到一个高峰。

其次关于历法，我国古代天文学一个主要的直接的目的，就是满足人民生产生活的需要，即上所引《尧典》之“敬授人时”，具体的就是制定历法。所以我国古代很早就有历法，《史记·历书》中说：

> 太史公曰：神农以前尚矣。盖黄帝考定星历，建立五行，起消息，正闰余，于是有天地、神祇、物类之官，是谓五官，各司其序，不相乱也……民以物享，灾祸不生，所求不匮。②

在司马迁看来，中国古代至少从黄帝开始已经有了历法。事实上在汉以前，确有多种历法，所以汉初有古“六历”之说，《汉书·律历志》记载：

> 汉兴……袭秦正朔。以北平侯张苍言，用颛顼历，比于六历，疏阔中最为微近。然正朔服色，未睹其真，而朔晦月见，弦望满亏，多非是……③

所谓“六历”，即汉人认为，战国时期有黄帝历、颛顼历、夏历、殷历、周历和鲁历六种历法，分别为各诸侯国所采用。以上记载表明，古六历都多少有些问题，即朔晦、亏满等多与实际不合。汉初袭秦正朔、用颛

---

① 以上与西方记录之比较参阅天文学史及科技史著作。

② 司马迁：《史记》卷二十六，《历书》，中华书局1982年版，第1256页。

③ 班固：《汉书》卷二十一上，《律历志上》，中华书局1962年版，第974页。

项历都是权宜之计。这正是当时天文历法之学实际情况的反映，一方面长期观天象经验积累的天文立法之学相当先进，并且能在很大程度上指导人们的生产生活；另一方面，由于观测的东西又不可能完全与实际相吻合，要不断根据新的观测经验进行修正。这也是为“王者”最受困扰的问题之一，如司马迁所说：

> 王者易姓受命，必慎始初，改正朔，易服色，推本天元，顺承厥意。①

“易服色”是加上迷信神化的东西，“改正朔”，即“必当推本天之元气行运所在，以定正朔。以承天意”②，让历法更符合天象，这才是最重要的。正因为如此，在汉代就有多次的修改历法，就有很多人学习和讨论历法的问题。此种情况，从汉初就开始，可引《史记·历书》之略述以见一斑：

> 汉兴，高祖曰：“北畤待我而起”，亦自以为获水德之瑞。虽明习历及张苍等，咸以为然。是时天下初定，方纲纪大基，高后女主，皆未遑，故袭秦正朔服色。至孝文时，鲁人公孙臣以终始五德上书，言“汉得土德，宜更元，改正朔，易服色，当有瑞，瑞黄龙见”。事下丞相张苍，张苍亦学律历，以为非是，罢之。……而新垣平以望气见，颇言正历服色事，贵幸，后作乱，故孝文帝废不复问。至今上即位，招致方士唐都，分其天部，而巴落下闳运算转历，然后日辰之度，与夏正同，乃改元，更官号，封泰山……③

这是记述汉武帝时的一次大改历法，形成了有名的《太初历》。《太初历》没有流传下来，人们可以从后来的《三统历》中考知其某些内容。具体内容，我们一般人难以懂得，但也不必详细了解，其造作之大概，倒是应该略知一二。《汉书·律历志》略记其事曰：

---

① 司马迁：《史记》卷二十六，《历书》，中华书局1982年版，第1256页。
② 司马迁：《史记》卷二十六，《历书》，中华书局1982年版，第1256页。
③ 司马迁：《史记》卷二十六，《历书》，中华书局1982年版，第1260页。

> （汉初用颛顼历）至武帝元封七年，汉兴百二岁矣。大中大夫公孙卿、壶遂、太史令司马迁等言："历纪坏废，宜改正朔。"是时，御史大夫兒宽明经术，上乃诏宽曰："与博士共议，今宜何以为正朔……"宽与博士赐等议……其以七年为元年。遂诏卿、遂、迁与侍郎尊、大典星射姓等，议造汉历，乃定东西，立晷仪、下漏刻，以追二十八宿相距于四方，举终以定朔晦分至、躔离弦望。乃以前历……已得太初本星度新正。姓正等奏不能为算，愿募治历者更造密度，各自增减，以造汉《太初历》。乃选治历邓平及长乐司马可、酒泉侯宜君、侍郎尊，及民间治历者，凡二十余人，方士唐都、巴郡落下闳与焉。都分天部，而闳运算转历……乃诏迁用邓平所造八十一分律历，罢废尤疏远者十七家。复使校历律昏明。宦者淳于陵渠复覆《太初历》，晦朔弦望皆最密，日月如合璧，五星如连珠。陵渠奏状，遂用邓平历，以平为太史丞。①

《太初历》的制定，是经过长期酝酿、反复讨论、集思广益、多人努力共同造作的，前后参加制定者二三十人，与以前所有历法相比，在当时是"最密"、最好的。

但是，由于直接观测天象的局限、仪器的局限，被称为"最密"的《太初历》，并不是最完善的。历法颁行不久（"后二十七年"），昭帝时太史令张寿王就提出异议。后来到成帝时刘歆又著《三统历》，应该是修订《太初历》而成，被班固采入了《汉书·律历志》，使后人得以较详细地了解其内容，包括节气、朔望、月食及五星等的常数和推步方法，还有二十八宿的距度，等等。《太初历》是我国古代流传下来的一部较完整的天文学著作。刘歆一方面是修订《太初历》，另一方面增加了历论，用当时流行的元气阴阳理论和三统学说来阐述《太初历》，时代性非常明显。

到了东汉时期，《太初历》落后于实际天象的问题越来越明显。从东汉初年开始又有人建议改历，明帝时采用张盛、景防等人用四分术推算的朔望时刻，到章帝元和二年，下诏改行"四分历"。东汉末年又有刘洪创立《乾象历》。"历法"的不断修订和改进，说明当时天文学的发展和进

---

① 班固：《汉书》卷二十一上，《律历志上》，中华书局1962年版，第975页。

步。许多的知识分子，都或多或少地懂得一点天文历法知识，他们经常讨论和争论。《后汉书·律历志》中就有“贾逵论历”、“永元论历”、“延光论历”、“汉安论历”、“熹平论历”、“论月食”这样一些子目，其讨论之多，由此可见一般。懂得、观测、研究天文历法的人之多，也许正是汉代天文历法学发展的重要原因之一。

（三）与天文学相关的学问及数学

汉代的天文学与当时流行的阴阳五行理论及稍后兴起的谶纬之学紧密结合，与方术几乎成为一体，所以《汉书·艺文志》把“天文”、“历谱”和“五行”、“蓍龟”、“杂占”等皆入“数术略”中，在东汉形成了许多与天文学密切相关的专门学问，有“阴阳推步之学”、“河洛之文”、“箕子之术”、“师旷之书”、“纬候之部”，等等。更有一些专门具体的流派，如《后汉书·方术列传》所说：

> 其流又有风角、遁甲、七政、元气、六日七分、逢占、日者、挺专、须臾、孤虚之术，及望云省气……①

东汉安帝时有郎宗：“学《京氏易》，善风角、星算、六日七分。”② 李贤注云：

> 风角谓候四方四隅之风，以占吉凶也。星算谓善天文算数也。……郑玄注云：“六以候也。八十分为一日之七者，一卦六日七分也。”③

以上《方术列传》之文，李贤注云：

> 七政，日、月、五星之政也。元气者，谓开辟阴阳之书也。……日者，卜筮掌日之术也……挺专，折竹卜也……须臾，阴阳吉凶立成

---

① 范晔：《后汉书》卷八十二上，《方术列传上》，中华书局1965年版，第2703页。
② 范晔：《后汉书》卷三十下，《郎顗襄楷列传下》，中华书局1965年版，第1053页。
③ 范晔：《后汉书》卷三十下，《郎顗襄楷列传下》，中华书局1965年版，第1053页。

之法也……孤虚者，孤谓六甲之孤辰，若甲子旬中，戌亥无干，是为孤也，对孤为虚……①

都是一些与天文历法有关的更为专门的学问。这些学问为当时许多学者所擅长，上述郎宗之子郎颛就“少传父业，兼明经典……昼研精义，夜占象度”（《郎颛列传》）。夜观天象是一个基本条件。上面讲到东汉的“方术”、“名家”，实际是天文历算学家，《方术列传》序言中说：

中世张衡为阴阳之宗，郎颛咎征最密，余亦班班名家焉。②

所谓“班班名家”，李贤注云：“襄楷、蔡邕、扬厚等也。”

整个西汉时期，懂天文、学天文、研究天文的人不少，历朝为太史令及相关职务（如上述“大典星”）的人，是当然的；而一些通学大家也都多少知道一些，有的还有研究、有著作，如西汉的刘向、刘歆、扬雄等人。东汉郑玄这样的通人，遍注群经之外，也有《乾象学》《天文七政论》等专门著作。这些就不一一详述了。

（四）数学体系的形成

数学是与人们生活、生产有密切关系的一门自然科学，但我国古代“天文历算”的说法，表明数学与天文历法之学有密切关系。上述之《周髀算经》一书，就是一部天文算学著作，主要计算天文题目，运用了分数乘除、勾股定理和开平方等数学方法，虽然其天文计算是原始的、粗略的，但作为数学著作也是比较成熟的了，故称为“算经”。

我国的数学研究开始很早，甲骨文中已有了计数文字，李约瑟《中国科学技术史》说：

总的说来，商代的数字系统是比古巴比伦和古埃及同一时代的字体更为先进、更为科学的。③

---

① 范晔：《后汉书》卷八十二上，《方术列传上》，中华书局1965年版，第2704页。
② 范晔：《后汉书》卷八十二上，《方术列传上》，中华书局1965年版，第2706页。
③ 李约瑟：《中国科学技术史》中译本第3卷“数学”，科学出版社1977年版，第29页。

至少从周代开始，“士”必修的“六艺”——礼、乐、射、御、书、数，数学即为其受教育的内容之一。甲骨文中就有了十进位制，春秋战国时期有了分数概念和九九表，能够进行四则运算，《墨经》中有点、线、面、方、圆等几何概念，等等。我国数学日益成熟、丰富，以至于形成体系。

《汉书·艺文志》“数术略·历谱”中记有：《律历数法》三卷、《许商算术》二十六卷、《杜忠算术》十六卷等著作，虽然早已亡佚，但数学的体系规模或可见一斑。所幸的是有一部《九章算术》流传下来，足以说明数学体系在当时已经形成。

《九章算术》不知何人所作，但可以肯定是历经很长时间，经多人之手而完成。从内容所涉及的时段看，当最后完成于东汉时期，魏晋时的刘徽为此书作注，使之更好地流传了下来，功莫大焉。刘徽在《九章算术注序》中写道：

> 周公制礼而有九数，九数之流，则九章是矣。往者暴秦焚书，经术散坏。自时厥后，汉北平侯张苍、大司农中丞耿寿昌，皆以善算命世。苍等因旧文之遗残，各称删补。故校其目，则与古或异，而所论者，多近语也。徽幼习《九章》，长再详览……

刘徽所生活的时代离汉很近，又自幼至长皆习研《九章算术》，其言可信度很大，从他的论述中可以看到：第一，《九章算术》源于周代以来的“九数”，“九章”、“九数”，是流与源的关系；第二，“九数”原本也是九个细目[1]，但“九章”之目与其“或异”，肯定有所不同；第三，《九章算术》是从汉初开始，经多人“删补”而成，至于前面提到的被认为是“皆衍九章之术”的许商、杜中等人，还有其他人，与此书有无关系，也是值得关注的；第四，《九章算术》“所论者，多近语”，那就是与古“九数”相比，多汉代的内容。据此等说法，《九章算术》应该主要是汉代的数学著作，代表汉代数学的水平。

《九章算术》总共搜集了246个数学问题，所分九章是：（1）“方田”

① 郑玄释：《周官·保氏》云：“九数：方田、粟米、衰分、少广、商功、均输、方程、赢不足、旁要，今有：重差、夕桀、勾股。”

（共 38 个问题），主要是计算田亩面积的各种几何问题（方形、圆形、三角形等），还有分数的系统论述；（2）“粟米”（共 46 个问题），述粮食交易的计算方法，讲的是比例问题，如何按比例交换各种谷物；（3）“衰分”（共 20 个问题），依等级分配物资或按等级摊派税收的比例分配问题；（4）“少广”（共 24 个问题），从田亩面积计算周长、边长等的算术，正确地提出了开平方和开立方的方法，相当于列出一个二次或三次的数字方程；（5）“商功”（共 28 个问题），计算各种体积的几何方法，主要解决筑城、修渠等实际工程上的问题，还有按不同情况计算工程土方和人工安排等问题；（6）“均输”（28 个问题），管理粮食运输均匀负担的计算方法，还包括复比例、连比例等比较复杂的比例配分问题；（7）“盈不足”（20 个问题），处理各种二元一次联立方程组的问题，如有若干人共买东西，每人出八就多三，每人出七就少四，问人数和物价各多少，这条问题有两次假设，有些国家称“双设法”；（8）“方程”（共 18 个问题），解决各种三元一次和四元一次联立方程组的问题，解法与现代中学代数中的“加减消元法”基本相同，当时是用算筹摆出方程的各系数，并且还引入了正负数的加减运算法则；（9）“勾股”（共 24 个问题），大都是利用勾股定理测量计算“高、深、广、远”的问题，正确地提出了勾方股方之和等于弦方的重要定理。

《九章算术》的内容，充分显示了它的实用特点：或者举出一个或几个问题之后，再述解决这类问题的方法；或者先述一种解法之后，再举一些例题。从个别到一般或由一般到个别，理论联系实际。与当时一般天文历算不同，没有打上阴阳五行甚至迷信的烙印，这是特别值得注意之处；或者与成书较早（东汉早期）也有关系。《九章算术》用的是中国传统的筹算方法，用算筹的不同位置、不同摆法，可以表示任意大的数目，也可以表示一个方程的各次项系数或一个方程组中各方程的系数，进一步又可以表示正数和负数，等等。可以说有一整套当时世界上十分先进的筹算算法，在实际计算方面具有很高的水平。与古希腊数学体系相比，二者各有所长，可以互补。后来，这些中国古代的数学经印度和中亚而辗转传入欧洲，对文艺复兴前后世界数学的发展，作出了一定的贡献。

《九章算术》在世界数学史上有重要地位。例如，关于比例问题的计算，关于分数概念及其运算，以及负数概念和下载负数的加减运算法则等，比印度早八百年左右，比欧洲国家则早千余年。关于联立一次方程组的解法，印度最早的记载见于12世纪，欧洲更迟至16世纪才有正式记载；“盈不足”术传入阿拉伯地区，被称作“契丹算法”（中国算法），受到高度重视。以后隋唐时期，《九章》流传到朝鲜、日本，被定为教科书①。

《九章算术》是中国数学的经典，和其他经典一样，历代有人注释，人们在注释工作中不断引进新的数学概念和方法，推动着中国古代数学不断前进。

（五）地理知识和地学著作

在我国，古人观测天象和观测地理几乎是同时的，即《易·系辞》上所说：“仰以观于天文，俯以察于地理。”天与地有密切关系，古人制造“浑天仪”，是与地球上的东西南北等相对应着的。张衡制作“浑天仪”的同时又做“地动仪”，也可作为观天察地关系的一种证明。

因此和古老悠久的天文学一样，关于地理的知识乃至地图的绘制以及地理学，在我国也有悠久的历史和光辉成就，在当时是否是世界一流，或者也可以做些比较。

我国古代观察地理的成就不亚于观测天象，而且准确性更强，甲骨文中已有许多方位和地名的记载，如“东土”、“西土”、“北土”、“南土”，以及“土方”、“鬼方”、“羌方”等，涉及之地名数以百计。对于地形、地貌乃至地壳的变化，也都有很深入的认识。在《经》书和其他古籍中，我们可以看到“山”、“岗”、“丘”、“陵”、“原”、“隰”、“洲”、“渚”、“川”、“谷”、“河”、“流”等许多关于地形的不同名称。难能可贵的是，人们很早就有了“地道变盈而流谦”②（地表会有高低的变化）。《诗经》中有这样的具体记载：

> 烨烨震电，不宁不令，百川沸腾，山冢崒崩，高岸为谷，深谷为陵。③

---

① 以上对比，引自杜石然等：《中国科学技术史稿》第4章，科学出版社1985年版，第186页。

② 《周易·谦卦彖辞》，十三经注疏本，中华书局1980年版。

③ 《诗经·小雅·十月之交》，十三经注疏本，中华书局1980年版。

这被认为是对周幽王二年一次大地震的描述，《国语·周语》记载：

> 幽王二年，西周三川皆震……是岁也，三川竭，岐山崩。

结果就是“高岸为谷，深谷为陵”的地表变化。

先秦时期对地理知识进行逐一总结，因而出现了如《山海经》《禹贡》《管子·地员》之类的地学著作。这些书至今还在被人们研究着，具有极高的学术价值。

在先秦地理知识积累的基础上，汉代学者进一步继续前进，突出表现在以下几个方面。

1. 理论性的认识和总结

汉初的《淮南子》可以作为一个代表。《淮南子》基于古人“观天察地”的思想，既有《天文》，也有《地形》专篇，还有相关的《说山》《说林》。其作为对这些问题的理论认识和总结的目的是十分明显的。关于“察地”问题，《泰族训》中写道：

> 俯视地理，以制度量，察陵陆水泽、肥墝高下之宜，立事生财，以除饥寒之患。①

察地理的目的是“立事生财”。关于地形的概述有：

> 地（形）之所载，六合之间，四极之内，照之以日月，经之以星辰，纪之以四时，要之以太岁。天地之间，九州八极（柱）。土有九山，山有九塞，泽有九薮，风有八等，水有六品。②

这里九、八、六等说法，一般是泛指“天下”之名山、大川等，古籍中记载的“九州”、“九山”等具体山川名并不相同，所列之名并非全部，例如其中解“水有六品”云：

---

① 《淮南子·泰族训》，诸子集成本，中华书局1954年版。

② 《淮南子·地形训》，诸子集成本，中华书局1954年版。

何谓六水？曰：河水、赤水、辽水、黑水、江水、淮水。[①]

这绝非天下江河水数，所以下文接着还有“名川六百”之文，又有与河水、赤水齐名的弱水、洋水，“凡四水者，帝之神泉”。其所纪“东西南北山川薮泽”有些是实录，有些是虚构，如“东西二万八千里，南北二万六千里”，“自东极至于西极，二亿三万三千五百里七十五步”，很难说有多少根据。至于有些文字或可反映当时人们对整个地球的认识在逐渐扩大：

九州之大，纯方千里。九州之外，乃有八殥，亦云千里。……

八殥之外，而有八纮，亦方千里。……

八纮之外，乃有八极。……

凡地形，东西为纬，南北为经。[②]

以及“凡海外三十六国”，其中有一些还是可证可考的。或者在战国时邹衍的“大九州”学说基础上有所发展，对《山海经》的“海外”、“大荒”等有新的认识，这些需要深入具体研究。随着古代中外交流的发展和人们视野的扩大，地理知识日益丰富，地学理论日益发展，这是毋庸置疑的。

2. 事实的记录和整理

秦汉时期关于地理方面的记述相对分散，比较集中的还是在史书当中，这是中国古代书籍的特点，所以《隋书·经籍志》的地理类放在史部之中。如上所述，在《淮南子》这样的子书中，有关于地理方面的记述和议论，其他子书也或多或少的有一些，反映人们的一些地理知识。汉代，相对集中记述的也有，如《史记》中的《河渠书》，《隋书·经籍志》提到它时说：“史迁所记，但述河渠而已。”实际上，它在述水道的同时，还记载了水道流域的经济与自然地理，应该算作地理学的著作。不仅如此，

① 《淮南子·地形训》，诸子集成本，中华书局1954年版。
② 《淮南子·地形训》，诸子集成本，中华书局1954年版。

《史记》中的《货殖列传》《大宛列传》也与地理学有关，内有不少追述过去地理的内容，或可称为部门地理之作。

《汉书》中有一个特出的《地理志》（详见下文），同时和《史记》一样，还有《沟洫志》以及《匈奴》《西域》等传。《后汉书》也是如此，其《郡国志》是继《汉书·地理志》之作，“但录中兴以来郡县改易”，也同样有《东夷》《南蛮》《乌桓鲜卑》以及《西羌》等传。此外两《汉书》均有《五行志》，其中“地震”、“山崩”之类的记载，显然也是属于地理学方面的原始记录。

除“正史”中的有关记载之外，还有被称为“方志”之类的地理学著作，汉代此类著作当有不少。前面史学部分提到的《越绝书》，也有人认为是属于方志类的地理书，也有不同意的。但汉代有“方志”书是可以肯定的，如《后汉书·西域传》之“传论”就说：

> 至于佛道神化，兴自身毒，而二汉方志莫有称焉。①

两汉时期的方志不少，如西汉时有朱赣的《风俗记》，为《汉书·地理志》的材料依据②，这当属于风俗地理；东汉应劭就撰《地理风俗记》③；光武时就有奉诏所作《南阳风俗传》，又有圈称撰《陈留风俗传》等④；明帝时扬终作《哀牢夷传》，也为《后汉书·西南夷传》所引⑤；或有称异物志与风土记者，如东汉扬孚之《南裔异物志》（或作《交州异物志》）⑥。各州郡地志未见于记载者必然还有不少，只是记载不全而已。还有，也开始出现了综合全国之地志，前面提到作《地理风俗记》的应劭，又另著《十三州记》。这些书和以上列举之书早已不传，均为“二汉方志”是可以肯定的，当时，对事实的记录是很丰富的，并且进行过各种各样的整理。

3.《汉书·地理志》

《汉书·地理志》是一部开创性的、内容丰富的、影响很大的地理学

① 范晔：《后汉书》卷八十八，《西域传》，中华书局 1965 年版，第 2930 页。
② 《汉书·地理志》，《隋书·经籍志》地理类。
③ 《水经注》《后汉书·郡国志》注。
④ 《隋书·经籍志》地理类。
⑤ 侯康：《补后汉志》。
⑥ 魏征等：《隋书》卷三十三，《经籍志》，中华书局 1973 年版，第 983 页。

著作，篇幅很大，约占整个《汉书》的1/10还多，实可独立成篇。其主要内容是在肯定和学习《禹贡》和《周礼·职方》的基础上，以西汉的103个郡（国）、1587个县（邑、道、侯国）为纲目，记述了丰富的自然与人文地理内容，包括建置沿革、户口统计、山川泽薮、水利设施、要塞城邑、古迹名胜、土地、物产、矿业、工商等方面的内容，许多历史情况和珍贵资料因其记述而得以保留。例如：上郡高奴“有洧水，可燃”、西河郡鸿门“有天封苑火井祠，火从地出也”，分别是石油资源与天然气的记载。又如记水道，都在发源地所在县下，还有流向等，对了解古今水道变化有帮助。再如关于48个铁官的记载，反映了当时铁产地的分布，等等。既有西汉当时的实际情况，又有汉以前的一些历史遗迹及其变迁，如篇中序文写道：

> 先王之迹既远，地名又数改易，是以采获旧闻，考迹《诗》、《书》，推表山川，以缀《禹贡》、《周官》、《春秋》，下及战国、秦、汉焉。①

所以说内容极其丰富。

《汉书·地理志》是第一部以疆域、政区为纲目的地理学著作，这种创造性体例产生之后，影响整个中国古代地理志的创作，其后所有官修史书都因袭不断，或名《郡国志》（《后汉书》）、《郡县志》（《旧五代史》），或名《州郡志》（《宋书》《南齐书》），或名《地形志》（《魏书》），还有《职方考》（《新五代史》），等等，名称略有不同。又有不少后人补作的《疆域志》和《疆域表》，都是在《汉书·地理志》影响下著作而成的。如果把历朝历代的这些志书连缀起来，便是系统的沿革地理类书，对于研究沿革地理，有极大的史料价值和参考价值。

《汉书·地理志》乃是中国古代地志书的典型，但因为是第一部，所以它与以后的《地理志》又有所不同。首先，在记述主体内容之前，《汉书·地理志》照录了《禹贡》《职方》两篇古书之文，一是略述汉以前之沿革，二有尊崇、效法之意，被认为这是全篇的序文。其次，主体内容之

① 班固：《汉书》卷二十八上，《地理志上》，中华书局1962年版，第1543页。

后，又辑载有刘向所言“域分”和朱赣所条“风俗”的内容，如篇中所言：

> 汉承百年之末，国土变改，民人迁徙。成帝时刘向略言其“域分”……朱赣条其“风俗”，犹未宣究，故辑而论之……①

按照秦、魏、周、韩、郑、陈、赵、燕、齐、鲁、宋、卫、楚、吴、粤等划分，记述各地概况，内容包世系、地域沿革、分野、疆域、城邑、物产、风俗等，像是对全国区域地理的一个总论。粤地之后远及海外，并附载了当时海外交通的大致路线。该书所有保存的资料，也是很有参考价值的，反映了民俗文化的地区差异，其目的是“圣王”“移风易俗”。其后面的文字、内容，被认为是附录。《汉书·地理志》有前后两部分内容，其他“地理志”一般没有，其他的只需接着讲就行了，如《后汉书·郡国志》开头所说：

> 《汉书·地理志》记天下郡县本末，及山川奇异，风俗所由，至矣。今但录中兴以来郡县改异……②

当然，《汉书·地理志》以后各“志”具体情况也有大同小异之处。

4. 地图的绘制

我国古代很早就有地图是可以肯定的。传说夏禹铸九鼎，象九州，就有所谓“九鼎图”，今虽难以详考，但绝非子虚乌有，至少商、周时就有了地图，而且绘有各种各样的地图。《周礼》中似乎有多种职官分别掌管不同的版图或者副贰之图。“天官冢宰”之“小宰”、“司会”、“司书”，“地官司徒”之“大司徒”、“小司徒”、“遂人”、“士训”、“卝人”，“春官宗伯”之“冢人”、“墓大夫”，“夏官司马”之“司险”、“职方氏”等，均掌有或大或小、或专门（如墓地）的各种土地之图。即便《周礼》成书较晚，也不可否认很早就有地图之事，其中必有一部分是军事性的地图，如

① 班固：《汉书》卷二十八下，《地理志下》，中华书局1962年版，第1640页。
② 范晔：《后汉书》志第十九，《郡国志》，中华书局1965年版，第3385页。

《管子·地图》所说：

> 凡兵主考必先审知地图，环辕之险，滥车之水，名山、通谷、经川、陵陆、丘阜之所在，苴草、林木、蒲苇之所茂，道里之远近，城郭之大小，名邑、废邑困殖之地，必尽知之。地形之出入相错者，尽藏之。然后可以行军袭邑，举错知先后，不失地理。此地图之常也。

以上“司险”所掌当即此类。

夏、商、周有各种地图，秦也自然有地图，荆轲刺秦王的故事，“图穷匕首见”，就是以献燕地地图为借口求见。秦的“图书”为汉所据有：

> 沛公至咸阳……何独先入，收丞相御史律令、图书藏之。沛公具知天下阨塞，户口多少，强弱处，民所疾苦者，以何得秦图书也。①

秦及其以前的地图，到汉代不能完全适用，特别是行政区域的变化，必另绘新图，故常有“奏舆地图”的故事，《史记·三王世家》记载：

> 臣请令史官择吉日，具礼仪上，御史奏舆地图，他皆如前故事。制曰：可。四月丙申，奏未央宫。“太仆臣贺行御史大夫事昧死言：太常臣充言：卜，入四月二十八日乙巳可立诸侯王。臣昧死奏舆地图，请所立国名……②

《史记》索隐云：“地图称舆地图，疑自古有此名，非始汉也。”或简称“舆地”、“舆图”。各诸侯国、各地要“奏舆地图”，那是各地之地图，“天子受四海之图籍”③，然后综合成“天下舆地”或称《汉舆地图》④。汉代和先秦时期一样，有各种各样的地图，如《汉书·江都易王传》中说：

---

① 班固：《汉书》卷三十九，《萧何传》，中华书局1962年版，第2006页。
② 司马迁：《史记》卷三十，《三王世家》，中华书局1982年版，第2110页。
③ 班固：《东都赋》。
④ 班固：《汉书》卷六，《武帝纪》注，中华书局1962年版，第189页。

具天下之舆地及军陈图。

所幸的是有考古发掘资料可以证明以上所述的一些内容。1973 年，长沙马王堆三号汉墓出土了三幅绘在帛上的地图，分别为地形图、驻军图和城邑图。从墓葬时间和图中地名看，应为西汉初年绘制。

地形图为正方形，边长 96 厘米，上南下北（此当为唐宋以前通例），其所绘范围是今湖南、广东、广西三省交界的地方。图上主要内容有山脉、河流、道路和居民点等，已经包括了现代地形图的基本要素。图中有统一的图例：县治用方框表示，乡、里用圆圈表示，注记写在框圈内；水道为上游细、下游逐渐变粗的曲线；山脉的轮廓和延伸方向十分醒目，主要山峰用柱状符号表示；道路用淡赭色细线，几乎是一笔绘成，等等。

驻军图为长方形，长 98 厘米，宽 78 厘米，范围为地形图之东南部分。内容除山脉、河流、道路和居民点之外，还标明了驻军的布防、防区界线和指挥城堡等。此图还使用了红、黑、田青等不同颜色，军事重地、军行道路均加红色以突出表示。

城邑图因残损严重无法复原，被认为是一个县城的平面图，绘有城垣、房屋等，是又一种类型的地图。

人们用现代地图同上述二图比较量算，地形图大部分合乎十八万分之一的比例，驻军图为八万分之一到十万分之一左右。地形图所示湘江第一大支流潇水流域、南岭、九嶷山及其附近地区的精度相当高。潇水及其支流，大部分接近于今地图。县城位置都比较准确①。

从上述两幅地图的情况，可见其绘制必以相当科学的测绘方法为基础，绘图技术相当高。应该注意的是，它们是西汉初年的遗物，可以反映当时测量、计算和绘制等多项技术及其水平。我国古代地图的绘制，以晋代裴秀为一大家，他总结有制图之“六体”，即所谓“分率”、“准望”、“道里”、“高下”、“方邪”、“迂直”六体。不过，他在《禹贡地域图序》中议：

① 参阅杜石然等：《中国科学技术史稿》上册，科学出版社 1985 年版，第 187 页。

惟有汉氏舆地及括地诸杂图，各不设分率，又不考正准望，亦不备载名山大川，虽有粗形，皆不精兵审，不可依据。①

对照马王堆出土地图，裴秀之论太偏，成为一种误导。也有人指出：

其说（六体）之立，未必出于裴氏之新创，殆不过由秦汉以来积累之制图经验，至裴秀而始著“成文”之规制耳。②

马王堆出土地图足以为证。由此启发我们，要客观科学地分析历史问题，不能任意拔高（裴秀之论就会有此倾向），也不应随意贬低（如对地图及其他著作之认识），要充分发掘各个历史时期先人的成就和贡献。马王堆地图所反映的成就，确实可以为我国和世界地图学史增添新光彩。

六 根底深厚的农学与水利学

（一）汉代农业生产的水平

原始的农业和畜牧业，发展到汉代，达到了前所未有的水平，经济史的研究在这方面有很充分的论述③。对于汉代农业生产的水平，可以主要从以下几方面说明。

1. 土地的开垦

农业生产，特别是粮食等农作物的生产，是以土地开垦为前提条件的，如晁错所言：“粟米布帛，生于地，长于时，聚于力，非可一日成也。”④ 这实际是讲农业生产与土地的开垦是要人力经营的。汉朝当权者在政局稍微稳定之后，“力农”的主张和政策不断出现和实施，对土地的开垦起到了

① 房玄龄、褚遂良等撰：《晋书》卷三十五，《裴秀传》，中华书局 1974 年版，第 1039 页。

② 王庸：《中国地理学史》，上海书店 1984 年版，第 59 页。

③ 傅筑夫：《中国社会经济史》第二卷，人民出版社 1892 年版，第 236～238 页；林甘泉：《中国经济通史·秦汉经济卷》第三章，经济日报出版社 1999 年版。

④ 班固：《汉书》卷二十四上，《食货志上》，中华书局 1962 年版，第 1133 页。清人王念孙以为当改“力”为“市”，不当。这里明明讲靠土地生，待时间长，要人力而成，非一日之功。当时粟米布帛作为商品还不是主要的。

积极的作用。《汉书·地理志》在记述各郡县的户口、垦田之后，有一段总括性的文字：

> 迄于孝平，凡郡国一百三……提封田一万万四千五百一十三万六千四百顷，其一万万二百五十二万八千八百八十九顷，邑居道路，山川林泽，群不可垦，其三千二百二十九万九百四十七顷，可垦可不垦，定垦田八百二十七万五百三十六顷。民户千二百二十三万三千六十二，口五千九百五十九万四千九百七十八。汉极盛矣。①

可以看到，这“极盛”情况，反映了汉代土地开垦和人口繁殖的空前发展。当然这似乎是精细统计出来的数字，实际是有问题的，所以引起了一些不同意见的讨论。但是，它又是有一定根据的，比如税收的实际情况、统计和上报的规定要求等。东汉时统计数字略低一点，当与地主田庄的发展有关，有些人口、垦田数字就未曾上报。我国历代也都有户口和垦田的统计数字，比较而言，汉代的这种“极盛”的情况，保持了相当长的时间。《中国经济通史·秦汉经济卷》的研究说：“宋英宗治平三年（1066年）户数才超过平帝时，宋孝宗淳熙十四年（1187年）宋金两国合计人口数才打破平帝时的记录，垦田数被超越则早一些，大约是在隋文帝开皇九年（589年）。”这当然是就各种统计数字而言的，人口的多少，垦田数字的统计，是一直在变化的，我们只能从大的方面进行比较。

再具体一点论述，从全国分区的情况看，例如黄河流域中、下游的关中、关东地区，西汉时期的土地开垦就是最充分的。据统计，关中司隶地区耕地占全国的11.22%，关东地区包括冀州、兖州、徐州、青州、豫州占49.39%，合计占全国耕地的60.61%②。说明这些地区情况的材料也更充分。土地的开辟即垦田，需要人力，也需要工具和技术，西汉时期先进的技术和工具，都是从关中地区开始的。据《汉书·食货志》记载，汉武帝时以赵过为搜粟都尉，赵过发明代田法，“过使教田太常三辅。大农置工巧奴与从事，为作田器”。先进技术、工具都从这里开始，以后推广，

---

① 班固：《汉书》卷二十八上，《地理志上》，中华书局1962年版，第1640页。

② 参阅林甘泉：《中国经济通史·秦汉经济卷》，经济日报出版社1999年版，第141页。

“教边郡及居延城”。其结果是：

是后，边城、河东、弘农、三辅太常民皆便代田，用力少而得谷多。至昭帝时，流民稍还，田野益辟，颇有畜积。①

土地就是这样开辟的。此其一例，余不再述。

2. 亩产量的估算

粮食亩产量是衡量农业生产水平高低的又一个依据。汉代有关亩产量的记载不少，但具体计算起来，困难也不少。古代的度量衡与现代的不同，古代本身前前后后又有变化，亩还有大小之分，等等。

一讲粮食产量，大家首先想到的是百亩百石的说法，《汉书·食货志》记述晁错上疏云：

今农夫五口之家，其服役者不下二人，其能耕者不过百亩，百亩之收不过百石。②

一亩一石这个产量太低了一点，比“岁收亩一石半”的战国产量低很多。这是晁错为劝谏重本抑末、贵粟重农而强调了农民的贫困，此说是有一定道理的。一般的中等水平的产量应该是多少？或者《淮南子·主术训》的说法可为代表：

夫民之为生也，一人跖耒而耕，不过十亩。中田之获，卒岁之收，不过四石。③

根据文献记载，结合考古资料，考虑大、小亩之分别，《中国经济通史·秦汉经济卷》作了一个很有价值的结论：

根据上述几条材料，可以看出汉代旱田平均亩产在大亩三至四石

① 班固：《汉书》卷二十四上，《食货志上》，中华书局 1962 年版，第 1139 页。
② 班固：《汉书》卷二十四上，《食货志上》，中华书局 1962 年版，第 1132 页。
③ 《淮南子·主术训》，诸子集成本，中华书局 1954 年版。

之间，折合小亩则 1.25 至 2 石之间。合每市亩产粟 117.5 至 187.5 斤。（汉代 1 小亩＝0.288 市亩，1 石＝2 市斗，1 市斗＝13.5 斤，1 石＝27 市斤粟，折算而成。）①

《淮南子》之“中田之获”，可以理解为平均水平，是讲普通旱田的产量。使用新技术如代田法、区田法，或者兴修水利后和良田，亩产量当然会高一些。《史记·货殖列传》就有“带郭千亩亩钟之田”的说法，“亩钟”那就是亩产十石，比“中田之获”多一倍以上，更有高产可能性的记载，如《汉书·沟洫志》载贾让之言所说：

若有渠溉，则盐卤下湿，填淤加肥，故种禾麦，更为秔稻。高田五倍，下田十倍。②

有比一般“中田之获”多五倍乃至十倍的高产，虽为约言，但亩产量增加幅度可能是很大的。

3. 铁农具与牛耕

秦汉史研究者、经济史研究者乃至科技史研究者一致认为，铁器的广泛使用，特别是铁农具的使用，是秦汉农业生产发展的重要原因之一，也是一种标志。这种看法是符合历史实际的。无论从文献记载或考古资料哪一方面看，都有材料可以说明。

虽然春秋以来，我国的冶铁技术已经出现，铁器已经开始用于生产、军事乃至日常生活中，但其广泛的使用是在汉代。汉人对于农业生产中使用铁器很重视，西汉中期的《盐铁论》中有些言论非常明确：

农，天下之大业也；铁器，民之大用也。器用便利，则用力少而得作多，农夫乐事劝功。用不具，则田畴荒，谷不殖，用力鲜，功自半。器便与不便，其功相什而倍也。③

---

① 林甘泉：《中国经济通史·秦汉经济卷》，经济日报出版社 1999 年版，第 243 页。

② 班固：《汉书》卷二十九，《沟洫志》，中华书局 1962 年版，第 1692 页。

③ 《盐铁论·水旱》，诸子集成本，中华书局 1954 年版。

铁器者，农夫之死生（士?）也，死士用则仇雠灭，仇雠灭则田野辟，田野辟而五谷熟。①

这里讲的铁器，讲的都是农业生产工具，直接用于开垦田地。整个《盐铁论》都在反复讨论盐、铁问题，二者都是关系人民生活、生产的根本问题，而铁器又是作为农业生产工具认识的，可见其已经较广泛地使用。

另外一些记载，也能证明铁器的生产很多。据《汉书·地理志》记载，在全国40个郡国中设立铁官49处，主要在北方各地，南方只有桂阳、犍为、蜀三郡有；到东汉南方产铁或设铁官之处增加为7处。《后汉书·郡国志》记载是：广江郡皖县、桂阳郡耒阳、巴郡岩渠、越郡台登和会元、益州郡滇池和永昌郡不韦7处。而北方边陲，如北地郡弋居，渔阳郡渔阳、泉州和辽东郡平郭等亦增设了铁官。铁官设置覆盖面不断扩大，反映冶铁业和铁器生产的不断发展。

考古发掘的材料更丰富。在全国各地发现的汉代冶铁遗址很多，出土的铁农具也分布极广，从东北的辽宁、内蒙古到西南的云南、贵州，从西北的新疆、甘肃到东南的广东、福建，各地都有发现，有的一处就有几十件、几百件。辽阳三道壕西汉村落遗址中发现了铧、镢、锄、锸、铲、镰、锹等各种农具②。

铁农具中铁犁铧、犁壁的大量出土，是牛耕技术得到推广的反映。牛耕技术肯定是汉以前就有了的，但汉代也肯定是有推广和发展，不过文献记载不多罢了。最为明显的记载就是《汉书·食货志》，武帝末年赵过在推行代田法的同时“用耦犁，二牛三人”的牛耕法，此法具体如何，古人没有说明。今人研究认为，“耦”指两头牛，“耦犁”指两头牛合拉一犁，即俗称的二牛抬杠。三人的操作方式是前挽、中压、后驱③。不知是否如此？科技史研究者说：

① 《盐铁论·禁耕》，诸子集成本，中华书局1954年版。

② 参阅中国社科院考古所编《新中国的考古发现和研究》以及各地有关考古发掘报告等著作。

③ 参阅宋兆麟：《西汉时期农业生产技术的发展》，《考古》1976年第1期；李朝真：《从白族的“二牛头”耕作法看汉代的耦犁法》，《农史研究》第五辑，中国农业出版社1985年版。

这同解放前云南省宁蒗纳西族地区还残留着的二牛三人的牛耕法相似。这种方法虽然需要较多人力，但在驾驭耕牛的技术不够熟练，铁犁构件及其功能尚不完备的条件下，还不失为一种较好的方法。……随着耕牛技术的日益提高和活动式犁箭的发明，至迟西汉晚期已进而有一牛一人犁法，这是双辕犁的使用和犁铧形式改进的结果。①

也许拿各个时期各个地区出土的犁铧作具体比较，即可证明上述论证是否正确。

总之，汉代牛耕技术的不断改进和推广，是历史发展的事实。这从汉人对牛的重视也可以看出来，有一条《风俗通》的佚文说：

牛乃耕农之本，百姓所仰，为用最大，国家为之强弱。②

牛是耕农之本，而且关系国计民生，人们重视耕牛，同时也就注意保护耕牛。据记载，当时似有严禁杀牛之法，《淮南子·说山训》有“杀牛，必亡之数”一句，高诱注云：

牛者，所以植谷者，民之命，是以王法禁杀牛，民犯禁杀之者诛，故曰必亡之数。③

《盐铁论·刑德》：

故盗马者死，盗牛者加，所以重本而绝轻疾之资也。④

此篇专讲法令、立法问题，极有可能是有关于保护耕牛方面的法令。

推广牛耕已经涉及边远地区，这是汉朝中央政府和一些地方官员努力

① 杜石然等：《中国科学技术史稿》上册，科学出版社1985年版，第156页。
② 吴树平：《风俗通义校释·佚文三》，天津人民出版社1980年版，第400页。
③ 《淮南子·说山训》，诸子集成本，中华书局1954年版。
④ 《盐铁论·刑德》，诸子集成本，中华书局1954年版。

的结果。《汉书·昭帝纪》记载，元凤三年的诏书说：

乃者民被水灾，颇匮于食……三年以前所振贷，非丞相御史所请，边郡受牛者勿责收。①

颜师古注引应劭曰：

武帝始开三边，徙民屯田，皆与犁、牛。后丞相、御史复间有所请。今敕自上所赐与收责，丞相所请乃令其顾税耳。②

从汉武帝开始，就正式向“三边”地区推广牛耕。这个政策，一直延续到西汉末年，平帝元始二年：

郡国大旱，蝗，青州尤甚，民流亡……罢安定（今甘肃高平）呼池苑，以为安民县，起官寺市里，募徙贫民，县次给食。至徙所，赐田宅什器，假与犁、牛、种、食。③

东汉时期也非常重视和普及牛耕技术，这里不再一一征引。而地方官吏的推广，从西汉到东汉也都一样，东汉的一些地方官尤为突出，如东汉初年，任延为九真太守：

九真俗以射猎为业，不知牛耕。④

民常告籴交阯，每致困乏。延乃令铸作田器，教之垦辟。田畴岁岁开广，百姓充给。⑤

---

① 班固：《汉书》卷七，《昭帝纪》，中华书局 1962 年版，第 329 页。
② 班固：《汉书》卷七，《昭帝纪》，中华书局 1962 年版，第 329 页。
③ 班固：《汉书》卷十二，《平帝纪》，中华书局 1962 年版，第 353 页。
④ 李贤注云：《东观汉记》：“九真俗烧草种田。”当为火耕水耨。
⑤ 范晔：《后汉书》卷七十六，《循吏列传》，中华书局 1965 年版，第 2462 页。

南方地区牛耕的推广，是东汉时期的主要政绩之一。广东、广西、福建、四川、云南和贵州，到处都有铁器和牛耕器物的考古发现。早已推广的中原地区，牛耕已基本普及，而且技术不断改进。

4. 代田法和区田法

这两种耕作方法，可以代表汉代精耕细作技术的形成和发展。

代田法，据《汉书·食货志》记载，是武帝时搜粟都尉赵过推行的，其内容是：

> （赵）过能为代田，一亩三甽，岁代处，故曰代田，古法也。后稷始甽田，以二耜为耦，广尺深尺曰甽，长终亩。一亩三甽，一夫三百甽，而播种于甽中。苗生叶以上，稍耨陇草，因隤其土，以附根苗。故其诗曰："或芸或芓，黍稷儗儗。"芸，除草也；芓，附根也，言苗稍壮，每耨辄附根。比盛暑，陇尽而根深，能风与旱，故儗儗而盛也。①

这种甽垄异位的代田法，虽说是"古法"，赵过当有所改进而付诸实行，连同牛耕一起推广，"用力少而得谷多"，"一岁之收，常过缦田晦一斛以上，善者倍之"②。

区田法，是一种小面积土地上精耕细作的方法，见于《氾胜之书》的记载，该书早已散失，现存版本是从《齐民要术》以及唐宋的一些类书中辑录出来的。所谓"区田不耕旁地，庶尽地力"，"深挖作区"，密植。集中用水、施肥，加强管理，争取单位面积的高产。并且根据土壤质量的差别，采取不同的区种法。"以类气为美，非必须良田也。诸山陵，近邑高危，倾阪及丘城上，皆可为区田。"具体布置、耕作方法等，在《氾胜之书》中有系统论述，此不详引。氾胜之是西汉成帝时的"议郎"，则西汉也已推广此种技术。

整个汉代农业生产，在中国古代已达到较高的水平，为农学的发展提供了厚实的基础。

---

① 班固：《汉书》卷二十四上，《食货志上》，中华书局1962年版，第1138页。

② 引文均见《汉书·食货志》。

（二）农学著作与农学思想

随着农业生产水平的不断提高，农学也相应产生。农学包括理论和技术两个方面，理论方面，除专门农学著作中会涉及外，在各种政论中也会予以讨论，只不过极为分散。

1. 农学著作的概况

汉代的农书以及与农有关的著作很多，只是保留下来的极少，相关的资料又比较分散。矛盾的现象是，一方面人们重农、以农为本，另一方面又忽视农学的积累，有时有人总结，也写成著作，过后又弃之一旁，造成散失。这方面，现存较完整的北魏贾思勰的《齐民要术》，可以给我们一点信息，他自序其成书说：

> 今采捃经传，爰及歌谣，询之老成，验之行事，起自耕农，终于醯醢，资生之业，靡不毕书，号曰《齐民要术》，凡九十二篇，分为十卷。①

《齐民要术》署名作“后魏高阳太守贾思勰撰”，不详其人始末，如他自己在“杂说”中所说，“夫治生之道，不仕则农……稼穑之力，虽未逮于老农，规划之间，窃自同于后稷”。或者是他卸任之后所作，而且有幸流传后世。这里我想说的是他的“采捃经传”，据统计，书中引用前人农学著作和有些经传中关于农业的言论和思想，在150种以上，其中很大一部分是汉代著作，而且他在序言中举的“益国利民”的例子也都是汉人。汉人著作引用范围极广，除《史记》《汉书》《东观汉记》《淮南子》《淮南万毕术》《盐铁论》《越绝书》《说文》《尔雅》《汉旧仪》《风俗通》这些经传之外，引得最多的是《氾胜之书》和崔寔的《四民月令》这样的汉代农书，前者的许多内容全靠它赖以保存。另外有些书应该也是汉代的，如《孝经援神契》《尚书考灵曜》以及《杂阴阳书》《杂五行书》《五行书》《吴氏本草》《食经》《龙鱼河图》等，表明有关农业的理论和技术的资料是很分散的，整理和研究并非易事。

---

① 贾思勰：《齐民要术·自序》，中华书局2015年版，第19页。

集中记述汉代农学著作的，当然还是《汉书·艺文志》。其《诸子略》共列儒、道、阴阳、法、名、墨、纵横、杂、农、小说十家，并且说：“诸子十家，其可观者九家而已。”大概农家还在这九家之类，位列末位，这样的书自然不易受重视，所以，志中所著录的书籍，大多亡佚，到《隋书·经籍志》中就只剩下《氾胜之书》二卷（原为《氾胜之》十八篇）。

《艺文志》著录“农家”书又是九家，除开《神农》二十篇、《野老》十七篇、《宰氏》十七篇，“不知何世”，其余的六家都是西汉时的，它们分别是：

《董安国》十六篇，注云，“汉代内史，不知何帝时”。姚振宗《汉书艺文志条理》，说：“文帝十四年，有内史董赤，疑赤字安国。”可备一说。

《尹都尉》十四篇，注云：“不知何世?”周寿昌《汉书注校补》：《艺文类聚》（八十二）引刘向《别录》有《尹都尉种葱书》《种蓼书》，《隋书·经籍志》缺。《唐志》《尹都尉书》三卷。郑氏《通志》同。是宋尚存其书。而马氏《通考》无之，则宋末久佚矣。刘向《别录》之文，《太平御览》九百七十八和九百八十皆有征引，文字小异。

《赵氏》五篇，注云：“不知何世。”姚振宗等人考证，皆以为即武帝时搜粟都尉赵过之书，或者“不尽出于过手”，为他人所为。

《氾胜之》十八篇，注云：“成帝时为议郎。”师古曰：刘向《别录》云“使教田三辅，有好田者师之，徙为御史”。

《王氏》六篇。注云：“不知何世。”有人推测其世代，没有根据。全无可考。

《蔡葵》一篇。注云：“宣帝时，以言便宜，至弘农太守。”师古曰：“刘向《别录》云邯郸人。”①

《艺文志》写作时，以上所有的书皆“亡”，只有《氾胜之书》《尹都尉书》后有出现。值得注意的是，以上诸书刘向校书时都见到过，有的《别录》文字也有保存，因此《艺文志》才得以著录。另外，也有些明显和不明显的农书，刘向、刘歆的《七略》放到别的类别中去了，例如《数术略》的“杂占”类有《神农教田相土耕种》四卷，《种树臧果相蠶》十三卷，《昭明子钓种生鱼鳖》八卷，即使是“主占候者”，也不会全无农学

① 班固：《汉书》卷三十，《艺文志》，中华书局 1962 年版，第 1742 页。

的内容。又，“形法”类有《相六畜》三十八卷。再有，《诸子略》的“阴阳家”中有《杂阴阳》三十八篇，应该即是上述《齐民要术》所引之《杂阴阳书》。

以上仅就《汉书·艺文志》所记西汉情况而言，东汉的农学著作就很难考了。西汉的农书都那么容易亡佚，东汉再经过魏晋南北朝的长期战乱，就更难保存和流传了。一个明显的事实就是，《隋书·经籍志》所记农书一共只有六部，而汉代就是《氾胜之书》二卷，《四人（民）月令》一卷两种。一直到《新唐书·艺文志》，东汉农书仍然只有这《四人月令》。

前已指出，汉代关于农学的理论和技术，有很多是分散在各种经传之中的，上面讲《齐民要术》的引书时已经说到不少。

另有一种意见值得一说。科学出版社 1959 年出版 1984 年重印的《中国农学史》，把《管子》中部分篇章当作汉时期的农学著作和资料，其中有如下一段论述：

> 关于《管子》中某些篇的写作时代，我们根据它们的思想体系、所记经济状况、建立国都问题、爵赏制度、乡举制度，以及轻重政策等各方面来证明它们是前汉作品。这些篇是：重农派的《牧民》、《权修》、《五辅》三篇是汉高帝时代的作品，《立政》、《君臣上》、《下》、《治国》、《问》、《入国》等篇是文、景时代作品，《乘马篇》是文、景或惠、文时代作品，《八观》、《小匡》、《度地》、《地员》等篇是武帝时代作品；法家的《七法》……

以下还有二十多篇的作品时代。据说，持此说的编著者于友先还有《前汉前期的重农学说》及附件。虽然这部书稿还没有出版，但很有参考价值。我认为，其说有可取之处，有两点可以考虑。第一，该书说“关于《管子》与其他书不同的地方，是它名为《管子》，实际上是从战国以至前汉的各家论文集”，这是自古以来辨伪看法的发展，最早是晋傅玄说：“《管子》书过半是后之好事者所加。”① 自宋以后讨论最多，如叶适就说“《管

① 王应麟：《汉艺文志考证》引，刘恕：《通鉴外纪》引。

子》非一人之笔，亦非一时之书”① 等。《中国农学史》在前人论述的基础上，把时间延至前汉，而且作了更具体的分析。其中有某种合理的因素，即《管子》书中有反映前汉情况的内容。第二，按照我们“汉人改造先秦典籍”说，《管子》书中有汉人“附益”的东西，是不足为怪的，也许《管子》书比其他书更多一些。书中有关前汉前期农业技术状况的材料是完全可能的。

2.《氾胜之书》与《四民月令》

这是我国现存的最早的两部农书，而且都是遗文，原书早已亡佚，无法知道其原貌。《汉书·艺文志》著录，《氾胜之书》十八篇时，该书已经“亡”佚了。《隋书·经籍志》《新唐书·艺文志》皆著录《氾胜之书》二卷，不知是否后出的，但也没留传下来，现存只有清人辑佚本，分别有马国翰的辑佚三卷，洪颐煊的辑本二卷。作者氾胜之的情况因为史书无传也不太清楚，相关的材料仅两三条。一是《艺文志》的本注：“成帝时为议郎”，二是颜师古注引刘向《别录》云：

> 使教田三辅，有好田者师之，徙为御史。②

三是《晋书·食货志》记载太兴元年，诏曰：

> 昔汉遣轻车使者氾胜之督三辅种麦，而关中遂穰。③

氾胜之先后做过议郎、御史、轻车使者，主要事迹当即“教田三辅”，在他“教”的过程中有人“师之”，也许就这样留下《氾胜之书》十八篇。

从东汉到唐代，这部书受到过一定的重视，郑玄遍注群经时就曾引用过，例如《周礼·地官·草人》：

> 土化之法，化之使美，若氾胜之术也。④

① 叶适：《习学记言序目》卷四十二，中华书局 1977 年版，第 527 页。
② 班固：《汉书》卷三十，《艺文志》，中华书局 1962 年版，第 1743 页。
③ 房玄龄等：《晋书》卷二十六，《食货志》，中华书局 1974 年版，第 1123 页。
④ 《周礼·地官·草人》，十三经注疏本，中华书局 1980 年版。

又《礼记·月令》孟春之月“草木萌动”注：

农书曰，土长冒橛，陈根可拔，耕者急发。[①]

《正义》说：

郑所引农书，先师以为《氾胜之书》也。[②]

郑玄一再提到氾胜之，而且从语气看，一个“若”字好像是大家都比较熟悉似的。而唐贾公彦作疏时更明确地说：

汉时农书有数家，氾胜之为上。[③]

由此可见从东汉到唐代，《氾胜之书》的影响是不小的。另外，如上所述，《齐民要术》中大量的征引，还有隋、唐和宋代的各种类书，如《北堂书钞》《艺文类聚》《太平御览》等也都有引述。

《氾胜之书》的具体内容这里就不详加述说了。因为他“教田三辅”，京兆尹、左冯翊、右扶风西汉首都所在地及其附近，即关中平原地区。主要是总结了旱地农作物的经验和知识，用提高单位面积产量的方法，如发明区种法，发展农业生产，对于栽培的环节、技术等许多方面都有很好的论述，如“趣时、和土、务粪、泽、早锄、早获”六个基本环节，春、夏、秋耕，防旱保墒，田间管理，中耕除草“锄旱锄小锄了”，基肥、种肥、追肥的施肥方法等，有些一直用到现在。

《四民月令》在隋志、唐志中均作《四人月令》，这是避唐太宗李世民之讳而改。流传至今的文字，虽有残缺，但比《氾胜之书》要完整些，作者的情况因为有传也清楚得多。

崔寔出身于书香门第，《后汉书·崔骃列传》之“论曰”：

---

① 《礼记·月令》，十三经注疏本，中华书局 1980 年版。
② 引文在《四民月令》也有，当是抄的《氾胜之书》。
③ 《礼记·月令》，十三经注疏本，中华书局 1980 年版。

崔氏世有美才，兼以沈沦典籍，遂为儒家文林。骃、瑗虽先尽心于贵戚，而能终之以居正，则其归旨异夫进趣者乎！……寔之《政论》，言当世理乱，虽晁错之徒不能过也。①

崔寔的曾、高祖皆为博学之士，祖父崔骃“与班固、傅毅同时齐名”，父亲“与扶风马融、南洋张衡特相友好”，崔寔本人“少沈静，好典籍”，对于辟征多半“不就”“不应”。其才华与蔡邕齐名，“号称崔蔡”②。桓帝时以一篇《政论》著名，曾为议郎，“与边韶、延笃等著作东观”，后又曾“出为五原太守”。为官清廉，死时“家徒四壁立，无以殡殓，光禄勋杨赐……段颎为备棺椁葬具……”③

《四民月令》的写作有可能是两个时间，一个是早年“著作东观”的前后，当时推荐他的是大司农羊傅和少府何豹，或者知道他有《四民月令》之作；另一个时间是他病休的晚年，时令是洛阳地区的，书中正月“地气上腾……陈根可拔”下有注文说：

此周雒京师之法，其冀州远郡，各以其寒暑早晏，不拘于此也。④

这又是有了到北方远郡的实践之后所补。

《四民月令》应该是仿效《礼记月令》而作，和《礼议》讲朝廷每月应做的事不同，而讲一般人（士、农、工、商“四民”）每月应做之事。内容极为广泛，除农事之外，还有日常生活中的许多事，如祭祀、社交、子弟教育、饮食、采药制药、晒书、晒衣、保藏弓弩及衣物等。但农事占很大比重，从头到尾连贯起来，就是一部“农家历”，不论有无农事，都会记上一笔，如正月“农事未起”之时，仍有：

雨水中，地气上腾，土长冒橛，陈根可拔。急菑疆土黑垆之田，粪畴（注：畴麻田也）可种瓜（注：种瓜宜用戊辰日），可种瓠，可

① 范晔：《后汉书》卷五十二，《崔骃列传》，中华书局1965年版，第1732页。
② 郝经：《续后汉书·崔寔》，商务印书馆1958年版，第1223页。
③ 范晔：《后汉书》卷五十二，《崔骃列传》，中华书局1965年版，第1731页。
④ 崔寔撰，石声汉校注：《四民月令校注》，中华书局1965年版，第14页。

种葵，可种薤韭芥、大小葱蒜、苜蓿及杂蒜，可种蓼，可菹芋……①

“农事未起”却仍有如此之多的农事。又如十二月“休农息役”之时：

遂合耦田器，养耕牛，选任田者，以俟农事之起。②

基本上每个月都有关于农事的记述，其中有生产技术的问题，有实践经验的总结，可以当作农书看待。

3. 农学思想

农学思想可以分为两个大的方面，一方面是技术层面的，例如关于土地利用的理论和技术思想，先秦时期的“任地”一词即属于这方面，《吕氏春秋》就专有《任地》一篇。这方面又具体包括土壤的分类、整地的理论和技术以及精耕细作的理论和技术，等等。还有关于栽培的理论和技术，包括播种、施肥、锄草、田简管理等许多具体内容。

另一方面可说是政策性的，属于指导思想的层面。我国古代以农立国，如《汉书·食货志》开篇所说：

《洪范》八政，一曰食，二曰货。食谓农殖嘉谷可食之物，货谓布帛可衣，及金刀龟贝，所以分财布利通有无者也。二者，生民之本。③

接着讲神农发明耒耜“教天下而食足”，即农耕开始。紧接着又是：

尧命四子敬授民时，舜命后稷以“黎民祖饥”，是为政首。禹平洪水，定九州，制土田……④

从神农开始，然后尧、舜、禹诸圣贤，都是以农为本的。《食货志》所说

---

① 崔寔撰，石声汉校注：《四民月令校注》，中华书局1965年版，第14页。
② 崔寔撰，石声汉校注：《四民月令校注》，中华书局1965年版，第14页。
③ 班固：《汉书》卷二十四，《食货志》，中华书局1962年版，第1127页。
④ 班固：《汉书》卷二十四，《食货志》，中华书局1962年版，第1117页。

的这种以农为本的重农思想，到汉代得到继承和发展，反复被强调，成为整个经济发展的指导思想。

汉代社会经济中有一个突出的情况是，在战国时代经济发展中兴起的手工业和商业，达到了相当发达的程度，因而形成了“本末之争”。最明显的就是商鞅，他提倡耕战，《商君书》中有《农战》篇，进而认为农业是本，工商业为末，他说：

> 能事本（农业）而禁末（工商业）者，富。①

工商业为末业，到汉代成为一般性的认识，如《史记·货殖列传》所说：

> 夫用贫求富，农不如工，工不如商，刺绣文不如倚市门，此言末业，贫者之资也。②

在汉代，末业多指商业，如《潜夫论·浮侈》言：

> 今举世舍农桑，趋商贾……今察洛阳，浮末者什于农夫，虚伪游手者什于浮末。③

“本末之争”体现的就是“重农抑商”思想。

重农思想是汉代整个经济发展的根本指导思想，这体现在很多方面，人们从不同的角度阐述这种思想主张。

众所周知，从汉朝初年开始，先后就有贾谊的《积贮疏》、晁错的《贵粟疏》等上奏皇帝，都是重农思想的表现。贾谊写道：

> 今背本而趋末，食者甚众，是天下之大残也……
>
> 夫积贮者，天下之大命也。苟粟多而财有余，何为而不成？以攻则取，以守则固，以战则胜，怀敌附远，何招而不至？今驱民而归之

① 《商君书·壹言》，诸子集成本，中华书局 1954 年版。

② 司马迁：《史记》卷一百二十九，《货殖列传》，中华书局 1982 年版，第 3274 页。

③ 班固：《汉书》卷四十九，《王符传》，中华书局 1962 年版，第 1633 页。

农，皆著于本，使天下各食其力。末技游食之民转而缘南亩，则畜积足而人乐其所矣。可以为富安天下……

今海内为一，土地人民之众，不避汤禹，加以亡天灾数年之水旱，而畜积未及者，何也？地有遗利，民有余力，生谷之土未尽垦，山泽之利尽出也。游食之民未尽归农也。①

这些重农的思想，在一定程度上为皇帝所接受，所以从文帝开始，就一而再地下《劝农诏》，"吾诏书数下"，反复明确表态，"道民之路，在于务本"，"农天下之本，务莫大焉"，等等。

重农思想在各种议论中表现出来，也在一些政策中表现出来。一般著作的议论，如《淮南子·主术训》中写道：

食者民之本也，民者国之本也，国者君之本也。是故人君者上因天时，下尽地财，中用人力，是以群生遂长，五谷蕃殖；教民养育六畜，以时种树，务修田畴，滋植桑麻，肥硗高下各因其宜；丘陵阪险不生五谷者，以树竹木，春伐枯槁，夏取果蓏，秋畜疏食，冬伐薪蒸，以为民资。是故生无乏用，死无转尸。②

这中间也有农业技术知识和理论，关于重本抑末，它的表述是：

不直之于本，而事之于末，譬犹扬堁而弭尘，抱薪以救火也。③。

另外，交锋式的讨论中，当然讲本末问题，如《盐铁论》虽然是讨论盐铁官营问题，但也涉及重农思想，文学当然是高唱崇本、重农，如《力耕》篇记文学之言曰：

故衣食者民之本，稼穑者民之务也，二者修则国富而民安也。④

① 班固：《汉书》卷四十八，《贾谊传》，中华书局 1962 年版，第 1613 页。
② 《淮南子·主术训》，诸子集成本，中华书局 1954 年版。
③ 《淮南子·主术训》，诸子集成本，中华书局 1954 年版。
④ 《盐铁论·力耕》，诸子集成本，中华书局 1954 年版。

大夫不能公开反对重农，只好迂回为说："富国何必用本农，足民何必井田也。"盐铁官营是照样实行，"天下以农桑为本"①，这个指导思想是不能丢的。

从前引《潜夫论》所说情况以及相关材料看，整个两汉时期，重农思想、崇本抑末思想一直是指导思想的主流，所以东汉建立，时局大体稳定之后，从明帝开始亲耕籍田，劝农诏以及关乎农业发展的诏书频频颁布。当然，工商业发展的事实又说明没有能完全抑制住，那是另一回事。

（三）水利工程技术和学理

农业生产的发展离不开农田水利，一是土地即农田，二是水的滋养称为水利。地球上纵横交错的众多河流湖泊，滋润着大地，同时有时候又"洪水滔天"，成为人之大害。大禹治水，就是这样开始的。《史记·河渠书》开头就引《夏书》曰："禹抑洪水"，治理的结果，"九川既疏，九泽既洒，诸夏艾安，功施于三代"，变害为利。司马迁为此而走遍天下发出感叹：

> 余南登庐山，观禹疏九江，遂至于会稽太湟，上姑苏，望五湖；东阚洛汭、大邳，迎河，行淮、泗、济、漯洛渠；西瞻蜀之岷山及离碓；北自龙门至于朔方。曰：甚哉水之为利害也！余从负薪塞宣房，悲瓠子之诗而作《河渠书》。②

他作《河渠书》，既做了全国性的实地考察，又是有感而发。

所谓"水利工程"，包括防害和兴利两个方面，防害主要是堤防工程，兴利则有灌溉和运河两类工程。

至少春秋、战国时期，我国就开始了大型的水利工程建设，著名的就是当时楚国今安徽境内的芍陂，当时魏国今河北境内的漳水十二渠，当时秦国今四川灌县的都江堰和陕西关中地区的郑国渠。芍陂和都江堰至今仍在发挥作用。

---

① 班固：《汉书》卷七，《昭帝纪》，中华书局1962年版。

② 司马迁：《史记》卷二十九，《河渠书》，中华书局1982年版，第1415页。

堤防工程是防河水泛滥之害，这本来是大小江河都常有的，但在我国古代一向以黄河为重点。横贯我国境内本有黄河、长江两大水系，长江之利害记载很少，江岸虽有小变，但无大变化，只是近代以来，才出现围垦、淤浅乃至江水泛滥等问题。黄河自古以来，改道横决之事频频发生，历史上大的迁徙不下六七次。

从汉代的情况看，河患已相当严重，乃至汉武帝时出现一次瓠子（今河南濮阳西南）大决。究其原因有很大的人为因素，特别是春秋战国时期，诸侯国各为其利，在很大程度上破坏了黄河的自然状态。这有明显的事实根据，有许多“以邻国为壑”①、“东周欲为稻，西周不下水”② 的事实。人为破坏的历史现象，人们也很容易注意到，早在20世纪30年代末，郑肇经著《中国水利史》时，就已指出并列举了主要事实，且引其文如下：

> 追源瓠子之所决，不得不归罪于周秦以来之人工引河与决河。《竹书纪年》载周显王八年（前361年）梁惠成王入河水于圃田（今河南中牟县西），为泽八，为陂三十六，东西五十里，南北二十六里，西限长城，东极官渡。又为大沟（今河南尉氏县西南十五里）引圃水而东。河有所分，则水缓沙停，利兴而害以随之。周显王十年（公元前359年）楚师决河水出长垣之外，决水之地近西山，在白马宿胥之间。非特为患一时，而为千万世禹河之罪人。汉兴以来，东郡数十年之横溃，胚胎于此。秦始皇二十三年（公元前225年）王贲攻魏，引河沟灌大梁（大梁故城在今河南开封县西），大梁城坏。河沟者鸿沟，亦即引圃水而东之大沟也。太史公曰：“吾适故大梁之墟，墟中之人曰：秦之破梁，引河沟而灌大梁，三月城坏，遂灭魏。”于此可见鸿沟分流之盛矣。③

虽然只是讲“瓠子之决”的历史原因这个问题，其中论述有普遍意义，如黄河淤塞问题，是因为“河有所分，则水缓沙停”，长时间的积累，必然

---

① 《孟子·告子下》，诸子集成本，中华书局1954年版。
② 《战国策·东周策》，商务印书馆国学基本丛书1937年版。
③ 郑肇经：《中国水利史》，上海书店1939年版，第87页。

“沙停”越来越多，堵不胜堵，防不胜防。又如“利兴而害以随之”的问题，历史上的事例很多，现实中也有不少值得思考和研究的问题。修堤筑坝、南水北调等利兴之事，是需要认真科学论证的。

再回到汉代水利事业问题上来。

首先是黄河的治理。从汉初开始，黄河又累次决堤，水灾严重，武帝时瓠子决口影响很大，遍及十几个郡。从元光三年（公元前132年）开始多次发士兵治河，经过二十多年的努力，到元封二年（公元前109年）才塞住决口，保证了其后八十年无大水泛滥之灾。但治河之事，几乎没有中断过。东汉时期最有名的就是王景治河。王景，《后汉书·循吏列传》中有其传。明帝永平十二年，“议修汴渠，乃引见景，问以理水形便”。就是治河之开始，大致情况是：

> 夏，遂发卒数十万，遣景与王吴修渠筑堤，自荥阳东至千乘海口千余里。景乃商度地势，凿山阜，破砥绩，直截沟涧，防遏冲要，疏决壅积，十里立一水门，令更相洄注，无复遗漏之患。景虽简省役费，然犹以百亿计。明年夏，渠成。帝亲自巡行，诏滨河郡国置河堤员吏，如西京旧制。景由是知名。①

这一次治理河段，自河南荥阳到山东千乘（今山东高青县北）五百多公里的黄河大堤。一年时间，用大量人力（数十万），费用“百亿”（注云：十万曰亿也），效果比较显著。据记载研究，此后虽仍有时河水溢漫，但有七八百年未见改道。此次治河还有许多具体情况，有水利史乃至专题的研究②，这里就不详引了。

其次，西汉时期关中的水利建设。

陕西关中是西周建都丰镐之旧地，水利有悠久的历史，秦时又有著名的郑国渠。西汉亦建都于此。一是为了灌溉，二是为了漕运，水利受到重视，水利工程也很多。汉武帝时尤为突出。如元光六年“穿漕渠通渭”，《汉书·沟洫志》云：

---

① 范晔：《后汉书》卷七十六，《循吏列传》，中华书局1965年版，第2465页。

② 如早年有李仪祉：《后汉王景理水之探讨》，《水利月刊》九卷第二期，1935年8月。

令齐人水工徐伯表（师古曰：巡行穿渠之处而表记之，今之竖标是），发卒数万人穿漕渠，三岁而通。以漕，大便利。其后漕稍多，而渠下之民颇得以溉矣。①

这条渠傍渭河南岸东行，至潼关附近入黄河，长达一百五十多公里，既通舟楫，省时省力；又利灌溉，“民田万余顷”受益。

又如龙首渠：

发卒万人穿渠，自征引洛水至商颜下，岸善崩，乃凿井，深者四十余丈，往往为井，井下相通，行水，水隤以绝商颜，东至山领十余里间。井渠之生自此始。穿得龙骨，故名龙首渠。②

井渠的创造始于此。

还有一条著名的白渠：

太始二年（公元前 95 年），赵中大夫白公复奏穿渠，引泾水，首起谷口，尾入栎阳，注渭中，袤二百里，溉田四千五百余顷，因名曰白渠。民得其饶，歌之曰：“田于何所？池阳、谷口。郑国在前，白渠起后，举臿为云，决渠为雨，泾水一石，其泥数斗。且溉且粪，长我禾黍。衣食京师，亿万之口。③

关中大大小小的水渠还有一些，见于记载的有成国渠、沣渠、蒙笼渠、灵轵渠、六辅渠等，不过有的已经湮废而无踪迹。西汉当时关中水利是相当发达的。

再次，边郡及各地的水利建设。

西汉时期，全国各地包括当时边境地区，都有不少水利建设，一方面是朝廷所为，另一方面有些地方官也为造福一方而搞水利建设。

汉武帝治瓠子决口之后：

① 班固：《汉书》卷二十九，《沟洫志》，中华书局 1962 年版，第 1697 页。
② 班固：《汉书》卷二十九，《沟洫志》，中华书局 1962 年版，第 1681 页。
③ 班固：《汉书》卷二十九，《沟洫志》，中华书局 1962 年版，第 1685 页。

用事者争言水利。朔方、西河、河西、酒泉，皆引河及川谷以溉田。①

这是说汉武帝治河之后，许多人重视和关注水利，因而当时的边远地区都进行了水利建设。这在《汉书·西域传》《地理志》中均有记载，如《西域传》记载汉宣帝年间的事：

汉遣破羌将军辛武贤将兵万五个人至敦煌，遣使者案行表，穿卑鞮侯井以西。（孟康注曰：大井六渠也。下泉流涌出，在白龙堆东土山下。）②

此外，出土文献《居延汉简》《敦煌遗书》中有戍田卒修渠③和“河渠卒”④ 的记载，更有许多渠名。“遗书”的《沙州都督府图经》中，有宜秋渠、孟授渠、阳开渠、都乡渠、北府渠、三丈渠、阴案渠等许多渠名，居延简中也有不少，有些水渠遗迹至今仍可见。

西北边远地区兴修水利，两汉的记载不断，到东汉初，任延为武威太守时兴修水利事业，《后汉书·循吏·任延列传》写道：

河西旧少雨泽，乃为置水官吏，修理沟渠，皆蒙其利。⑤

这个一般性的概述，恰恰有普遍的代表意义。

除关中之外，内地各郡，地方官中的“循吏”，注重修水利事业的不少，有一些还很突出。

例如南阳郡，前有召信臣，后有杜诗，被称为“召父”、“杜母”，二人都勤政爱民，二人均曾对南阳郡的水利事业关注。《汉书·循吏·召信

① 司马迁：《史记》卷二十九，《河渠书》，中华书局 1982 年版，第 1414 页。

② 班固：《汉书》卷九十六，《西域传》，中华书局 1962 年版，第 3062 页。

③ 中国科学院考古研究所编辑：《居延汉简甲编》第 1590 号简：“始元二年，戍田卒千五百人为辟马田写泾渠。”科学出版社 1959 年版，第 104 页。

④ 谢桂华等：《居延汉简释文合校》卷三有：“河渠卒河东皮氏毋优里公乘杜建年二十五。”文物出版社 1987 年版。

⑤ 范晔：《后汉书》卷七十六，《循吏列传》，中华书局 1965 年版，第 2463 页。

臣传》记载：

行时郡中水泉，开通沟渎，起水门提阏凡数十处，以广溉灌，岁岁增加，多至三万顷。民得其利，畜积有余。信臣为民作均水约束……①

《水经注》《通典》都把南阳召信臣与蜀郡李冰之功相比。《后汉书·杜诗列传》记载：

（杜诗）迁南阳太守……又修治陂池，广拓土田，郡内比室殷足，时人方于召信臣，故南阳为之语曰："前有召父，后有杜母。"②

东汉时期各地"穿渠灌溉"的工程似乎更多一些。

又如汝南的鸿郤陂是早就有的，西汉成帝时遭到破坏后，东汉的汝南太守邓晨、鲍昱均注意修复。鲍昱为太守时：

郡多陂池，岁岁决坏，年费常三千余万。昱乃上作方梁石洫（注云：洫，渠也。以石为之，犹今之水门也），水常饶足，溉田倍多，人以殷富。③

再如江浙地区，有名的镜湖（又名鉴湖）即会稽太守马臻所建：

汉顺帝永和五年，会稽太守马臻创立镜湖，在会稽、山阴两县界筑塘蓄水，水高丈余，田又高海丈余。若水少，则泄湖灌田；如水多，则闭湖泄田中水入海。浙以无凶年。堤塘周围三百一十里，都溉田九千余顷。④

---

① 班固：《汉书》卷八十九，《循吏传》，中华书局1962年版，第3642页。
② 范晔：《后汉书》卷三十一，《杜诗列传》，中华书局1965年版，第1094页。
③ 范晔：《后汉书》卷二十九，《鲍昱列传》，中华书局1965年版，第1023页。
④ 李昉等：《太平御览》卷六十六，《地部三十一》引《会稽记》，中华书局1960年版。

全国各地蓄水灌溉的陂塘很多，多是地方官所为，各种文献包括地理图志和各地方志都有一定的资料。

最后想简略说明一些情况。在水利事业的发展、水利工程的建设中，肯定有技术和学理在其中，治河、穿渠有的长达数十里数百里，必须有测量和规划，上面提到的水工徐伯之为“表”（树标）、王景治河之“商度地势”，这就是测绘的技术和学问。《汉书·沟洫志》记载武帝太始之后：

> 齐人延年上书言：“河出昆仑，经中国，注渤海、是其地势西北高而东南下也。可案图书，观地形，令水工准高下，开大河上领（晋灼曰：领、山头也），出之胡中，东注之海。如此，关东长无水灾……此功一成，万世大利。”书奏，上壮之。报曰：“延年计议甚深，然河乃大禹之所道也，圣人作事为万世功，通于神明，恐难更改……”①

这似乎是一个人工使黄河改道的大设想。虽未能实行，但我们从中至少可以看出两个问题：第一，明显地当时已有技术水平，可以“案图书观地形”（亦即王景之“商度地形”），可以“令水工准高下”，测绘出高下标准，从而确定走向，还应该括树而表之；第二，“河乃大禹之所道”，是不应该不能够更改的。人们说汉代有“以《禹贡》治河”的说法，其根据就是，当时以为精通《禹贡》的人，就能得治河之道，西汉时平当就是如此：

> 以经明《禹贡》，使行河，为骑都尉，领河堤。注云：《尚书·禹贡》载禹治水次第，山川高下。当明此经，故使行河也。②

前面提到东汉的王景在讨论治河的过程中，皇帝就曾“赐景《山海经》、《河渠书》、《禹贡图》”。“《禹贡》治河”的基本道理，就是要遵循大禹时的“九河”之道，不能改变河道，但实际上黄河一直在不断地改道而行，平当上奏说：

---

① 班固：《汉书》卷二十九，《沟洫志》，中华书局1962年版，第1886页。
② 班固：《汉书》卷七十一，《平当传》，中华书局1962年版，第3050页。

九河今皆寘灭，按经义治水，有决河深川，而无堤防壅塞之文。①

实际上，汉代的治河一直在堵塞、筑堤，越筑越高，筑得河床高于地面。在汉代治河的讨论中常常有“堵”与“疏”的议论。

关于水利的经验总结和理论，如前所说，《中国农学史》认为，《管子·度地篇》反映的是汉代情况，其中就有关于水利的总结经验之论。如：

水有大小，又有远近。水之出于山而流入于海者，命曰经水；水别于他水，入于大水及海者，命曰枝水；山之沟，一有水，一毋水者，命曰谷水；水之出于他水，流于大水及海者，命曰川水；出地而不流者，命曰渊水。此五水者，因其利而往之可也，因而扼之可也；而不久，常有危殆矣。②

其中还有“因而往之”、“因而扼之”的具体论述。又如：

令甲士作堤大水之旁，大其下，小其上，随水而行，地有不生草者，必为之囊。③

这是关于筑堤的具体论述，也是经验的总结，沿用至今。

水利工程中是有科学技术的，水利事业中也是有理论思想的，这些在汉代都已具备，是毋庸置疑的。

七 既唯物又辩证的中医学

（一）汉以前医药学的发展

西方有学者说：“医疗艺术同人类历史一样久远。”尚处于氏族制度中的祖先们的生活习惯与动物没有根本区别，他们始终处在遭受伤害或者患

① 班固：《汉书》卷二十九，《沟洫志》，中华书局1962年版，第1683页。
② 《管子·度地篇》，诸子集成本，中华书局1954年版。
③ 《管子·度地篇》，诸子集成本，中华书局1954年版。

病的危险之中。然而，当某个原始人帮助同族人取出捕猎时扎进皮肤中的木刺时，他们会用“唾液涂在伤口上，以便让伤口迅速愈合……”①

中国也有学者曾说：“原始时代的人，对于医疗上也具有简易的基于本能的处置，和其他高等动物相类；例如犬感觉胃不舒适时，即食草以催促其呕吐；又如猿类能用上肢拔皮肤内所刺入的木刺或荆棘之类。因为人类是有理智的，他能够集合许多经验疗法……这种极简单之经验，即为日后医药发达之萌芽。”②

关于医药的起源，应该就是如此了。不过关于原始的医和药和早期的医药学，中国的有关记载，可能比西方更多一些。例如：

> 古者民茹草饮水，采树木之实，食蠃蚌之肉，时多疾病毒伤之害，于是神农乃始教民播种五谷……尝百草之滋味，水泉之甘苦，令民知所辟就。当此之时，一日而遇七十毒。③

这“尝百草”、“一日而遇七十毒”，即不断总结以“百草”治疾病的经验的反映，亦即后来《神农本草经》书名之所本，医方就是这样产生的。

早期医药史中，巫、医是不分的，这一点古代世界其他各国各地也都是如此。他们治疾病的经验的反映也是有“氏族巫医”和“神职医生”④。但是，我国古代的实际情况是，一方面巫和医混在一起的情况较长期地存在，另一方面巫和医的分化又比较早。《周礼》中“巫祝”（属“春官大宗伯”）和“医师”（属“天官冢宰”）已分属不同的官职系统了，至少周代已开始分化。

我国古代医药之发展，首先是对疾病开始有分类的认识，如甲骨文中有“疾首”、“疾口”、“疾目”、“疾耳”、“疾齿”、“疾身”、“疾足”，以及“风疾”、“瘖疾”等记载，表明已经对疾病的部位和病名都有所区分。慢慢发展，就有分科治疗，如《周礼》中就有“疾医”（内科?）、“疡医”

---

① ［德］伯恩特·卡尔格-德克尔著，姚燕、周惠中译：《医药文化史》，生活·读书·新知三联书店2004年版，第2页。

② 陈邦贤：《中国医学史》，上海书店据商务1937年版复印，第2～3页。

③ 《淮南子·修务训》，诸子集成本，中华书局1954年版。

④ ［德］伯恩特·卡尔格-德克尔著，姚燕、周惠中译：《医药文化史》，生活·读书·新知三联书店2004年版。

(外、伤科)、“食医”(营养师?)、“兽医”等分别。又如战国时期的名医扁鹊,“过邯郸”“为带下医”(妇科),“过洛阳”“为耳目痺医”(耳鼻喉科),“入咸阳”“为小儿医”(儿科)①。

其次是药物学的发展。神农“尝百草”,主要是解决“疾病毒伤”之害。由于长期经验的积累,人们逐渐认识到各种植物乃至动物、矿物的治伤病作用,并进一步总结成许多药方,称为“经方”。《汉书·艺文志》就收录有“经方十一家,二百七十四卷”(实为二百四十五卷),并且写道:

> 经方者,本草石之寒温,量疾病之浅深、假药味之滋,因气感之宜,辨五苦六辛,致水火之齐,以通闭解结,反之于平。②

我国古代已发现可以入药之物很多,据研究《山海经》中,不但记载有植物、动物、矿物药一百多种,并且在使用方法上分为口服、沐浴、佩戴、涂抹等。

先秦时期,医师看病、治病也发明了一套方法,并且也运用了治病的工具。看病的方法,后世的望、闻、问、切四法基本上都有了,以“诊脉”或者“切脉”为主。治病的方法,包括“汤液醴洒,镵石挢引,案抗毒熨”等,那就是既用汤药,也用针灸、按摩等方法。以上引文,均见《史记·扁鹊列传》,其他古书也有涉及,特别是《内经》之类的著作。扁鹊当时治病,“切脉”之前,“望色、听声、写形……闻病”都同时用上。治病时,“扁鹊乃使弟子阳厉针砥石”,那就是准备针石等治疗工具,根据不同的病情,使用不同的方法。

> 扁鹊曰:疾之居腠理也,汤熨之所及也;在血脉,针石之所及也;其在肠胃,酒醪之所及也;其在骨髓,虽司命无奈之何……③

司马迁所写《扁鹊列传》主要是反映先秦医学的情况,很可能是集中了当

---

① 司马迁:《史记》卷一百〇五,《扁鹊仓公列传》,中华书局1982年版。
② 班固:《汉书》卷三十,《艺文志》,中华书局1962年版,第1778页。
③ 司马迁:《史记》卷一百〇五,《扁鹊仓公列传》,中华书局1982年版,第2793页。

时一些名医的事迹写成，后人有说当时有两个扁鹊者①，其他记载讲扁鹊事的也不少，司马迁是有所选取的。《扁鹊列传》中还有一些材料是科学之谜，例如说扁鹊能“尽见五藏症结”，还有“割皮解肌，诀脉结筋，搦髓脑，揲荒，爪幕，湔浣肠胃，漱涤五藏，练精易形”等。当时外科究竟达到了多高的水平，这是值得研究的。至于扁鹊之“尽见五藏症结”及其见齐侯一望而知其病在腠理、在肠胃、在骨髓等，有人认为是“关于爱克司光的神话”②，不一定真是如此，有待进一步研究。

另外，《扁鹊列传》中的“六不治”也值得在此一提：

> 人之所病，病疾多。而医之所病，病道少（《集解》引徐广曰：所病，犹疗病也）。故病有六不治：骄恣不论于理，一不治也；轻身重财，二不治也；衣食不能适，三不治也；阴阳并，藏气不定，四不治也；形羸不能服药，五不治也；信巫不信医，六不治也。有此一者，则重难治也。③

此话是否扁鹊之言，有不同看法。但这“六不治”中的“信巫不信医”，对于当时巫、医分化和后世迷信，都有重要意义。其他五条，无论对医生和病人也都是有很大参考意义的，可以反映当时人对医疗的一种认识，对医生来说又与医德有关。

（二）医药学体系的充实和提高

如上所述，先秦时期医药学在长期经验的基础上，已经有了较高的水平，或者说已经初步形成了一定的体系，刘向、刘歆之“七略”、《汉书·艺文志》之“方技略”，或者就是其体系形成的具体表现之一。“方技略”分四部分，“医经”是讲病因、病理、诊病和治病的：

> 医经者，原人血脉经落骨髓阴阳表里，以起百病之本，死生之

---

① 李伯聪：《扁鹊和扁鹊学派研究》，陕西科技出版社 1990 年版。
② 陈邦贤：《中国医学史》，上海书店据商务 1937 年版复印，第 24～25 页。
③ 司马迁：《史记》卷一百〇五，《扁鹊仓公列传》，中华书局 1982 年版，第 2794 页。

分，而用度箴石汤火所施，调百药齐和之所宜。①

“经方”主要是讲药物，包括药物的性能和制法之类，见上引《汉书·艺文志》之文。

“房中”相当于今日之性学，我国古代性学——房中术，主要讲以性交求健康长寿，当然也兼及生殖求子和性技术、性交快感等方面：

房中者，情性之极，至道之际，是以圣王制外乐以禁内情，而为之节文。……乐而有节，则和平寿考。及迷者弗顾，以生疾而殒命也。②

“神仙”是养生之学：

神仙者，所以保性命之真，而游求于其外者也。聊以盪意平心，同生死之域，而无怵惕于胸中。③

主要讲心性之修养，“而游求于其外”的是什么呢？如《黄帝杂子步引》《黄帝岐伯按摩》等注解认为是“熊经鸟仲延年之术”，动功，就是运动；又如《黄帝杂子芝菌》，师古曰：“服饵，芝菌之法也。”又有人引《神农经》，“五芝久食身轻，延年不老”，这是滋补品；再如《泰壹杂黄冶》，这是炼丹术。这些属于外功的神仙术，都是为了长生不老的。

以上四个部分，应该就是当时医药学的一个体系，到了汉代，整个医药体系，包括以上的这种体系，都有进一步的充实和提高，这可以从以下几个方面作些说明。

1. 医事制度的进一步完善

以上提到，《周礼》中已有一些关于医事制度的记述，虽不可详考，但也不是子虚乌有。汉代的医事制有可靠的、相对完整的记述。在《汉书·百官公卿表》当中有两处记有“太医令丞”，他们分别为“奉常”与

① 班固：《汉书》卷三十，《艺文志》，中华书局1962年版，第1776页。
② 班固：《汉书》卷三十，《艺文志》，中华书局1962年版，第1776页。
③ 班固：《汉书》卷三十，《艺文志》，中华书局1962年版，第1777页。

“少府”的属官。后人有不同解释，是否有可能是宫内外之分？少府所属，有如《周礼》中“疾医”之“掌养万民之疾病”，或者因此而俸禄也有区别。据辑录的应劭《汉官宫仪》就有两条不同记述：

太医令，周官也。两梁冠，秩千石，丞三百石。

太医令，一人，秩六百石。①

而且人员数或也有所不同，少府所属，人数要多一些，《太平御览》引《汉书》说：

少府太医令丞，无员，多至数十人。②

此记载当也有一定的根据。西汉或者西汉前期是两处皆有太医令丞。另外，当时诸侯王国也和朝廷一样，如《史记·仓公列传》就有“齐太医先诊疾”之明文，其他也大体相同。

到了东汉，“世祖节约”有所减省，就统一在“少府”之下了：

太医令一人，六百石。本注曰：掌诸医（李贤注引《汉官》曰：“员医二百九十三人，员吏十九人。”）药丞、方丞各一人。本注曰：药丞主药。方丞主药方。③

看来是进一步系统化了。也可能因分科、分工之不同，还有其他一些名称，如“上官桀妻父所幸充国，为太医监”④，“京兆高望为尚药监”⑤。又有“女医淳于衍得入宫侍皇后疾”⑥，而《霍光传》则称为“乳医淳于衍”。师古注云：“视产乳之疾者。”此外，《通典》中还有“汉有医工长”之说，

---

① 严可均辑：《全后汉文》卷三十四，《应劭（二）》，商务印书馆 1958 年版。
② 李昉等：《太平御览》卷二百三，《职官部》，中华书局 1960 年版。
③ 范晔：《后汉书》志二十六，《百官三》，中华书局 1965 年版，第 3471 页。
④ 班固：《汉书》卷九十七上，《外戚传上》，中华书局 1962 年版，第 3959 页。
⑤ 范晔：《后汉书》卷四十八，《盖勋列传》，中华书局 1965 年版，第 1882 页。
⑥ 班固：《汉书》卷九十七上，《外戚传上》，中华书局 1962 年版，第 3962 页。

等等。各种分科、分职，同隶属于太医令，所以说太医令是“掌诸医”。还有一些具体内容，史书未详记载。

另又有“侍医”一词，这在西汉记载中用得比较多，从《史记·仓公列传》中的“齐王侍医遂病”与冯信“除为齐王侍医”，到《汉书·艺文志》“侍医李柱国校方技”等，有的地方又似职官名，实际应该不是。《汉书·张禹传》记载，张禹生病，成帝加赐，“太官致餐，侍医视疾”，师古注曰：

> 侍医，侍天子之医。[1]

侍乃侍候之意，如同后世称“御医”一样。上述淳于衍又称“女侍医”[2]，是内宫之“侍医”，或曰“女医”，或曰“乳医”。

总之，“侍医”非具体的医官之名，所以《隋书·经籍志》称《汉书·艺文志》中的“侍医李柱国”为“太医监李柱国”，“太医监”才是正式的医官名，而不是什么变迁的问题。“侍医”还不止一两个，有时候还会有“会诊”性质的治疗，这从《史记·扁鹊仓公列传》的记述中可以看出。淳于意在向皇帝报告他治病的经历时，讲他为各地王公贵人治病时，再三提到“众医皆以为”如何如何，“臣意诊其脉曰”。这虽为王国事例，朝廷自不会例外，侍医同时有几个是完全可能的，只是未加详考，记载也不全罢了。想想至少二三百号“诸医”或者“众医”，那还是颇有些内容的，依我看，上述“员医二百九十三人，员吏十九人”，那十九人应该是医师之外的行政、后勤人员，以便管理、组织这几百号人，而且必有一套较完善的制度。

2. 医药经典的最后完成

上面已提到《汉书·艺文志》的“方技略”，总计起来：

> 凡方技三十六家，八百六十八卷。
>
> 方技者，皆生生之具，王官之一守也。太古有岐伯、俞拊，中世

① 班固：《汉书》卷八十一，《张禹传》，中华书局1962年版，第3571页。

② 班固：《汉书》卷八，《宣帝纪》，中华书局1962年版，第251页。

有扁鹊、秦和，盖论病以及国，原诊以知政。①

这后面两句完全是汉人的经世思想。所有著录的书，几乎全部亡佚，只有《黄帝内经》十卷“残”，《扁鹊内、外经》“疑”。一方面对长期以来经验总结的书很多，另一方面淘汰得也很厉害，有些淘汰是必然的、应该的，有些淘汰或者有新的作品取代。

古代医学传播，多半是私相传授，师徒口耳相传，书写发达之后，也会有些文字积累，这就是“方”。“方”字在古书中有“药方”、“单方”、“医方”、“经方”之意，如《庄子·逍遥游》中记庄子曰：

宋人有善为不龟手之药者……客闻之，请买其方（以）百金。②

要买的就是防冻之药方。《史记·扁鹊仓公列传》记载了扁鹊、仓公时医药方传授乃至淘汰旧方的一些情况可作代表事例：

（长桑君）乃呼扁鹊私坐，间与语曰：“我有禁方，年老，欲传与公，公毋泄。”扁鹊曰：“敬诺。”……乃悉取其禁方书尽与扁鹊。……特以诊为名耳。③

“诊脉”应属于医方（即《艺文志》之“医经”）。又太仓公淳于意：

少而喜医方术。高后八年，更受师同郡元里公乘阳庆。庆年七十余，无子。使意尽去其故方，更悉以禁方予之，传黄帝、扁鹊之脉书……及药论，甚精。受之三年。为人治病，决死生，多验。④

下而接着记述淳于意自己的话说：

① 班固：《汉书》卷三十，《艺文志》，中华书局1962年版，第1780页。
② 《庄子·逍遥游》，诸子集成本，中华书局1954年版。
③ 司马迁：《史记》卷一百〇五，《扁鹊列传》，中华书局1982年版，第2785页。
④ 司马迁：《史记》卷一百〇五，《仓公列传》，中华书局1982年版，第2794页。

庆有古先道，遗传黄帝扁鹊之脉书……及药论书，甚精。……臣意即避席再拜，谒受其脉书上下经、五色诊、奇咳术，揆度阴阳外变，药论石神、接阴阳禁书……①

由此可见，淳于意因“少而喜方术”，本已积累了一些“故方”，阳庆要他“尽去而方书，非是也”。这当然是淘汰了一些被认为“非是也”的旧方书（故方）。而所受书中，又明确提到了“脉书上下经”等“禁书”，是否即为《艺文志》中“黄帝内外经”、“扁鹊内外经”之所本，《汉书·艺文志》中并未明说。但是从另一方面，《汉书·艺文志》“方技略”所著录的书，也就是刘向、刘歆作“七略”时侍医李柱国整理过医药书，是以前包括淳于意传下来的医书。《汉书·楼护传》说：“护少随父为医长安……诵医经、本草、方术数十万言。”② 也说明医药书颇多。近几十年考古发掘的资料，是更有力的证明，仅长沙马王堆汉墓出土的医书就有14种之多。据整理小组的意见，它们分别是：《足臂十一脉灸经》《阴阳十一脉经》《脉动法》《阴阳脉死候》《五十二病方》《养生方》《杂疗方》《胎产书》《却谷食气》《导引图》《十问》《天下至道谈》《合阴阳方》《杂禁方》。仅这些书名就体现了医书的多样性，而这些名目又或多或少地能与《内经》等经典的内容相对应。所以说是在众多医药书的基础上最后又形成《黄帝内经》《神农本草经》等这些传世的经典。

一般地说，《黄帝内经》包括《灵枢》《素问》两部分。《素问》之名，东汉张仲景的《伤寒杂病论》中已经提到了；《灵枢》之名唐代以后才有，或者原称《针经》。内容自然很早就有，但其成书，应是从战国到汉代经扁鹊等众医所集之方总汇而成。包括上述长桑君之“禁方书”、阳庆所传之书，当然也包括扁鹊自己“诊脉”经验的总结，故有“扁鹊内、外经”之称。扁鹊毕竟不是最早的，所以将之归于黄帝名下，至于淳于意这样的良医是否也会有自己的一些贡献，那是完全可能的。所以东汉的涪翁，“乃著《针经》《脉诊法》，传于世”③。看来以《针经》《脉诊书》为名者不少。总之，《黄帝内经》是先秦至汉代各种“经”、“法”医方之总汇，而

① 司马迁：《史记》卷一百〇五，《仓公列传》，中华书局1982年版，第2797页。
② 班固：《汉书》卷九十二，《楼护传》，中华书局1962年版，第3671页。
③ 范晔：《后汉书》卷八十二下，《方术列传下》，中华书局1965年版，第2735页。

最后成书于汉代，这个结论是可以成立的。

另一部经典《神农本草经》详见下。

3. 良医及医术的传承

前引《汉书·艺文志》所说："太古有岐伯、俞拊，中世有扁鹊、秦和"，对于汉之当代没有涉及。我们从《史记·仓公列传》中也只看到了汉初的淳于意和他的师父阳庆以及师从过他的徒弟冯信、杜信、唐安等学医人的名字。虽然一再提到"众医"乃至还有"齐太医"，但均无具体姓名。整个西汉留下姓名的医生不多，《王嘉传》的"侍医伍宏"，《外戚传》的"所充国为太医监"，均无事迹，淳于衍行医略记了几句。参与整理过医书的"侍医李柱国"，也未留下任何医疗的事迹。能够治病救人的良医也许不少，但成名颇不容易，除了交通信息等条件之外，师徒传授的方式限制当是主要原因。

东汉的记载比西汉略强一些，《汉书》中无医者之传，《后汉书》则在《方术列传》中有郭玉、华佗等人的传，并且在华佗传后有如下一段概述：

> 汉世异术之士甚众，虽云不经，而亦有不可诬，故简其美者列于传末。

> 泠寿光、唐虞、鲁女生三人者，皆与华佗同时。寿光年可百五六十岁，行容成公御妇人法，常屈颈鷮息，须发尽白，而色理如三四十时，死于江陵。唐虞……①

列举的只是几个与"房中"、"神仙"有关的长寿者，鲁女生甚至《汉武内传》中就有关于他的记述，但不可详考了。"汉世异术之士甚众"，这个话是可信的。另有如蔡邕著有《本草》② 之类。有记载表明，非医者但多少懂一点医药知识的人也还会有一些，后有俗话所说："秀才学医，笼里捉鸡。"比较容易一些。

良医的医术难以推广，也难以扬名，在很大程度上与制度和师徒传授

① 范晔：《后汉书》卷八十二下，《方术列传下》，中华书局 1965 年版，第 2740 页。

② 魏征等：《隋书·经籍志》，《蔡邕本草》七卷。

方式的局限有关。汉代虽有较完备的医事制度，那主要是朝廷、王国的。朝廷、王国搜罗了一些医者，任以太医等官职，至少还未看到有什么培养“接班人”的制度。所以会经常从民间选拔一些良医来补充，一直到西汉末年都是如此。《汉书·平帝纪》记载原始五年还在“征天下通知逸经、古记、天文、历算、钟律、小学、史篇、方术、本草以及五经、论语、孝经、尔雅教授者。在所为驾一封轺传，遣至京师，至者数千人”①。太医等主要是征召来的，而传授都是个别收徒、拜师，甚至还有一些条件限制，如后世之只能传家人、传男不传女之类。医经中所云：“非其人勿教，非其真勿授”②，许多事实就是如此。

如上所说，扁鹊行医时有“弟子”随从，并且为之做辅助工作——“厉针砥石”以及协助其“熨”、“煮”。淳于意之从师和授徒，也有较详细的记述。《史记·仓公列传》云：

> 少而喜医方术。高后八年，更受师同郡元里公乘阳庆。庆年七十余，无子，使意尽去其故方，更悉以禁方予之。③

淳于意在回答汉文帝“皆安受学”之问时说：

> 不知庆所师受。庆家富，善为医，不肯为人治病，当以此故不闻。庆又告臣意曰：“慎毋令我子孙知若学方也。”④

这说明传授之不轻易。既然明明说了“无子”，何以又不要“子孙知”，也许阳庆和淳于意一样，有女无子。淳于意有五女，他甚至“怒骂曰：生子不生男，缓急无可使者”。女不传，那就选择一个可靠的“爱”徒。而事实上，在师从阳庆之前，淳于意还多方拜师：

> 臣意闻菑川唐里公孙光善为古传方，臣意即往谒之，得见事之，

---

① 班固：《汉书》卷十二，《平帝纪》，中华书局1962年版，第115页。
② 《素问·金匮真言论》，中华书局四部备要本1980年版。
③ 司马迁：《史记》卷一百〇五，《仓公列传》，中华书局1982年版，第2794页。
④ 司马迁：《史记》卷一百〇五，《仓公列传》，中华书局1982年版，第2815页。

> 受方化阴阳及传语法，臣意悉受书之。臣意欲尽受他精方。公孙光曰："吾方尽矣，不为爱公所，吾身已衰，无所复事之。是吾年少所受妙方也，悉与公，毋以教人。"臣意曰："得见事侍公前，悉得禁方，幸甚。意死不敢妄传人。"居有间，公孙光间处，臣意深论方，见言百世为之精也。师光喜曰："公必为国工。吾有所善者皆疏，同产处临菑，善为方，吾不若，其方甚奇，非世之所闻也。吾年中时，尝欲受其方，杨中倩不肯，曰：'若非其人也。'胥与公往见之，当知公喜方也。其人亦老矣，其家给富。"时者未往……①

从中可见，淳于意学习极勤奋，悟性又极高，公孙光说他"必为国工"，"国工"当即今日所说之国家级良医。一方面传授要得人，另一方面学习又要有悟性，两方面能结合，虽非千载难逢，但也很不容易一遇，这也就是传授的难处之一。

文帝还问过他"吏民尝有事学意方，及毕尽得意方不？何县里人？"对曰：

> 临菑人宋邑，邑学，臣意教以五诊，岁余。济北王遣太医高期、王禹学，臣意教以经、脉高下，及奇络结，当论俞所居，及气当上下出入邪（正）逆顺，以宜镵石、定砭灸处。岁余，菑川王时遣太仓马长、冯信正方，臣意教以案法逆顺，论药法，定五味和齐汤法。高永侯家丞杜信，喜脉，来学，臣意教以上下经脉五诊。二岁余，临菑召里唐安来学，臣意教以五诊上下经脉、奇咳，四时应阴阳重，未成，除为齐王侍医。②

这些传授，与一般民间的私授有些不同了，但仍为师徒相授。既然汉代朝廷、王国已有较完备的医事制度，此类被"遣"而学也会有不少人，但成功之例少见。

东汉传授情况应与西汉基本相同，可以郭玉为例。郭玉的师承，当从

① 司马迁：《史记》卷一百〇五，《仓公列传》，中华书局1982年版，第2815页。
② 司马迁：《史记》卷一百〇五，《仓公列传》，中华书局1982年版，第2816页。

著《针经》《诊脉法》的涪翁说起。郭玉的师傅是程高，程高“寻求积年，翁乃授之。高亦隐迹不仕。玉少师事高，学方诊六微之技，阴阳隐侧之术。和帝时，为太医丞，多有效应”①。这可以说就是某种意义上的“学而优则仕”，医术高明，“必为国工”，等等。传授的方式没有变化。

要成为一名良医颇不容易，除了好的师傅、好的禁方等之外，个人的刻苦学习、悟性等也颇为重要。上述扁鹊、仓公之诊病、治病的事例都可以说明，他们医术高明，但如汉文帝所问淳于意之言：“诊病决死生，能全无失守?”事实上是“不能全也”，“时时失之”，因为病看得准，治疗用药也要对症，还会有客观因素干扰。郭玉的例子也可作为典型：

> 玉仁爱不矜，虽贫贱厮养，必尽其心力，而医疗贵人，时或不愈。帝乃令贵人羸服变处，一针即差。召玉诘问其状。对曰：“医之为言意也。腠理至微，随气用巧，针石之间，毫芒即乖。神存于心手之际，可得解而不可得言也。夫贵者处尊高以临臣，臣怀怖慑以承之。其为疗也，有四难焉，自用意而不任臣，一难也；将身不谨，二难也；骨节不强，不能使药，三难也；好逸恶劳，四难也。针有分寸，时有破漏，重以恐惧之心，加以裁慎之志，臣意且犹不尽，何有于病哉！此其所为不愈也。”帝善其对。②

即便是“良医”，也“不能全”，“时时失之”的主客观因素都有，这也是传承中的问题之一。

总而言之，医术是有传承的，通过医书、通过师徒授受等进行传承，但良医之扬名后世则有不少客观条件制约，或有出色的弟子，或在朝廷与王国曾震惊一时，等等。

4. 医德与医理

如果说西医中有“希波克拉底誓言”，那是讲医德的，确定医生对病人、对社会的责任及医生行为规范，作为一个医生要“发誓”，誓言核心内容是，要“遵守为病家谋利益之信条，并检束一切堕落和害人行为”③，

---

① 范晔：《后汉书》卷八十二下，《方术列传下》，中华书局 1965 年版，第 2735 页。
② 范晔：《后汉书》卷八十二下，《方术列传下》，中华书局 1965 年版，第 2735 页。
③ 陈邦贤：《医药文化史》，上海书店据商务 1937 年版复印，第 26 页。

等等。我国虽无宣誓之举，但是良医的言行，师徒相授时的教诲，不乏上述誓言之内容，或与之极为相似，或者“异曲同工”，是很讲医德的。从前述扁鹊时之“六不治”，到《内经》中的“非其人勿教，非其真勿授”，这些都与医德有关。“希波克拉底誓言”中有一句“凡我所知，无论口授书传，俱传之吾与吾师之子及发誓遵守此约之生徒，此外不传与他人”，正与《内经》之言相合，而后者更好。具体内容还有很多，有待认真总结。张仲景作《伤寒论》前有一篇不太长的“论曰”，亦与“誓言”相当。有曰：

> 怪当今居世之士，曾不留神医药，精究方术，上以疗君亲之疾，下以救贫贱之厄，中以保身长全，以养其生。但竞逐荣势，企踵权豪，孜孜汲汲，惟名利是务。崇饰其末，忽弃其本……卒然遭邪风之气，婴非常之疾，患及祸至，而方震慄，降志屈节，钦望巫祝……委付凡医，恣其所措，咄嗟呜呼，厥身已毙。……举世昏迷，莫能觉悟……①

这是他忧世爱民，以“疗君亲”、“救贫贱”为念，并痛斥“巫祝”、“凡医”。下面他进一步揭露“凡医”之所为：

> 现今之医，不念思求《经》旨，以演其所知。各承家技，终始顺旧。省疾问病，务在口给，相对斯须，便处汤药。按寸不及尺，握手不及足，人迎趺阳，三部不参，动数发息，不满五十。短期未知决诊，九候曾无髣髴，明堂阙庭，尽不见察。所谓窥管而已。夫欲视死别生，实为难矣。②

这是具体揭露“堕落和害人行为”，作为一名医生，当然应该“检束”之。

据此可说，张仲景讲的医德问题，是结合当时社会的实际和医术的具体情况而讲的。许多良医就是以自己高超的医术“救死扶伤”、“治病救

① 张仲景：《伤寒论》，中华书局四部备要本1980年版。
② 张仲景：《伤寒论》，中华书局四部备要本1980年版。

人”，如上述郭玉之“仁爱不矜，虽贫贱厮养，必尽其心力”。一般地讲，真正医术高明者，医德也是很好的。汉代开始就是如此，张仲景的具体情况，下面再讲。

至于医学理论，是一个很不好讲的问题，因为我们一般人不懂中医。但从大的方面，则可以说上一二。

首先，中医的理论体系，是在汉代最后形成的。我国中医学的理论，在长期实践的基础上，结合逐渐成熟的哲学思想，以阴阳五行说为基础、为统帅而形成。这个完成的时代，就是汉代。

关于阴阳学说的起源，学术界讨论得很多。大体说来，阴阳五行都起源很早，但形成系统学说较晚，一般认为应该是战国时期，甚至是战国后期，如邹衍之学说。阴阳理论更加完善一些，《易经》《老子》《易传》都是比较成熟的代表作品。在我国古代的自然科学中，无论天文、地理，还是农学、医学，都有阴阳五行的理论在其中，而医学又最为突出，《内经》又最有典型性。

《内经》以阴阳五行为其理论基础和指导思想，主要是汉人的思想。从医书内容的发展来看就是如此。虽然扁鹊之时已有了“五藏六府”、“阳脉”、“阴脉”、“三阳五会”等具体分析病情的说法，但当时的“禁方”、“脉书”等的详细内容无法得知。而马王堆出土之医书，提供了一点线索。有些书很少有理论，如《五十二病方》，不涉及阴阳五行之类，而以“阴阳”冠名的书也很少讲五行，只有几种与房中术有关的著作，较多地运用了阴阳五行学说，如《十问》中有如下说法：

> 尧问于舜曰：“天下孰最贵?”舜曰：“生最贵。”尧曰：“治生奈何?”舜曰：“审乎阴阳。”
>
> 黄帝问于天师曰：“万物何得而行？草木何得而长？日月何得而明?”天师曰：“尔察天之情，阴阳为正，万物失之而不继，得之而赢。”

这样纯理论的叙述，恰恰是《内经》的特征，而为一般“方书”、“脉法”、“医经”所无。《内经》集中并强化了前此所有医书中关于阴阳五行的学说。我们现在看到的《内经》，对阴阳之道多有论述，如《素问·阴阳应象大论》中所说：

> 阴阳者，天地之道也，万物之纲纪，变化之父母，生杀之本始，神明之府也。治病必求于本。

把治病问题，当作“治生”问题，所谓“生生之具”求其“本”就在于“审阴阳”。所以阴阳之论全书皆有。《素问》二十四卷八十一论，前几卷十多个论，几乎是纯理论的论阴阳之道，后面的也处处具体结合阴阳之道。

然而，大讲阴阳五行，却是汉代的事，道家“因阴阳之大顺”，儒家讲天人感应，都大讲阴阳五行，董仲舒是突出代表。所以我认为《内经》是在汉代最后定型的，而张仲景的《伤寒论》全面继承和发展了它。

其次，以阴阳之道为统帅的中医理论，既唯物又辩证。中医学的唯物辩证思想表现在它的整体观，把天、地、人看成一个整体，而且彼此是相通的：

> 黄帝曰：夫自古通天者，生之本本于阴阳。天地之间，六合之内，其气九州、九窍、五藏、十二节，皆通乎天气。

“气”这个重要的哲学概念也被纳入其中，阴阳五行的运行是以“气”为载体、媒介的，有天气、地气、阳气、阴气、正气、邪气等。在人体内又有多种名称的气，“精气”可说是一个总称，有时又叫“真气”、“神气”，内脏之精气或称“脏气”，经脉之精气称“经气”等。“气数者所以纪化生之用也”，“所谓得五行时之胜，各以气命其藏”①，“人有五藏化五气，以生喜怒悲忧恐”② 等。许多具体论述都讲到“气”的这种作用。

阴阳之对立统一及其互相转化、互相制约的辩证思想，在医经中有广泛的、多样的、具体的阐述，标题都有《阴阳应象大论》《阴阳离合论》《阴阳别论》《阴阳类论》等，它对医疗实践有很大的指导意义。如《阴阳

① 《素问·六节藏象论》，中华书局四部备要本 1980 年版。
② 《素问·阴阳应象大论》，中华书局四部备要本 1980 年版。

应象大论》中说：

> 阴胜则阳病，阳胜则阴病。阳胜则热，阴胜则寒，重寒则热，重热则寒。寒伤形，热伤气；气伤痛，形伤肿。故先痛而后肿者，气伤形也，先肿而后痛者，形伤气也。

这是对实际经验的总结，即使不懂医理的人也会有体会，受凉感冒了就会发烧发热，高烧太狠有寒颤的感觉。

阴阳五行思想在医学上具体运用，一方面对实践有指导作用，其重大深远意义，有一些还有待人们进一步研究。例如，除阴阳之外，五行说之讲五藏六府，讲它们的对应关系，肺合大肠，心合小肠，肝合胆，脾合胃，肾合膀胱，三焦连属膀胱，无所配合，“孤之府也”。因而有脏病治腑、腑病治脏的治疗原则，但其科学性及局限性就是值得进一步研究的。

另一方面，阴阳五行（包括天人相应）的理论明显地也有牵强附会之处，例如说“人之肢节以应天地”就很典型：

> 天圆地方，人头圆足方以应之。天有日月，人有两目；地有九州，人有九窍；天有风雨，人有喜怒；天有雷电，人有音声；天有四时，人有四肢；天有五音，人有五藏；天有六律，人有六腑；天有冬夏，人有寒热；天有十日，人有十指；辰有十二，人有足十指、茎、垂以应之。……地有聚邑，人有䐃肉；岁有十二月，人有十二节；地有四时不生草，人有无子。此人与天地相应者也。①

有些比附，十分荒唐。然而天人相应、天人感应的观念在汉代十分流行。

总之，中医的病理学说、病因说、防治思想、诊法、治法，以及脏腑经络学说，很多都是既唯物又辩证的。如何弄懂它们，尤其是如何掌握它们，实非易事。如大量临床经验积累起来的经络、针灸知识和技术，一般的了解还不行，下针如何准即一大问题。前述郭玉所说“腠理至微，随气

① 《灵枢·邪客》，中华书局四部备要本1980年版。

用巧，针石之间，毫芒即乖”，“针有分寸（注：浅深之度），时有破漏（注：日有冲破者也）”，极其细微，且有客观条件的诸变化。用针灸治病谈何容易，必得要刻苦勤练才行。

以上所说相当粗浅，应强调的是中医学的理论值得进一步深入研究，中医药的作用有待进一步发挥。

（三）《神农本草经》

我国古代以“本草”之名，总称中药，因为中药中以草类为多，但此名从汉代开始，严格地说是西汉末年，《汉书·郊祀志》中成帝时有“本草待诏”，本草还不是书名。如前所列举：平帝时“举天下通知方术、本草者”，楼护“诵医经、本草、方术数十万言”，这里“本草”已成文、成书了；前此，扁鹊、仓公有医方、禁方，方中当有药物，少见专门记药物的本草，所以《汉书·艺文志》中有“医方”、“经方”而无本草一类，即为当时实际的反映。

《神农本草经》是现存的第一部药物学集大成的著作，虽然它之前和之后都有类似的著作，如楼护所诵，蔡邕所作，但都未流传下来。该书前冠“神农”，后名为“经”，决定了它在古代医药学史上的地位。

《神农本草经》成书于汉代，这是目前为止比较一致的看法。而且它的成书有一个过程，我认为这个过程较长，从西汉末一直到东汉末。如果《神农本草》已经定型为“经”，一般就不会有《蔡邕本草》《吴普本草》之作。在汉晋南朝的一个较长历史时期，有许多以“本草”为名的书，所以在《隋书·经籍志》中才有《神农本草》八卷（注：梁有《神农本草》五卷，《神农本草属物》二卷等）、《神农本草经》三卷之类的记载。《神农本草经》的形成、定名以及最后经典地位的确立，是有一个过程的。梁阮孝绪的《七录》开始著录《神农本草经》，收药 365 种。

《神农本草经》成书之后，历经魏、晋、隋、唐、宋、金、元、明，其间也有不少人抄录、注疏。根据引书情况，吴普所作就是注疏性质，注疏者也有发挥补充，注文与原文混杂的情况，自然也就会发生。清人按原来所说三卷，365 种药物的辑录，大体上能反映该书的内容。

365 种药物，其中以植物（草类）最多。据统计，植物类有 252 种，动物药 67 种，矿物药 46 种。三卷书按不同的药物性能和不同的使用目的分上、中、下三品，也就是上经、中经、下经三卷。大体情况是：

上药一百二十种，为君，主养命以应天。无毒，多服久服不伤人。欲轻身益气，不老延年者，本上经。

其中如“丹砂”、“云母”等玉石类上品18种，菖蒲、人参、甘草等草上品73种，牡桂、枸杞、橘柚等木上品20种，人体的髪髮1种，龙首、麝香、阿胶等兽上品6种，丹雄鸡、雁肪禽上品2种，石蜜、鲤鱼胆等虫鱼上品10种，藕实茎、大枣、葡萄果上品8种，胡麻等米谷上品2种，冬葵子、苦菜等菜上品5种。可见，分类较细，植物类包括草、木、果、菜、米谷。数字略有出入，是因旧本与辑本的不同。以上所列药名，是一般人比较熟悉的。

中药一百二十种，为臣，主养性以应人。无毒、有毒斟酌其宜。欲遏病补羸者，本中经。

其中雄黄、水银等玉石中品14种，乾薑、葛根、当归、元参、百合等草中品49种，桑根白皮、竹叶、龙眼等木中品17种，鹿茸、犀角等兽中品7种，燕屎、天鼠屎禽中品2种，猬皮、鳖甲、乌贼鱼骨等虫鱼中品17种，梅实果中品一种，大豆、黄卷、赤小豆、粟米、黍米等米谷中品3种，蓼实、葱实等菜中品3种。

下药，一百二十五种，为佐、使。主治病以应地，多毒，不可久服。欲除寒热邪气，破积聚愈疾者，本下经。

其中石灰、铅丹等玉石下品8种，附子、乌头、半夏、大黄、夏枯草等草下品49种，巴豆、皂荚等到木下品17种，豚卵、六畜毛蹄甲等兽下品4种，虾蟆、蛇蜕、吴蚣等虫鱼下品18种，核桃仁、杏核仁木下品2种，腐婢米谷下品1种，苦瓠、水蕲菜下品2种，彼子1种（未详）。

以上可以说是我国药物学的最早分类法，分类标准是否合适，都值得研究。关键是它对每一味药都有较详细的记载，包括性味、产地、采集时间、入药部分、异名以及主治何病等。据统计书中提到的主治疾病的名称有一百七十余种，包括内、外、妇产和眼、耳、喉、齿等科疾病，实践证明，绝大部分是正确的，至今仍有实用价值。

根据辑录的《序例》文字，以及历来引用过的佚文，可以看到，《本草经》在医药理论方面也有不少好的内容。如：

> 药有君、臣、佐、使以相宣摄合和，宜用一君、二臣、三佐、五使，又可一君、三臣、九佐使也。

每副药方，以一味药为主，再配其他几味，以便它们互相“宣摄合和”，达到最佳效果。这种运用之妙，存乎医生之心，故有各种不同之“经方”或者“禁方”。又如：

> 药性有宜丸者、宜散者、宜水煮者、宜酒渍者，宜膏煎者。亦有一物兼宜者，亦有不可入汤、酒者，并随药性不得违越。

因此中医治病，除了用汤药之外，又根据药物不同的药性制出膏、丹、丸、散等不同剂型的成药。

> 疗寒以热药，疗热以寒药，饮食不消以吐下药，息注蛊毒以毒药，痈肿创瘤以创药，风湿以风湿药，各随其所宜。

这是用药原则，用对了治病救人，用错了轻则加重病情，重则死人。又如：

> 病在胸膈以上者，先食后服药，病在心腹以下者先服药而后食；病在四肢血脉者，宜空腹而在旦；病在骨髓者，宜饱满而在夜。

这是服药时间，当是何时效果最佳，而今一般都忽视了。

这里附带说明一下，《神农草本经》所载365种药当然不是中药的全部内容，从各种医药经方还可以列出很多。20世纪后半期，考古发掘出土了不少医药简帛，如“马王堆医书”、“武威医简”，以及阜阳、居延、敦煌等汉简中的方剂、本草文献。据学者研究统计，共得药名 717 个，凡 1236 见，其中不见于传世典籍的药名就有 393 个。张显成教授的《简帛药名研究》[①] 对之进行了比较全面的研究，可作参考。

（四）“医圣”张仲景

东汉名医张仲景，主要是因一部《伤寒论》流传后世，直至今日犹存，得以被称为“医圣”。所谓“医中之圣，群方之祖”，对张仲景的这句高度评价出自何时有待详考。北宋时期，在校正、重刻以及作注解之时，已经把张仲景及《伤寒论》提到了很高的地位，《注解伤寒论序》写道：

> 昔人以仲景方一部为众方之祖。盖能继述先圣之所作，迄今千有余年不坠于地者，又得王氏阐明之力也[②]。《伤寒论》十卷，其言精而奥，其法简而详，非寡闻浅见所能赜究。后虽有学者，又各自名家，未见发明。

“众方之祖”这里已经出现了，前文也有称“圣”之言，在“前圣有作”、“伊尹以元圣之才撰成汤液”之后说：

> 后汉张仲景，又广汤液为《伤寒卒病论》十数卷，然后医方大备。兹先圣后圣若合符节。

“后圣”当即张仲景。

这位被称为“医圣”的人物，《后汉书》居然没有列传。其原因可能有二。一是范晔作《后汉书》时，《伤寒论》尚未引起足够的重视，郭玉、华佗都因为与帝王有关系，所以有所记述，而张仲景则活动于基层、民间，上面记载的资料当然很少；二是张仲景也可能稍晚于华佗，乱世事多，提及他就更少可能了。

---

① 张显成：《简帛药名研究》，西南师范大学出版社 1997 年版。

② 前文有“晋大医令王叔和，以仲景之书，撰次成叙，得为完秩”。

北宋英宗治平年间，有高保衡、孙奇等人奉旨“校正医书”并“镂版施行”，他们在序中说道：

> 张仲景，《汉书》无传，见《名医录》云：南阳人，名机，仲景乃其字也。举孝廉。官至长沙太守。始受术于同郡张伯祖。时人言，识用精微过其师。所著论，其言精而奥，其法简而详，非浅闻寡见者所能及。自仲景于今八百余年，惟王叔和能学之，其间如葛洪、陶弘景、胡洽、徐之才、孙思邈辈，非不才也但各自名家，而不能修明之。

这后面对书的评价，与上举注解序大同小异，或者反映宋人的某种共识，而所述《名医录》之内容，则成为后人介绍张仲景生平的主要依据。但此《名医录》不知何时何人所著，至少从唐代开始有此类著作，如唐甘伯宗著《名医传》十卷，或者更早还有。

如上所说，张仲景之成为“医圣”，主要是因为其著作流传了下来。《伤寒论》之所以被称为“众方之祖”，是因为它既是总结性的成果，又是开创性的著作，张仲景参考前人医经、药方，并总结各种临床实践经验，从辨证立法到拟方用药，形成了一套辨证论治的医疗原则，对传统中药学的发展有深远的影响。

首先是他的继承性，他在自序中写道：

> 乃勤求古训，博采众方，撰用《素问》、《九卷》、《八十一难》、《阴阳大论》、《胎胪》、《药录》，并《平脉辨证》，为《伤寒杂病论》，合十六卷。

足见其参考的当时医书不少。

其次，他在《内经》等书所阐述理论的基础上，自成体系，把疾病的诊断分析和治疗之方一并叙述，真正做到所谓“辨证施治”，所以全书篇目，除“辨脉法”、“平脉法”等少数几篇外，大多是以“辨×××脉证并治”名篇。该书的内容多半是设问回答，具有实证性。人们从书中的内容总结出：张仲景已经运用了望、闻、问、切的“四诊”法分析病情，这是对脉学的进一步发展；他把伤寒病①分作太阴、太阳、少阴、少阳、阳明、厥阴六类，初步具备了阴、阳、表、里、虚、实、寒、热所谓“八纲”的辨证思想；他对于各类伤寒以及杂病的治疗方法，可归结为汗、吐、下、和、温、清、补、消所谓“八法”，即邪在肌表用汗法，邪壅于上用吐法，邪实于里用下法，邪在半表半里用和法，寒症用温法，热症用清法，虚症用补法，积滞、肿块之类的病症用消法。

中医的辨证思想，从各个方面体现出来，同样中医的唯物主义思想也是很突出的。从神农尝百草开始，到各种禁方、经方的形成，都是对长期实践经验的总结和记录。《伤寒论》载医方一百一十二道，又《金匮要略》载二百六十二方，合计这三百多道药方，大部分被长期运用，实践证明确有疗效，至今也是中医处方用药的基础，因而“众方之祖”这个说法，是有一定道理的。

张仲景所著之书，原名当为《伤寒杂病论》，但在长期流传过程中，有不少变化，后被分为《伤寒论》租《金匮要略》二书。虽并非完全原貌，然终不愧为“众方之祖”。

（五）神医华佗

医称神、圣，原本是人们对医术高明、能活人命者之尊称，并不限于哪一个，如上所说之“医圣”，后人也有称李时珍为医圣的。“神医”之名，《列子·力命》篇就已经出现，后人有称扁鹊或者华佗为神医者，皆因他们的医术精妙如神，“华佗再世”也是这个意思。华佗有幸，与张仲景不同，《后汉书》和《三国志》都为他列传，还有《别传》之类的记载，后来加上各种渲染，几乎妇孺皆知。其简要经历，《后汉书》记载说：

> 华佗字元化，沛国谯人也，一名旉。游学徐土，兼通数经。晓养性之术，年且百岁而犹有壮容，时人以为仙。沛相陈珪举孝廉，太尉黄琬辟，皆不就。
>
> 精于方药，处齐不过数种，心识分铢，不假称量。针灸不过数

① 《内经·热论》云：“今夫热病者，皆伤寒之类也。”所有发热之病包括急性传染病，皆称“伤寒病”。

> 处。若疾发结于内，针药所不能及者，乃令先以酒服麻沸散，既醉无所觉，因刳破腹背，抽割积聚。若在肠胃，则断截湔洗，除去疾秽，既而缝合，傅以神膏，四五日创愈，一月之间皆平复。①
>
> ……
>
> 曹操闻而召佗，常在左右。操积苦头风眩，佗针，随手而差。②
>
> ……
>
> 为人性恶，难得意，且耻以医见业，又去家思归，乃就操求还取方，因托妻疾，数期不反。……操大怒……竟杀之。佗临死，出一卷书与狱吏，曰："此可以活人。"吏畏法不敢受，佗不强与，索火烧之。③

传中还记有五六个例案，另外就是他教吴普之言：

> 佗语普曰："人体欲得劳动，但不当使极耳。动摇则谷气得销，血脉流通，病不得生，譬犹户枢，终不朽也。是以古之仙者为导引之事，熊经鸱顾，引挽腰体，动诸关节，以求难老。吾有一术，名五禽之戏：一曰虎，二曰鹿，三曰熊，四曰猨，五曰鸟。亦以除疾，兼利蹏足，以当导引。体有不快，起作一禽之戏，怡而汗出，因以著粉，身体轻便而欲食。"普施行之，年九十余，耳目聪明，齿牙完坚。④

《三国志》的传记均有以上内容，只是多举了一些例案，有十六例，大多为针灸、药治，也有"破腹"手术一例，虽未详记，但记述了"麻沸散"、"神膏"、"缝合"等方法和药物。

综观其事迹，华佗可算是全科医生了，例案表明，内科、外科、妇产科都有出色表现，不仅"精于方药"，还长于针灸，而开肠破肚的外科手术尤为突出，可惜其技术以及所使用的麻沸散基本失传。他所传两个弟子，一个是吴普传承了他的体育医疗法（"五禽之戏"），并且实践效果很

---

① 范晔：《后汉书》卷八十二下，《方术列传下》，中华书局 1965 年版，第 2736 页。
② 范晔：《后汉书》卷八十二下，《方术列传下》，中华书局 1965 年版，第 2738 页。
③ 范晔：《后汉书》卷八十二下，《方术列传下》，中华书局 1965 年版，第 2738 页。
④ 范晔：《后汉书》卷八十二下，《方术列传下》，中华书局 1965 年版，第 2739 页。

好，高寿而健康，后还有《吴普本草》流传，则其精于方药也有所传承。另一个是樊阿，“阿善针术”，而且有所发展：

凡医咸言，背及胸藏之间不可妄针，针之不可过四分，而阿针背入一二寸，巨阙胸藏乃五六寸，而病皆瘳。①

同时樊阿也传承了华佗的养生之方——“漆叶青黏散”，实践效果也很好。

言久服，去三虫，利五藏，轻体，使人头不白。阿从其言，寿百余岁。漆叶处所而有。青黏生于丰、沛、彭城及朝歌间。②

注又引《佗别传》曰：

青黏者，一名地节，一名黄芝，主理五藏，益精气，本出于迷入山者，见仙人服之，以告佗。佗以为佳，语阿，阿又秘之。近者人见阿之寿，而气力强盛，怪之，遂责所服食，因醉乱，误道之。法一施，人多服者，皆有大验。③

此养生之药曾风行一时。

华佗医术精妙如神，“神医”之称当之无愧，外科术失传，针灸术有所传承，体育医疗养生的影响较大。

八　中国本土宗教——道教的创立

宗教是一种复杂的社会现象，“杂而多端”的道教之复杂性更大。道教的研究还有很多事可做，但道教的起源和产生是研讨不少的，作出新的论述颇不容易，本书因研究汉代学术史的需要，再作一点努力。这里主要依据汉代史学方面的书籍资料，一般不采用后世道书的记载。

① 范晔：《后汉书》卷八十二下，《方术列传卜》，中华书局1965年版，第2740页。
② 范晔：《后汉书》卷八十二下，《方术列传下》，中华书局1965年版，第2740页。
③ 范晔：《后汉书》卷八十二下，《方术列传下》，中华书局1965年版，第2740页。

（一）道教产生诸问题再探讨

道教形成于汉代，这是多数研究者比较一致的意见，特别是东汉时期，可以说是有了比较成熟的道教。主要的可列举以下几方面的具体事实和材料。

首先，至少东汉后期，已有了普遍的“黄老道”信仰。

西汉中期开始，虽然是“独尊儒术”，但黄老思想仍有一定的流行，到东汉开国，再次以黄老为政治指导思想，并且又特别突出了“黄老养性”、养生的方面。所以东汉时期信奉黄老、祠祀黄老的人越来越多。明帝时，楚王英“晚节更喜黄老，学为浮屠斋戒祭祀”①。“学”字下断②似较合理，意即学习佛教的“斋戒祭祀”方法来祠祀黄老。当时佛道兼奉是普遍的，这种现象一直影响后世。早年傅勤家写《中国道教史》时就注意这一问题，列有“佛道二教之相互利用”一章，指出“即陶弘景信道亦兼信佛”③。

到了东汉后期，祠祀黄老，同时还有佛道兼祀之风逐渐兴盛起来，如《后汉书·西域传》所说：

> 后桓帝好神，数祀浮图、老子，百姓稍有奉者，后遂转盛。④

当时“宫中立黄老、浮屠之祠”，应是事实。祭祀黄帝是西汉早就开始了的，祠祀老子则在东汉桓帝时有明显的记载：

> （延熹）八年，春，正月，遣中常侍左悺之苦县，祠老子。
> 十一月……使中常侍管霸之苦县，祠老子。⑤

> 桓帝即位十八年，好神仙事。延熹八年，初使中常侍之陈国苦县

① 范晔：《后汉书》卷四十二，《楚王英列传》，中华书局 1965 年版，第 1428 页。
② 中华书局标点本如此断句。
③ 傅勤家：《中国道教史》，上海书店 1984 年版复印本。
④ 范晔：《后汉书》卷八十八，《西域传》，中华书局 1965 年版，第 2911 页。
⑤ 范晔：《后汉书》卷七，《桓帝纪》，中华书局 1965 年版，第 313 页。

祠老子。九年，亲祠老子于濯龙。文罽为坛，饰淳金扣器，设华盖之坐，用郊天乐也。①

后一条《祭祀志》的记载是又一种概述，故八年之遣使只有一句，而九年之亲祠是在宫中，《本纪》作“（七月）庚午，祠黄老于濯龙宫”②，黄老并提，与“宫中立黄老之祠”一致。据《东观汉记》记载是“北宫濯龙”。

黄老得到较普遍祭祀，也是有材料可以证明的。如：

熹平二年，国相师迁追奏前相魏愔与宠共祭天神，希幸非冀，罪至不道。……愔辞与王共祭黄老君，求长生福而已，无他冀幸。③

第一，魏愔与王刘宠所祭之“天神”是“黄老君”，“黄老君”已经是被供奉起来的神祇了，应该是如“浮屠”一样有了“图画形象”④，以便人们拜祭；第二，这是皇帝宫殿之外的祭祀“黄老君”，说明朝廷内外（包括苦县）均有信奉和祠祭“黄老”的活动。

由此，黄老道是一个呼之欲出的名词，是一个有实际内容的名词，所以《后汉书·循吏王涣列传》就正式出现了“黄老道”之名：

延熹中，桓帝事黄老道，悉毁诸房祀，唯特诏密县存故太傅卓茂庙，洛阳留王涣祠焉。⑤

因为各种各样的祠祀太多，像淫祀（详下）一样，这些祠祀一律禁毁，以突出黄老道的崇拜和祭祀。黄老道是已经具备宗教礼拜的形式了，不再仅仅是黄老之道的意思。这样再看张角之“奉事黄老道”就更清楚了，《后汉书·皇甫嵩传》：

① 范晔：《后汉书》卷八，《祭祀志中》，中华书局1965年版，第3188页。
② 范晔：《后汉书》卷七，《桓帝纪》，中华书局1965年版，第313页。
③ 范晔：《后汉书》卷五十，《孝明八王列传》，中华书局1965年版，第1669页。
④ 范晔：《后汉书·西域传》记载：世传明帝梦见金人，长大，顶有光明，以问群臣。或曰：“西方有神，名曰佛，其形长丈六尺而黄金色。”帝于是遣使天竺，问佛道法，遂于中国图画形象焉。
⑤ 范晔：《后汉书》卷七十六，《循吏列传》，中华书局1965年版，第2470页。

初，巨鹿张角自称“大贤良师”，奉事黄老道，畜养弟子，跪拜首过，符水咒说以疗病，病者颇愈，百姓信向之。①

这显然是宗教行为，有信仰、有组织、有仪式等，各种构成宗教的基本要素都具备了。

我国道教早期的正式名称，曾经叫做“黄老道”，“号太平道”② 之类是他人或后人的说法。同样，“五斗米道”、“鬼道”之类的称号也是他人或后人的说法，而且与“方仙道”、“佛道”之类用法也有不同。这些问题有待更深入的讨论。但是，东汉末年肯定有“黄老道”的普遍信仰，“稍有奉者，后遂转盛”③ 的记载，是符合历史实际的。

其次，关于“太平道”与“天师道”。

所有的道教史都记述了早期道教的两个大派。有关材料也几无遗漏地被引用、阐述过。这里想从另一角度作些论述。

“太平道”和“天师道”，因为与反抗封建统治的农民起义有关，所以当时和稍后的记载多半以“贼”、“妖”看待，有关宗教的内容则冠以“鬼道”、“妖术”之名，极不全面，也有很多歪曲。20 世纪三四十年代开始，一些学者从农民起义的角度进行阐述，对它们进行了肯定。但是，其宗教方面的内容则多半忽略。20 世纪 80 年代前后开始的道教史研究，也未对其积极作用进行论述，对资料的缺陷也分析不够。

作为宗教，自然有它的信仰、组织和教义教规，对于太平道和天师道（五斗米道），研究者多有论述。李养正先生在《道教概说》中关于五斗米道的一段概述值得称引，他根据各种史书和道书，参考《太平经》和《老子想尔注》，归纳张道陵初创五斗米道的教义教规为：

（一）诵习《五千文》；（二）不妄祀；（三）有罪首过；（四）符水治病；（五）用章表与鬼神为誓约；（六）修路；（七）行黄赤之道（即男女和合之法）；（八）立二十四治，置祭酒；（九）收信米五斗。这些统称为三天正法。……故五斗米道特重“盟威之道”及“正一

① 范晔：《后汉书》卷六十一，《皇甫嵩列传》，中华书局 1965 年版，第 2297 页。

② 这是《资治通鉴》《汉纪》光和六年的说法。

③ 范晔：《后汉书》卷八十八，《西域传》，中华书局 1965 年版，第 2911 页。

章符”。①

这个教义教规的概说，实际上已涉及宗教信仰和宗教组织，二十四治或后来的二十八治，即一种独特的组织体系。“治”，又称“庐”、“靖”，或称“静室”，是祭祀请祷之所，如后来陆修静的《道门科略》所云：

> 令正月七日，七月七日，十月五日，一年三会。民各投集本治。师当改治录籍……正定名簿。三宣五令，令民知之。其日天官地神咸会师治，对校文书。师民皆当清静肃然，不得饮酒食肉、喧哗言笑。会竟民还家，当以闻科禁威仪，教敕大小，务共奉行。②

二十四治的宗教活动，肯定是一度进行过。

至于信仰，上述之（一）、（二）两条即言信仰，既然“诵习”《老子》，必然是信奉老子，即《想尔注》中所说之“太上老君”。是否也是“奉黄老道”，尚可进一步考证，或者是以黄帝、老子为主神而兼有诸“天官地神”。“不妄祀”是与前述“桓帝事黄老道，悉毁诸房祀”一致的。

所谓“太平道”也是如此，只不过由于是“妖贼”、“反叛”，其有关宗教的内容记载得更少，而且多有歪曲，但有时又多少会透露出一点实情、真情。如“以善道教化天下”、“郡县不解其意，反言角以善道教化，为民所归”③ 之类。其所“置三十六方”，原本应该如二十四治一样，是宗教的组织。信仰明确，是“奉事黄老道”，应该就是以黄帝、老子为最高神。当代研究者都注意到“中黄太一”一说，并且说是“信奉”“中黄太一之道”④，或者说“与传统的太一神有了区别，或为太平道所独有的崇拜偶像”⑤。根据都是王沈《魏书》的一条记载，青州黄巾军曾致书曹操说：

> 昔在济南，毁坏神坛，其道乃与中黄太一同，似若知道，今更迷

---

① 李养正：《道教概说》，中华书局 1989 年版，第 218 页。
② 陆修静：《道门科略》，上海涵芬楼影印本，1923 年版。
③ 见《后汉书·皇甫嵩列传》《资治通鉴·汉纪五十》等。
④ 卿希泰主编：《中国道教史》，四川人民出版社 1992 年版。
⑤ 牟钟鉴等：《道教通论》，齐鲁书社 1991 年版。

惑。汉行已尽，黄家当立。天之大运，非君才力所能存也。①

这里我想就“太一”的信仰再作一点补充论述。从《史记·封禅书》的记述看，“太一”的祭祀和崇拜，主要是从汉武帝时开始的，并且闹腾得非常厉害。开始是“亳人谬忌奏祠太一方曰：天神贵者太一，太一佐曰五帝……”汉武帝接受了，从而开始了对“太一”的祠祭活动，以后是频繁而隆重。值得注意的是“五帝，太一之佐也”。我们知道，黄帝乃五帝之首，而且“黄帝仙登于天”，后来武帝欲成仙，乃至说：“吾诚得如黄帝，吾视去妻子如脱躧耳。”在以后“祠太一、五帝于明堂上坐”，当然黄帝越来越受重视，“太山下祠五帝，各如其方，黄帝并赤帝，而有司侍祠焉”。这些记述，《汉书·郊祀志》照录无遗，但是武帝以后就很难见到祠祭太一的记载了。直至王莽执政时，祭祀天地神越来越乱，刘歆等八十九人议，皆曰：

天子父事天，母事坠。今称天神曰皇天上帝，泰一兆曰泰畤；而称地祇曰后土，与中央黄灵同，又兆北郊未有尊称。宜令地祇称皇坠后祇，兆曰广畤。《易》曰：方以类聚，物以群分。分群神以类相从为五部，兆天坠之别神：中央帝黄灵后土畤及日庙、北辰、北斗……东方帝太昊青灵……南方炎帝赤灵……西方帝少皞白灵……北方帝颛顼黑灵……②

这次群神分类的议论上奏被认可之后，一直影响到东汉。

我们阅读《后汉书·祭祀志》，无论天地群神之祭，还是宗庙社稷之祠，再也没有看到“太一”之名，只有黄帝越来越突出，在五帝之中居先、居中，且引两条记述如下：

陇蜀平后，乃增广郊祀，高帝配食，位在中坛上，西面北上。天、地、高帝、黄帝各用犊一头，青帝、赤帝共用犊一头，白帝、黑

① 陈寿：《三国志·魏书》卷一，《武帝纪》，中华书局1959年版，第10页。
② 班固：《汉书》卷二十五，《郊祀志下》，中华书局1962年版，第1268页。

帝共用犊一头，凡用犊六头……①

黄帝地位之高由此可见。另一条讲“迎时气，五郊之兆”：

立春之日，迎春于东郊，祭青帝句芒。……立夏之日，迎夏于南郊，祭赤帝祝融。……先立秋十八日，迎黄灵于中兆，祭黄帝后土。车旗服饰皆黄……②

无论四时或者四方，黄帝都是居中。“迎黄灵于中兆”，这“中黄”二字呼之欲出了。“中黄太一”是张角等人的创造呢，还是先此已经形成之词，尚可进一步考证，但可以肯定的是这与黄老道的黄帝信仰是分不开的。人们对黄帝的祭祀和崇拜早于老子，这是可以肯定的。据边韶《老子铭》之说，信奉祠祀老子就是从桓帝时才开始的。黄老道从桓帝前后开始，为上下共同信仰，这应该是历史发展的真实脉络。

任何宗教在形成和发展过程中，会有不断的增饰和改变，这是历史发展的事实。关于五斗米道的某些记述可以作为实例。《后汉书·刘焉列传》注引《典略》③ 中的一段记述：

初，熹平中，妖贼大起（三辅有骆曜。光和中，东方有张角），汉中有张修。（骆曜教民缅匿法，角）为太平道，（修）为五斗米道。太平道师持九节杖，为符祝，教病人叩头思过，因以符水饮之。病或自愈者，则云此人信道，其或不愈，则云不信道。修法略与角同，加施净室，使病人处其中思过。又使人为奸令祭酒，主以《老子》五千文，使都习，号“奸令”。为鬼吏，主为病者请祷。（请祷）之法，书病人姓字，说服罪之意思。作三通，其一上之天，著山上；其一埋之地；其一沈之水，谓之“三官手书”。使病者家出米五斗以为常，故号“五斗米师”也。实无益于疗病（但为淫妄），小人昏愚，竞共事之。后角被诛，修亦亡。及鲁自在汉中，因其人信行修业，遂增饰

① 范晔：《后汉书》卷七，《祭祀志上》，中华书局 1965 年版，第 3161 页。

② 范晔：《后汉书》卷八，《祭祀志中》，中华书局 1965 年版，第 3181 页。

③ 陈寿：《三国志·魏书·张鲁传》注亦引其文，文字大同小异。

之。教使起义舍，以米（肉）置其中，以止行人。又（教）使自隐，有小过者，当循道百步，则罪除。又依《月令》，春夏禁杀。又禁酒。流移寄在其地者，不敢不奉也。①

这样的记述当然不全面，但字里行间也透露出一些重要信息。例如“修法略与角同”，虽就“符水”治病、“叩头思过”等法术、科仪而言，“太平道”与“天师道”相同相通之处必有很多：首先，信仰相同，都是信奉黄老道，以黄帝、老子为崇拜对象。两大派都有跪拜、叩头之礼，向谁叩头礼拜，甚至朝什么地方礼拜都有要求。宫中之祠祭应该是有画像的，前面已提到明帝时“图画形象”之事，其实画像祭祀的记载更早，《史记·封禅书》记载，汉武帝时：

又作甘泉宫，中为台室，画天、地、太一诸鬼神，而致祭具以致天神。②

看来在木雕泥塑之前，在考古学上的“造像”之前，就是“图画形象”，以作为礼拜的对象。上述二十四治一年有“三会”之日，“其日，天官地神咸会师治”，如何表示诸神“咸会”？自然是“图画形象”，这应该不是设想而是当时应有之事实③。

其次，组织形式也相同。一为二十四治，一为三十六方。治和方都指较大的聚会、祈祷的中心场所。治，前已略加说明，即“治所”之意，设置治所是《史记》《汉书》中比较常用之词，天师道也是在各地设置治所。“方”和“治”是同样的意义，如孔颖达疏《易·系辞》之“神无方”时所说：“方是处所之名。”只不过因为是“妖贼”、“反叛”，其宗教治所的意义被忽略了。而袁宏《后汉纪》记述用的是“坊”字，其《孝灵皇帝纪》云：

① 范晔：《后汉书》卷七十五，《刘焉列传》，中华书局1965年版，第2436页。

② 司马迁：《史记》卷二十八，《封禅书》，中华书局1982年版，第1388页。

③ 后世也有“佛堂有像，道堂无像”之类的记载，或者是指“本无天尊形象”而言。老子之像应该是早有的。《抱朴子·杂应篇》就记有“老君真形”“身长九尺，黄色，鸟喙，隆鼻，秀眉长五寸，耳长七寸，额有三理……”这就可以画像了。

中平元年，春，正月，钜鹿人张角谋反。初，角弟良、弟宝自称大医，事善道。疾病者辄跪拜首过，病者颇愈，转相诳耀。十余年间，弟子数十万人，周遍天下，置三十六坊，各有所主……①

“方”与“坊”皆可为处所之名，不知何种记载为误。说不定这“三十六坊”更符合当时事实，因邑、里、街、坊在汉代已经为人们常识，以“方”为处所还生僻一些，可以暂时不管它。但《后汉纪》的记述透露了其宗教性质，初，最初，开始是从“事善道”兼行“医”而起的，弟子多了之后才再置“坊”管理。总之是有了大体相同的组织形式，而且分治、分坊管理，“各有所主”，这已是相当成熟的一种表现。汤一介先生说，张鲁、张角建立的“实际上也是政治组织，教会组织还没有独立出来”②。我觉得恰恰说反了，根据《后汉纪》的记载，应该开始是教会组织，后来才“政教合一”的。

再例如“因其人信行修业，遂增饰之”。这里虽只是说张鲁对张脩之“业”的“增饰”，只举了“起义舍”、“禁酒”、“禁杀”几个例子。前者是实行“太平”理想，也是收买人心的具体措施之一，后者涉及“戒律”，而且“依《月令》春夏禁杀”，其“增饰”是有根据的。应该说，这样的“增饰”行为正是在道教形成和发展的过程中不断发生的，所以教义教规才会越来越丰富完善。

据上所述，我们完全有必要重新在各种不完整的文献记载中，爬梳整理，进一步发掘道教产生和形成诸问题，还历史本来面目。

再次，关于《太平经》和《老子想尔注》。

这两部书的现代研究是从20世纪开始的。近30年来，已经被研讨得相当充分了。好多问题，学术界取得了比较一致的意见，大多肯定它们是早期的道教经典。对于两书中的内容，也从各种不同的视角进行过爬梳整理，但是仍有许多认识上的问题，还可以进一步讨论。

例如关于《太平经》及其思想如何看待？早年汤用彤先生在《汉魏两晋南北朝佛教史》中曾举例说明《太平经》“颇窃取佛教之学说”（《〈太平

---

① 范晔：《后汉书》卷八，《孝灵帝纪》，中华书局1982年版，第348页。

② 汤一介：《中国传统文化中的儒道释·论早期道教的发展》，中国和平出版社1988年版，第116页。

经〉与佛教》)。而有人又说《太平经》未受佛教之影响。这问题关系佛道交涉史，仍可作进一步探讨。

又，20世纪50年代，特别是在1959年前后，与当时对农民战争问题的讨论有关，讨论过《太平经》的问题①。有些学者认为，《太平经》是“我国第一部农民革命的理论著作”或者说是“农民道教的经典”②；有些学者反对这种说法，并且认为其政治方向是为统治阶级服务的，是“麻醉人民的鸦片烟”③。现在不会有这种鲜明阶级斗争观念的讨论了。但宗教经典中的思想与时代、与统治思想的关系，仍是一个不可回避的问题。实际上不只道教经典是如此，其他宗教的经典也是如此。由此再进一步思考，上层道教、民间道教之类的划分是否合适，也是一个可以讨论的问题，似不应强行做这样的划分。

全面深入地分析这两部道教经典的内容、思想是必要的，也是有意义的。近来，又有人说：“《老子想尔注》是明确属于道教系统的著作”，而《太平经》和《河上注》、《参同契》等“可分类为黄老道学系统的文献”，“不能把它们视为道教文献”④，这是对道教经典的又一种看法和认识。

《老子想尔注》，不论作者是张道陵还是张鲁，或者是其他什么人，或者是众人之解说，其与“五斗米道”之“都习”“老子五千文”有关系，这一点应该是没有问题的。它神化老子，说老子是“道”的化身，这与崇祀老子也是有关系的。《老子想尔注》自然是道教的早期经典之一，虽然内容相对简略（存留的亦非全本），但也反映了不少有代表性的道教思想，与《太平经》有密切关系，甚至被认为“大部分即以《太平经》解老子，故与韩非以来说《老》者，截然异趣”（饶宗颐说），应该说与《河上注》也一脉相承，不过有所发展。

《太平经》当然非一时一人之作，但在东汉后期已形成了一个颇具规模的“经典”，与佛教经典之形成相比也是可贵的。“佛教经典绝不是一个人的创造，也不是一个时代的产物”，“佛教典籍既多且杂，很难作历史的

① 1959年《历史研究》《学术月刊》《光明日报》等发表好几篇重要文章。

② 戎笙：《试论〈太平经〉》，《历史研究》1959年第11期。

③ 熊德基：《〈太平经〉的作者思想及其与黄巾和天师道的关系》，《历史研究》1962年第4期。

④ 金晟焕：《黄老道探源》，中国社会科学出版社2008年版，第218～222页。

考察”①。而道教产生之始就有了一百七十卷的《太平经》，集中了各种各样的法、诀、诫、文，既反映了道教的教义、教规，也反映了我国古代社会方方面面的思想意识，其在思想史、文化史上的价值和意义是不应该被低估的。

正是因为有《老子想尔注》与《太平经》这两部反映道教教理、教义、教规的经典，而且在一定程度上还与当时一些教派的行为实践相结合，所以我们说，这也是道教在东汉后期形成的一个标志。

（二）道教的文化意蕴

如上所述，东汉时期，道教已经产生，宗教的理论、信仰、组织、行为均已具备而且均比较成熟。道教产生和形成的意义是很大的，其文化意蕴是深厚的。今择要论说如下几点。

1. 神学宗教正式形成的意义

宗教学研究认为，宗教的产生，都有一个由自然宗教到人为（神学）宗教的发展过程。我国的宗教也不例外，而且其发展过程非常清晰，内容十分丰富。众所周知，有文字和考古资料证明的夏、商、周时代，从各种各样的自然崇拜、图腾崇拜到鬼神崇拜、天帝崇拜、祖先崇拜以及圣贤崇拜等，并且有巫、祝、卜、史等专门的宗教人员。从自然宗教到人为宗教，有一个长期的演变过程。一直发展到汉代，甚至出现“方仙道”之类的说法，但现在还无法证明方仙道是否一种正式的宗教名称。到了东汉后期，开始有以“黄老道”为名的道教产生，才正式形成真正的神学宗教，真正的土生土长的中国宗教。它有一定的“统一”作用，对社会发展也有一定的积极作用。

一种有教理、教义以及戒律等的宗教出现，可以阻止某些愚昧、野蛮的迷信习俗，是有进步意义的。这方面，我们还是从具体事例谈起。

战国时的魏国有一个“河伯娶妇”的故事，地方官吏和巫、祝勾结搜刮民财，编造了一个迷信故事，“即不为河伯娶妇，水来漂没，溺其人民云”②。除了每年收取数百万钱之外，还由巫妪选一民女，装模作样地送入

---

① 参阅杜继文主编：《佛教史》，中国社会科学出版社 1991 年版，第 12 页。

② 司马迁：《史记》卷一百二十六，《滑稽列传》，中华书局 1982 年版，第 3189 页。

河中直至沉没。这一迷信习俗，虽然当时被邺令西门豹制止了，但类似的愚昧、野蛮习俗，在不同时期、不同地区都有很多。汉人把它们归结为淫祀（又称房祀），《礼记·曲礼下》说："非其所祭而祭之，名曰淫祀。"据《汉书·地理志》记载，许多地方都有"信巫鬼，为淫祀"之风。一方面是统治者的爱好和提倡，从汉武帝开始四处"祠天神，帝百鬼"，各种方术之士、巫祝之人大肆活动；另一方面民间各地不断地有自发兴起的"淫祀"。所以如《盐铁论·散不足》中所说：

> 古者德行求福，故祭祀而宽；仁义求吉，故卜筮而希。今世俗宽于行而求于鬼，怠于礼而笃于祭，嫚亲而贵势。至妄而信日，听诡言而幸得，出实物而享虚福……是以街巷有巫，闾里有祝。①

各地劳民伤财的"淫祀"、"淫祠"有很多。据《汉书·郊祀志》记载：

> 哀帝即位，寝疾，博征方术士。京师诸县皆有侍祠使者，尽复前世所常兴诸神祠官，凡七百余所，一岁三万七千祠云。②

到王莽时期：

> 莽遂崇鬼神淫祀，至其末年，自天地六宗以下至诸小鬼神，凡千七百所，用三牲鸟兽三千余种。后不能备，乃以鸡当鹜雁，犬当麋鹿。③

鹜雁、麋鹿等珍稀动物难得，以鸡犬代之，其物资消耗之大是很显然的，是劳民伤财。更有直接妨害农业的，如：

> 会稽俗多淫祀，好卜筮。民常以牛祭神，百姓财产以之困匮。其

① 《盐铁论·散不足》，诸子集成本，中华书局1954年版。
② 班固：《汉书》卷二十五，《郊祀志》，中华书局1962年版，第1264页。
③ 班固：《汉书》卷二十五，《郊祀志》，中华书局1962年版，第1270页。

自食牛肉而不以荐祠者，发病且死先为牛鸣，前后郡将莫敢禁。①

牛为农耕所必需，杀牛祭神，当然是直接妨害农业生产的。

诸多淫祀，有识之士常加批评，朝廷和地方官也时有禁止。如西汉平帝时就曾“班教化，禁淫祀”②，东汉桓帝时“坏郡国诸房祀”③，以及如第五伦在会稽之断然阻禁④等。但淫祀之风时有反复，而一种成熟的宗教产生，对于遏阻淫祀之风，理应是有一定作用的。道教产生之时就起到了这样的作用。桓帝之举，如前所述，是与“事黄老道”有关的，崇奉道教，可以阻止许多淫祀。而道教本身也是有此意的，如前所述，“不妄祀”是五斗米道派的教规之一。又上引：“昔在济南，毁坏神坛，其道乃与中黄太一同”⑤，就是指曹操任济南相时的禁淫祀而言，《三国志·魏书·武帝纪》记载，曹操年轻时（三十多岁）即为济南相：

光和末，黄巾起……迁为济南相，国有十余县，长吏多阿附贵戚，赃污狼藉，于是奏免其八；禁断淫祀，奸宄逃窜，郡界肃然。

注引《魏书》进一步说明了当时济南淫祀及被禁止的情况：

……济南尤盛，至六百余祠。贾人或假二千石舆服导从作倡乐，奢侈日甚，民坐贫穷。历世长吏无敢禁绝者。太祖到，皆毁坏祠屋，止绝官吏民不得祠祀，及至秉政，遂除奸邪鬼神之事，世之淫祀由此遂绝。

禁淫祀这一行为，与“中黄太一”之道是相同的。写信给曹操的“黄巾贼”、“中黄太一”这样的信仰，都说明与道教有关，道教是禁淫祀、不妄祀的。尽管道教在后世的发展中，不完美之处之时不少，但“不妄祀”的

① 范晔：《后汉书》卷四十一，《第五伦列传》，中华书局1965年版，第1397页。
② 班固：《汉书》卷十二，《平帝纪》，中华书局1962年版，第349页。
③ 范晔：《后汉书》卷七，《孝桓帝纪》，中华书局1965年版，第318页。
④ 范晔：《后汉书》卷四十一，《第五伦列传》，中华书局1962年版，第1397页。
⑤ 陈寿：《三国志·魏书》卷一，《武帝纪》，中华书局1959年版，第10页。

教义、教规在当时是有进步意义的，既打击、阻止、禁断各种劳民伤财、妨农害事的淫祀，也打击和阻止了各种“邪道”的产生。

顺便在此谈一下道教与淫祀、与迷信的关系，这对于正确了解道教的上述一定程度上的进步意义是有帮助的。如前所述，淫祀是“非其所祭而祭之”，这个说法不很确定，哪些“非其所祭”？什么标准？谁来认定？是难以确定的。而“迷信”我们用得不少，封建迷信、宗教迷信、个人迷信等，很少人注意其定义。旧的《辞海》解释说：

> 不察事之真伪，惑于世俗之见而妄信之，曰迷信；如拜偶像、尚术数是。

这样的解释不算错，但也有不确定的问题，如真伪问题、偶像问题，乃至术数问题等。我觉得《简明不列颠百科全书》的解释倒是比较全面而值得进一步玩味：

> 迷信（superstition）指缺乏理性实质的信仰、准信仰或习俗。迷信大致可分为宗教迷信、文化迷信、个人迷信。各宗教都往往积累迷信作为其外围信仰，……某事在一人为宗教信仰，在另一人往往就是迷信。一切宗教信仰和习俗，在没有宗教信仰的人看来，全是迷信。文化传统中的迷信有时与宗教迷信分不开，这种迷信种类繁多。几乎所有的人在大多数情况下，在如何祛邪蒙福、预卜未来、防病禳灾等问题上，都有不合理的信念，有的是认真的，有的是不大认真的。人们在生活中往往产生个人的迷信：……历史上迷信具有深远的影响……

在这样比较全面解释的基础上，我们对宗教与迷信的关系以及“种类繁多”的迷信就可以作进一步分析了。诸如前叙的“河伯娶妇”，当然是迷信，而且是野蛮的迷信，理当反对、禁止，河伯不应该被祭祀。由此可见，正规的道教之“不妄祀”是有一定进步意义的。

2. 道教信仰的特色及其意义

有的学者概括地说，道教的最高信仰是道，核心信仰是神仙。这样说，不会有人反对。而这个相对抽象而又比较具体的信仰，是道教特有的，不同于其他任何宗教，极具中国特色，既有丰富的内容，又有较强的实践意义。

中国的“道”和“神仙”，外国文都不好翻译，一般只好用拼音来翻译“道”（dao）和“仙”（xian），翻译“神仙”则有好几种表述。由此可见其为中国所特有。特别是“道”，其包容性和深刻性之大，是外国人很难理解的，中国人虽也不容易弄清，但因时、因地（不同场景）、因人（各种各类）不同，会有许多不同的解说。

“道”的信仰，是抽象的、理想的。“道”信仰的深刻含义之被认识是一个长期发展的过程。作为道教的信仰，一开始也是从具体形象开始的，《道德经》本为老子之作，其“道”论最为深刻，在道教的形成过程中，老子被崇敬、被礼拜，人们把“道”和老子联系起来，以表达自己的信仰，这是基本的事实。在记载中表述出来的，那就是王阜的《老子圣母碑》和《老子想尔注》，前者文曰：

> 老子者，道也。乃生于无形之先，起于太初之前，行于太素之元，浮游六虚，出入幽明，观混合之未别，窥清浊之未分。[①]

王阜是东汉前期的人，此碑文为《太平御览》所录，关于道的解释是汉人比较熟悉的一些说法，明确地把老子与道等同并不多见，这应该与时人对老子崇拜、祭祀有关。明帝时楚王英之“喜黄老，为浮屠斋戒祭祀”[②]之类的事实，已经明显存在。《老子圣母碑》本身也透露出崇拜和祭祀的信息，虽然此碑文不全，许多问题现在无法弄清楚，如“老子圣母”何所指？圣母旧指有神通道法的女子[③]。“老子圣母”是老子的母亲还是老子的妻子？对“老子圣母”的这种崇奉一直延续到清代。武则天文明元年（公元684年）“追尊老子母为先天太后”[④]，这是《新唐书·本纪第四》的记载，《唐会要》卷五十又说是：“其年九月，册元元皇帝妻为先天太后，尊

① 李昉等：《太平御览》卷六五九，《道部》，中华书局1960年版。

② 范晔：《后汉书》卷四十二，《楚王英列传》，中华书局1965年版，第1428页。

③ 范晔：《后汉书·郡国志》广陵郡有“东陵圣母”的记载。

④ 欧阳修：《新唐书》卷四，《本纪第四》，中华书局1986年版，第326页。

像于老君庙。”[①] 这种追尊当然有历史渊源。而东汉前期之《老子圣母碑》应该是最早的尊崇，修庙、立碑、画像是其表现形式。对老子之母或妻如此崇奉，对老子的崇拜、祭祀自不待言。“老子者，道也”，就是对“道”的信仰的人格化。再进一步引《老子想尔注》的解释，就是：

> 一者道也……一散形为气，聚形为太上老君，常治昆仑，或言虚无，或言自然，或言无名，皆同一耳。[②]

“道”与“太上老君”是一回事，“太上老君”就是“老子”，道教的“太上老君”的称呼也出现了。对老子的崇奉，逐渐明确为对“道”的信仰。以后对“道”信仰的各种说法，都应该从这里开始。以后的道教经典，又从这人格化的道变为玄虚之道，对这个最高信仰，可从诸多方面进行阐释。“道”这个最高信仰越来越丰富，同时也越来越复杂，既有非常理性的思想、理论，也有相对神秘的乃至迷信的说教，精华与糟粕并存。

再说神仙信仰。

神仙信仰源远流长，应该说是先有“仙”，后有“神仙”。还有一个值得注意的现象，“仙”本身也许出现得并不早，而且超凡脱俗的“仙人”“成仙”、“登仙”，当时的儒家似乎不太理会，先秦儒家的主要经典中，似乎就没有“仙”字。先秦道家《老子》中也没有“仙”字[③]，《庄子》中有一句“去而上僊（僊即仙）”，主要应该是“升举”之意。但是有“登仙”、“成仙”思想，也有后世“仙人”、“神仙”的种种描述，那就是《老子》的“长生久视”，《庄子》关于真人、至人、神人的种种描述等。

什么是神仙？或者说什么是仙人？概括地说有两大特征：一个是长生不死，一个是言行举止乃至音容笑貌超凡脱俗。这后者可以从后世关于各种神仙的记载中看到各种各样的表现。《庄子·逍遥游》中关于“神人”的描述颇有代表性：

---

① 王溥：《唐会要》卷五十，中华书局1955年版，第157页。

② 李昉等：《太平御览》卷六五九，《道部》，中华书局1960年版。

③ 主要指传世本《老子》。《史记·封禅书》《索隐》：“乐彦引《老子道经》云：月中仙人宋毋忌。”暂无可考。

藐姑射之山，有神人居焉，肌肤若冰雪，绰约若处子，不食五谷，吸风饮露，乘云气，御飞龙，而超乎四海之外。其神凝，使物不疵疠，而年谷熟。①

这应该是神仙的标准、典型形象了，而且神通广大。汉人许慎的《说文解字》的仚（仙）字解释说："人在山上"，那就是高入云间，飘飘若仙了。《说文解字》的另一个字"僊"，被认为是仙的异体字，其解释是"长生僊去"。"僊"就是"遷"，"遷入山也"（见《释名》）。所以《庄子·天地》中有"千岁厌世，去而上僊"之说。这"人在山上"或者"入山"的解释，又是与"长生"紧密相连的。因此，"长生不死"是神仙思想更重要、人们更向往的内容，所以汉代字书《释名》才有"老而不死曰仙"的解释。人们向往长生不死，所以编出一些"不死"的神话，造出一批"八百岁"、"千二百岁"的长生仙人。人们希望"不死"，在《山海经》这部古奇书中就有明确反映，其《海外南经》中写道：

不死民在其东，其为人黑色，寿（考）不死。②

又《大荒南经》中写道：

有不死之国，阿姓，甘木是食。③

人们是幻想不死，并力求寻找不死之食物和不死之药物，故《海内西经》的记载就说：

开明东有巫彭、巫抵、巫阳、巫履、巫凡、巫相，夹窫窳之尸，皆操不死之药以距之。④

---

① 《庄子·逍遥游》，诸子集成本，中华书局1954年版。
② 《山海经》卷六，《海外南经》，上海商务印书馆四部丛刊本1922年版。
③ 《山海经》卷十五，《大荒南经》，上海商务印书馆四部丛刊本1922年版。
④ 《山海经》卷十一，《海内西经》，上海商务印书馆四部丛刊本1922年版。

巫彭这些人郭璞注云："皆神医也。"由此看来，"不死"要靠不死的食物和"距郤死气，求更生"（郭璞注）的药物。

究竟人能否不死而成仙，这就是一个大问题。一直到晋代葛洪作《抱朴子内篇》，其《论仙》篇开头就回答"神仙不死，信可得乎"这个问题，他的回答及其"天仙"、"地仙"、"尸解仙"之类的创造性解说，都是后话，这里就不说了。要说的是这长生不死的愿望，曾经为人们所狂热地追求，特别是一些当权者。记载表明，从战国时期的燕、齐等诸侯王到秦始皇、汉武帝，都狂热地寻找不死之药。这些在《史记·封禅书》中有大略的记述：

> 自威、宣、燕昭，使人入海求蓬莱、方丈、瀛洲。此三神山者，其传在勃海中……盖尝有至者，诸仙人及不死之药皆在焉。
>
> ……
>
> 及至秦始皇并天下，至海上，则方士言之不可胜数……使人乃斋赍童男女入海求之……冀遇海中三神山之奇药……①

汉武帝相信李少君、少翁等人之言，四处祭拜鬼神，相信"不死之药可得，仙人可致"，相信"黄帝仙登于天"，他于是说：

> 嗟乎，吾诚得如黄帝，吾视去妻子如脱躧耳。②

既能当皇帝，又能成仙上天，何乐而不为。实质就是求长生不死，因而反"复遣方士求神怪，采芝药，以千数"。虽然最终都是"无有验"、"无有效"、"天子益怠厌方士之怪迂语矣"，但是"自此之后，方士言神祠者弥众"。汉武帝在位时间又长，经过长期反复的宣传和实践，神仙信仰就日益风行，"神仙"之名也应该是这时候产生的，"其明年，东巡海上，考神仙之属，未有验者"。也许是记载中时间最早的了，因还不很普及，神人和仙人分开为说，所以刘向只作《列仙传》，到葛洪才叫《神仙传》，这反

① 司马迁：《史记》卷二十八，《封禅书》，中华书局 1982 年版，第 1360 页。
② 司马迁：《史记》卷二十八，《封禅书》，中华书局 1982 年版，第 1360 页。

映了历史发展的真相，也反映了神仙信仰的历史发展过程。

道教以神仙信仰为核心信仰，是有深厚的社会文化基础和一定历史渊源的。神仙信仰长生不死与道家思想理论关系密切，如前所述《老子》有“长生久视”之言，《庄子》有长生成仙和超凡脱俗之种种描述，这里我们还应该提出的是汉初《淮南子》一书。《淮南子》是属于道家思想的著作，它不仅“考验乎老、庄之术”，集先秦道家思想之大成，集黄老学之大成，同时也集神仙思想理论之大成，而且后者也相当突出。全书充满了对仙境、仙人的种种描绘，它发挥《庄子》逍遥世外的幻想，提出了神仙家理想境界：“大丈夫恬然无思，淡然无虑……上游于霄霓之野，下出于无垠之门。”① 它将“真人”、“至人”进一步神化，得道之人无所不能，无往不至。它承认有长生不死的神仙存在，在《地形训》中说：“食气者神明而寿，食谷者知慧而夭，不食者不死而神。”昆仑山上有“不死树”、有“饮之不死”的“丹水”、有“登之而不死”的“凉风之山”②，还有《览冥训》中“羿请不死之药于西王母，姮娥（即嫦娥）窃以奔月”③ 等。前述《山海经》中的那些内容也采集进来了。

一方面是秦皇、汉武那样求长生不死的反复实践，另一方面是《淮南子》这样的思想理论总结，这些都为道教的神仙信仰打下了坚实的基础。

当然神仙的思想理论也是不断发展的，葛洪的《论仙》以及《神仙传》是最突出的代表。在葛洪前后，许多具体论述也多有变化，是值得进一步研究的。

道的信仰和神仙信仰结合起来，就是修道成仙，它还是有一定实践意义和现实意义的。从积极方面说，长生的愿望可以使人热爱生活，神仙的洒脱可以净化人们的心灵，修炼过程中要人们避恶趋善，这些都是其积极的一面。

3. 道教教理教义教规的文化意义

同佛教的基本教义（“佛法”）所谓“四圣谛”、“八正道”、“十二因缘”、“三印法”之类相比，道教以“道”与“德”为根本神学原理的基本教理教义，如“尊道贵德”、“修道成仙”、“生道合一”等，有鲜明的中国

① 《淮南子·原道训》，诸子集成本，中华书局1954年版。
② 《淮南子·地形训》，诸子集成本，中华书局1954年版。
③ 《淮南子·览冥训》，诸子集成本，中华书局1954年版。

特色，文化底蕴深厚，文化意义重大。

本意为通达之大路的“道”，经过古代思想家们的推演，引申出“引导”、“经由”、“实行”、“治理”等多种含义，春秋时期更在世界本原意义上使用“道”字，这最明显地在《老子》（后称为《道德经》）一书中表现出来。道为天地之祖，万物之宗，如众所周知的：“道可道，非常道；名可名，非常名。无名，天地之始；有名，万物之母”（一章），“道冲，而用之或不盈，渊兮似万物之宗”（四章），以及“道生一，一生二，二生三，三生万物”（四十一章）。《老子》是对古代《易》《书》《诗》《礼》的“道论”的继承、总结和发展。道教以老子《道德经》为自己的神学理论基础，所以是有深厚的文化底蕴的。

基本的历史事实是，早期道教普遍崇奉老子，并且以《老子》五千文为道德之经典。后者在东汉末年的“五斗米道”中就有明确记载，如《典略》所云：

> 又使人为奸令、祭酒，主以《老子》五千文，使都习，号“奸令”……

如何学习《老子》？除了阅读、背诵，必有某些讲解，《老子想尔注》也许就是为满足这种客观需要而产生的。《老子想尔注》说：

> 一者道也，今在人身何许？守之云何？一不在人身也，诸附身者悉世间常伪伎，非真道也；一在天地外，入在天地间，但往来人身中耳，都皮里悉是，非独一处。一散形为气，聚形为太上老君，常治昆仑，或言虚无，或言自然，或言无名，皆同一耳。

道，就这样被神学理论化了。

从早期道教经典如《太平经》开始，主要的道教经典，都是以这样的神学理论化的“道”为基础理论的。无所不在、无所不包而又变化无穷的道，给人们以无限想象、发挥、创造的余地，其文化意义是重大的。道教要人们“尊道贵德”，告诉人们可以“修道成仙”。仙人、神仙是人们追求的美好理想，而且修炼可以实现，这种教义的弘扬和积极引导，自然有益于人类的发展，有利于社会的和谐。因为它除了膜拜神仙之外，还有许许多多的修持理论以及规范思想行为的准则等。好的、正确的身心的修炼，不仅有利于个体生命的延长，也有利于人际关系、社会的和谐。修炼使人趋善避恶。有学者曾作过如此概括：

> 所谓恶者，黑暗、污秽、嫉妒、诈伪、怯懦、贼害、伤残、夭折、疾病、困苦之类是也。所谓善者，光明、清洁、仁爱、忠信、宽厚、勇毅、养护、寿考、健康之类是也。试观今日世界高等之宗教，如基督教、回教、犹太、佛教之类，皆以淫、杀、贪、妄语诸戒为根本，而道教之示戒亦莫能外是焉。①

《抱朴子内篇·对俗》中论积善之功劝人要立一千二百善，做了一千一百九十九件都不行，而“积善事未满，虽服仙药，亦无益也”。即使不服仙药，“并行好事，虽未使得仙，亦无可卒死之祸矣”。诸如此类劝善避害的文字，在后来各种道经、道书中很多。

善与恶是相对立而存在的，人心中二者都有，如《老子想尔注》所说：

> 心者，规也，中有吉凶善恶。……心为凶恶，道去囊空；空者邪入，便煞人。虚去心中凶恶，道来归之……

如何去掉“心中凶恶”?《老子想尔注》说：

> 今布道诫教人，守诫不违，即为守一矣；不行其诫，即为失一也。

> 设诫，圣人行之为抱一也，常教天下为发式。

① 傅勤家：《中国道教史·绪言·宗教共同之点》，上海书店 1984 年影印商务印书馆 1937 年版，第 2 页。

"一者道也"，"一"就是"道"。守一就是得道，信道守诫可以成仙。所以又反复说：

欲求仙寿天福要在信道，守诫守信，不为贰过……

道诫甚难，仙士得之，但志耳，非有伎巧也。

不"行诫守道"就会死亡：

诫为渊，道犹水，人犹鱼。鱼失渊去水则死，人不行诫守道，道去则死。

因此：

王者虽尊，犹常畏道，奉诫行之。

天子王公也。虽有荣观为人们所尊，务当重清静，奉行道诫也。

在这部不完整的《老子想尔注》中，道诫已经被提到了如此重要的地位，它是趋善避恶、畏道行道所不可或缺的内容。因此道教的清规戒律是与神圣的道、德教理教义相辅而行的。

《老子想尔注》中讲"道诫"比较多（约二十处，还有单"诫"字出现二十多处），但具体有哪些"诫"并不明确，后来有《想尔·九戒》的说法，那是后人的概括。《太平经》中"道诫"一词用得不多，但具体的禁戒（戒即诫）已经有不少，以标题出现的就有：《守一入室知神戒》《忍辱象天地至诚与神相应大戒》《为道败成戒》《大功益年书岁月戒》《贪财色灾及胞中诫》《七十二色死尸诫》《写书不用徒自苦诫》《有过死谪作河梁诫》《衣履欲好诫》《不妄诫长得福诀》《不孝不可久生诫》《见诫不触恶诀》《大寿诫》《不承天书言病当解谪诫》《天咎四人辱道诫》等。实际的诫文当不只这样的戒条。在其后的历史中，不同时期、不同教派有越来越多的造作，名目繁多，有所谓三戒、五戒、八戒、九戒、十戒、十二戒、二十七戒等。《老君说一百八十戒》还不是最多的，戒条多的达数百条乃至一千二百条。当然不同时期，也有根据不同情况的重新整合，重新立规，如《道门十规》《重阳立教十五论》之类。

总看道教戒律，是教人趋善避恶，主要是避免恶，戒（诫）字本为防备、警戒、戒除之意，对于前述之诸恶，要防备，要戒除。对于各种戒条避恶之意义，任举一例均可明之，例如所谓“老君二十七戒”分上九戒、中九戒、下九戒：勿费用精神；勿食含血之物，乐其美色；勿伤王气；勿贪宝货；勿妄道；勿妄动；勿枝形名道；勿杀生；勿贪功名；此上九戒。勿为耳鼻口所娱；常当谦让；举百事评心勿惚恫；勿学邪文；勿资身好衣美食；勿求名誉；勿贪高荣强求；勿轻躁；勿盈谥；此中九戒。勿与人诤曲直，得失避之；勿为诸恶；勿厌贫贱，强求富贵；勿多忌讳；勿称圣人大名；勿强梁；勿祷祠鬼神；勿自是；勿乐兵；此下九戒。借老君之口说戒，据称二十七戒全备者为神仙，持十八戒备者寿，持九戒备者增寿不横夭[①]。这些戒条，有的抽象，有的具体，从思想、言行多方面警戒、戒除，绝大部分从正面理解，都是有利于人们身心修养的。其他戒律莫不如此。

道教的清规戒律很多，任何时候都可以根据新的形势，造作新的条文，现在也是如此，这有利于道教的正常健康发展。这也是道教教义、教理、教规的社会文化意义。

---

① 见《云笈七签》卷三十八，齐鲁书社 1988 年版。

后　语

本书原来计划还有“汉代学术总评价”一章，现在不打算写了，因为暂时还没有更新的东西要说。长期以来，有许多问题自己还不是弄得很清楚，例如什么是学术史和什么是文化史、什么是思想史等问题一样，虽然也曾反复学习思考过，但始终难以形成一个非常明确的看法，作不出一个什么定义性的描述。但是我又动手写了《汉唐文化史》《秦汉文化史》和这本《汉代学术史论》，边学边写，在写作的实践中提出自己对文化史、学术史的一些看法。《汉唐文化史》比较简略，分“综论”和“分论”两篇，“综论”篇讲这一时期文化发展的轨迹和特点等问题；“分论”则只有“家庭”、“经学”、“社会思潮”、“文学艺术”、“风俗习惯”五章。这样写的原因，在该书后记中略有说明。写《秦汉文化史》时，在体例上作了新的安排，分别为如下十章：“社会概况”、“政治制度和政治思想”、“文化政策与教育制度”、“社会思潮的发展”、“综合性的学术”、“文学与艺术”、“礼仪与风俗”、“衣食住行与工艺”、“文化的地域性与中外交流”、“文献与考古”。应该说这或者要全面一些，制度文化、精神文化、物质文化均涉及了，也丰富和提高了自己对文化史的认识。关于写秦汉学术史，本书前言中已有一些论述和说明。什么是学术？什么是学术史？书中论述的问题就是学术和与学术有关的问题，已有的各种学术史的许多内容和问题也是相同的，所重各有不同罢了。秦汉学术史也是如此，张立文先生在多卷本《中国学术通史》的总序中说：“秦汉是中国学术的奠基期”，“两汉是中华民族富有创造性的学术繁荣时代，无论是典章制度、文学艺术、理论思维，还是经学、史学、天文、历算、农学、医学等，其辉煌已处世界领先地位，为中华民族学术奠定了基本规模和范式”。这应该是经过一定深思熟虑写下的结论。“奠基”、“富有创造性”，正是我在书稿中重点论述的问题，在写《汉代学术的历史地位》时我曾写过：“汉代学术是中国传统学术的实际源头。”哪种表述更为合适？我想是还可以进一步讨论的。关于创造性，我在写学术的辉煌成就时，除了如前言中所说注重“发展”之外，实际也主要是讲汉代、汉人学术的“丰富创造性”，许多标题都努力表现这一点，如“中国解释学的形成”、“中国神秘学的形成”、“中国古代史学基本形态的确立”、“世界一流的天文、地理之学”、“中国本土宗教——道教的创立”，等等。

关于学术载体的专门论述，是本书侧重点之一。梳理一下，也是讨论各种学术问题的一个基础，脱离了载体，学术史的问题无从谈起。先是说人和书两个主要载体，书称载籍这是毫无问题的，人作为学术的载体就需要作些说明了。有同志对我说，人应该是学术的主体，要体现人对学术的创造性，所以我在开头作了一些小的修改，书是可以保留的，人死了，个人的思想、技艺就带进了棺材，是无法保留的，即便有传人，也不会原原本本地传下去，但是人在活着的时候，是会产生作用和影响的。作为既是学术主体又是载体的人，也是必须关注的，所以我们用图书和传人或士人来予以论述。

综合性是汉代也是整个中国古代学术的特点，本书用“论学术思想的趋同与整合”一章予以论述，以加深对这种综合性的认识，同时也进一步了解学术和学术思想发展的规律和特点。规律和特点是不太容易总结的，但从多方面具体深入地论述，肯定有利于对规律、特点的认识。对汉代新儒家、秦汉新道家等问题的探讨，应该是对认识学术思想的发展有帮助的。

“汉人改造先秦典籍”中的“改造”二字是否合适，是可以讨论的。主要意思是：后世和我们现在看到的几乎所有的先秦典籍，都不是先秦时的原貌，汉代学人对它们重新进行了整理，从书名、篇目、内容、文字诸多方面进行整理。在整理过程中，既有忠于原著的考虑，也有各人的选择，或者或多或少地改变原著的面貌。所以后世见到的先秦典籍，都不是先秦的原貌。近几十年来，陆续出土的简帛材料，特别是汉以前的简帛材料，越来越明显地可以证明这种看法。

“汉人改造先秦典籍”的观点主要有两个方面的意义。第一，研究先秦特别是思想史方面的问题，不要完全以传世文献的内容为依据，要考虑汉人对其“改造”的因素，以免把汉代学人的思想当做先秦学人的思想，从这个角度看，考虑改写先秦思想史是可以的。第二，可以深入具体了解汉代学者对先秦典籍的创造性诠释，发掘汉代学术的创新精神。

秦汉史研究是块“熟地”，长期以来被人们“熟耕”过，很难出新。如果毫无新意，你又何必为文？但“创新”又是一个无止境的问题，可以有大小、深浅不同程度的创新。研究汉代学术史本已不是新课题，但除了描述当时的辉煌成就之外，总还可以讨论些什么问题。除了上面所说的几个问题之外，本书论述影响学术发展的重大举措，多少也是有点新意的。完全相同的论题，有的是非讲不可的，也可以有不同的论述，本书第七章这一大章，是讲学术史不可或缺的。读者不难发现，从标题、重点的选择到内容的论述，都多少能反映出新的看法和想法。

既然要使人有新鲜感，避免千人一面，因此我有意识地对相同的问题作不同的论述，从不同的侧面写，用不同的方式写。有话则长，无话则短，避免枝蔓，因而书中留下了一些有待深入研讨的问题。例如说，“被后世视为‘繁文缛礼’的一套东西，该如何评价，是一个值得深入讨论的问题”；例如说，对董仲舒的“天不变道亦不变”，“似不必往什么‘形而上学’之类的话题上引”。这只是代表自己的一些想法，诸如此类，书中留下不少问题，供人们进一步思考、研究、讨论。

在秦汉史研究这块“熟地”中，除简帛材料外，要在文献中找新材料，那是很难的，记得我最近写“道教产生”问题时，用了一条袁宏《后汉纪》的材料：

> ……张角谋反。初，角弟良、弟宝自称大医，事善道，疾病者辄跪拜首过，病者颇愈，转相诳耀。十余年间，弟子数十万人，周遍天下，置三十六坊，各有所主。

与其他记载不同的是，反映了“初”期行医传道的情况，还有“坊”字的使用，等等。据此我作了一些不同的论述，这材料一般是没有人用或很少用的。当然，秦汉时期的资料，主要是要做新的解读和诠释，我在论述时也做过了一些努力。

如果所有的努力，能够对汉代学术史的进一步研究有所帮助，那我就欣慰了。有生之年，我还将继续学习、思考、研究，以期有更多更好的新发现。

此外，还需特别说明一下，我在撰写书稿时沿用了过去的习惯，引文出处常在正文中出现，如“《史记·太史公自序》曰：……”脚注也比较简略，如《尚书·禹贡》《汉书·地理志》《论语·为政》之类，不注版本、出版时间、页码等信息。但按照出版规范要求，以上信息须完整注明，为此梁宝贵同志花了大量的时间和精力补充，我们的学生桑伟平等也代为查找，力求统一、规范。由于我手头常用古籍，各种版本都有，中华书局、商务印书馆、世界书局的四部备要、四部丛刊、丛书集成、万有文库、国学基本丛书等，“二十四史”有一套光绪年间竹简斋石印本，“前四史”另有扫叶山房发行的一套，《隋书》、新旧《唐书》另有中华书局的线装本，中华书局新出的如《汉书补注》等也有一些。有些书有两三种版本，撰写书稿时拿到哪一本就用哪一本，因此在补充信息时，恐有顾此失彼、前后不一之处。在此作一重要说明。

总后记

本人文集的编辑出版，花了他人不少时间和精力，虽不得已，但是应该铭感在心。

酝酿出版文集前后也有两三个年头了，范军、吴琦、赵国华、刘固盛等几位教授反复谋划、合计促成了此事。文集的编选、整理阶段，刘固盛教授做了大量具体的组织工作。另外还邀请了叶秋菊、肖海燕、王闯几位老师参加，博士生则有聂新、杨志昆、张盼盼、张亚伟、杜文君、魏淑贤、张艳鸽等，他们都花了许多时间和精力，仅仅规范注释，按出版的要求，就是一个很费时间的细致工作。

这里我要说明一下，实际上有些注释的格式难以完全按照出版规范统一起来。例如过去写文章，如果引用《史记·五帝本纪》《汉书·礼乐志》的内容，注释只需注明书名就可以了，但现在的规范一般要求标明出版社、出版时间和引文的页码等。是为了读者，为了编辑，还是为了“统一”、“好看”？类似的要求似乎存在某些不合理之处。如果读书、写书的人，连基本的史料例如二十四史之类都不知道，那还谈什么学问？何况有些史料没有标点本，或者有而不准确，注明出来又有何用？所以本文集在注释规范方面虽然尽了很大的力，但仍然会有那么一些并不规范之处，也是不得已，特此说明。

参考已出的一些文集，本文集也选用了一些照片，是新来的硕士生杨帆帮忙完成的，想反映一下人生经历和师友关系。师友很多，学生更是不少，也只能选用有代表性的几张合影，由于选用的数量有限，遗漏恐怕还是有的。

华中师范大学出版社从过去到现在的领导和许多成员都是我的朋友，文集的出版，有他们的关注和支持。负责本文集具体实施的冯会平同志前后也交往多年了，她工作热情积极，此次也费力不少。还有梅杰、张怀东、张建英、曾艳、庞丹、卢格蕙、陈良军编辑的辛劳，都是应该衷心感谢的。

本文集的出版得到华中师范大学中国史一流学科建设的经费支持和历史文化学院的关心，在此一并致谢。